肖甫倉頡東鄨萬綠
受除品稚生研究

平文三D陳峰澄

丛书名题签：陈炜湛

作者简介

王 霞

中山大学民族学博士，云南警官学院教师，主要从事边疆民族地区社会文化变迁和地方治理研究。2015—2017 年在西藏雅鲁藏布江中部流域河谷农区独立进行田野调研近 2 年。立足于对西藏雅鲁藏布江中部流域河谷农区及其农牧民的长期关注和每年不低于 1 个月的实地调查，积累有关该田野点的丰富的地方性知识，并在深挖拓展田野点第一手调查资料的基础上，发表直接相关论文 2 篇，完成博士学位论文 1 篇，主持完成 2020 年地方政府项目 1 项，申报及主持在研 2021 年度国家社科基金西部项目 1 项。

国家出版基金项目
NATIONAL PUBLICATION FOUNDATION

青藏高原东部边缘民族多样性研究

何国强　总主编

生存实践

འཚོ་གནས་ལག་ལེན།

西藏农区分工研究

王　霞　著

暨南大学出版社
JINAN UNIVERSITY PRESS

中国·广州

图书在版编目（CIP）数据

生存实践：西藏农区分工研究/王霞著. —广州：暨南大学出版社，2022.7
（青藏高原东部边缘民族多样性研究/何国强总主编）
ISBN 978 - 7 - 5668 - 3225 - 2

Ⅰ.①生…　Ⅱ.①王…　Ⅲ.①农业区—分工—研究—西藏　Ⅳ.①F327.75

中国版本图书馆 CIP 数据核字（2021）第 178251 号

生存实践：西藏农区分工研究
SHENGCUN SHIJIAN：XIZANG NONGQU FENGONG YANJIU
著　者：王　霞

出 版 人：张晋升
责任编辑：黄圣英　王莎莎
责任校对：苏　洁　陈皓琳
责任印制：周一丹　郑玉婷

出版发行：暨南大学出版社（511443）
电　　话：总编室（8620）37332601
　　　　　营销部（8620）37332680　37332681　37332682　37332683
传　　真：（8620）37332660（办公室）　　37332684（营销部）
网　　址：http：//www.jnupress.com
排　　版：广州市天河星辰文化发展部照排中心
印　　刷：深圳市新联美术印刷有限公司
开　　本：787mm×1092mm　1/16
印　　张：19.125
字　　数：333 千
版　　次：2022 年 7 月第 1 版
印　　次：2022 年 7 月第 1 次
定　　价：88.00 元

（暨大版图书如有印装质量问题，请与出版社总编室联系调换）

总　序

文化是人类适应环境的基本方式。藏族与睦邻的纳西、门巴、珞巴、独龙等民族共同适应青藏高原的大环境和各自区域的小环境，创造了特定的文化。自 1996 年始，本人在川、滇、藏交界区调研民族文化，起初独自一人，后来带学生奔波，前后指导了 20 多篇学位论文。我把学生带到边陲，避免在东部扎堆，完成学术接力，为他们夯实发展的基础，不少人毕业后申请课题、发表论著，我自己也在积累经验，不断追求新目标，把研究范围扩大到川、青、藏交界区。

最近数年间，我组织调研、汇集书稿。2013 年，推出"羌野东南的民族"丛书第一系列 7 册①，分简体字和繁体字两个版本；2016 年，推出第二系列 4 册，为简体字版本。两个系列约 400 万字，展示了喜马拉雅与横断山区的绚丽文化。然而，一套丛书的容量有限。专家诚恳地建议我们做下去。我们也想做下去，就继续调研、总结经验②、坚持写作。在国家出版基金管理委员会的支持、主管部门的关怀以及暨南大学出版社的组织安排下，"青藏高原东部边缘民族多样性研究"丛书终于落地生根。可以说以上成果为"守正创新"③劲风所赐，使我们得以回报社会各界的支持。

多年的栉风沐雨带来满目的春华秋实，因此不能不提到作者们付出的心血。静态地看，有三套丛书的储量。动态地看，知识向四面八方传递不可计量。犹如向湖心抛入巨石，起初引起水波，继而泛起涟漪，很长时间，水面不平静，每位作者的故事还在演绎：调查中的实在品质，如耐心记录、细致观察，获得原始资料的喜悦，以及发现问题、精巧构思、层层铺垫，形成厚实的民族志，里面有对社会结构的描绘，有对动力因素的探索，力

① 简体版获第四届中国大学出版社图书奖优秀学术著作一等奖，并引出 3 篇论文评价，即黄淑娉《论青藏高原东部和东南部民族研究的推陈出新》[《青海民族大学学报（社会科学版）》2014 年第 2 期]、徐诗荣和嵇春霞《原生态画卷：青藏高原东南部的民族文化——评"羌野东南的民族"丛书》（《出版发行研究》2014 年第 8 期）、胡鸿保《"羌野东南的民族"丛书赞》（《共识》2014 秋刊）。对此网络媒介也有报道。

② 参见何国强：《我们是怎么申请到这个项目的》，载《书里书外》，中山大学出版社，2014 年。

③ 朱侠：《坚持守正创新，勇担使命任务》，国家出版基金网站，2020 年 1 月 15 日，https://www.npf.org.cn/detail.html? id = 1962&categoryId = 26。

图使民族映像清晰化，谋求历史逻辑统一。这就是研究西藏所需要的不怕吃苦、执着干练的科学精神，不仅要有勤奋坚韧的品格，还需要友情与互助。除了作者自身的因素和亲友的鼓励，其他因素，包括编辑的专业素养、调查地友好人士的支持，也值得珍惜、怀念。

本套丛书当中，有的是在博士学位论文基础上的再研究，有的是专题写作。坎坷的研究经历使我们深切地感到，一本书要能接地气，讲真话，不经过艰辛的精神劳动就不可能诞生，学术水平的高低不仅是社会环境的造就——与政治经济、理论方法及时代需求有关，也是作者本人的造诣——与研究者的主观努力分不开。整套丛书至少有三个令人鼓舞的闪光点：

1. 坚持实证研究，奉献一手资料和田野感悟

19 世纪中叶，国际学界开始涉足青藏高原东部地区。中华人民共和国成立后，分别于 20 世纪 50 年代、80 年代和 90 年代组队到该地区进行民族识别和社会历史调查，丰富了《民族问题五种丛书》的内容。新资料、新方法打开了人们的眼界，但是带着旧思维看问题的境外人士仍不在少数。改革开放以后，至今川、滇、藏与川、青、藏两个交界区某些地方依然谢绝外籍人士，收集资料的重任落到国内学者身上，我就是在这种情形下进藏的。环顾四周，当年的同道已不知所向，幸好凝聚了一批新生力量，绳锯木断、水滴石穿，不言放弃。通过田野调查获得的原始资料和珍稀感受为写作提供了优质素材，这使本套丛书能够以真实性塑造科学性，以学术性深化思想性，达到材料翔实、学理坚固、观点新颖、描述全面。

2. 体现人类学知识的应用与普及

最近 20 年来，国家加大了对人文与社会科学的投入，各门学科取得长足的发展，这是毫无疑问的。然而伴随着专利、论文数量的增长，一些不尽如人意的事情也出现了：文章浅尝辄止，漫然下笔的多，周密论证的少，还有重复研究等浪费资源的现象。人类学倾向微观考察，对充实中观、引导宏观有所作为，中山大学自从复办人类学系以来，格勒率先走上青藏高原，紧跟着就是我们的团队。

本套丛书是西藏研究的新产品。作者们博采众长，引入相关概念，借助人类学理论方法的指导凝视问题，通盘考虑，揭示内涵。虽然各册研究目标不一，但是在弄清事实、逻辑排比、分析综合、评判断义，以及疏密叙述等项上一起用力，展示自己的德、才、学、识。有些问题提出来亟待深化，如应该如何凸显民族志对于区域文化研究的重要作用，应该如何发挥民族志的特长，等等。

目前，理论与实际脱节的现象正在转变，自发的、自觉的研究队伍扩大了，这是对我们已经做出努力的积极回应，也是"青藏高原东部边缘民族多样性研究"丛书充满生命力的证据。这项研究继续向纵深发展，必然要求研究者保持多读书、尚调查、勤思考、免空谈的学风。

3. 突出出版界和人文与社会科学界的精诚合作

本套丛书凸显了一个浅显的道理：多年积累的田野资料不会自动转化为社会公认的产品，需要紧扣"民族特色"提炼选题，科学搭配，形成整体效应。所以丛书各册保持自身特色，如文化源流、田野实践、社会分工与异化劳动、传统生计、地方与国家、不同资源的合理利用、小民族大跨越等，同时贯穿了再造区域民族志的主旋律。一句话，把各册放在青藏高原东部民族多样性的大题目下合成整体色彩，依靠国家出版基金的扶持，实现"好纱织好布""好料做好菜"的目标，达到"雪中送炭""锦上添花"的双重效果，对出版人与研究者都是双赢。

总之，本套丛书具有继往开来、别开生面的寓意，弥补了同类作品的某些不足，激励着新人奔向祖国最需要的地方，关注各民族在历史上与现实中与自然、社会发生关系的过程，推动顶层设计，产出有效政策，建设西南边陲。当然，我们也应清醒地看到本套丛书的不足，保持虚心接受意见、不断追求高品质的诚恳态度。

古文字学家陈炜湛教授乃治学、书艺两全的专家，一向支持我的田野研究，多次题写书名给予奖掖。为了表达对本套丛书作者实地研究西藏的钦佩，肯定编辑人员的辛勤劳动，陈教授特用甲骨文和金文写成书名。看到丛书名十五字，字体淳厚中正、古意盎然，我由衷感激。

何国强

2022 年 2 月

于中山大学康乐园榕树头

前　言

　　本书以生活在西藏雅鲁藏布江中部河谷的农牧民——戎巴（根据当地藏语，戎巴是指生活在河谷、山谷的人）为研究对象，探讨其在特定生计情境下的分工实践，其实质是围绕分工展示戎巴在适应自然、社会及文化环境过程中的能动性和策略性，以此描绘出河谷农牧民人与人、人与自然、人与社会之间的互动，以及不同于草原游牧民的生活图景，最终为研究西藏农区的社会文化及其变迁提供一个新视角。

　　为收集第一手田野资料，笔者自 2015 年初至 2017 年底，先后三次进入西藏雅鲁藏布江中部流域的河谷地带，以"分工"为主题进行田野调查。为力求从时间和空间两个维度对分工进行比较分析，笔者一方面采取主次结合的多村落调查方案；一方面结合文献材料和访谈对象的回忆，来建构自民主改革以来至笔者进入当地前的分工图景。

　　整体来看，本书的论述基于三个相互关联的问题：自民主改革以来的不同时期，戎巴在家庭层面的组织上，分工如何，动因为何，分工与社会文化及其变迁的相互关系如何？据此，本书的主体由三个基本内容构成：分工的表现及特点；分工及其变迁的动因；分工与社会文化及其变迁的互动。本书以西藏民主改革作为历史区分的节点，建构自民主改革前夕至民主改革以来不同时期的分工表现及特点，进而梳理和分析影响分工及其变迁的因素，呈现分工与社会文化及其变迁的互动。

　　具体而言，本书对分工的探讨，是以戎巴在不同时期的特定生计情境为框架和前提的。雅鲁藏布江中部河谷戎巴的整体生计样貌呈现出垂直差异的倾向：河谷低平地带的戎巴历史上长期以种植青稞和饲养黄牛为基本生计，部分戎巴以纺织和交换等作为重要补充；河谷山腰的戎巴在耕地明显减少而草场资源相对丰富的情况下，相应地减少作物耕种而增加绵羊养殖规模；海拔较高处则生活着以放牧为主要生计的戎巴。生活在河谷不同海拔地带上的戎巴，历史上相互间保持必要的交流，并主要通过河谷低地的戎巴与藏北牧民及印度、尼泊尔、不丹等地的商队保持贸易交流。戎巴通常以青稞、羊毛纺织品等本地物产换取盐、土碱、茶叶、铁、铜、染料等非本地物产。

戎巴的传统生计除受自然环境的限制外，还受到民主改革前的土地分配制度、宗教、骨系和洁净观念等因素的深刻形塑。民主改革前，雅鲁藏布江中部河谷戎巴由上层喇嘛、贵族、普通僧尼、平民、家奴和游民构成。上层喇嘛和贵族是耕地、草场、牛、羊等生产资料的所有者（民主改革前的土地由噶厦政府及其官员和军队、寺庙、上层喇嘛、贵族占有），并以豁卡来组织生产、缴税、派差和控制属民的流动；普通僧尼脱离了世俗生产活动，在受"供养"之余，还通过向世俗集团提供宗教服务获取一部分生存资料；平民主要以"纳税交差"为代价，获取豁卡的耕地和草场使用权，是农、牧、纺织和交换等生计活动的主要承担者，在戎巴中人数最多；家奴和游民本质上都是以自身劳动力去换取生存资料的人，区别在于家奴的人身完全依附于属主（包括豁卡、贵族家庭、平民大户等），游民则通过"交税"（其所交之税与平民有所不同）获得依附于豁卡的谋生机会。由于本书以家庭作为探讨分工的基本单位，因此书中涉及民主改革前的戎巴时，特指承担了主要生计劳动并占据人口大多数、以家庭为基本生计单位的平民，而排除了不直接从事劳动的贵族家庭、人身自由依附于属主的家奴以及未被纳入豁卡生产体系的游民。

此外，根据其所从事的职业，戎巴平民内部还可以划分为一般职业群体、宗教职业群体（此处不包括已脱离世俗生产活动的寺庙普通僧尼）和"贱业"群体。需要指出的是，西藏于1959年实施民主改革后，与民主改革前的土地分配制度相配套的阶层、等级和所有制被摧毁，戎巴内部实现了政治地位的平等；加之大量还俗僧尼也加入从事世俗生产活动的队伍当中，使生计活动的承担者不再局限于民主改革之前的平民。与此同时，受宗教、骨系和洁净观念等因素深刻影响的职业群体分类却未被撼动。本书以戎巴内部的异质性为前提，以"承担生计活动"为准绳，以家庭为探讨分工的基本单位，将一般职业群体和特殊职业群体作为主要考察对象，探讨其在特定生计情境下的分工实践。

根据田野调查所获取的第一手资料和相关文献材料，笔者对民主改革前戎巴平民的家庭分工进行架构，展示出性别、年龄、技能等要素在"规范"家庭分工时所具有的机动、灵活的特点。具体而言，性别并不构成家庭内部大多数分工的必要依据，除了个别劳动（如生育、远距离的外出交换和其他按习俗应由男性承担的部分）表现出分工的性别倾向外，多数劳动则表现出"男女同工"的倾向；年龄通常是区分"全劳力"和"半劳力"的依据，并以此区分承担的是强度较大或属于核心的劳动，还是强度较小或属于辅助性的劳动；技能在分工中的作用最为直接，但由谁来掌握某项技能则因劳动类型不同而有所差异，如纺织这项技能男女老少皆可习得，但远距离外出交换和木工、绘画、雕塑、裁缝、打铁、制陶、编筐、捕鱼的核心技能则主要由家庭中的男性成员习得和掌握。

另外，在具有季节性倾向的农业生产、远距离外出交换（集中在每年秋收后的9—10月）、纳税（集中上交实物税）、捕鱼（部分沿江平民戎巴所依赖的生计）和日常放牧、支"乌拉差"这类劳动中，家庭间常采用"轮流当值"的合作方式，豁卡则往往成为这类合作的边界。从分工来看，"轮流当值"的合作，需要组织起超越家庭范围的劳动力。在农业中，耕种、收割、打场等劳动密集的环节，一般需要"全劳力"；在渔业中，集体捕鱼是一项技术性活动，对劳动力的要求是男性"全劳力"；外出交换、交差、放牧等只需集中少数劳动力即可完成的劳动，通常会"轮流换工"，其作用是节约劳动力投入或减少不必要的劳动力投入。远距离外出交换主要涉及具有特殊生计（如纺织、制陶、捕鱼、编筐等）的家庭，并且外出交换主要由男性"全劳力"来完成；承担"纳税交差"运输任务的则是"男女同工"的"全劳力"；日常放牧对劳动力没有严格的性别、年龄、技能要求，但劳动力的投入频次取决于羊群规模。

民主改革初期，随着旧有土地制度和以豁卡为单位的生产组织的废弃，耕地、草场和牛羊等生产资料在戎巴个体间被重新分配，农业成为绝大多数戎巴家庭的基本生计，戎巴在粮食获取中"自给自足"的能力增强了。随着国家对农牧生产的提倡，曾以"换粮"为目的的一些谋生方式消失了，从而引发家庭生计变迁下的分工变化；同时，随着经济社会的转型，年龄、性别、技能等要素在分工中的作用发生变化；技术—工具的变革在劳动工序上也促成了分工的变迁。

互助组时期，临时性或常年性互助合作的劳动组织方式，从根本上影响了戎巴家庭内部的分工倾向；互助组的家庭之间，有组织的分工取代了自发式的"轮流当值"。

人民公社时期，以农牧生产为主的生计活动趋于"单一"，社—队凌驾于家庭之上，成为主导家庭内部分工的组织力量，此时更加淡化了性别及家庭角色的差异，技能和年龄在分工中的作用得以强化。

改革开放后，戎巴家庭的个体经济形式在市场经济体制下得以恢复，并从"单一"经济向"多元"经济转变，此时家庭内部的分工以满足各项生计活动为导向；同时家庭成员中的适龄儿童和青少年，随着国家基础教育的普及而退出日常生计劳动；部分家庭的个别成员则在宗教政策的影响下，投身僧尼队伍而脱离世俗生计劳动。因而，一方面在家庭生计多样化的形势下，需要增强不同家庭之间的合作与联系；另一方面专业化的生计方式，促使家庭内部分工具有专业化倾向。

上述对不同时期戎巴家庭分工的梳理及架构，折射出特定生计条件及情境下，戎巴在分工实践中适应自然和社会环境的策略，即戎巴追求效率的内在倾向与自然、文化（含技术—工具）、政治和社会等外在因素的相互作用，促成了分工及其变迁。

在研究方法上，为力求整体呈现调查区域戎巴的生计和分工特点，本书采用主次结合的多村落调查方法。具体做法是将杰德秀镇和桑耶镇两个极具代表性的村落作为主要的田野调查点，并对周边存在明显生计差异的村落进行周期性观察和访问，以此形成主次结合的多村落调查。同时结合笔者参与观察中的主位感受，综合运用相关理论，以求深入解读调查材料。

本书在"结语"部分尝试对话前人的分工理论，强调人的适应理性在分工实践中的基础性作用。但因笔者水平有限，论述难免存在不足和纰漏，诸多遗憾之处，留待方家批评指正。

王霞

2022 年 2 月于云南昆明

目　录
Contents

导　论

至迟在 20 世纪中期以前，人类学家关注的焦点是那些"偏远的、孤立的或与世隔绝的、自给自足的"[①] 小型社会，以细致入微的描写记录了这些小型群体在日常生活、生产及宗教仪式上的性别分工和年龄组分工，以及分工背后生物和文化的意义。从分工的角度反映其社会结构，以及在适应环境过程中的动态图景，积累了大量人类学视野下有关分工的实证研究案例。

一、选题缘起、研究背景和研究意义

雅鲁藏布江中部流域的河谷地带，没有上游宽阔的草原，也没有下游峡谷的茂密森林。这里满足人们生存需要的资源相对贫乏且远离边境和中国内地，这里是西藏人口和农业最为集中的区域，也是西藏政治、经济和文化的中心区域。这里以"亦农亦牧"为基础的多样性河谷生计，使当地人维持一定程度的"自给自足"。

（一）选题缘起：来自田野调查的发现和启示

雅鲁藏布江中部流域指拉萨河与雅砻河之间的宽谷地带，当地藏民称为"雅鲁"（雅砻）。根据笔者在当地开展的田野调查，以多样性生计为基础的当地家庭，其内部分工呈现出灵活多样的特点，并且家庭之间擅于通过协作来扩大劳动力的基数或节约劳动力的投入，从而提升劳动的效用。这其实是家庭内部的分工通过一些特定的方式，向家庭之外的劳动力进行延伸。其中，这些方式包括在牧区同样常见的劳动力"轮流当值"制度，可以帮助家庭实现节约劳动力投入、扩大劳动力基数或弥补技能缺失的目的。这种带有流动性的劳动力安排方式，与具有灵活性和多样性的家庭分工方式形成优化组合，从而使一个家庭突破了基本劳动力的局限，降低或避免了因单独应对环境和生存压力而面临的风险，也能够在一定程度上保障一个家庭不至于因劳动力不足而难以维持生计。

同时，调查还发现当地人对家庭的基本劳动力有着"物尽其用"的倾向，因此家庭分工大体上遵循年龄、性别和技能的多样性原则，同时大多数的分工并没有严格的界限，而是表现出灵活性的特点。比如在某些日常或突发时刻，人们会打破一般情况下的分工依据而灵活应对。这可能是劳

---

① ［美］罗伯特·芮德菲尔德著，王莹译：《农民社会与文化：人类学对文明的一种诠释》，北京：中国社会科学出版社，2013 年，第 11 页。

动力不足所导致的结果，也可能与劳动力是否充足毫无关系。

　　此外，调查还发现，当地多样性的生计不仅体现在同一个家庭内部，还体现在不同家庭、村落和河谷之间。一个家庭的"自给"只能实现有限的"自足"，须凭借其他家庭的劳动来弥补不足，从而超出家庭的限制，形成"相互依存"的地方社会网络秩序，分工也因此有了建构社会网络并维护其秩序的意义。

　　显然，分工是理解当地适应机制的一个有效视角。然而，这一适应机制和视角并未获得应有的关注。目前，同类型的研究和参考极为有限。例如，在关于喜马拉雅边境农牧系统的研究中，研究者已经注意到灵活多样的劳动安排是人们应对当地自然环境风险的调解机制；对于藏北草原的游牧群体来说，流动的劳动力能够保障劳动力的有效性和可用性，能在牧民应对气候变化脆弱性的过程中发挥关键作用。

　　本书选择"分工"作为研究主题，力图清晰地看待民主改革前后"雅鲁"河谷居民的分工情况，以及分工在 60 年间的新变化，以此透视其依据分工而构建起来的地方社会网络及其变化。

（二）研究背景：田野调查的时空界定

　　本次调查的空间范围是雅鲁藏布江中部拉萨河与雅砻河之间的宽谷地带，当地藏族群众习惯上把这一段称为"雅鲁（雅砻）"藏布（江河之意），而将其以西至日喀则境内的一段称为"娘曲"。该区域是卫藏地区典型的河谷农区。调查范围囊括了贡嘎、扎囊两县的大部分区域。

　　"雅鲁"河谷南北两岸的村落在人口数量和密度、土地规模、生计类型等方面存在明显差异：同一河岸表现出明显的相似度，如南岸的吉汝沟、扎其沟与江雄沟都是人口、耕地和村落较为集中，农业地位突出，手工业、商业和分工相对发达的相邻河谷，与北岸的诸条山沟形成了鲜明对比。因此有必要选取位于相邻或相向河谷内的代表性村落进行"多点"调查与比较，以更为清晰地展示该区域及群体的分工和社会实践。值得一提的是，"雅鲁"南北两岸的村落在整个西藏河谷农区都具有相当程度的代表性，从而具备以此了解西藏农区整体情况的可能。

　　尽管藏族内部在一些习俗和观念上保持较高的一致性，但正如"农民"与"牧民"在生计方式、地域分布及其所依赖的自然环境方面存在较大差异一样，生活在"雅鲁"河谷的藏族群体内部，传统上仍明显存在农户、牧户、渔户、陶户和商户等次一级的群体差异。这种差异基于他们所依托的主要谋生方式不同，并且这种不同构成了河谷群体内部的社会分工。尽管这一社会分工只能在有限程度上促成河谷群体的"自给自足"，但它同时也促成了河谷内部从个人、家庭、村落到整个河谷区域的社会建构，也为本书从分工这一视角揭示村落各层次（个人、家庭、村落、跨村落网络）的互动预设了可能。

从横向的纬度，调查区域内"村落"的鲜明特征往往与村民的主要生计相对应。如以农户（主要依赖农业）为主的村落（包括依附农业的个别屠夫、金属匠和数量不多的其他手工生产者，如木匠、画匠、裁缝、鞋匠等）、以牧户（主要从事牧业生产）为主的村落、以陶户（制陶专业户）为主的村落、以渔户（以捕鱼及交换为主要生计）为主的村落。本书将以农户为主的村落作为主要田野点，将其余三种村落作为次要田野点，以此互为参照和比较，对"雅鲁"河谷群体的分工实践进行描述。

从纵向的纬度，本书以1959年西藏民主改革为节点，主要依据文献材料和报道人的口述材料，先是建构起节点之前（即民主改革之前）一段时期的分工情况，以便和节点之后的时期形成对照；节点之后涵盖互助组、人民公社、包产到户和至今的几个时期。其中，对"雅鲁"河谷群体自1959年以来的互助组、人民公社、包产到户直至笔者进入田野点之前的分工构建，主要依赖档案、报纸和口述材料。值得一提的是，西藏新旧制度变更之后，有关西藏各领域的研究和报道成果逐渐丰硕，为本书的研究提供了坚实的支撑。

（三）研究意义：以分工为视角的地方社会分析

本书以分工作为分析和理解西藏农区社会及其变迁的切入口。具体而言，从家庭这一层面，发掘并描绘出西藏农区存在着的劳动力的组织及分配机制，即不同性别、年龄、技能的劳动力在时间和空间整合上的分工现象，并考察其自民主改革以来在国家力量和市场嵌入的影响下可能发生的变化，以此透视当地人与自然、人与人之间的关系以及社会变迁。因此，本研究的意义在于为藏区的社会研究提供另一种检视其乡村社会的视角，并为分工与社会变迁的关系展示一个理解的角度。

因此，从现实意义上来说，本研究立足于人类最基本的生产活动的角度，对西藏河谷农区居民与当地自然环境及社会之间关系的梳理，有助于从根本上廓清"小地方"的"小传统"，以便于从占西藏多数人口的河谷居民的生存智慧中获得某种启发，促使国家主导与扶持下的西藏发展真正实现从输血式发展到造血式发展的转变。一个可供参考的路径是营造某种氛围引导农牧民充分发挥其主观能动性和创造性，鼓励其在谋求自身发展的过程中发扬及创新其生存智慧，这一智慧包含着人与自然、人与人之间稳定和谐又不乏创新活力的关系，对引导当地的变迁具有建设性的启发意义，同时也具有超越西藏本土及河谷农牧民群体的启发性意义。

同时，有关分工与地方文化—社会变迁的关系及互动的追寻，是本书探求西藏农区文化—社会及变迁的一种尝试。尽管只是站在了尝试提出问题的起点，距离解决问题尚有一定的距离，但笔者也清醒地意识到，提出问题是一个可以争辩的环节，任何一种自知不足都能够激发起对新资料的渴求，犹如地面的凹坑，总是引得水去填充它。因此，尽管本书是一个蹒跚起步的尝试，但若它能发现地面上的一处凹坑，总能引发一场雨露去填平它，或许这就是本书研究的意义所在。

二、研究综述

（一）有关分工的理论探讨和经验研究

前人对人类分工的探讨浩若繁星。例如，在西方古希腊时代，哲学家柏拉图从维护"城邦共同体"良性运行的角度，将职业分工、个人天赋和城邦需求联系起来，对分工的起因和意义进行了系统阐述。在他看来，个人根据自身天赋从事相应职业的分工有利于城邦的良性运行，这样的分工是正义的[①]。而比柏拉图早近 300 年的中国古代思想家管子认为，"四民分业定居"有利于治国和安邦[②]。

尽管柏拉图并非第一个讨论人类分工的学者，但他的分工思想及理论对后世学者的影响至为深远，直到今天仍然是诸多学者热衷于挖掘和讨论的领域。尤其政治经济学自 17 世纪至 18 世纪早期作为一门独立学科，以及社会学在 19 世纪中期前和人类学在 20 世纪早期成为一门现代科学以来，不同学科背景的学者对人类分工的讨论各有侧重和建树，丰富和拓展了人们对分工的认识。考虑到本书的篇幅所限和论述主题的相关性，在此不一一赘述。

---

① ［古希腊］柏拉图著，郭斌和、张竹名译：《理想国》，北京：商务印书馆，2018 年。
② 诚举、胡兴文、蔡莉译注：《华夏文化经典宝库——管子》，昆明：云南大学出版社，2003 年。

另外，来自田野点的调查发现和启示表明，分工在雅鲁藏布江中部河谷农区的意义需要综合多个学科视野和分工理论，对分工的表现、动因和意义加以描述和阐释，才能够相对完整和真实地把握这一地方群体的分工现象。因此，根据论述主题的相关性，下文尝试对有关人类分工的理论进行粗略的归纳和梳理。

1. 分工的起因和意义：前人对分工的理论探讨

亚当·斯密开创了科学探讨人类分工的先河。他指出，并非个人的天赋才能引起了分工，而是人自身对舒适和效率的追求导致了分工的结果，并且分工发展了人们的天赋才能并形成了不同的社会阶层。此外，亚当·斯密指出交换是分工的前提，引起分工产生和变化的原因是交换行为和市场范围。[①] 亚当·斯密所探讨的分工，上承柏拉图分工思想，下引马克思分工理论，并深植于资本主义的历史背景下：一方面关注劳动工序的分工及其效率，即分工如何促使劳动者技能提高、时间节约和技术进步，如工场制作铁针的分工案例（劳动工序的分工）；另一方面关注与交换以及市场规模有关的社会分工。

马克思所探讨的分工并不局限于资本主义背景下的特定人群，而是将处于不同历史阶段和空间的全人类视为抽象的人，将其生产和加工劳动对象时的劳动组织及分配视为分工，并强调分工与技术—工具的关系，指出："劳动的组织和划分视其所拥有的工具而各有不同。手推磨所决定的分工不同于蒸汽磨所决定的分工。"[②] 换句话说，马克思的分工理论至少涵盖三个抽象的方面：一是作为劳动分工主体的人；二是作为客体的劳动对象；三是作为两者之间中介的技术和工具。对此，在分析引起分工产生和变化的因素中，马克思提出应将环境和人的自然属性、私有制产生的历史条件，以及人所属的阶级地位等社会属性纳入其中，并凸显人作为行动者的实践意义。此外，马克思所讨论的分工也涵盖了劳动工序分工和社会分工两个层面，他指出："分工和私有制是相等的表达方式，对同一事情，一个是就活动而言，另一个是就活动的产品而言。"[③] 然而，出于其政治使命的倾向，马克思显然更为关注的是分工与"活动的产品"的分配和交换的关系，即

① ［英］亚当·斯密著，郭大力、王亚南译：《国富论》，北京：商务印书馆，2014年，第15－17页。
② 中共中央马克思恩格斯列宁斯大林著作编译局编译：《马克思恩格斯选集（第一卷）》（第二版），北京：人民出版社，1995年，第32页。
③ 中共中央马克思恩格斯列宁斯大林著作编译局编译：《马克思恩格斯选集（第一卷）》（第二版），北京：人民出版社，1995年，第84页。

社会分工的范畴。但在分工与交换的关系中，马克思提出了与亚当·斯密截然相反的观点，认为分工是交换的前提，而非交换是分工的前提。恩格斯跳出了劳动工序分工和社会分工的范畴，从历史唯物论的立场提炼出人类历史上的三次社会大分工，以此说明分工是推动人类历史发展的动力，从而以更为宏观的视野和格局评价分工在建构整个人类历史进程中的作用，并且凸显了人作为行动者的主体实践性。

涂尔干对分工的讨论聚焦于社会分工的范畴。他指出社会是导致分工产生的原因："只有社会因素才能导致分工产生"，社会是"将劳动分工组织起来的必要物质条件"，因此分工是一种社会的现象和存在；分工之所以能够不断进步，是因为社会密度的恒定增加和社会容量的普遍扩大，而非来源于人们对幸福持续不断的追求和愿望。至此，涂尔干将分工产生的原因与人的主体性割裂开，否认了人作为行动者的能动性；但同时涂尔干并未完全忽视"分工的活动"，即劳动工序的分工，因此他又承认"分工与各种有机条件以及心理条件也是有关系的"。① 同时，涂尔干相信分工也是形成社会的原因。在"分工与道德生活之关系"的论述中，涂尔干指出分工的作用在于使社会成为可能并维持社会的平衡。涂尔干用两性分工的例子指出，"劳动分工的最大作用，并不在于功能以这种分化方式提高了生产率，而在于这些功能彼此紧密的结合"。因此，"有了分工，个人才会摆脱孤立的状态，而形成相互间的联系；有了分工，人们才会同舟共济而不一意孤行"。随着分工的发展，"有机团结"社会将取代"机械团结"社会。② 在涂尔干聚焦于社会分工的论述中，避开了具体劳动活动中的劳动工序分工，以及与之相关的劳动主体、劳动对象和技术—工具在分工中的意义。

上述讨论分工的思想和理论中，柏拉图和亚当·斯密所讨论的分工从个体的人出发，同时注意到分工所带来的社会性结果，或者说分工所具有的社会性功能。涂尔干所描述的分工尽管也承认分工与人的有机条件和心理条件有关，但他更强调分工的社会功能及其后果，因而其关于分工的理论使个体湮没在社会里。马克思和恩格斯所讨论的分工则以抽象的人替代了具体的人，前者强调技术—工具分工的影响以及分工与其"活动产品"——私有制的关系；后者推断出社会大分工与历史进步的关系。

---

① ［法］埃米尔·涂尔干著，渠东译：《社会分工论》，北京：生活·读书·新知三联书店，2000 年，第 262 页。

② ［法］埃米尔·涂尔干著，渠东译：《社会分工论》，北京：生活·读书·新知三联书店，2000 年，第 6 页。

2. 分工作为文化整体的部分：人类学者对分工的经验研究

人类学擅长以民族志呈现研究对象，分工是人类学研究的重要领域，但以分工作为专门主题的民族志研究较为少见。对比前人探讨分工的理论倾向，人类学者对于有关分工的描述是以实地调查和参与观察为基础的。因此，人类学视野和方法下的分工研究至少具有以下几种倾向：其一，与理论的抽象发挥不同，人类学的实证研究以某个特定区域的特定人群作为考察对象，有关分工的描述和阐释依赖其发生的地方性情境；其二，极少有将分工作为专门主题的民族志研究，对分工的描述通常服务于其他的研究主题并因此获得呈现（例如分工的性别界限能够反映某个人群的生计方式、社会结构、信仰和习俗等），分工只是整体研究的一部分；其三，人类学研究方法的特殊性对于描述较为封闭的简单社会的分工具有明显的优势，例如队群、氏族和家户等，对于较为开放的社会，擅于将地方的现象和事实置于更为广阔和深远的时空背景下进行分析；其四，人类学视野下，分工的个案研究既是对已有理论的检验，也是对已有理论的细化和创新；其五，对某个特定的分工事象加以深描，解释其形成的原因及其意义。

古典进化论者依据人类男性和女性的生物学差异，解释二者在分工中的角色和地位差异。认为女性作为生育承担者被动地回避了男性狩猎者所承受的"适者生存"自然法则在人类进化中的作用，因而在体能上逊色于男性；另外女性身体缺乏睾酮，导致她们在社会中处于比较消极被动的地位。暗示着"生育"和"睾酮"是导致分工性别差异的生物原因。这种将男性视为"狩猎者"、女性视为"采集者"的构想，暗示性别的生物差异导致了分工的性别差异，而分工的性别差异又强化了性别的生物差异。因而得出分工的性别差异是200万年来人类进化过程的必然结果。

在进化论的基础上，摩尔根在《古代社会》中依据工具和技术的应用，将古代人类历史的进程划分为蒙昧、野蛮和文明三个阶段，恩格斯在此基础上提出了人类历史上的三次社会大分工。新进化论者怀特尽管未对分工有过直接论述，但指出："每一种社会系统都建立在技术系统之上，并决定于技术系统。但是，每一种技术系统都在相应的社会系统之内发生作用，并因此而受到社会交往的制约。由农业革命所创立的社会系统影响着技术的过程，以便最终地'抑制它'并使整个文化的进步发展实际上停止不前。"① 鉴于工具和分工之间的直接联系，怀特所指称的包含了政治、经济和宗教等要素的社会系统，必然通过抑制技术和工具的发展，进而成为分工发展的障碍物。② 斯图尔德批评怀特的进化思想为"普遍进化论"，强调技术相同而环境不同，或者环境相似而技术不同的情况下，所产生的文化类型不同；而在生态和技术条件相似的情况下，社会组织就相类似。因此文化与生计活动和经济安排有最密切的关系，并且体现出家庭或超家庭的社会文化整合的水平③，这与分工的发展不无关系。但斯图尔德和怀特因过于强调技术—经济的作用，而忽略人作为实践者以及生产关系对生产力的作用，因而是机械和不全面的④。塞维斯和萨林斯都将文化的进化视为一种适应的过程。区别在于：塞维斯否定怀特的"技术决定论"，将马克思的"经济基础决定上层建筑"视为非科学的教条，同时也否定列维－斯特劳斯关于社会和文化制度的基础是由人的心理活动的无意识结构构成的主张；萨林斯则试图凭借"符号文化决定论"旨在阐述一个逻辑，"即人与自然关系中的实践受制于人对其生活世界的符号表述"⑤，从而将人的实践性凸现出来。马文·哈里斯一方面着重指出"文化唯物主义坚持主张基础结构通常决定结构和上层建筑"⑥；一方面对现实的基础到底是观念还是物质实体，提出了区别"思想事件与行为事件"和"主位事件与客位事件"的认识论原则⑦，并在此基础上将社会文化系统划分为四个组成部分：客位行为的基础结构——生产方式和再生产方式，客位行为的结构——家庭经济和政治经济，客位行为的上层建筑——艺术、仪式和科学等，思想的和主位的上层建筑⑧，从而将社会的物质方面和思想方面截然分开，把技术—环境看作人类历史的动力，而意识形态与社会—经济结构之间则没有进一步的相互

① ［美］怀特著，曹锦清译：《文化科学：人和文明的研究》，杭州：浙江人民出版社，1988年，第365－366页。

② ［美］怀特著，曹锦清译：《文化科学：人和文明的研究》，杭州：浙江人民出版社，1988年，第365－366页。

③ STEWARD J H. Theory of culture change. Urbana：University of Illinois Press，1979：39－55.

④ 吴文藻：《吴文藻人类学社会学研究文集》，北京：民族出版社，1990年，第333－335页。

⑤ ［美］萨林斯著，王铭铭、胡宗泽译：《甜蜜的悲哀》，北京：生活·读书·新知三联书店，2000年，第11－22页。

⑥ ［美］马文·哈里斯著，张海洋、王曼萍译：《文化唯物主义》，北京：华夏出版社，1989年，第340页。

⑦ ［美］马文·哈里斯著，张海洋、王曼萍译：《文化唯物主义》，北京：华夏出版社，1989年，第36页。

⑧ 黄淑娉、龚佩华：《文化人类学理论与方法研究》，广州：广东高等教育出版社，2004年，第340－341页。

作用，即意识在历史进程中也不起作用①。

对比前人讨论分工的思想和理论，上述学者尽管并未将分工作为直接分析的主题，但他们所提出的理论和主张，对分工研究无疑具有直接的指导意义。埃里克·沃尔夫对于无文字民族的研究也为本书提供了类似的参考价值。在他的研究中，分工与资源分配、冲突和重组一样，成为其分析亲属关系、附属纳贡和资本主义这三种生产方式的核心要素，并更加强调人的作用。②

功能—结构主义人类学者马林诺夫斯基在其 1922 年出版的著作中描述了特罗布里恩岛人在园艺种植、制造独木舟、海航以及库拉活动中的分工，这是一种融合了当地自然条件和个人的技术、经验、身份以及巫术等要素为一体的分工实践。在当地，马林诺夫斯基还发现男性花费精力种植薯蓣的动机"是为非常复杂的社会和传统性质的动机所驱使"，并非"直接指向现实需求的满足"，但"获得了很多直接或者舆论形式的赞誉与名声"。③ 在此借用卡尔·波兰尼在其 1944 年出版的著作中运用"嵌入"来批判市场自由主义的逻辑起点的做法，即将经济视为依赖于政治、文化、宗教和其他因素而嵌入社会的一个组成部分，马林诺夫斯基描述下的分工实践显然可以理解为嵌入当地文化社会中的一个组成部分。

此外，在 1940 年出版的《努尔人：对一个尼罗特人群生活方式和政治制度的描述》一书中，埃文思·普里查德描述到尽管努尔人会随着一年中的"生态时间"来安排不同的生计，但由于围绕牛而展开的牧业占据优先地位，因而在对牛的照顾和"索取"上有着清晰的分工模式：成年男性唯一感兴趣的劳动是照顾牛，并情愿冒着生命危险来保护自己的或窃夺邻人的牛群；"挤奶的工作由妇女、女孩和尚未举行成丁礼的男孩完成。男人们挤奶是受到禁止的，除非是在没有女人或男孩在场时，比如在路途中或是在征战的途中"。"单个的家或户无法独自保护和放牧他们的牛群"，因此"小型的地方性群体合在一起放牛，也联手合作保护家牛"。④ 可见，努尔人

---

① 黄淑娉、龚佩华：《文化人类学理论与方法研究》，广州：广东高等教育出版社，2004 年，第 352 页。

② ［美］埃里克·沃尔夫著，赵丙祥、刘传珠、杨玉静译：《欧洲与没有历史的人民》，上海：上海人民出版社，2006 年。

③ ［英］布罗尼斯拉夫·马林诺夫斯基著，张云江译：《西太平洋的航海者》，北京：九州出版社，2007 年，第 75 页。

④ ［英］埃文思·普里查德著，褚建芳译：《努尔人：对一个尼罗特人群生活方式和政治制度的描述》（修订译本），北京：商务印书馆，2014 年，第 21 - 25 页。

的分工并非完全由其生计方式自身以及自然条件和人的生物性所决定，还受制于他们包括巫术和亲属关系在内的有关文化要素。

据此，人类学者描绘下的分工，至少有几个方面是有别于前思想家或理论家所讨论的分工的：一是对分工本身的形式加以详细描述和记录，而非抽象地探讨其"功能"或内涵和范畴等；二是所呈现的分工是一种具体的实践过程，包含了人的主观意愿和能动性；三是将分工作为某一群体文化整体的一部分加以关注，借以了解文化的整体；四是倾向于从生计（包含环境和资源利用的技术、工具等）、文化和社会关系等层面分析人的分工实践；五是分工与个体、社会及自然都有某种联系，因而不是单一因素促成了某种分工现象；六是人的实践在分工中发挥了积极作用。

其中，马林诺夫斯基所描述的土著群体是一个巫术在其中发挥着重要作用的"富人统治的共同体"①；埃文思·普里查德笔下的努尔人社会则是一个由"亲属性和家庭性的群体构成"的部落社会。相比较古典进化论者将分工完全视为一种纯粹的经济行为，因而只注重工具和技术的影响，而忽视环境、政治、文化和贸易影响的主张，马林诺夫斯基注意到了社会结构（如亲属关系）对分工的影响，并提到了个人因素在分工中的作用。同时，与埃文思·普里查德一样，也提到了文化（如巫术）对性别分工的建构。两位学者所描述的分工只是提供了两种来自不同人群的样本。并且，在这里看不到所有制、阶级和国家对分工的影响，也看不到历史在其中的作用。

自马林诺夫斯基开创人类学科学的民族志研究方法以来，现代人类学家对于某个地域及群体的劳动分工的关注，在文化整体观及文化相对观的视阈下，将劳动分工视为某个人群主体的文化整体的一个有机部分，或是同一文化群体内部不同个体之间，以及不同文化群体之间产生互惠的动因和前提。

人类学家广泛地研究了各种社会依据性别、年龄和技能的分工，在畜牧、游牧、集约农业和工业社会中都看到相同模式，即男性的工作使他们大部分的时间在家外。"在寻食和传统的农耕社会，分工按年龄和性别进行，每个人都有知识和能力去做适合其年龄和性别的各方面工作。"相比之下，"在当代工业社会，更多样、更专门化的工作有待人们去做，因而甚至

---

① ［英］布罗尼斯拉夫·马林诺夫斯基著，张云江译：《西太平洋的航海者》，北京：九州出版社，2007 年，第 81 – 99 页。

没有人能一开始就知道所有那些适合其年龄和性别的工作"①。人类学对劳动分工的研究旨趣，不在于寻找生物学的规则用以说明根据性别、年龄等人口因素的分工，而在于考察在特定的社会环境中男女老少从事的各种工作，以及它们是如何与其他文化和历史的因素相联系的。

"城市化产生了新的社会秩序：随着社会分层，人们按其性别、他们做的不同种类的工作，或者他们出生的家庭，被划分为不同的等级，明显的不平等就发展起来了。"② 尤其随着"二战"后女性主义及社会性别理论兴起，以人类学方法和视野对性别分工进行的研究，其焦点集中在探讨社会性别在社会、家庭等领域的劳动分工中所扮演的角色、职能、地位及其意义。正如马克思所说劳动分工揭示了人与自然之间、人与人之间以及人与社会之间的关系。然而，在民族志的文本建构中，劳动分工所涉及的内容通常只是民族志的一个组成部分，并且通常并不是最主要的部分，即使是与劳动分工极为密切的社会性别领域的研究，情况也大体如此。因此"劳动分工"极少作为专门的研究对象，而是更多地用以说明和描述研究对象的整体情况或某一个方面的问题（如生计），具体实例不胜枚举，在此不再赘述。从人类学学科的角度，运用人类学的理论和方法对某个特定区域及其人群的劳动分工进行专门研究的情况亦不多见。

3. 已有研究中对西藏农区分工的零星关注

此处所谓零星的关注，是指碎片化的，非专门、非系统和深入的探讨。在有关西藏的研究中，仅发现为数不多有关分工的描述，并且其关注分工的视角和聚焦点各有不同。

石泰安在 1962 年出版的《西藏的文明》一书中指出西藏历史上经历过的社会大分工："在吐蕃历史黎明时代，放牧用的大部分地区都由外来民族占据。在近代，西藏又重新出现了类似的局面……全部人口的六分之五从事农业，……吐蕃第一个王朝发展的原因可能正是它控制了最富饶的农业地区。时至今日，西藏的政治文化中心早就位于从事精耕细作的地区。……至少是从 11 世纪以来，人们便把'吐蕃人'（Bod—pa）与'牧场人'（'brog—pa）对立起来了，如同后者不是吐蕃人一样。"③

---

① ［美］威廉·哈维兰著，瞿铁鹏、张钰译：《文化人类学》，上海：上海社会科学院出版社，2006 年，第 200 页。

② ［美］威廉·哈维兰著，瞿铁鹏、张钰译：《文化人类学》，上海：上海社会科学院出版社，2006 年，第 186 - 200 页。

③ ［法］石泰安著，耿昇译：《西藏的文明》（第二版），北京：中国藏学出版社，2012 年，第 98 页。

在梅·戈尔斯坦的研究中，分工是人们应对环境变化的适应策略。梅·戈尔斯坦于 1976 年发表的论文中分析了半农半牧区利米（中尼边界藏区）的三个社会阶层及其应对自然环境和政治环境变化时在生计方式以及文化控制（如一妻多夫婚姻）上的适应策略，而家庭内部的分工随着这种策略的选取而发生相应的变化："（对一个家庭而言）妇女纺织氆氇是另一项收入来源。几乎所有同家庭分开、单独居住的未婚妇女（么朗）都要做大量的纺织工作……对于那些最贫穷的人而言，体力劳动是重要的补充收入。赤贫者包揽了利米峡谷内各种各样的体力劳动，从干农活到放牧牲口，从做木工到纺织，从鞣制皮革到缝纫。"①

关注社会的阶层与分工。根据李有义的调查，至迟在 1950 年前，除了拉萨建有 1 个发电厂和 1 个兵工厂外，"西藏是完全没有近代工业的"。广大的农牧区基本上是自给自足的自然经济，以农业和牧业为主，并有少量的手工业，"除了季节性的农牧民交易之外，其他经常的和较大的商业，完全操控在政府、世家和寺院手中"②。巴伯诺·尼姆里·阿吉兹在《藏边人家：关于三代定日人的真实记述》一书中描述了定日的四个内婚集团，即四种不同社会层次的人：俄巴（僧侣）、格尔巴（贵族）、米赛（平民）、雅娃（贱民）。其中，米赛内部又分为三个平民的阶层：戎巴（支差交租的佃农）、匆巴（全部时间从事贸易活动的商人）、堆穷（无固定经济职责、不依附土地、游动劳动者）。此外，还专门对定日的贱民以及赛吉③（除了从事世俗活动外，还要从事专门的宗教服务事业的人）进行了较为完整的研究，这些不同社会阶层的人，对应着不同的社会分工角色，反映了社会阶层和分工的情况④。

部分研究从藏族妇女的家庭和社会地位入手，探讨了藏族家庭和社会分工中妇女的角色、贡献与其地位的关系。一些学者认为"妇女承担了家

---

① ［美］梅·戈尔斯坦著，坚赞才旦译：《利米半农半牧的藏语族群对喜马拉雅山区的适应策略》，《西藏研究》2002 年第 3 期，第 113－120 页。氆氇是一种羊毛纺织物。

② 李有义：《今日的西藏》，天津：知识印刷厂，1951 年，第 85 页。

③ ［美］巴伯诺·尼姆里·阿吉兹著，翟胜德译：《藏边人家：关于三代定日人的真实记述》，拉萨：西藏人民出版社，1987 年，第 74、83－100 页。

④ ［美］梅·戈尔斯坦著，坚赞才旦译：《利米半农半牧的藏语族群对喜马拉雅山区的适应策略》，《西藏研究》2002 年第 3 期，第 118 页。

庭中的主要劳动"①，因此有利于"妇女在经济领域拥有较高的地位"。② 同样地，已有研究注意到"性别分工"的倾向在西藏传统农业社会中的家庭和社区中并不明显③；有学者提出对藏族女性的研究应该尝试从非性别的角度——女性所生存的社会和文化来加以分析④，这一启示对于分工的研究同样有效。

家庭经营的类型与分工。除了上文提到的李坚尚、扎嘎等对手工业和商业群体的关注外，冯彦明、王玉玲、王文录调查了雅鲁藏布江南岸贡嘎县岗堆村不同经营类型的农户家庭，反映了耕种示范户、捕鱼户、养鸡专业户、牦牛养殖户、粮油加工户、泥瓦匠、铁匠、教师和以经商或手工业为主业的家庭劳动分工情况。⑤ 郭克范等从社会变迁的角度，描述了"一江两河"流域山沟社区人群生产方式、劳动分工、社会分层、村落组织、"贱业"群体等方面的情况和变化。⑥ 刘复生考察了西藏民主改革前阿里地区的手工业及其"贱民"问题，并分析其形成的原因。⑦ 次吉以家庭民族志的形式考察和分析了工布错高村铁匠户的日常生产、技艺传承、身份等级及铁工技艺传承的困境，同时分析了铁匠、渔民、屠夫、天葬师等在西藏传统社会中的等级身份和形成原因。⑧ 刘志扬分析了拉萨城郊农民家庭结构和经济所呈现的适应性变迁，即家庭类型、通婚、内部职业角色变化以及两性社会角色分化的进一步扩大。⑨ 谭斯颖以日喀则夏村为田野个案展示农区家

----

① 萧瑛：《藏族妇女的生活》，《妇女月刊》1948 年第 3 期，第 17 - 21 页。

② ［美］比阿特丽丝·D. 米勒著，吕才译：《西藏的妇女地位》，［法］石泰安著，耿昇译：《国外藏学研究译文集》（第三辑），拉萨：西藏人民出版社，1987 年；尚云川：《藏族妇女与藏区社会经济的发展》，《西藏民族学院学报（哲学社会科学版）》2005 年第 2 期，第 31 - 32 页；中央民族学院研究部编：《西藏社会概况》，1955 年，第 118 页。

③ 冯云仙：《边疆妇女在社会上的环境与地位》，《妇女共鸣》1941 年第 6/7 期，第 47 - 54 页；萧瑛：《藏族妇女的生活》，《妇女月刊》1948 年第 3 期，第 17 - 21 页；王璐：《论藏族妇女的社会特性》，《西藏大学学报》1999 年第 2/3 期，第 25 - 26 页。

④ GYATSO J, HAVNEVIK H. Women in Tibet. Columbia：Columbia University Press, 2005.

⑤ 冯彦明、王玉玲、王文录：《岗堆村调查》，北京：中国经济出版社，2004 年。

⑥ 《甲玛沟的变迁》课题组：《甲玛沟的变迁——西藏中部地区农村生活的社会学调查》，北京：中国藏学出版社，2009 年；郭克范：《西藏"一江两河"流域近半个世纪的社会变迁——以墨竹工卡县甲玛乡为例》，《中国藏学》2005 年第 3 期，第 90 - 96 页。

⑦ 刘复生：《民主改革前西藏阿里地区的手工业以及"贱民"问题——主要以普兰、札达两县为例》，《西藏研究》2008 年第 4 期，第 29 - 33 页。

⑧ 次吉：《职业身份·技艺传承·生产销售——西藏工布错高村铁匠户为中心的实地考察》，西藏大学硕士学位论文，2013 年。

⑨ 刘志扬：《藏族农村家庭的现状与演变——西藏拉萨郊区农村个案研究》，《思想战线》2006 年第 2 期，第 97 - 104 页。

庭日常生活中的分工及社会性别关系。①

（二）有关西藏河谷社会文化及其变迁的研究

20 世纪上半叶，中外人类学者到达西藏及周边地区②进行实地调查，撰写出一批颇具影响力的研究专著。但总体来说，学者关注的主题以藏族文化中的宗教、历史、政治、艺术、文学等领域较为多见③，并且相对于对西藏周边地区和藏北羌塘地区游牧群体的关注度而言，对分布在西藏中部河谷地带内从事定居农业及半定居牧业的农牧群体关注较少。

1. 西藏和周边域内地区的藏族社会

国外学者中，早在 20 世纪 30 年代，美国人类学者罗伯特·埃克瓦尔就进入甘肃和青海的游牧区社会进行了长达八九年的调查，而他本人可称得上是最早对安多藏族进行研究的美国学者。其代表作《蹄上生涯》④ 以与较低海拔河谷地带的农业文化相比较的方式专门叙述了藏族游牧社会的经济与文化；在其另一部代表作《藏族与周边民族文化交流研究》⑤ 中也描述了安多地区游牧文化和定居农业文化两种不同的文化形态及其相互间的交流。但不容忽视的是，这两部著作凸现了作者环境决定论的倾向，而忽略了游牧群体内部存在的阶级差异及其能动性。

1944 年，法国人类学者克里斯托夫·冯·菲尤勒－海门道夫首次进入西藏珞瑜地区境内的阿帕塔尼河谷（地处所谓的麦克马洪线以南）进行调查，并在其 1962 年出版的著作《阿帕塔尼人和他们的邻族：喜马拉雅山东部的一个原始社会》⑥ 中对该半定居农牧群体的农牧生产、贸易和家庭生活等作了描述。犹太裔美国人类学者南希·列维妮对藏族游牧文化有着特别浓厚的兴趣，她一度在尼泊尔北部藏区生活了三四年，并先后到西藏阿里、

①　谭斯颖：《从日常生活看后藏农区的两性差异——以日喀则市夏村田野观察为例》，《藏学学刊》2015 年第 2 期，第 230－244、289 页。

②　西藏周边的藏族文化区，境内包括甘肃藏区、青海藏区、四川藏区和云南藏区，境外包括拉达克、尼泊尔、不丹等区域。

③　谢继胜：《国际藏学研究新动向——第九届国际藏学讨论会论文综述》，《中国藏学》2001年第 2 期，第 89－96 页；严梦春、看本加：《人类学藏族研究综述》，《西藏大学学报（社会科学版）》2010 年第 4 期，第 117－122 页。

④　[美]罗伯特·埃克瓦尔著，李有义译：《蹄上生涯》，北京：中国社会科学院民族研究所，1968 年。

⑤　[美]罗伯特·埃克瓦尔、波塞尔德·劳费尔著，苏发祥、洛赛编译：《藏族与周边民族文化交流研究》，北京：中央民族大学出版社，2013 年，第 1 页。

⑥　[法]克里斯托夫·冯·菲尤勒－海门道夫著，吴泽霖译：《阿帕塔尼人和他们的邻族：喜马拉雅山东部的一个原始社会》，1980 年。

青海果洛和四川色达进行实地考察，撰写过《一妻多夫制的动力：在西藏边境的血缘关系、家庭生活和人口》①，并分别探讨了藏族一妻多夫的婚姻制度和关于家庭中孩童成长的问题；在《西藏阿里传统税收制度之比较研究》一文中，从差税制度的角度描述了 20 世纪上半叶西藏西部传统农业社会一个典型缩影②。

国内学者中，早在 20 世纪三四十年代，人类学家林耀华、李安宅、李有义等人就开始进入藏族地区进行田野调查，填补了国内学者对藏族进行人类学研究的空白。但此时的老一辈学者中，除李安宅、李有义两位学者因职务关系在拉萨常驻并获取了关于西藏腹地的第一手人类学材料之外，鲜有其他学者在西藏中部地带进行过深入的实地调查。其中，李安宅于 1938 年赴甘肃拉卜楞寺进行藏传佛教的实地调查，随后写下《藏族宗教史之实地研究》③，是最早进入藏区进行藏族研究的中国人类学者。1944 年李安宅随同张逢吉、任乃强两位学者进入西康省（1939 年成立，1955 年撤销）分南北两路、历时半年进行藏族社会调查，写下了《西康德格之历史与人口》和《藏族家庭与宗教的关系》等文；1949 年随同解放军进至昌都，1951 年到达拉萨，直至 1955 年才离开。而李有义较李安宅更早进入拉萨，并集中在 1945 年 10 月到 1946 年 1 月期间访问了 1 264 个大小寺院，直至 1947 年 12 月才离开拉萨，其在常驻拉萨近三年的时间里有机会直接参与和观察西藏腹地的宗教仪式、社会阶层和生活方式等，并著有《西藏之婚姻制度》《西藏之封建制度》和《西藏土地制度二题》等④。林耀华则利用 1944 年和 1945 年的两个暑假进入康北藏民区域和嘉绒人地区进行调查，其田野点主要是甘孜县城以北的绒擦沟和嘉绒四土（今理县西北部）的范围，并关注藏族社会的封建制度、等级制度和家屋制度，其中家屋制度自 20 世纪 70 年代末期开始已成为人类学研究藏人社会组织和政治制度的重要

---

① NANCY E L. The dynamics of polyandry：kinship，domesticity and population on the Tibetan border. Chicago：The University of Chicago Press，1988.

② ［美］南希·E. 列维妮著，格勒、玉珠措姆译：《西藏阿里传统税收制度之比较研究》，《西藏研究》1993 年第 1 期，第 20 - 37 页。

③ 该书的完成基于作者从 1938—1941 年历时 3 年之久的实地考察，第一版第一次印刷始于 1989 年。

④ 前二者基于作者从 1938—1941 年历时 3 年之久的实地考察，发表于 1949 年前后；后一者基于 1956—1961 年深入西藏和四川藏区的社会历史调查，发表于这一时期。参见格勒、张江华：《李有义与藏学研究》，北京：中国藏学出版社，2003 年。

工具①。

综上，从调查区域来看，这一时期对于境内藏区的人类学研究多在西藏东部安多藏区、北部阿里以及四川藏区和甘肃藏区进行，对于西藏中部腹地的实地调查和研究则相对较少。从研究对象及主题来看，除了有关藏族文化整体中的宗教、历史、艺术、文学等领域外，游牧群体的社会组织、牧业生产和交换活动等经济文化受到较多关注；而对于有关农区定居农业和半定居牧业群体的关注，则倾向于在社会制度、土地制度、税收制度、人口、等级、家庭和婚姻制度等方面展开，有关其生产和交换等经济活动的主题研究则涉及不多。

2. 边境和周边域外河谷的藏族社会

美国人类学者梅·戈尔斯坦从 20 世纪 60 年代起与其他学者合作，开始对域外藏区（印度和尼泊尔等国的藏族社区）进行实地考察和研究，并利用 1965 年到 1967 年之间 20 个月的时间在印度 Mysore 的西藏逃亡者聚居地，通过收集流亡报道人的讲述撰写了《西藏农村的结构与差税制度》②，由于在这之前他本人从未真正进入过中国境内的藏族农牧区进行实地调研，因而这一时期关于中国藏族农牧民研究的著作难以避免在可信度和参考价值上具有局限性。如《巴哈里与西藏的一妻多夫制度新探》等，该文主张西藏一妻多夫制本质上不是对自然生存条件的适应，而是对生产力和经济发展水平导致的社会结果的适应③；而《利米半农半牧的藏语族群对喜马拉雅山区的适应策略》（1976）则基于其进行过实地调查的尼泊尔藏族社区的情况④。大概在同一时期，法国人类学者克里斯托夫·冯·菲尤勒－海门道夫在 1957 年和 1971 年两次深入中尼边界对舍尔巴（夏尔巴）人进行调查，著有《尼泊尔的舍尔巴》（1964）和《喜马拉雅山区的贸易者：尼泊尔高地的生活》（1975）⑤ 对地区定居的夏尔巴群体的职业、劳动、社会生活及其变迁等进行了描述。同是美国人类学者的巴伯诺·尼姆里·阿吉兹最初于

① 张亚辉：《封建、等级与家屋：论林耀华的藏区研究与边政思想》，《西北民族研究》2018年第 2 期，第 98－108 页。

② ［美］梅·戈尔斯坦，陈乃文译：《西藏农村的结构与差税制度》，吴从众编：《西藏封建农奴制度研究论文选》，北京：中国藏学出版社，1991 年，第 519－548 页。

③ ［美］梅·戈尔斯坦，何国强译：《巴哈里与西藏的一妻多夫制度新探》，《西藏研究》2003年第 2 期，第 107－119 页。

④ ［美］梅·戈尔斯坦著，坚赞才旦译：《利米半农半牧的藏语族群对喜马拉雅山区的适应策略》，《西藏研究》2002 年第 3 期，第 113－120 页。

⑤ ［法］克里斯托夫·冯·菲尤勒－海门道夫著，吴泽霖译：《喜马拉雅山区的贸易者：尼泊尔高地的生活》，纽约：纽约圣马丁出版社，1980 年。

1970 年至 1971 年在尼泊尔境内开始其关于定日的田野考察，并于 1975 年重返尼泊尔后完成其著作《藏边人家：关于三代定日人的真实记述》(1987)，在书中阿吉兹描绘了汇聚在中尼边界定日地区逃亡难民社会（自 1885 年至 1960 年）中不同阶层的社会生活图画①。

自 20 世纪 50 年代初西藏新旧制度变更之际至 80 年代初，由于历史和政治的原因，外国人类学者在这一时期不能进入西藏本土以及中国其他四省的藏族社区进行实地调查，同时国内由于"文化大革命"的影响，除了国家主持的民族调查工作以外，有关人类学的研究也停滞了下来。这一时期，美国等西方国家藏学人类学的研究和相关主题的讨论，或因受到调查区域的限制，或因研究主题的倾向，使得这一时期的研究成果都偏离了对于西藏本土及其农牧群体的关注，而把调查的区域和研究的主题集中在域外藏族社区和有关海外藏人的群体中。因此，这一时期有关域外藏族农牧群体的研究成果在此不再赘述，而在其后的分析过程中作为参考加以引用。

3. 西藏中心区域的河谷社会

自 20 世纪 80 年代初以来，随着中国改革开放的实施和国内人类学学科的恢复，以及 80 年代中期中国藏学研究中心等藏学研究机构的成立，对西藏社会经济及有关藏族文化变迁的研究，成为这一时期关注的热点之一。

在国外学者中，梅·戈尔斯坦是中国实行改革开放以后第一位获准到西藏考察和研究的外国学者②，他于 1985 年 5 月到达拉萨进行调查，其间于 1986 年协同美国体质人类学家辛迪娅·比尔与西藏社会科学院签订了一项针对西藏西部牧民所进行的联合实地考察，基于这项实际为期 18 个月的考察，两人合作撰写的《西藏西部牧民——一种幸存的生活方式》，围绕着对中国西藏实施改革开放后所发生变化的描述，展示了西藏一个典型牧区中牧民一年四季的生活方式，以及传统牧区的社会经济变迁；1988 年因与西藏社会科学院签订了为期 10 年（1986 年至 1996 年）的合作研究计划，因此在其后的几年当中，梅·戈尔斯坦几乎每年都要到西藏进行数月的实地调查；此后又继续签署了自 1997 年至 1999 年的"西藏农区家庭、老年人与人口生育状况调查"这一为期 3 年的项目，梅·戈尔斯坦从人类学的角度进一步对西藏农区的家庭和人口进行调查。梅·戈尔斯坦在 1987 年出版的《喇嘛王国的覆灭》中展开了关于西藏村落、庄园奴隶制度和差役制度

---

① ［美］巴伯诺·尼姆里·阿吉兹著，翟胜德译：《藏边人家：关于三代定日人的真实记述》，拉萨：西藏人民出版社，1987 年。

② ［美］梅·戈尔斯坦著，杜永彬译：《喇嘛王国的覆灭》，北京：中国藏学出版社，2005 年。

的历史性研究。

这一时期国内学者针对西藏农区群体的人类学、民族学研究呈现出学科体系分化（体质人类学、文化人类学、生态人类学、考古人类学、语言人类学、饮食人类学、医学人类学）、研究视角多样（农奴制度、婚姻、家庭、饮食和习俗、文化变迁和涵化、法律、仪式、村落社区的社会结构及空间组织等）、研究主题趋同（如社会变迁）以及田野调查点分散广布的特点。同时，对于珞巴、门巴、僜人以及夏尔巴人等河谷群体的研究亦逐渐深入和增多。

由于本书以西藏河谷农区的藏族群体为研究对象，因而仅就西藏河谷农区藏族社会文化变迁的有关研究作简要梳理，并按照切入点的不同大致分为三个方面：

（1）针对传统的发掘和梳理。

关于社会性质、制度、民间组织：吴从众利用民族学的理论和方法探讨了民主改革前西藏农奴制度的形成、发展、解体及生产关系，以及民主改革前西藏的牧区社会、藏人与茶的关系，以及"三巴"群体的社会性质等①；谢冰雪通过对一个藏族村寨的传统民间组织"沙尼"的分析，探讨少数民族地区社区的建设和整合问题②；刘爱文以甘南藏族村落社区为例分析了1959年西藏民主改革前后不同时期社会变迁及其动力机制③。

关于宗教、仪式、习惯法：曾丽容试图通过对神山祭祀仪式的个案研究来展现西藏中部农区民间传统仪式活动的性质、结构和功能，以及这种活动对西藏现代农区社会整合和文化发展的作用④；秦永章在考察西藏农村藏族信众宗教生活的基础上，指出宗教信仰在当地的信仰自由度加大，以及宗教信仰的民俗化、生活化和世俗化⑤；扎洛考察和分析了西藏农区五村

①　吴从众：《西藏当雄宗民主改革前的牧区调查》，《民族研究》1960年第2期，第27－37页；吴从众：《民主改革前西藏农奴制度的生产关系》，《中央民族学院学报》1979年第3期，第28－38页；吴从众：《民主改革前西藏藏族的婚姻与家庭——兼论农奴制度下存在群婚残余的原因》，《民族研究》1981年第4期，第27－36、45页；吴从众：《藏族和茶》，《西藏研究》1993年第4期，第60－68页。

②　谢冰雪：《扩大的家族——洮河流域藏族传统民间组织沙尼调查》，兰州大学硕士学位论文，2011年。

③　刘爱文：《甘南藏族社区变迁研究——以碌曲县郎木寺镇郎木村为例》，西北师范大学硕士学位论文，2011年。

④　曾丽容：《西藏中部农区神山祭祀研究：以雅拉香波神山为例》，西藏民族学院硕士学位论文，2013年。

⑤　秦永章：《当代西藏农户的宗教生活考察——以扎囊县朗色林村、拉孜县柳村为例》，《沈阳师范大学学报（社会科学版）》2014年第6期，第151－154页。

的宗教权威，指出宗教权威的公共服务活动有助于创造村庄互助以及和谐的社会氛围，强化村庄内部的凝聚力，从而再度成为影响村庄政治的重要力量①；赵娅通过对一个藏族农村社区饮食结构的共时描写和饮食变迁的历时描写，展现一个藏族农村生活变迁的个案②；多杰对藏族本土法的衍生与成长予以关注，探索了 20 世纪 50 年代以前卫藏地区的成文法、民间习惯法和司法制度衍生、成长、变迁的历史及其规律③。

关于艺术、建筑：刘志扬通过分析西藏一个农民业余藏戏团个案，阐述民族文化作为一种资源和手段在商品经济的市场中如何被包装、展示和消费，以及全球化和现代化背景下，游客与旅游地社会之间的交流、互动与藏族传统文化的继承和创新之间的关联④；石硕探讨了藏区碉楼的起源与神话、防御功能和本土信仰及宗教观念的关系⑤；姬广绪以藏东昌都市卡若镇加卡村藏民的家屋环境、房屋形制、居住格局的变迁为切入点，探讨其与当地藏民地景叙说和营造的互动⑥。

关于职业、社会性别、性别分工：李坚尚、扎呷等对西藏的商业贸易、手工业历史、行会等作了细致的调查和梳理⑦；冯彦明、王玉玲、王文录调查了雅鲁藏布江南岸贡嘎县岗堆村不同经营类型的农户家庭，反映了耕种示范户、捕鱼户、养鸡专业户、牦牛养殖户、粮油加工户、泥瓦匠、铁匠、教师和以经商或手工业为主业的家庭劳动分工情况⑧；郭克范等从社会变迁

① 扎洛：《西藏农村的宗教权威及其公共服务——对于西藏农区五村的案例分析》，《民族研究》2005 年第 2 期，第 20 - 30、108 - 109 页。

② 赵娅：《糌粑·米饭·菜——西藏堆龙德钦县那嘎村的饮食人类学研究》，中央民族大学硕士学位论文，2011 年。

③ 多杰：《藏族本土法的衍生与成长》，兰州大学博士学位论文，2009 年。

④ 刘志扬：《民族旅游与文化传统的选择性重构——西藏拉萨市娘热乡民间艺术团个案分析》，《开放时代》2005 年第 2 期，第 62 - 72 页。

⑤ 石硕：《神的居所：藏彝走廊中的碉楼——从民族志材料看碉楼起源的原初意义与功能》，四川大学历史文化学院、四川大学中国藏学研究所、香港城市大学中国文化中心：《文化传承与历史记忆学术研讨会论文集》，2007 年，第 2 页。

⑥ 姬广绪：《从文化取向到经济取向：一个藏族村落家屋空间的变迁实践研究》，《青藏高原论坛》2016 年第 1 期，第 23 - 26 页。

⑦ 中国社会科学院民族研究所、中国藏学研究中心社会经济所编：《西藏的商业与手工业调查研究》，北京：中国藏学出版社，2000 年；李坚尚：《谈西藏民主改革前的手工业行会》，《民族研究》1991 年第 5 期，第 33 - 36 页；李坚尚：《藏珞贸易的民族学考察》，《西藏研究》1986 年第 3 期，第 19 - 26 页；扎呷：《西藏山南地区扎囊、贡嘎两县传统民间贸易调查》，《中国藏学》1993 年第 3 期，第 35 - 40 页；扎呷：《浅谈西藏"一江两河"流域的民族手工业》，《西藏研究》1994 年第 3 期，第 20 - 30 页；扎嘎：《西藏民主改革前的山南地区农村手工业——氆氇与邦单》，《西藏研究》1993 年第 1 期，第 38 - 47 页。

⑧ 冯彦明、王玉玲、王文录：《岗堆村调查》，北京：中国经济出版社，2004 年。

的角度，描述了"一江两河"流域山沟社区人群生产方式、劳动分工、社会分层、村落组织、"贱业"群体等方面的情况和变化①；刘复生考察了西藏民主改革前阿里地区的手工业及其"贱民"问题，并分析其形成的原因②；次吉以家庭民族志的形式考察和分析了工布错高村铁匠户的日常生产、技艺传承、身份等级及铁工技艺传承的困境，同时分析了铁匠、渔民、屠夫、天葬师等在西藏传统社会中的等级身份和形成原因③；梁艳以安多地区僧尼的生活经历为考察对象，探讨了当代僧尼与其原生家庭的结构性互动④；谭斯颖以日喀则夏村为田野个案展示其日常生活中的社会性别关系⑤；刘志扬分析了拉萨城郊农民家庭结构和经济所呈现的适应性变迁，即家庭类型、通婚、内部职业角色变化，以及两性社会角色分化的进一步扩大⑥。

关于庄园、土地、差税和借贷：刘忠根据西藏民主改革前庄园役使对象的不同将其划分为不同的类型，对比根据庄园所属领主（政府、寺院、贵族）划分的结果，将那些实际由同是劳动阶层的大户（差巴）通过租赁而经营的庄园也囊括了进来⑦；刘冬梅将家庭视为技艺的个人知识习得与社会交往相关联的一个结点，并以此探讨唐卡绘画的社会技术体系⑧；格勒分析和探讨了阿里农村基于人和土地关系的村落共同体、社会阶层的贸易、差税和婚姻情况⑨；丹增伦珠探讨近代西藏的借贷制度及借贷与社会结构的关系⑩。

①　《甲玛沟的变迁》课题组：《甲玛沟的变迁——西藏中部地区农村生活的社会学调查》，北京：中国藏学出版社，2009 年；郭克范：《西藏"一江两河"流域近半个世纪的社会变迁——以墨竹工卡县甲玛乡为例》，《中国藏学》2005 年第 3 期，第 90 - 96 页。

②　刘复生：《民主改革前西藏阿里地区的手工业以及"贱民"问题——主要以普兰、札达两县为例》，《西藏研究》2008 年第 4 期，第 29 - 33 页。

③　次吉：《职业身份·技艺传承·生产销售——西藏工布错高村铁匠户为中心的实地考察》，西藏大学硕士学位论文，2013 年。

④　梁艳：《安多藏区宗教职业者与其原生家庭互动关系的人类学个案研究》，《西藏研究》2016 年第 1 期，第 56 - 61 页。

⑤　谭斯颖：《从日常生活看后藏农区的两性差异——以日喀则市夏村田野观察为例》，《藏学学刊》2015 年第 2 期，第 230 - 244、289 页。

⑥　刘志扬：《藏族农村家庭的现状与演变——西藏拉萨郊区农村个案研究》，《思想战线》2006 年第 2 期，第 97 - 104 页。

⑦　刘忠：《从若干具体庄园看西藏领地经营与农奴负担》，《中国藏学》1992 年第 A1 期，第 7 - 19 页。

⑧　刘冬梅：《家的延续与唐卡的传承——西藏昌都嘎雪唐卡的社会技术体系探讨》，《西南民族大学学报（人文社会科学版）》2014 年第 5 期，第 12 - 16 页。

⑨　格勒：《阿里农村的传统土地制度和社会结构》，《中国藏学》1992 年第 A1 期，第 20 - 27 页。

⑩　丹增伦珠：《近代西藏借贷制度研究》，《中国藏学》1992 年第 A1 期，第 82 - 88 页。

（2）关注生产与生活的变迁。

从土地改革、农牧生产、技术、生活等展示变化：方素梅对西藏乡村的土地改革及其经济变迁进行了描述[1]；牛田成一、陆仲璘从拉萨、曲水、贡嘎、拉孜一路进入藏西普兰高原，调查了沿途农牧区的牲畜分布和牧养情况[2]；强舸以西藏青稞新品种的推广为例，探讨发展与传统在西藏农业技术变迁中的关系，以及技术变迁与本地自然环境、传统生计模式的互动[3]；战乃源等调查了西藏拉萨、山南、日喀则三地农区的机械化情况[4]；罗绒战堆、樊毅斌对西藏中部四个藏族社区毛驴数量变化进行了考察，此外，罗绒战堆通过对比农户的劳作与闲暇时间探讨了西藏农户劳作投入量的变迁[5]；杨庆玲从消费、婚姻家庭、闲暇、交往和宗教五个方面的生活转变作了对比研究，以此来折射西藏农村走向现代化的侧影[6]；马德君借鉴社会学、民族学、宗教学、政治学等社会科学的理论和概念，运用经济学方法对藏区的经济和社会变迁进行分析，研究藏区农牧民生计变迁下的行为变迁，提出中央政府在藏区推行现代化的政策取向与游牧生计系统和农牧民生存理性相悖[7]；迟玉花在分析郭大村村民生产和生活方式变迁原因与过程的基础上，探察其发生发展的规律，并提出基于传统和现实的情况，该村应通过"农农联合""牧牧联合""农牧联合"的方式来提升农牧业经济的实力[8]。

从村落空间、村际互动、城镇化、地方与国家等层次探讨村落变迁：陈波分析了藏族村落户际关系网络的动态互动及其在不同历史时期的延续性[9]；陈默对曲水县茶巴朗村第四自然村在不同时期家屋的物质建构和空间

① 方素梅：《西藏乡村的土地改革及经济变迁——以朗塞岭村为中心的考察》，《中国藏学》2015年第3期，第63－72页。
② ［日］牛田成一、陆仲璘：《西藏畜牧业》，《中国牦牛》1986年第3期，第24－28页。
③ 强舸：《发展嵌入传统：藏族农民的生计传统与西藏的农业技术变迁》，《开放时代》2013年第2期，第177－202页。
④ 战乃源、诸慎友、徐赛章：《西藏农业机械化情况调查》，《粮油加工与食品机械》1974年第A3期，第9－21页。
⑤ 罗绒战堆、樊毅斌：《毛驴数量的变化与西藏农村的发展和变迁》，《中国藏学》2011年第2期，第70－80页；罗绒战堆：《闲暇与幸福——西藏农户劳作投入量变迁研究》，《中央民族大学学报（哲学社会科学版）》2016年第6期，第82－88页。
⑥ 杨庆玲：《新农村建设背景下藏族乡村居民生活方式变迁研究》，西藏民族学院硕士学位论文，2014年。
⑦ 马德君：《国家视阈下的藏区农牧民行为研究》，华中师范大学硕士学位论文，2013年。
⑧ 迟玉花：《当代藏区村落社会研究》，兰州大学博士学位论文，2013年。
⑨ 陈波：《一个西藏村落的正统与异端史》，《社会科学研究》2006年第1期，第148－155页。

分割进行调查研究，以此探讨其变迁和内含的意义①；刘志扬从一个微观的角度探讨了西藏农村社会组织的运行机制及其与家庭、村落和国家三者之间的互动关系②；此外，针对村落的调查报告从社区发展的角度展现了藏族村落的变迁，如《西藏江孜地区的农村调查》③《达村社会调查》《拉热村社区调查与研究》④《狼牙刺地上的村落：西藏拉萨市曲水县达嘎乡其奴九组调查报告》⑤；李涛探讨了城镇化背景下西藏城郊乡村农民的生活变迁以及城镇化的影响和作用⑥。

从"底层"人群以及洁净观、认同等角度探讨变迁：苏发祥、琼英通过对藏区嘛呢石刻艺人的研究描述了西藏传统社会中"底边阶级"人士的日常生活及生存状况⑦；刘志扬通过对拉萨娘热乡社区居民日常生活的观察和研究，展示了家庭成员之间的分工和作息状况，以及农民洁净观的嬗变及动因⑧；彭毛卓玛分析了玛藏德哇（村落）在族群认同、社会记忆和政治参与中显现的行为模式，并讨论了在多元文化和现代化背景下玛藏德哇社区的构建过程⑨。

（3）关注外来因素的影响。

关于使用手机、能源的影响：刘新利、梁亚鹏以拉萨市曲水县才纳乡协荣村为例，考察了手机媒体对西藏乡村民主政治生活的影响；⑩才让卓玛

①　陈默：《西藏农区的家屋空间及其意义——以西藏曲水县茶巴朗村社区调查为例》，《中国藏学》2009 年第 1 期，第 91 – 100 页；陈默：《空间与西藏农村社会变迁——一个藏族村落的人类学考察》，北京：中国藏学出版社，2013 年。

②　刘志扬：《西藏乡村政治结构中的家庭、村落与基层政权组织——以拉萨市娘热乡为中心的考察》，《西南民族大学学报（人文社会科学版）》2006 年第 9 期，第 18 – 25 页。

③　吉群：《西藏江孜地区的农村调查》，《民族研究》1959 年第 5 期，第 9 – 20 页。

④　北京大学社会学人类学研究所、中国藏学研究中心：《西藏社会发展研究》，北京：中国藏学出版社，1997 年。

⑤　徐君：《狼牙刺地上的村落：西藏拉萨市曲水县达嘎乡其奴九组调查报告》，北京：社会科学文献出版社，2011 年。

⑥　李涛：《城镇对西部民族地区乡村生活方式的影响——西藏两个城郊乡村农民生活变迁调查》，《学术季刊》1997 年第 4 期，第 108 – 117 页。

⑦　苏发祥、琼英：《命以镌石——拉萨嘛呢石刻艺人的日常生活史调查》，《西南民族大学学报（人文社会科学版）》2017 年第 6 期，第 19 – 23 页。

⑧　刘志扬：《乡土西藏文化传统的选择与重构》，北京：民族出版社，2006 年。

⑨　彭毛卓玛：《玛藏德哇：一个城市边缘藏人村落社区的人类学研究》，兰州大学博士学位论文，2014 年。

⑩　刘新利、梁亚鹏：《手机媒体对西藏乡村民主政治生活影响的民族志观察——以拉萨市曲水县才纳乡协荣村为例》，《西藏民族大学学报（哲学社会科学版）》2017 年第 38 卷第 2 期，第 129 – 133、145 页。

考察了能源使用及转换对藏族村落传统生活的影响①。

关于医疗体系的变化及影响：张瀣元分析了现代化背景冲击下一个藏族村落多元医疗体系并存现象的成因、发展，以及当地人对于疾病的认知转变和求医实践②；刘志扬通过分析藏族农民在对待疾病诊断和治疗上的观念和行为，指出这样的观念和行为是其价值观在行为上的外化③。

关于旅游及其影响：何玲以拉萨市墨竹工卡县一个旅游村庄为个案探讨其传统文化在旅游发展背景下的变迁及动因④。

这一时期有关西藏农区研究的其他特点：一是对珞巴、门巴、僜人以及夏尔巴人等河谷群体的研究亦逐渐深入和增多。二是延续了在与农区进行比较分析的基础上，对藏北游牧群体及境内周边藏族部落的关注，比较有代表性的人类学著作有格勒的《论藏族文化的起源形成与周围民族的关系》（1988）和《藏北牧民》（2004）、陈庆英的《中国藏族部落》（2004）、邢海宁的《果洛藏族社会》（1994）等。三是随着研究领域的增多和深入，关于藏学人类学研究的各类综述也随之增多，如王尧等人的《中国藏学史》⑤对此有详细阐述；此外，对于海外藏人研究进展及研究机构的梳理也受到国内学者关注，如谢继胜、索珍、苏发祥、杜永彬、刘志扬、严梦春、

① 才让卓玛：《从牛粪到沼气——用能变化对西藏那嘎村传统生活的影响》，中央民族大学硕士学位论文，2012 年。

② 张瀣元：《医学人类学视角下藏族村落多元医疗体系研究——以四川省甘孜州 C 村为例》，兰州大学硕士学位论文，2018 年。

③ 刘志扬：《西藏农民在就医行为选择上的文化观念》，《开放时代》2006 年第 4 期，第 111 页。

④ 何玲：《旅游发展背景下的民族文化变迁与保护研究》，西南财经大学硕士学位论文，2014 年。

⑤ 王尧、王启龙、邓小咏：《中国藏学史（1949 年前）》（修订版），北京：中国社会科学出版社，2013 年；王启龙、阴海燕：《中国藏学史（1950—2005）》，北京：中国社会科学出版社，2013 年。

看本加、周卫红、励轩、彭文斌、韩腾①等从不同角度梳理了海外藏人研究的进展和特点。

（三）现有研究成果评述

上述有关分工的理论和经验研究为本书的田野调查及文本建构提供了方向性的指引：首先，在分工的思想和理论认识层面，不同的学者关注分工的倾向和目的是不同的。前人对分工的关注大致有以下几种情况：一是强调分工与治理的关系，如柏拉图从维护城邦共同体的良性发展出发，指出"正确的分工乃是正义的影子"②；管仲认为"四民分业定居"有利于君主制国家的治国和安邦。二是关注分工与效率的关系，即劳动工序的分工有利于提高生产效率，亚当·斯密和马克思都对这一问题展开过论述。三是关注分工与社会的关系，如涂尔干从分工的角度探讨个体与群体之间的关系，韦伯则论述了分工与社会分层的关系。四是强调分工的功能，如涂尔干指出分工的作用在于使社会成为可能并维持社会的平衡③；恩格斯发现分工是推动人类历史发展的动力。五是试图解释促成分工的原因以及分工所导致的结果，如柏拉图从个体天赋、亚当·斯密从人主动追求舒适和效率的角度，阐释引发分工的原因，而涂尔干则认为是"社会"导致了分工。

---

① 谢继胜：《第五届国际藏学会议与会议论文介绍》，《中国藏学》1989 年第 4 期，第 148 - 155 页；谢继胜：《国际藏学研究新动向（续完）——第九届国际藏学讨论会论文综述》，《中国藏学》2001 年第 3 期，第 26 - 48 页；谢继胜：《国际藏学研究新动向——第九届国际藏学讨论会论文综述》，《中国藏学》2001 年第 1 期，第 114 - 127 页；索珍：《美国主要涉藏研究机构和藏学研究人员现状及其分析》，《中国藏学》2006 年第 2 期，第 271 - 281 页；索珍：《奥地利主要涉藏研究机构和研究人员现状分析》，《中国藏学》2007 年第 3 期，第 73 - 80、166 页；索珍：《德国主要涉藏研究机构和研究人员现状分析》，《中国藏学》2008 年第 2 期，第 83 - 93 页；苏发祥：《英国藏学研究概述》，《中国藏学》2008 年第 3 期，第 226 - 238 页；苏发祥：《论海外藏人社区的文化人类学研究及其特点》，《西北民族大学学报（哲学社会科学版）》2009 年第 6 期，第 67 - 73 页；杜永彬：《美国藏学研究的发展和演变——以华盛顿大学的藏学研究为例》，《西南民族大学学报》2009 年第 11 期，第 18 - 28 页；刘志扬：《作为人类学的藏学研究——人类学（民族学）的藏族及周边民族研究述略》，《青海民族研究》2012 年第 2 期，第 18 - 27 页；刘志扬：《西方藏学人类学的研究取向：基于美国博士论文的分析》，《中国藏学》2012 年第 2 期，第 223 - 232 页；刘志扬：《海外藏人的人类学研究：围绕北美藏学博士学位论文的评析》，《思想战线》2012 年第 6 期，第 96 - 100 页；严梦春、看本加：《人类学藏族研究综述》，《西藏大学学报》2010 年第 4 期，第 117 - 122 页；周卫红：《澳大利亚和新西兰主要涉藏研究机构和人员现状研究》，《中国藏学》2010 年第 2 期，第 115 - 123 页；励轩：《美国藏学的历史、现状和未来》，《西北民族研究》2016 年第 2 期，第 24 - 38 页；彭文斌、韩腾：《西方藏学研究的新趋势：区域化、多学科化与多元化》，《中国藏学》2018 年第 1 期，第 129 - 136 页。

② ［古希腊］柏拉图著，郭斌和、张竹名译：《理想国》，北京：商务印书馆，2018 年。

③ ［法］埃米尔·涂尔干著，渠东译：《社会分工论》，北京：生活·读书·新知三联书店，2000 年，第 6 页。

六是关注外在环境及条件对分工的作用，如马克思所强调的阶级、私有制、技术—工具等对分工的影响。七是将分工视为人类适应环境的实践策略，即突出人的能动性。八是关注文化对分工的作用，如努尔人的分工实践。

其次，自性别理论成为一种独特视角以来，现有的诸多研究尤其强调性别在分工上的重要性，以至于形成一种氛围：似乎性别分工是构成一切人类文明的基础。例如，古典进化论的一种观点将男性的狩猎活动视为人类文明的开端。但从跨文化的观点来看：无论是人的生物性征（包括性别、年龄和体质等），还是劳动对象本身（如狩猎、畜牧和农作）都不会对分工产生绝对的决定性作用，即便是为防御和征服而挑起的战争，也并非男性的专利。尽管强制性的性别分工流行于诸多社会，但越来越多的研究证明：性别分工是文化限制的结果。另外，性别分工的视角在分析以渔猎采集为主要经济类型的简单社会时所能发挥的优势很难直接移植到以畜牧或农业为主要经济类型的复杂社会，因为后者的分工更为细致，影响的因素更为复杂，性别并非分工唯一的依据。

最后，人类学从整体观和经验研究的立场表明，分工不是一个独立的经济现象或社会现象，它嵌合在地方特定的生计方式中，与当地的自然、文化、社会、政治等外部因素紧密相关。人类学者强调从人的生物属性和社会文化属性（如性别和年龄）来探讨分工的线索，以此获得对研究对象在社会结构上的整体把握。大多数涉及分工的民族志研究都并非以分工作为独立的主题，而往往是将分工置于某个特定的研究之中。

与此相近的启示还来自马克思以及西方马克思主义人类学者所采用的"生产方式"这一概念体系，它为本书梳理和分析田野点的分工情况提供了一个有益的借鉴。这一概念体系表明：无论是简单社会还是复杂社会，都是由生产方式承担分工，即分工是在生产方式内部发生的。也即是说，分工这个复杂的体系及过程，涵盖了劳动者主体、以技术—工具和分工组织等为核心的媒介以及劳动对象三个领域，三者之间存在着相互关联并有其自身的运行机制。法国人类学者阿尔都塞、C. 梅拉索、戈德利亚、特雷，英国学者布洛克等都从各自立场批判、继承或修正了"生产方式"这一概念体系[①]，但都未超越马克思所谓生产方式中所囊括的环境和阶级要素；萨

---

① GODELIER M. Perspectives in Marxist anthropology. Cambridge：Cambridge University Press，1977；TERRAY E. Marxism and "primitive" societies. New York：Monthly Review Press，1972；［英］莫里斯·布洛克著，冯利等译：《马克思主义与人类学》，北京：华夏出版社，1988 年。

林斯和沃尔夫则更为强调人在生产方式中所发挥的作用①。因此要深入而系统地了解分工及其与社会文化的互动，有待深入描述其内在的规律以及它与自身之外的因素之间的互动。

根据笔者的调查和研究，西藏传统农业社会中的分工现象所表现出来的形式是复杂而多样的，单凭"性别分工"这个单一的线索不足以反映其分工的真实面貌，家庭内部的劳动分工并非以性别为单一的标准。因此，要了解一个地方群体的分工状况及特点，仅以性别作为线索和依据，极有可能导致忽略了分工形成的真正动因和复杂背景，以及分工对当地社会及人群更为深刻的意义所在。因而本书试图从实践出发，将分工进行较为完整的呈现，即在特定的生计情境下，分析与展示分工的组织及基本出发点、劳动者自身的属性、技术—工具、劳动对象以及分工过程和变迁与社会文化的互动，以此最终反映分工主体在生计的框架内对环境的适应以及建构社会的过程。

当前，学界对分工的实证研究还很不足，相关的直接成果较少。中国各民族的生计与分工多样性特征很明显，若能凭此研究收得抛砖引玉之效，即是本书价值所在。

三、概念界定、研究思路和研究方法

（一）概念界定：分工的内涵和外延

为便于问题的分析和深入，本研究对于所讨论的"分工"尝试给出其内涵上的界定：分工是劳动主体在既定的劳动目标下，依据劳动主体的属性或劳动内容及形式的不同类型或其所处的劳动环节（工序）在时间与空间上所进行的组织和分配，其目的是为提高劳动效率而采取的一种策略。其中，劳动主体的属性包括性别和年龄，劳动的内容和形式则是劳动过程本身的属性。因此，分工需要从劳动主体和劳动过程两个维度进行界定：劳动主体涉及性别和年龄，劳动过程涉及工序、时间、空间、技能等要素。

因而分工是在当地社会文化网络（经济、政治、宗教、社会、家庭、个人等）的影响下，依据性别、年龄、时间和专门技能等要素进行的分配。

---

① ［法］马歇尔·萨林斯著，张经纬、郑少雄、张帆译：《石器时代经济学》，北京：生活·读书·新知三联书店，2009年；［美］埃里克·沃尔夫著，赵丙祥、刘传珠、杨玉静译：《欧洲与没有历史的人民》，上海：上海人民出版社，2006年。

其中，劳动在时间上的分配是劳动本身的自然属性的反映；劳动在专门技能上的分配，一方面是劳动自身属性的要求，另一方面蕴含了人的实践及其结果，即掌握这种专门技能的人，是由劳动本身以外的文化关系网络（经济、政治、宗教、社会、家庭、个人等）所影响甚至决定的。在这个意义上，依据性别和年龄的劳动分配，一方面遵循了人的生物性的特点，如妊娠、体力等的差异，这一依据往往是具有先天性决定意义的因素；另一方面性别和年龄作为劳动分配的依据，除却年龄这一要素其自然属性占据更大影响力以外，性别作为分工的依据，在人类学、社会学等学科领域已达成共识，即性别作为分工的依据，在已知的绝大多数社会都是文化的结果。本书在人类学的研究旨趣及分析框架的指引下，描述和分析一个（藏族）地方社区的分工机制，并对其中文化的因素以及人的实践加以主要关注。自20世纪20年代初期马林诺夫斯基开创了人类学"微型社区"的研究方法以来，这一方法在汉学人类学领域已获得了有目共睹的拓展，在时空的双向维度上"超越村落"或"超越社区"的分析视角是这一拓展的主线和脉络。这一脉相承的理论和方法尽管在不断地自我反思和修正的道路上融入了"主位"和"客位"解释抑或关于民族志"写文化"的批判，但依然遵循了基于一个"社区"的整体文化观的视角。

（二）研究思路：分工理论的综合与学科范式的聚焦

在以"雅鲁"河谷的村落社会及居民群体作为调查对象，并以分工为切入视角对其加以分析和"解剖"时，笔者发现仅用任何一种单一的理论来架构其分工的实践过程都不免捉襟见肘，难免有裁体量衣之嫌。相反，在重点参考某个理论的同时兼顾借鉴其他的理论，更利于把分工分析清楚，因而综合前人提出的分工思想和理论是本书依据的基本思路。

本书所探讨的分工以家庭内部分工为着眼点，考察劳动力是如何在家庭的整合水平上被组织和调配起来的，以及在此过程中个体家庭凭借分工实践与地方社会之间的关联和互动。此外，透过谋生的技术形式解释当地村社的组织结构与功能，有学者提出需意识到技术变革总是缓慢进行，社会变革却能迅速席卷，从自然和社会条件出发探讨文化适应问题时，应侧重于社会条件，注意重大历史事件前后文化的差异。因此，河谷戎巴在政治力量的介入和经济制度的变更面前如何反应，是本书尝试凭借分工回答的基本问题。

为回答上述问题，并且对分工进行具体、细致的观察，本书将以田野调查点的农、牧、手工等物质生产活动作为主要的观察范畴，并以家庭为生产活动的基本组织单位，对家庭在农、牧或手工等物质生产活动中的分工情况进行描述，并分析其背后的结构性形塑力量和人在其中的适应策略。

在此过程中，以生产工具为主轴、以"追求效率"为纵贯线、以"劳动的组织和划分"为支点，展示外来因素或力量如何影响当地劳动分工的内容和形式，进而引发当地社会文化的变迁。

有关社会结构及文化变迁的研究，人类学科发展出众多的理论及学派，本书在聚焦于一个村落田野点的调查基础上，依据分析的实际需要综合了各相关理论及学派的思想和方法，法国社会学派为本书提供了搭建个人与社会之间关系的指导方案，功能—结构论主张把社会中社会的、文化的和心理的所有方面作为一个整体来处理，并了解这一体系以何种方式与周围的物质环境相互联系，其内部的各组成部分又是如何相互联系的；新进化论学者对于人在适应和开发周围世界所运用技术的强调，以及认为文化变迁的过程就是人类集团利用特定的技术去适应特定环境的文化—生态适应过程的主张，为本研究的具体展开勾画了蓝图；文化唯物主义的认识论为本书提供了客位的和主位的分析视角[1]。此外，从学者个体的角度，马克思对于人的力量、人的实践和人们之间关系的强调，是本研究确立两条分析线索的依据，如"人们在生产中不仅仅同自然界发生关系。他们如果不以一定方式结合起来共同活动和互相交换其活动，便不能进行生产。为了进行生产，人们便发生一定的联系和关系，只有在这些社会联系和社会关系范围内，才会有他们对自然界的关系，才会有生产"[2]。

亚当·斯密对分工与生产效率、交换、经济之间关系的阐述[3]，马克思对劳动分工是沟通生产力和生产关系之间的中介及桥梁的定位，以及涂尔干依据分工的程度来划分机械团结社会和有机团结社会的社会分工理论[4]，为本书所尝试分析和讨论的"分工"提供了确立边界的基础。

本研究既不同于前人研究中的宏观意义上的社会分工，同时又吸收了经济活动中微观意义上的"劳动分工"，并结合人在实践中的主观能动作

---

① 黄淑聘、龚佩华：《文化人类学理论方法研究》，广州：广东高等教育出版社，2004 年。

② 中共中央马克思恩格斯列宁斯大林著作编译局编译：《马克思恩格斯选集（第一卷）》（第一版），北京：人民出版社，1972 年，第 362 页。

③ ［英］亚当·斯密著，郭大力、王亚南译：《国富论》，北京：商务印书馆，2014 年。

④ ［法］埃米尔·涂尔干著，渠东译：《社会分工论》，北京：生活·读书·新知三联书店，2013 年。

用，将基于家庭组织水平的"分工"视为一种微观意义上的人对自然及社会环境的"适应策略"。应该说，这个意义上的"分工"既是本书的研究对象，同时也是针对田野点文化—社会变迁研究的一个切入视角及分析框架，从这个角度来说，本研究具有在概念和方法上尝试作出创新的意义。

因此，本书的创新点主要体现在以分工为分析视角、凸现行动者的文化适应策略、在分工的宏观和微观层面进行视角的转换，同时在家庭内部和家庭外部之间进行考察的切换，以期勾画出当地族群凭借分工适应环境的动态图景，并据此展示分工与社会文化变迁的互动。

（三）研究方法：主次结合的多点民族志调查

本书以雅鲁藏布江南岸江雄河谷内的杰德秀居委会为主要的田野点，以周边部分河谷及村落为次要的田野点，以便于在多村落调查的基础上形成比较分析，并进而在"多村落"的比较基础上展示河谷农区的多样性生计及分工实践。对存在明显生计差异的邻近河谷及村落进行周期性的观察和访问，形成主次结合的多村落调查，以便该研究能够更好地代表整个区域。同时，本书主要采用田野调查所获得的第一手资料，并综合了相关理论以求深入解读资料。

本书由约80%的田野调查材料和20%的文献资料构成。其中，田野调查材料包括参与和观察的记录、访谈整理和图表绘制等，有图像、视频、音频、文字、实物等；文献资料包括理论、方志、档案、报纸、年鉴、专著等。此外，本书的田野调查分3次进入，共历时1年4个月零7天（不包括路途所占用时间）：第一次是2015年2月9日至2月20日，除去路上所用5天时间，一共7天；第二次是2015年10月13日至11月17日，除去路上所用5天时间，一共是31天；第三次是2016年7月28日至2017年10月11日，除去路上所花7天时间，此次在藏一共是434天。

本研究整体上采取文化人类学的理论和方法设计并实施田野调查和文本建构，同时在局部需要获得统计信息的少量调查中，辅以基于抽样调查的问卷信息采集等统计方法。在进行田野调查时，除了参与观察和深入访谈以外，还参与了地方政府的部分工作事务和实践，帮助本研究能够较为深入和全面地把握研究主题。

研究内容展开的层次：第一，从村落的整体考察入手，分析一个村落中的家庭可利用的资源类型有哪些、它们能满足何种需求、当地对其加以利用的技术和工具状况如何；第二，以家庭作为分析的基本单位，确定其获取生存和发展所需资料的渠道或方式（直接生产、间接获取或两种方式并存），即确定一个家庭所涉及的劳动类型及内容，及其在家庭不同成员间的分配，并关注在此过程中与家庭外部所发生的关系，如发生在邻居、亲戚之间的帮工、换工等积极互惠，以及基于雇工、交换关系的消极互惠等；第三，就每个具体的劳动类型及工序，描述其自身所包含的劳动内容，并对其所涉及技术、工具、时间、空间和劳力的分配进行考察；第四，透过技术、工具、宗教信仰和禁忌等展示劳动过程中人与自然的关系，以及在此劳动过程中所结成的人与人之间的关系，即突出和强调人作为行动者的适应策略；第五，通过两条线索来展示一个地方社会的变迁脉络：一是基于自然环境、资源、技术、工具等所联结的人与自然之间关系的变迁，二是基于劳动过程中所结成的人与人之间社会关系的变迁。

四、本书的框架和叙述凡例

（一）论述的逻辑与线索

以"分工"来架构地方社会文化体系及其变迁，不是将研究对象作为消极面来考察，而是突出人的能动作用，即人在分工实践中所表现出来的适应环境的某种策略性，这种策略基于主体对提升效率的追求，即"效率"是分工实践的一条主线，而策略的特征是会随着外界环境的变化而变化，其中隐含着人们应对环境及其变化的实践逻辑。分工正是在这个意义上推动了当地文化—社会的变迁。

本书的两条线索：第一，以"分工"为切入点展示西藏农区社会文化变迁的脉络，其中又包括两点：一是基于自然环境、资源、技术、工具等所联结的人与自然之间关系的变迁；二是基于劳动过程中所结成的人与人之间社会关系的变迁。第二，考察当地家庭的分工从三个层次展开：一是基于资源获取及利用方式的生计模式和其所涉及的生产门类及变化；二是不同劳动类型及工序在家庭成员间的分配；三是分工实践在适应环境中的表现及意义。

（二）本书的框架及主要内容

第一章主要介绍了雅鲁河谷的自然环境与戎巴的传统生计及其特点。包括河谷农区的分布、地位和河谷环境的一般特点，戎巴生计多样性和差异性，这是本次调查采用主次结合的多村落调查的前提。

第二章在整体上展示戎巴生计方式的变迁倾向，具体做法是从职业角度，将受到原有土地制度、社会等级制度、骨系和洁净观念等深刻形塑的戎巴划分为三个群体，即一般职业群体、宗教职业群体和"贱业"群体；戎巴内部职业群体的划分是梳理和展示其生计及分工变迁所依据的脉络，指出戎巴的生计方式从传统的"亦农亦牧，工商并存"转变为新时期的"农多牧少，工商分离"，三个职业群体的生计类型在不同程度上从差异倾向趋同、从隔离倾向局部流动，不同职业群体间的流动在增强。

第三章通过对不同生计及分工的描述，总结出民主改革前戎巴分工的一般倾向：分工以机动和灵活为突出特点，性别分工在生计中的作用并不突出，即大部分劳动中的性别分工界限并不严格，男性掌握了特殊技能是唯一严格分工的标准，年龄、性别和技能构成家庭分工确定性与灵活性的基础。

第四章描述了民主改革以来戎巴生计和分工的变迁，表现为随着部分职业的消失或兴起，由此促使相关生计类型在家庭层面的分工产生变迁，技术—工具改革在劳动工序上促成了分工的变迁；年龄、性别、技能作为分工依据发生了动摇。

第五章梳理并指出分工是戎巴追求效率的内在倾向与外在的自然、文化（含技术—工具）、政治及社会因素共同推动的结果。

第六章讨论了分工与社会文化变迁的联系，尝试对话前人的分工理论，强调在分工与社会文化建构的互动过程中人的理性发挥基础性作用。

（三）关于行文的几点说明

1. 在本书主体部分隐去关于报道人的脚注说明

本书所涉及的田野材料，有的已经在行文中明确指出了报道人的身份，有的是综合了不同报道人提供的信息经整理而成。为保持版面简洁和避免脚注信息重复累加，故不在每个页面中用脚注的方式——注明报道人的信息，而以附录的方式将行文中涉及的报道人信息进行罗列，以供参考备查。

2. 关于图片使用的说明

本书所采用的图片大部分由笔者自行拍摄，个别图片采自有关文献。凡是引用的图片均在脚注中注明出处，凡是笔者自己拍摄的照片均不作专门说明。

3. 关于表格使用的说明

本书所用表格，凡是直接引用的表格均注明出处，凡是笔者自行整理的表格仅注明数据来源。

第一章
西藏的河谷农区和田野点概况

自 20 世纪 70 年代以来，学者在雅鲁藏布江和"三江流域"的考古发现表明，早在 3 500 年至 5 000 年前，该地已出现了家庭组织、谷类作物种植和家畜饲养的原始农业生产活动。[①] 另据古代文献记载，至迟在吐蕃时期，西藏河谷农业的基本面貌即已成型。[②] 时至今日，河谷地带依然是西藏农业集中分布的区域，在农业开发中占据突出位置，西藏农业是名副其实的"河谷农业"。

第一节 西藏粮仓：河谷农区的地位与分布

西藏的农业分布大致以横贯东西的冈底斯—念青唐古拉山为界，以北直抵昆仑山和唐古拉山山脉以南的广大高原地区是主要的牧业分布区，以南至喜马拉雅山脉北坡的雅鲁藏布江流域和那曲以东的"三江流域"等地是主要的农业分布区[③]。其中，雅鲁藏布江流域两岸不计其数的支流河谷地带是西藏农区的主要分布区。[④]

一、藏北草原牧区和藏南谷地农区

藏北"牧业分布区"和藏南谷地"农业分布区"客观上存在着牧业和农业的地域分工，引起分工的一个重要因素是"……广大牧区气温低，不能发展种植业。牧区虽有大量牲畜，有比较丰富的肉类、奶制品、皮毛，但在夏季，一般不宰杀牲畜，需要相当数量的青稞调剂生活"[⑤]。因而农区所产的青稞等作物是牧区居民食物结构中的重要补充，加之藏北牧区盛产的湖盐和土碱是藏南农区稀缺生活和生产资料，历史上长期存在着

① 西藏自治区地方志编纂委员会编纂：《西藏自治区志·农业志》，北京：中国藏学出版社，2014 年，第 2 页。
② 沈卫荣：《吐蕃七贤臣事迹考述》，《中国藏学》1995 年第 1 期，第 29 - 43 页。
③ 西藏自治区地方志编纂委员会编纂：《西藏自治区志·农业志》，北京：中国藏学出版社，2014 年，第 2 页。
④ 中国科学院青藏高原综合考察队：《西藏作物》，北京：科学出版社，1984 年，第 1 - 8、102 - 113 页。
⑤ 扎呷：《西藏山南地区扎囊、贡嘎两县传统民间贸易调查》，《中国藏学》1993 年第 3 期，第 37 - 39 页。

藏北牧区与藏南谷地农区之间的"盐粮交换"传统①。适于耕种的土壤大部分都位于海拔在 3 000 米至 4 500 米的地带，占西藏全部土壤资源的 16%；约 6% 的土壤资源面积分布在海拔 3 000 米以下；其余 78% 以上的土壤资源集中分布在海拔 4 500 米以上的地带，因气候严酷难以开展种植业②。

综合地形地貌、海拔、降水、热量、土壤等自然条件，适宜耕种的土地多呈带状分布在热量和水分条件较好、海拔在 4 200 米以下的地方，特别是雅鲁藏布江流域以及"三江流域"③。耕地沿着江、河、湖泊及其支流的沿岸分布，即河流谷地与海拔相对较低的湖泊边缘地带能同时较好满足农业生产所需的水分和热量条件。比较而言，湖盆耕地和农业分布较为零散，雅鲁藏布江流域和"三江流域"及其两岸不计其数的支流河谷地带的耕地及农业分布最为集中④。

相比旷野和草原，河谷的环境更为复杂多样，在较小的空间范围内集中了适宜从事耕种的土地、适宜从事放牧的草场以及适宜从事采集的水域和山地，为生活于此的人们提供了满足生计的多种选择。

沿雅鲁藏布江两岸，平均海拔 3 000 米至 3 900 米的河谷平地地带，因海拔较低、气温较高、无霜期较长，且地形开阔、地势平坦、土壤母质是河流冲积物和洪积物经长期堆积而成，故土层深厚、土质较为肥沃，尽管一年中降雨主要集中在 7 月至 9 月（雨季一般为 5 月至 10 月），且至少有长达 8 个月左右的旱季而致使天气较为干旱，但每年的雨季时期几乎每条山谷都有季节性的河流从高处流向低处形成灌溉条件，在传统上便于当地的农业生产利用，甚至个别地方因地势和地质常年有地下水出露而为农业用水和其他用水提供了优越的条件，因而沿雅鲁藏布江两岸的河谷平地地带具备发展农业的良好潜力，现实中也是农业开发度较高的区域。

---

① 李坚尚：《盐粮交换及其对西藏社会的影响》，《西藏研究》1994 年第 1 期，第 47 – 54 页。

② 其中约一半土壤资源在实际控制区之外，实际控制区内则大多为高山峡谷，耕种土地资源有限。

③ 拉萨河、年楚河、尼洋河、易贡藏布、怒江、澜沧江、金沙江及其支流；藏南朋曲、洛扎雄曲；藏西南象泉河、孔雀河等。

④ 中国科学院青藏高原综合考察队：《西藏作物》，北京：科学出版社，1984 年，第 1 – 8、102 – 113 页。

图 1 - 1　河谷中的村落与农田

相对而言，河谷内部中段坡地海拔升高、气温降低、地形收缩狭窄、地势较为陡峭，适宜耕作的土地主要分布在山谷两侧的坡地以及洪积扇地的下部，其土壤质地较轻、偏沙性、土层较薄、保水和保肥力都较差，但由于降水比平地地带来得早、去得晚，且雨季时降雨较频繁和持续时间较长，因而比平地地带要更为湿润，其草场、灌丛等植被生长状况明显优于平地，使生活于此种环境中的人们拥有更多样化的选择和可利用的资源条件。直至海拔升高到河谷的高山草甸地带，由于气温较低、无霜期较短、土壤层薄、土质肥力较差、不易灌溉、水土易于流失等原因，传统上即以发展畜牧为主，并辅以少量的打猎和采集。

二、河谷农业的构成、贡献与地位

距今 5 200 年前至 3 600 年前，今西藏地方已出现大规模永久定居的河谷农业[①]，河谷农业在西藏种植业生产中占据突出地位。其中，又以雅鲁藏布江流域的农业生产最为集中[②]，"雅鲁藏布江宽阔的河谷地……是本地青稞、冬小麦单产量最高的地方之一，有的地方亩产可达到 1 600 斤"[③]。

雅鲁藏布江及其较大的两条支流拉萨河和年楚河所构成的"一江两河"流域（见图 1 - 2），其土地面积 6.65 万平方千米（包括 18 个县、市、区），

---

① 尕玛多吉：《三万年前青藏高原已有人类活动确切证据》，《光明日报》，2017 年 3 月 22 日第 9 版。

② 黄万纶：《西藏经济概论》，拉萨：西藏人民出版社，1986 年，第 155 页。

③ 吴祥定、林振耀：《西藏的气候》，上海：上海科学技术出版社，1986 年，第 30 页。

占西藏总土地面积的 5.4%；其耕地面积 1995 年的数据是 264.63 万亩[1]，占全区耕地总面积的 50.6%[2]，人口数量占西藏总人口的近 70%[3]，人均耕地比自治区人均耕地多 41%。此外，耕地在西藏各行政区域内分布不均，多则数十万亩，少则不足万亩。74 个县、市、区中尤以日喀则地区最多，占全部耕地面积的 38.84%；其次为昌都（20.53%）、拉萨（15.91%）、山南（15.39%）[4]、林芝（6.95%）、那曲（1.72%）、阿里（0.66%）[5]。耕地及农业在各行政区域的分布不均，还表现为县一级的行政单位被西藏有关机构按农业所占的比例，区分为"农业县""半农半牧县"和"牧业县"[6]。

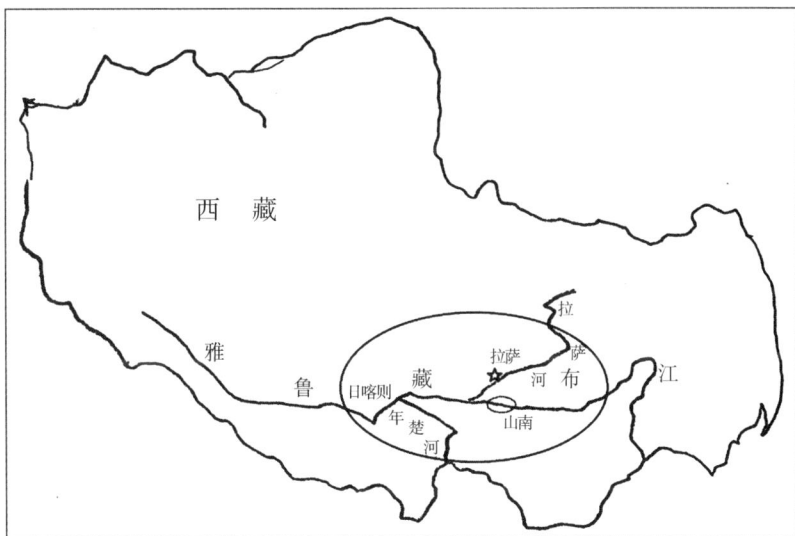

图 1-2 雅鲁藏布江"一江两河"流域示意图

----

① 西藏自治区土地管理局：《西藏自治区土地利用现状调查统计册》，1991 年；中国青藏高原研究会编：《西藏自治区雅鲁藏布江—拉萨河—年楚河中部流域地区资源开发与经济发展学术讨论会论文选集》，北京：中国科学技术出版社，1994 年，第 22 页。

② 土地资源调查显示，1995 年，西藏自治区耕地面积为 523.43 万亩，人口 235.55 万，人均耕地 2.22 亩；而根据《西藏自治区农业志》的数据，1995 年全区耕地总面积 333.7 万亩，人口 235.55 万，人均耕地 1.42 亩。

③ 高利伟、徐增让、成升魁等：《农村居民食物消费结构对耕地需求的影响——以西藏"一江两河"流域为例》，《自然资源学报》2017 年第 1 期，第 12-25 页。

④ 山南行署（市）有四个县为边境县，实控区内耕地面积有限。

⑤ 西藏自治区地方志编纂委员会编纂：《西藏自治区志·农业志》，北京：中国藏学出版社，2014 年，第 12-14 页。

⑥ 《拉萨—山南 1 小时经济圈农牧经济发展报告（征求意见稿）》，西藏大学经济文化研究中心，2016 年。

若按综合肥力将耕地分为上、中、下三等，"一江两河"流域内的三种等级耕地面积分别占51%、42%和7%，并以上、中两个等级为主，超过同期全区上、中等耕地比例（35.4%），而其下等地也远低于全区同期比例（16.3%）[①]。在"一江两河"流域内的18个县、市、区中，农业生产以日喀则境内的6个县（市）所占比例最多，其中耕地面积约占"一江两河"流域耕地总面积的50.57%，宜农荒地占到了62.24%；拉萨的7个区（县）居第二，耕地占31.46%，宜农荒地占13.92%；山南市[②]耕地占17.97%，宜农荒地占23.84%[③]。

该区生产的粮食和油料分别占同期西藏粮油总产量的56.7%和69.9%，并以7.3%的天然草地饲养了16.8%的牲畜，产出16.6%的肉类和23%以上的奶产品[④]，是政府重点开发建设的区域，为城镇、牧区提供商品粮油。尤其是拉萨河，每年出产的粮食占西藏粮食总产量的1/4，素有"西藏粮仓"之称[⑤]。

三、雅鲁藏布江中游宽谷地带的农业

雅鲁藏布江流域自江孜县到桑日县之间的一段被公认为该流域内最宽的河谷，也是"一江两河"流域内重要的农业分布区。当地藏族居民习惯上把雅鲁藏布江主干段与拉萨河交界处以西至日喀则境内的一段称为"娘曲"；将拉萨河与雅砻河之间的一段称为"雅鲁（雅砻）藏布"。位于"雅鲁（雅砻）藏布"域内的贡嘎、扎囊两县是雅鲁藏布江流域耕地和农业人口规模较大的两个县，其耕地面积分别为15.59万亩和9.77万亩。在山南地区的12个县（区）中，二县的耕地面积占山南耕地总面积的53.33%。同时，二县耕地面积在"一江两河"流域内所占的比例分别是5.89%和3.69%，在西藏全区所占的比例分别约为3%和1.87%。此外，二县的宜农荒地分别占"一江两河"流域的6.5%和8.27%。另据资料统计，1959年西藏总人口有115万，其中农

---

① 1971—1995年的近25年间西藏耕地总面积变化较小，笔者认为在比较中可忽略其影响。
② 山南地区行政公署自2016年撤地改市。
③ 李明森：《西藏"一江两河"地区土地资源合理开发》，《自然资源学报》1997年第2期，第119–125页。
④ 扎桑、王先明：《西藏—江两河流域开发区的农业自然条件与资源利用》，中国青藏高原研究会：《西藏自治区雅鲁藏布江—拉萨河—年楚河中部流域地区资源开发与经济发展学术讨论会论文选集》，北京：中国科学技术出版社，1994年，第1页。
⑤ 房新民：《西藏》，北京：新知识出版社，1954年，第90页。

区有 87 万，牧区有 28 万①，同年贡嘎县人口 21 166 人②，扎囊县人口 20 364 人③。在同级的行政区划中，两者也是人口较多的两个县。

当地传统生计以河谷的自然环境为基础，首先包括基于耕地的农业，其次是基于草场的畜牧业，以及基于当地农业和畜牧业所衍生出来的酿酒、制陶、水磨糌粑（青稞炒面）加工、菜籽油加工、纺织、鞣皮、缝纫（包括制衣、鞋、帽）、屠宰等生计；而基于水域、植被、野生动物等其他多样性可利用资源发展起来的生计则包括了捕鱼、水运、打猎、植物采集以及基于植物采集的编制等。其中，从事捕鱼和水运的通常是同一个主体，并且他们也是自己所用工具牛皮船的制作者。

另外，河谷还与外界保持着频繁的物资及信息交流，即通过与牧民的盐粮交换来获得食盐、土碱、牲畜及肉类和奶制品④；通过以物易物的形式与尼泊尔、印度以及青海、云南和西藏本土的回族、汉族和藏族商人换取茶、染料、铁、布匹、火柴等生活及生产资料⑤。基于交换所获取的染料和铁等物资，或在很大程度上支持了染色和打铁成为当地的一种重要生计。

第二节　亦农亦牧：河谷生计的整体样貌

土地是河谷农区最主要的生产资料，主要包括耕地、草场、林地和水源。藏语里将生活在河谷的居民称为"戎巴"（རོང་པ།，"戎"即河谷、山谷，"巴"即人）。河谷与草原在海拔、地形地貌、气温、降水、土壤、植被、水域等地理环境的差异，使"戎巴"这些生活在山谷的定居及半定居者明显不同于草原上的游牧者"卓巴"（འབྲོག་པ།，生活在荒原、旷野

---

① 《中共西藏工委关于 1960 年工作基本总结》（内部资料），扎囊县档案室，全宗号：XW01，1960—1961 年第 10 卷。

② 西藏自治区地方志编纂委员会编：《贡嘎县志》，北京：中国藏学出版社，2015 年，第 653 页。

③ 西藏山南地区扎囊县地方志办公室编：《扎囊县志》（验收稿），2015 年，第 434 页。

④ 安新固：《西藏的盐粮交换》，《西藏研究》1982 年第 3 期，第 133－140 页；李坚尚：《盐粮交换及其对西藏社会的影响》，《西藏研究》1994 年第 1 期，第 47－54 页。

⑤ 扎呷：《西藏山南地区扎囊、贡嘎两县传统民间贸易调查》，《中国藏学》1993 年第 3 期，第 35－40 页。

上、牧场上的游牧者)①，两者代表了两种不同发生背景的"典型文化"②。

一、河谷的自然环境与资源

传统上，当地戎巴获取生产、生活资料的途径主要包括三种：一是从自然中攫取，二是自行生产，三是通过交换获得。其中，从自然中攫取资料的方式包括采集、捕鱼和打猎；自行生产的渠道包括种植、畜牧和其他生产（如依靠简单工具的"手工"生产）。在传统的"以物易物"交换中，前两种获取资料的渠道是第三种交换渠道赖以存在的基础。

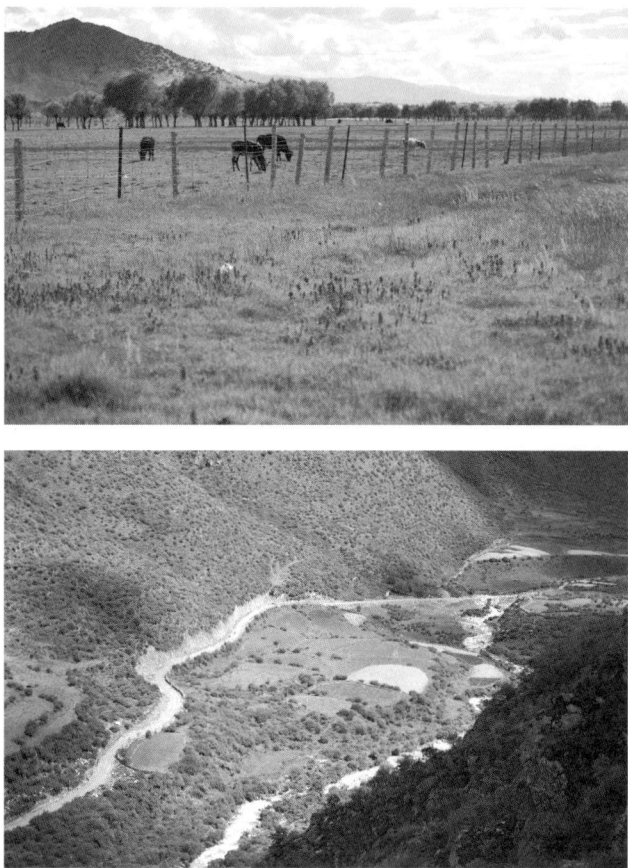

图 1-3　河谷草场

---

① 格勒：《藏北牧民：西藏那曲地区社会历史调查报告》，北京：中国藏学出版社，2004年，第66页。

② ［美］罗伯特·埃克瓦尔、波塞尔德·劳费尔著，苏发祥、洛赛编译：《藏族与周边民族文化交流研究》，北京：中央民族大学出版社，2013年，第91页。

河谷里集中了可供利用的多种自然资源：适宜耕种的土地、可供放牧的草场以及可供打猎和采集的动植物资源。其中，耕地主要分布在沿雅鲁藏布江两岸呈带状延伸的狭长平地和山沟里由季节性水流冲积形成的台地。在山沟和雅鲁藏布江交汇处的沟口，形成宽阔的扇形平地，这是耕地集中的地方。此外还有大量的耕地分布在两侧山沟中间平坦的地方，村落和房屋建在耕地两侧靠近山脚的地方。就整条山沟而言，耕地的面积从沟口往沟里先是一段较为平整和宽阔的延伸，十几公里后开始逐渐收缩，并随着海拔的升高，地形和耕地也随之变得狭窄。山沟内部的季节性支流从遥远一端的高处汇入雅鲁藏布江。由于雅鲁藏布江是两侧山地之间的一个凹槽，因而两边的山沟在雨季（每年5月至10月）时都充当着雅鲁藏布江干流径流量的重要补给，而每当旱季来临，两侧山沟低地的河段就会干涸，由于旱季对应的是较寒冷的冬春季节，因此一些上流河段就会结冰。

小范围内的资源与环境多样性为当地人的生活提供了多种选择，也促成了资源利用方式的多样性，但这种多样性对于一个家庭的意义是有限的。过去主要依靠步行的交通方式限制了人们每天的活动范围，人们居住的房屋总是靠近自己所主要从事的劳作区域：捕鱼的人家临近水边，打猎的家庭常出现在半山腰上的村庄，放牧者和他们的畜群占据着河谷高处的山地，耕种者以及未完全脱离耕种的加工生产者和其他劳动提供者则主要聚集在平坦耕地的附近。"靠山吃山、靠水吃水、靠地种地"是这里的真实写照。但无论是靠山、靠水或靠地，都不能完全满足任何一种职业类型的家庭，当地人以糌粑、茶和肉为其主食的饮食结构，以皮、毛等为服饰主要来源，一方面使他们极少以某种单一的渠道获取生活所需，而是尽可能多渠道地利用居住地附近的资源或生产所需资料；另一方面由于小范围内的交通方式和条件限制，以及居住地附近环境和资源条件的限制，使主要依赖于某类生计的单个家庭难以同时获得当地全部的资料，因而客观上使不同类型居住地的人们倾向于以家庭为单位在种植、畜牧、手工生产和采集、捕鱼、打猎等不同劳动之间形成地域分工，也使"交换"成为从事不同主要劳动家庭之间获取其他资料的必要途径。

二、戎巴的多样性生计

总体来说，戎巴的生计在很大程度上是"自给自足"的。造成这个局面的关键因素有两个：一是河谷内部本身可以发展农、牧、纺织及其他手工业（部分材料依靠与外界的交换获得），可以依靠自己获得较大程度上的满足；二是河谷自身的地理区位所造成的相对封闭的局面，限制了与外界更为频繁的交换，并且由于交换成本较高，使戎巴在很大程度上依靠当地自行生产所需的粮食、衣物或其他物资以及生产这些物资所需的工具，促使戎巴内部形成了分工，即一部分个体或家庭所擅长的生产领域是其他个体或家庭所不具备的手段，彼此之间在生计上的满足形成相互依赖的关系，因此交换成为戎巴内部必要的互惠方式和谋生手段；同时，少数个体或家庭成为专门与外界交换非本地物产的商人，他们所带回的物资完善和提升着戎巴的生计，因此交换外地物产也是一项必不可少的补充生计。

根据笔者调查期间的情况来看，田野点大部分家庭的主要生产活动是农业、手工纺织业和牧业，呈现出谋生手段多样性的特点。根据文献材料和报道人的回忆，1959 年民主改革前，河谷农区家庭所依赖的生计因土地使用不均而存在明显差异，例如，纺织只是少数地方和家庭所采取的生计，并且其纺织产品主要用于对外交换生活物资或积累财物。在同一个居住区内，还有身兼木匠、画师、石匠、泥匠、裁缝、鞋匠、铁匠、陶匠、编筐人、渔夫及船夫、职业牧羊人、屠夫等职业的人群，但通常来说，这些职业只是少数家庭所涉及的谋生方式。

根据笔者调查，在拉萨河至雅砻河之间的"雅鲁"河谷一带，当地藏民用"辛巴"（ཞིང་，"辛"即指田地，"辛巴"即种地的人）来专指"种植者"，以"协巴"指称河谷高地的放牧者。辛巴和协巴是当地除少数商人（贸易者）、手工业者和其他行业的从业者以外，以当地自然环境和资源为主要依托的从业者，是构成"戎巴"群体的主要部分。其中，辛巴的村落及其所从事的农业集中分布在河谷的低地平原，协巴和牧业则聚集在河谷高地的草场，河谷中段略为狭窄和海拔增高的谷地则是二者间的过渡。

传统上，戎巴中以直接攫取自然资源为主要谋生方式的是捕鱼户。他们或集中，或零散地分布在雅鲁藏布江与拉萨河交汇处附近的几个村庄，分别是曲水县的俊巴村和贡嘎县的陇巴村，这两个村子在当地人的认知里即是一个"渔村"，其他有零散几户以捕鱼为主要生计来源的捕鱼户的村子，如与俊巴村隔雅鲁藏布江相望的森布日村、吉纳村，以及雅鲁藏布江北岸一带的昌果、松卡等靠近江边的村庄。

以自行生产为主要渠道获取生产和生活资料的包括种植者、放牧者和手工业者等，但无论是从大自然中直接攫取还是自行生产，每一种"戎巴"群体都必然通过交换的渠道才能满足其全部的基本生活所需。在

"戎巴"这一群体内部,交换主要是围绕着粮食进行。对于只有少量耕地使用权的家庭而言,多数家庭所生产的粮食不足以满足一家之需;几乎没有耕地的堆穷户,他们所掌握的某种手艺或依靠这种手艺所生产出来的产品,大部分被用来交换其他必需品,其中最核心的交换目的是获取粮食。对于人身依附在谿卡(类似于"庄园"的生产组织)或大差巴户的朗生(类似于"奴隶")来说,在藏历年前的短暂"假期"间,可以自由为所属谿卡或大差巴户以外的雇主以出卖劳力的方式获取报酬,这是其交换粮食的途径。此外,那些常年生活在河谷深处海拔较高山地的以畜牧为主要生计来源的放牧者,也需要以各种畜产品来换取作物种植者生产的粮食。靠近水边的捕鱼者,则以其捕获的鲜鱼或晒制的干鱼与那些耕种者交换粮食。

然而,这并不是说粮食是戎巴内部唯一的交换物品。单就在那些以耕种为主要生计的戎巴中,耕地的牲畜、运载的驮畜以及羊和羊毛等任何需要通过交换获得的物品,甚至人的劳力,都可以进行交换,但这些用于交换的物品,除了劳力有时是对等地交换劳力以外,大部分情况下它们所指向的交换对象仍然是粮食。

后文中将指出,当地戎巴的生计多样性,尽管以自然资源利用方式的多样性为基础,但这并不是导致民主改革前戎巴个体家庭生计多样性的直接原因。导致戎巴个体家庭生计多样性的直接原因是土地使用不均,从而迫使一些耕地使用较少的个体家庭采取农业之外的生计手段作为补充。但事实上戎巴所能采取的生计补充手段是有限的:一方面是可利用自然资源的限制,这种限制既来自资源本身,也来自土地占有者对资源使用权的控制,且起主要作用的是后者;另一方面主要来自资源利用技术或技能的限制,这一限制既有技术或技能本身的局限性,也有"谁能获得"这种技术或技能的限制,且起主要作用的是后者。因此,就民主改革前的情况而言,"生计多样性"可用于描述戎巴整体的生计特征,但并不适用全部的个体家庭。具体到个体家庭,他们所能采取的谋生手段首先在很大程度上由土地及差税制度所决定,其次由传统、宗教和骨系观念等所强化或固化。正如七十多年前梅·戈尔斯坦在利米河谷的藏语人群中所发现的那样,河谷"戎巴"的不同组成部分"获得资源的途径不同",因而"采取的适应策略也不尽相同"①。因此,与青海囊谦泉盐产区的藏族利用制盐技术脱离农业生产,从而摆脱土地压力的适应倾向不同②,尽管田野点戎巴的不同部分采取了有差异的生计方式适应环境,但整体上都表现为强烈依附农业的倾向。

三、两岸河谷的交流与比较

(一)两岸河谷从"孤立"到"融合"

民主改革前,"雅鲁"两岸戎巴之间的来往受到诸多限制。其原因一是两岸划归为不同的机构管理而形成不同的交往网络(北岸由拉萨雪列空直管,南岸由山南基巧直管),如北岸戎巴交付于领主的差税可通过贵嘎拉山谷直达拉萨,再把领主的货物从山道运回北岸③;除了以交纳"乌拉差"的形式无偿运送实物差税及商品货物而往返于拉萨和北岸的戎巴,大多数戎巴都极少有机会因个人事务离开其所属的谿卡领地。二是作为谿卡的属民,戎巴没有擅自离开谿卡领地的自由。三是依靠牛皮船的渡江方式使交通和运输处于一个较为落后的状态,由此造成两岸居民之间交往的不便。四是由上述原因而导致的外出成本较高,迫使戎巴自动放弃外出。因此,两岸河谷的居民来往极为有限。

尽管民主改革后,政府将南北两岸河谷的村落划在同一个县级单位内管辖,但是并未从根本上改变这种"孤立"的状态,甚至连政府的公务行为也存在极大的不便,从县政府到对岸的乡镇通常需要2天的时间来回。直至2015年横跨两岸的扎囊大桥建成通车后,两岸戎巴的交往情况才有了明显改观,逐渐从"孤立"走向"融合"。

---

① [美]梅·戈尔斯坦著,坚赞才旦译:《利米半农半牧的藏语族群对喜马拉雅山区的适应策略》,《西藏研究》2002年第3期,第113-120页。
② 坚赞才旦、王霞:《百味之首在澜沧江源头——青海囊谦泉盐产销调查》,《青海民族研究》2018年第1期,第148-156页。
③ 李坚尚:《三大领主经营的商业》,多杰才旦主编:《西藏封建农奴制社会形态》,北京:中国藏学出版社,1996年,第49-51页。

图 1-4 雅鲁藏布江北岸桑耶沟

雅鲁藏布江宽谷地带南北两岸相邻及隔江相对的数条山谷组成了一个县域单位，分属于贡嘎县和扎囊县。这些位于两岸的山谷长短、宽窄和海拔不一，当地人将其称为"沟"。南岸的主沟自西向东分别是娘索沟、江塘沟、岗堆沟、甲日沟、扎其沟、朗赛岭沟和雅砻河谷①；北岸的主沟自西向东分别是柳琼沟、昌果沟、阿扎沟、扎若沟、松卡沟、桑耶沟、洛沟和朵莞沟。其中，每一条山谷通常对应一个乡（镇）级别的行政区划，乡（镇）政府机构设置在临近江边的平坦地带，其下辖的行政村以及每个行政村所属的自然村小组则沿着河谷由外向内呈带状分布，村落和房屋一般建在河谷两边靠近山脚的缓坡地，河谷中间有低凹的河槽，河槽两边是地势稍高且平坦的耕地。

据笔者自 2015—2017 年底的调查情况来看，这些山沟与现行的行政区划主要存在着四种联系的方式：一是每条山沟对应 1 个乡（镇）单位，如南岸的岗堆镇、扎其乡、朗赛岭乡②，北岸的柳琼乡、昌果乡、阿扎乡、多颇章乡。二是每条沟里集中了 2 个至 4 个乡（镇）一级的单元，这样的沟全部位于雅鲁藏布江的南岸，并且只有江雄（贡嘎）和吉汝（扎囊）这样

---

① 河谷内部乃东县为山南市首府所在地，泽当镇被认为是雅砻文化发源地，往南延伸至古代悉补野部落起源地之琼结、隆子等县。河谷以东进入桑日县境内至沃卡地方，雅鲁藏布江河谷开始在地理上表现为深切峡谷，经曲松、加查县后进入林芝朗县境内。

② 因本次调查范围取自拉萨河与雅鲁藏布江交汇处以东、雅砻河与雅鲁藏布江交汇处以西，故南岸拉萨河与雅鲁藏布江交汇处以西的娘索沟、江塘沟不包括在内；继江塘沟继续西进过娘索沟越岗巴拉山即沿着 G318 国道进入浪卡子县境内羊卓雍湖北岸。朗赛岭乡对应莞沟。

的山沟。江雄沟自沟口往南依次坐落着杰德秀镇、克西乡、朗杰学乡和张
达乡（羊卓雍湖北岸）4个乡（镇）单位；吉汝沟自沟口到南端分别是扎
塘镇（扎囊县政府所在地）和吉汝乡（1999年经过小乡并大乡之后合并而
成扎囊县最大的一个乡）。三是由不少于2条山沟（通常是1条较大的沟和
1条邻近的、较小的沟）组成1个乡（镇）单位，如江北岸的桑耶沟、洛
沟、松卡沟和扎若沟组成了桑耶镇。江南岸的扎其沟和朗赛岭沟两条沟则
统属于扎其乡，二者都位于扎囊县辖境（见图1-5）。

　　此外，除了散落在山沟里的村庄，还有一些村庄是呈带状分布在雅鲁
藏布江边的冲积或洪积台地上的，所以第四种情况是每条较狭小山沟与其
沟口附近沿江边、呈带状延伸于台地上的村落组成一个乡（镇）单位。如
甲日沟于1988年前与甲竹林都属于吉雄镇（贡嘎县府后迁于此），后来于
1988年底贡嘎县政府又将甲日沟、甲竹林和其他一部分村庄组合形成了甲
竹林镇，并延续至今。

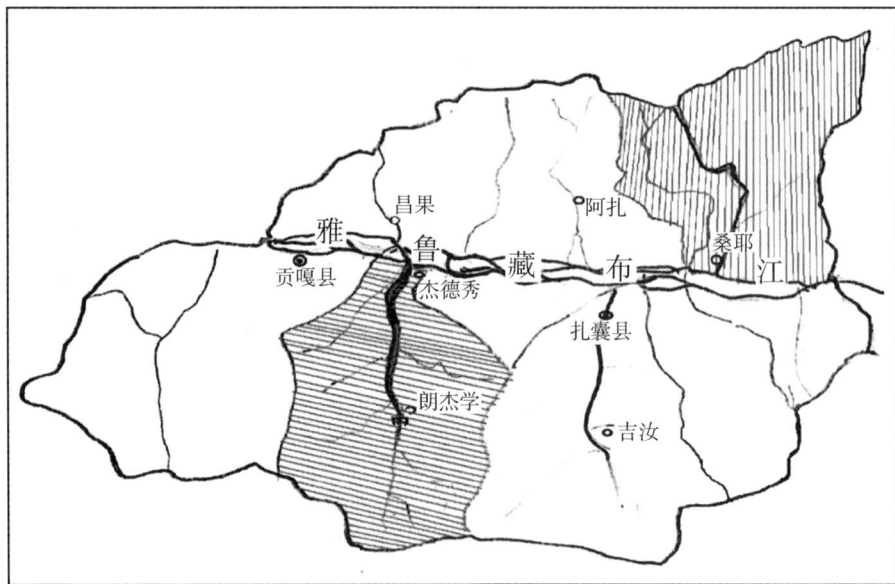

图1-5　雅鲁藏布江两岸部分河谷

　　贡嘎县杰德秀镇所处的江雄沟、扎囊县扎塘镇和吉汝乡所处的吉汝沟，
无论其长度、宽度和人口密集度，都是雅鲁一带较为突出的。据当地交通
部门负责人介绍，山沟最宽处的沟口有七八千米以上，中间大部分的地段
在两千至四千米。在一个可视的较大范围内，一些以"组"为单位的自然

村，间隔几百米或上千米的距离分散在山沟两边的山脊脚下。一些相对集中的"小组"自然村在行政上组成更大范围的村或居委会，行政村由于囊括了更大的范围而显得较为"松散"。每一条山沟的内部都修建了一条与山沟几近平行的笔直公路。

从当地几位报道人的描述中可以清晰地勾勒出这些山沟所对应的新的行政区划形成之前的情况。在南岸，娘索沟、江塘沟以及它们之间的岗巴拉山组成了一个叫作"岗"的地方；岗堆沟以及沟口延伸到江边的一带属于"钦"或"约"；甲日沟和靠近江边的甲竹林、吉雄那一片叫作"雄"；江雄沟和往东延伸到江边拉孜的一带是"雄"；吉汝沟、扎其沟和朗赛岭组成了一个较大的"扎"地。在北岸，昌果沟一带就叫作"昌果"；阿扎沟和扎若沟（旧称哲玉）一带叫"扎"；松卡沟一带叫"松卡"；桑耶沟一带是"扎玛格参"；洛沟及其以东的地方属于"莞"。

（二）沟通"南北"和"内外"的差异

南岸的沟往南延伸到羊卓雍湖湖盆。例如江雄沟，其南端可直接通达羊卓雍湖湖盆区域（现主要为浪卡子县管辖），进而往西与江孜、日喀则、定日、聂拉木等县（市）贯通，往西南可直达伸入中印（度）和中不（丹）边境及与尼泊尔、孟加拉国两国相近的亚东县；往南则可延伸到山南市处于中不（丹）边境上的浪卡子、洛扎和错那等县。据文献资料和当地人的讲述，江雄沟在历史上就是一条集商业和交通要道为主的通道。

北岸的山沟往北翻越贵嘎拉山可达拉萨的柳吾、达孜、墨竹工卡等区（县），尤其是桑耶沟。当地人声称这是唐朝文成公主进入吐蕃雅砻河谷的"唐蕃古道"，也是赤松德赞的出生地。赤松德赞在桑耶修建了西藏历史上第一座佛、法、僧俱全的桑耶寺，与此事件相关的古印度佛教高僧莲华生入藏的典故以及在桑耶寺附近兴起的修行事件，将桑耶沟与其邻近的松卡沟、阿扎沟和青浦沟等联系起来，成为当地一处著名的修行圣地。

（三）耕地和人口在两岸的分布不均

相比在自然环境方面的差异，南北两岸更为明显的差异是南岸支沟中的耕地、村落、人口数量要比北岸更为集中。这一点从前述山沟与其对应的乡（镇）单位中可以清晰地看出来：在调查范围内，南岸分布着6条山沟（除去娘索沟和江塘沟之后），涉及7个乡镇；北岸有7条山沟6个乡镇。以贡嘎县为例，1964年北岸（含陇巴村和昌果区）农牧业人口514户（其中有8户是牧业户）、2 115人[①]，占全县农牧业人口的8.4%（根据档案材料，1964年全县5 680户，其中牧业户13户）[②]；2000年北岸农牧业人口2 814人，约占全县农业人口的6.68%[③]。对照2000年的人口情况，扎囊县北岸阿扎乡、桑耶镇的农牧业人口约占全县农牧业人口的19.2%。

在南北两岸的人口分布上，贡嘎和扎囊两县都呈现出相似的情况：至少超过80%的人口集中在雅鲁藏布江南岸的山沟（河谷）。尽管近年来一些情况的变化导致北岸的人口出现了与生育率无关的增长，但显然短期内还不足以撼动这一态势[④]。单就扎囊县而言，截至2016年底[⑤]，北岸的人口仍然仅占到全县人口的19.5%。另外，从自然村的分布情况来看，扎囊县2016年辖5个行政村、65个村（居）、203个村小组，位于北岸的阿扎乡辖3个村（居）、14个自然村，同是位于北岸的桑耶镇辖9个村（居）、26个自然村，两个乡（镇）所辖村（居）、自然村的数量分别占全县的18.5%和19.7%。从耕地的分布来看，北岸两个乡（镇）的耕地面积约占扎囊县全部5个乡（镇）的25%（1959年后新增大量开荒耕地）。

① 根据1964年贡嘎县档案材料（1964年12月第1卷）数据统计得出。注：原档案材料没有编制参考码，且部分材料由于档案管制原因未能查阅。

② 昌果沟以西的陇巴村是一个有20多户人家的渔村，为南岸的甲竹林镇管辖，在计算中不影响结论，故此处忽略不计。

③ 西藏自治区地方志编纂委员会编：《贡嘎县志》，北京：中国藏学出版社，2015年，第89页。注：该县志中此处数据未区分农业户和牧业户，依据其"农牧结合"的内容表述应包含了农牧户在内。北岸农业人口分布基数增长，但所占比例下降，反映出全县农业人口增长较快。

④ 根据田野调查，近年来以买房等方式不断迁入桑耶居委会的外村或外县藏民使桑耶的人口逐渐增加，同时继2005年的异地搬迁项目实施后，2017年政府主导的第二次异地搬迁项目将使桑耶镇的人口在短时间内急剧增加170余户（数据来源于桑耶镇政府材料）。

⑤ 扎囊县地方志编纂委员会编：《扎囊年鉴》（内部资料），扎囊县委办公室，2016年，第163–176页。

第三节　河谷村落：雅鲁藏布江中部河谷的多村落调查

本书调查的村落，以"雅鲁"南岸江雄河谷的杰德秀为核心田野点，同时重点兼顾"雅鲁"北岸嘎曲河谷的桑耶，在此基础上以"雅鲁"段内其他河谷及村落作为拓展调查的对象。根据调查，杰德秀和桑耶的相同点是两地都位于河谷低处平地，人口集中、耕地规模较大、商业突出；不同点是历史上两地划归的领主不同，导致分别与拉萨和山南的联系程度不同，家庭纺织业的普及度和知名度不同。

一、河谷内部的一般情况

村落、耕地和人口在河谷内部分布不均，随着海拔上升，耕地、人口和村落相对减少。从高处至低处来看，一条河谷的内部就像一道起点狭窄、中间和底部逐渐变宽的"滑梯"。在其平坦、开阔的底部一端，是农业、村落和人口较为集中的河谷低地平原，在其另一端的高处则是畜牧业集中的河谷草场，两者中间则是"半农半牧"的过渡。然而，尽管当地不同河谷内部的生计模式呈现出的整体特征是一致的，但"即便是极微小的环境差异也会带来人们适应能力的极大不同"[1]，因此在不同的河谷甚至在同一条河谷内部，戎巴依据其所处的微小环境发展出环境适应性的谋生手段。例如，在河谷平地，戎巴依赖于土壤、光热、水源等条件发展种植作物获取粮食；利用遍及河谷的草场（因海拔及植被不同而有所差异）饲养牲畜并获得肉、奶、皮、毛、骨和畜力；利用特殊的黏土和矿物烧制陶器；采集山地迎风坡上生长的野生灌丛柳条编制箩筐、制作牛皮船或扫帚等器物；在临近江边的水域捕捞江鱼和开展运输……长久以来，形成了某种经济活动较为集中的"特产村"，并因此促进了依托特殊物产的交换和交流。

戎巴个体家庭在很大程度上依靠交换获取必需物资的事实，打破了外界长期以来所形成的河谷戎巴"自给自足"的刻板印象。同时，因其与外界发生的交换主要为获取盐巴等非本地物产的事实，作为以农业生产为主

---

① ［日］秋道智弥、市川光雄、大塚柳太郎著，范广融、尹绍亭译：《生态人类学》，昆明：云南大学出版社，2005 年，第 9 页。

的定居群体，戎巴对本地资源进行了充分的开发和利用。在此过程中，技术和工具的使用直接反映了戎巴对当地自然环境的适应水平。根据怀特的定义，技术是人利用和转化自然能量的机械手段，"技术系统是由物质、机械、物理、化学诸手段，连同运用它们的技能共同构成的"。因此它包括"生产工具、维持生计的手段、筑居材料、攻防手段等等"[1]。然而，在田野调研过程中，笔者深刻地感受到若过于强调技术、工具的使用状况与戎巴利用、适应自然之间的联系，则难免忽略了人在适应既有的技术、工具和自然及社会环境所构成情境下的适应策略，即作为行动者的人的实践逻辑。尤其是在一个社会等级分明、资源所有权和使用权分离、政治和法律制度森严、宗教观念和社会习俗根深蒂固的复杂的农业社会中，人们对资源的开发和利用，不仅受到资源、技术、工具等因素的局限，在现实中的某个阶段，更深刻的影响可能来自主体适应环境的理性和策略，而这正是本书将要透过"分工"来加以论述的主题。

二、杰德秀和桑耶的情况

杰德秀镇和桑耶镇分别位于雅鲁藏布江中部宽谷地带（"雅鲁"）的南岸和北岸，路程间隔约 50 公里。两者都处于西藏政治、经济和文化的中心区域，有着相近的气候、海拔和地形等自然环境背景，但与外界的交流却有较为明显的差异。为便于对调查对象形成一个较为完整和清晰的认识，本书采用主次结合的多村落调查范式。其中，杰德秀镇和桑耶镇是主要的田野调查点，其他河谷及村落是次要的田野调查点，以此相互衬托和互为映照。

（一）南岸杰德秀镇的基本情况

杰德秀镇位于"雅鲁"南岸的江雄河谷谷口处，地势南高北低，平均海拔 3 750 米；2016 年杰德秀镇下辖 2 个居委会（村级单位）和 1 个行政村，共 1 257 户、5 132 人；3 个村居分别是杰德秀居委会（简称为"杰德秀"）、斯麦居委会和果吉村委会；镇域面积近 63 万亩，其中包括约 5 000亩的湿地保护区。其中，杰德秀是本书田野调查的主要据点，距离杰德秀镇政府约 1 公里，距离贡嘎县城 17 公里；下辖 9 个村小组，共 696 户、

---

① ［美］怀特著，曹锦清译：《文化科学：人和文明的研究》，杭州：浙江人民出版社，1988年，第 353 – 354 页。

2 447人（政府统计劳动力为1 351人）；杰德秀的总耕地面积4 613亩、草场6 066亩、林地20 000亩（人工林，是村民获取柴薪的主要来源）；牲畜存栏数8 617头（只、匹）；农牧业之外的增收渠道主要有羊毛纺织业、外出务工和经商。

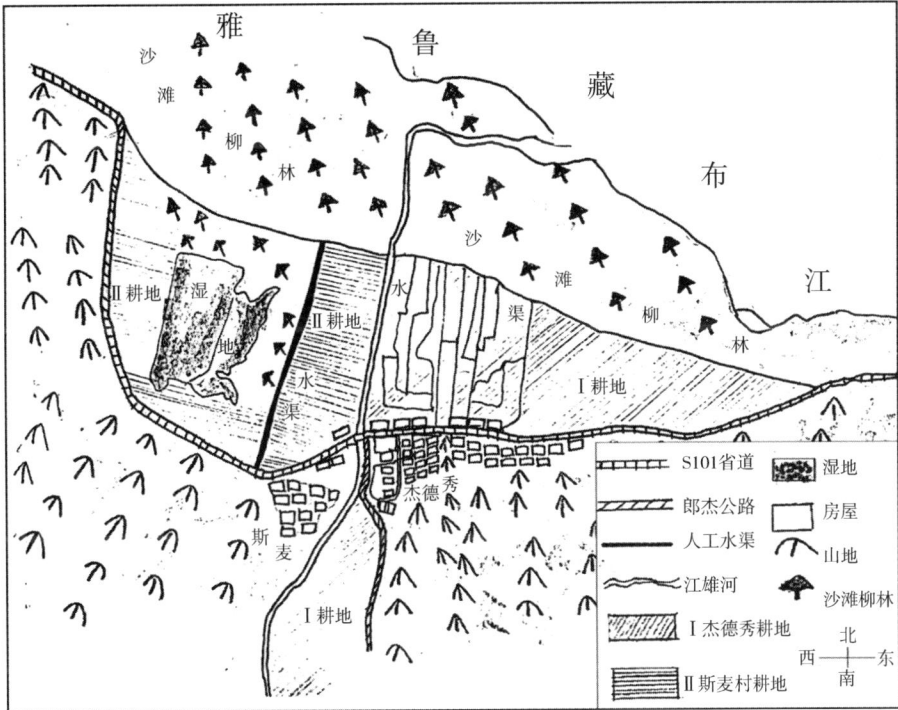

图1-6　杰德秀用地类型示意图

农业是杰德秀镇居民赖以生计的基本产业。全镇耕地面积为10852.5亩（约占镇域面积的1.7%），耕地由途经该镇北缘的S101省道（东西走向）切分成南北两个片区：公路以南的耕地是江雄河谷冲积的平地，三个村（居）的房屋分布在耕地两侧临近山脚的缓坡地上；公路以北的耕地靠近"雅鲁"沿岸，地势相对较低，但面积远大于前者，且得益于杰德秀终年出露的大量地下泉水和被修成树枝状的水渠，泉水得以深入北片耕地大部分区域，因而能够保证农田获得适时的灌溉。

传统上，羊毛纺织业以及与之联系紧密的河谷绵羊养殖业是杰德秀重要的家庭产业。放牧的草场主要包括江雄河谷两侧的浅山和"雅鲁"沿岸的滩地；草场先是以行政村为单位划分到各村，再以村小组为单位划分到各组，即草场是村小组集体使用的公共资源，如杰德秀6万多亩的草场分别下划到9个村小组集体。

至迟在2017年"泽贡高速（泽当至贡嘎）"和"拉泽高速（拉萨市至山南市）"建成通车前，杰德秀曾是"雅鲁"南岸S101省道上山南通往拉萨和日喀则的必经之地。历史上，可在杰德秀临近"雅鲁"的杰德秀渡口乘坐牛皮船至对岸的昌果渡口，再往西北行至拉萨；也可经杰德秀先行至贡嘎县的江塘镇渡口，乘坐牛皮船到达"雅鲁"北岸的俊巴村，再行至曲水（曲水是杰德秀乃至"雅鲁"河谷居民以羊毛纺织品等物产交换粮食和其他物资的一个重要据点，继续北行可抵达拉萨）；江孜（日喀则）是杰德秀和"雅鲁"河谷居民进行交易活动的又一个重要据点，前往江孜只需沿路西行而不需渡江；杰德秀往东则可达林芝、昌都；杰德秀往南穿过江雄河谷可自羊卓雍湖湖畔向西转至江孜及日喀则，继续南行则可至亚东边境以及印度、尼泊尔和不丹。

历史上，一方面来自印度、尼泊尔和不丹等国，以及青海、甘肃、云南和西藏其他农牧区的商队和货物在杰德秀的鲁康市场进行交易，杰德秀的羊毛纺织品得以经由商队的传播走出本地，同时杰德秀以及"雅鲁"河谷的居民为交换粮食等物资，将以羊毛纺织品为主的物产运至曲水、江孜等地进行交易；另一方面，山南各地生产的粮食、酥油和纺织品等，作为上交给噶厦政府和领主的实物税经杰德秀运往拉萨。其结果是，往来于拉萨和山南（主要是"雅鲁"南岸）之间的各类"乌拉"差役，以及本地与外地的物产交换，裹挟着人力、畜力和物品（包括本地物产及外来货物）经杰德秀频繁地双向流动，共同成就了杰德秀作为商贸古镇和沿途中转站的角色及地位。

（二）北岸桑耶镇的基本情况

桑耶镇位于"雅鲁"北岸和贵嘎拉山（属冈底斯—念青唐古拉山脉）南麓，地势北高南低，平均海拔3 600米；2016年桑耶镇下辖2个居委会、7个行政村，分别是桑耶居委会（简称为"桑耶"）、松卡居委会（简称为"松卡"），前达村、念果村、桑普村、洛村、亚杰村、乃卡村和扎若村；全镇共1 134户、4 608人（其中纯牧业人口405人）；镇域面积近123.6万亩，耕地9 849.3亩；其中，人口和耕地最为集中地分布在桑耶和松卡。

位于嘎曲河谷谷口处的桑耶，是桑耶镇和西藏历史上第一座佛、法、僧俱全的寺院——桑耶寺的所在地。在笔者调研期间，由于第二期的移民搬迁户还未进入，因而共有 390 户、1 450 人（政府统计劳动力为 666 人）；基本农田 3 075 亩（村民实际用于农业生产的耕地低于此规模）、草场约 63 525 亩；牲畜存栏数 4 561 头（只、匹）；桑耶本地居民从事家庭羊毛纺织的户数明显比杰德秀少很多，根据文献和访谈资料，1959 年西藏民主改革前，桑耶的纺织户就较少；然而，至少从笔者调研期间的情况来看，桑耶的家庭绵羊养殖户却比杰德秀要多一些；适于放牧的草场主要包括分布在村庄附近的低矮坡地、江滩和国营农场时期遗留下来的人工草场以及秋收后的耕地。

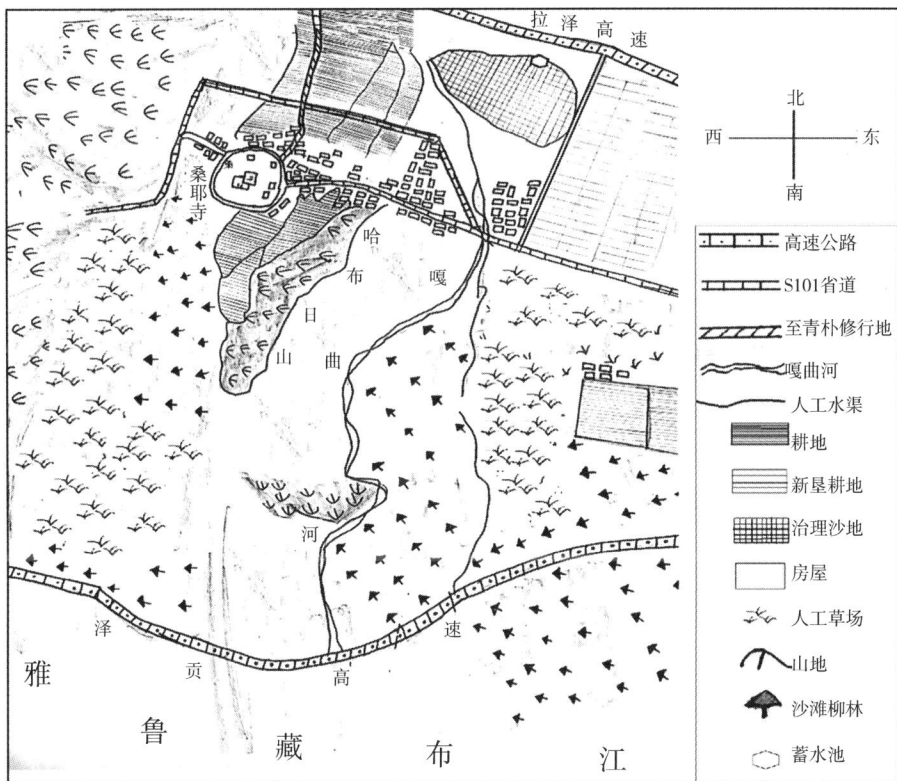

图 1-7　桑耶用地类型示意图

桑耶镇所辖的 2 个居委会和 7 个行政村分散在 4 条大小不同的河谷内，沿着 4 条河谷向北纵深可抵达拉萨的达孜和墨竹工卡（步行来回需 7 天左右）。在过去，"雅鲁"南北两岸居民的来往依靠牛皮船作为渡江的工具，20 世纪 70 年代，利用发动机驱动的木船取代牛皮船成为主要的渡江工具。桑耶渡口设在桑耶和松卡之间。过去从桑耶出发步行至松卡渡口需近半天的时间，加上牛皮船在江水中行驶一个单程所需的时间（按平均两小时计算，忽略雨季和旱季江水流量的差异及影响），到达右岸渡口再前往今日的朗赛岭乡或扎其乡约需半天的时间，到达今日扎囊县府所在地的扎塘镇约一天时间。

由于所处区位和交通条件的限制，一般的居民极少会离开村庄前往拉萨或"雅鲁"对岸。西藏民主改革前，"雅鲁"北岸的属民为交付"乌拉"差役来往于本地与拉萨之间；同时，那些一年一次外出交易的人，才有必要翻越河谷去往拉萨，或雇船驶到对岸；因此桑耶与对岸的来往较为稀少。直到2015年扎囊大桥建成通车，这一情况才获得根本性改变。

三、其他调查村落的情况

（一）陇巴村："雅鲁"北岸的渔村

捕鱼的家庭或集中，或零散地分布在雅鲁藏布江与拉萨河交汇处附近的几个沿江村庄。这些村庄分别是曲水县境内拉萨河畔的俊巴村、贡嘎县境内的"雅鲁"北岸的陇巴村，这两个村子在当地人的认知里一直是一个"渔村"。除了这两个村子是捕鱼者集中的"渔村"以外，"雅鲁"两岸沿江的几个村子几乎都有几户以捕鱼为主要生计来源的家庭，如与俊巴村隔"雅鲁"相望的贡嘎县森布日村、吉纳村，以及"雅鲁"北岸的昌果村和松卡村（扎囊县），这些村庄的共同特点就是临近"雅鲁"的水边，便于那些沿江居住的村落或家庭依靠捕鱼来获取资料。此外，有来自其他资料的证据表明，今天的杰德秀一带也曾是适于捕鱼的临水之地。藏族文献《柱间史》《巴协》等记载，今包括杰德秀、朗杰学一带在内的"堆"地曾先后作为藏文字创造者吞米·桑布札和汉人名医东松康瓦的封地，他们一位是吐蕃松赞干布时期创造了文字的名臣，一位是赤松德赞时期的名医，二者因对吐蕃和赞普作出的杰出贡献而获得了"堆"地的赏赐。今天杰德秀1组的拉孜山到止勒山（朗杰学乡与浪卡子县羊卓雍湖附近交界处）一带过去称为"堆"，藏语"堆"的意思是"捕鱼的王"。据说以前这一带的沟里全是水淹没的地方，水边上的人们主要靠捕鱼为生。新的地质研究结论也声称：杰德秀一带曾是一处大型古堰塞湖泊，东起桑日县扎巴村、西至贡嘎机场附近，面积达700多平方千米，这个堰塞湖形成的湖相沉积地层在杰德秀一带出露最厚①，可推测这一带的水域相对较浅，适合捕鱼。贡嘎的吉纳村和陇巴村直到近几年前仍然是以捕鱼为主的渔村，曲水俊巴村的捕鱼业仍在继续。此外，在拉孜附近还有一个叫作"捏堂"的地方，"捏堂"的意思是指"存放捕获之鱼的地方"；并且当地人把土豆咖喱饭叫作"捏库"，即"鱼汤"的意思。据当地的人说，杰德秀的捕鱼户也是在过去几年才停止捕鱼的，但多数人吃鱼的习惯也不过是最近一两年才开始有所改变。须指出的是，"渔村"的规模和以捕鱼为主要生计的人数都只占了极小的比例，并且与附近其他村落的人们相比，他们的特别之处仅在于主要依靠捕获的鱼来换取粮食等其他所需资料。

（二）杂玉村和玉卜村：吉汝沟半山腰上的陶村

在调查区域内的"雅鲁"南岸的河谷地带，除了极个别村庄会有几户零散的制陶户以外，制陶户都集中在扎囊县吉汝乡的杂玉村，该村是贡嘎和扎囊两地唯一一个村民以制陶为主要生计的村庄；其次是与杂玉村隔着一道山梁的玉卜村，也是制陶户分布较多的村子。由于杂玉和玉卜这两个村子实际上分布在同一座山的两个不同坡面，杂玉村在西坡，玉卜村在东坡，两村被山顶的脊背分隔，过去山脚下的乡村公路没有修建通车前，两村居民就攀过山脊互有来往，两个村的制陶匠人也彼此相熟，取土的界限以山脊为天然分界，玉卜村的村民取用东坡的陶土，杂玉村的村民取用西坡的陶土，二者从不越界。有时外出交换陶器时，也时常会有结伴同行的经历。总体上说，杂玉村制作陶器的家庭要更为普遍，且居多数，是一个名副其实的陶村，相比之下，玉卜村的制陶户不到全村四分之一的家庭。另外，玉卜村所在的山坡位置要更低，耕地面积和条件相对要好，并且他们烧制陶器所需要的两种陶土都可以在村后的山坡上挖取到，而杂玉村用于染色的矿物则要到几里之外一座寺院后山的岩石上用刀刮下来。民主改革前，杂玉村和玉卜村即分属于不同的谿卡。

（三）阿扎村和松卡村：编筐户集中的村落

根据 1963 年的统计情况，桑耶区（包括今日桑耶镇和阿扎乡）全区 8 个乡有编筐、铁、木、纺织、制筛等 7 个行业。其中，由于编筐所需的藤条

---

① 韩建恩、孟庆伟、郭长宝等：《雅鲁藏布江中游杰德秀古湖的发现及其意义》，《现代地质》2017 年第 5 期，第 890－899 页。

集中在松卡（今属桑耶镇）和阿扎（今属阿扎乡）两条沟内生长，因而全区 102 人、64 户编筐户松卡和阿扎两个乡分别约占 46.9% 和 37.5%，其余仅在克鲁、前达、桑普、鲁乡这些邻近山沟长有少量所需灌丛材料的聚落，且户数仅克鲁 5 户、前达 3 户，其余都是 2 户，且每户仅 1 人掌握此手艺，而松卡和阿扎的编筐户掌握此手艺的人平均每户有 1.67 人。

毪氇纺织依然是本区所占比例最高的一项手工艺，涉及 95 人共 95 户，其中桑耶 26 人（户）、桑普 16 人（户）、鲁乡 12 人（户）、阿扎 12 人（户），其余均为 10 人（户）以下。然而，95 人仅占全区总人口（2 784 人）的 3.4%，若按每户平均 5 人（根据 2016 年《扎囊县年鉴》户均人数约为 4.1 人）推算，全区约有 556.8 户，则掌握毪氇纺织手艺的户数约占 17.1%。

除了编筐和毪氇纺织这两项手工业外，全区的铁、木、缝纫、制陶、造船，分别是 3 户 5 人、11 户 11 人、21 户 21 人、1 户 1 人、2 户 2 人，其中，铁匠仅桑耶有 2 户 4 人、克鲁有 1 户 1 人，制陶仅阿扎有 1 户 1 人，造船仅松卡有 2 户 2 人[1]，这些掌握了手工技能的家庭一共 197 户，按以上方法推算，则占整个桑耶区全部家庭的 35.4%、人口则占 8.5%。

---

[1] 郭克范：《扎囊县民主改革时期档案整理与研究》，北京：社会科学文献出版社，2014 年，第 138 页。

第二章　戎巴的结构和生计

当地家庭多样性的生计方式，能在一定程度上通过“自给”满足吃、穿、用、住、行等诸多的生活和生产需求，但不能做到完全“自足”。村落内部的社会分工程度一般较低，但这并不意味着村落内部没有分工。事实上，民主改革前的土地和差税制度不仅将村民区分为土地占有者和非土地占有者两个基本集团，还深刻地影响了占人口绝大多数的非土地占有者的谋生方式，使其内部区分为不同的职业群体。

第一节　戎巴的结构及类型

一、土地分配制度与戎巴结构

1959 年西藏民主改革前的土地制度，将戎巴内部区分为土地占有者和非土地占有者两个基本集团。其中，政府、寺院和贵族是土地资源（包括耕地、草场、林地和水源）的占有者，普通僧尼和平民是非土地占有者。非土地占有者从土地占有者手中租用耕地、草场和其他资料发展生计，并向土地占有者交纳各类差税为代价。这些差税主要包括以粮食、酥油、纺织品及各类产品为主的实物物税，以“乌拉差”为主的各类劳役差税，以货币为主的现金差税。其中，尤其是各类劳役差对劳动力的直接占用，从而直接影响家庭劳力的组织和分配。此外，土地制度构成社会分工的基础，从根本上左右了占绝大多数人口的非土地占有者的谋生方式。

不同于从租地属性的角度将戎巴区分为领主及其代理人、差巴、堆穷和朗生①，本书根据土地制度和谋生方式来区分村民的结构：一是基于土地制度将戎巴划分为土地占有者和非土地占有者两个基本集团，土地占有者以政府、寺院和贵族为代表，非土地占有者包括普通僧尼和平民；二是根据谋生方式，将非土地占有者中的平民进一步划分为从事“一般”职业的平民（简称为“一般职业群体”）和从事“贱业”的平民（简称为“‘贱业’群体”），以及包括在寺普通僧尼、不在寺僧尼、还俗僧尼和喇拉②等非

① 中国科学院民族研究所、西藏少数民族社会历史调查组编：《山南地区扎囊县扎期区囊色林谿卡调查资料》，《山南专区调查报告》（内部资料），1964 年。

② 根据田野点的情况，当地对有知识、有占卜和治病能力的人的尊称。

土地占有者组成的宗教职业群体。

其中，土地占有者以政府官员、寺院活佛或高级喇嘛、贵族为代表，他们是戎巴中的极少数，通过强制非土地占有者交纳各类"差税"维持其"寄生"；非土地占有者包括普通僧尼和平民：普通僧尼是脱离了平民身份和生产活动的群体①，他们只占非土地占有者中的少数，从事宗教活动是他们维持生计的一种补充方式，如普通僧尼在婚、丧、建房等重要场合时为世俗家庭提供念经活动并以此获得可观的布施；平民是非土地占有者中的主体，他们的生计主要依赖于耕地，他们通过向土地占有者交纳各类差税来获得土地使用权，其所耕种土地的归属（政府、寺院或贵族）、规模和优劣，决定了他们所承担差税的类型、数量以及缴税方式②。

二、土地租种来源与戎巴结构

在一个将土地作为主要生产资料的地区，土地制度就越发显示为社会结构的基础。③ 1959 年民主改革前，政府、寺院、贵族是土地的占有人，租种土地的人要承担相应的差税。其中，租种政府土地的人称为差巴；租种寺院和贵族土地的人称为堆穷；无力租种土地的人分别是朗生（家养的奴隶）和游民。

（一）租种政府土地的差巴户

差巴指领种豀卡"差登帕溪"（差地）而须支差的人。差地可以世袭，因此差地又指祖业地。卫藏地区全部差巴占该区总人口的 60% ~ 70%④，差巴以家庭为生产单位，由于其使用的土地质量、数量、水利条件以及劳动力、牲畜、耕具是否齐全等方面存在差异，因而有大差巴户和小差巴户的区别，他们在经营方式和收入方面存在很大差别，民主改革时将他们划分为上等差巴、中等差巴和下等差巴三种类型，其中上等差巴户

---

① 李有义：《今日的西藏》，天津：知识印刷厂，1951 年，第 118 页。

② 西藏社会历史调查资料丛刊编辑组、《中国少数民族社会历史调查资料丛刊》修订编辑委员会编：《藏族社会历史调查 2》，北京：中央民族大学出版社，2005 年。

③ ［美］皮德罗·卡拉斯科著，陈永国译：《西藏的土地与政体》，拉萨：西藏社会科学院西藏学汉文文献编辑室，1985 年，第 3 页。

④ 西藏自治区地方志编纂委员会编纂：《西藏自治区志·农业志》，北京：中国藏学出版社，2014 年，第 67 页。

最少，约占 10%，下等差巴户最多，约占 70%[①]；上等差巴以"雄豁"（政府庄园）所属的差巴户为多，有的大差巴成了"二地主"，他们中的许多人并不直接参与劳动，而是依靠"家养的"朗生或雇用没有耕地的堆穷进行生产劳动。在不影响领主收入的前提下，差巴户有抵押、典当、租佃土地的自由，但个别地方的情况例外，一般情况下无论是大差巴户还是小差巴户，都没有买卖土地使用权的自由，也没有迁徙的自由。差巴的支差义务建立在对耕地的永久使用权上，同时这一权利和义务关系使差巴户"依附于噶厦政府、呼图克图和土司，但同时通过土地租佃、宗教供养、政治投靠等，也与一般贵族、寺院表现依附关系。……他们占有较高的政治地位和拥有相对的'自由'，在传统观念上，一个家庭能永久保留差巴的地位是一种荣誉"[②]。对差地多、劳力少的差巴户，领主会从人口较多的差巴户中向其调拨劳力，这种调拨的劳力叫作"差若"（助差者）。

（二）租种寺院和贵族土地的堆穷户

"堆穷"意为小户，是指那些租种寺院或贵族豁卡土地的人，他们的特点是耕种的土地一般较差巴为少；另外堆穷还包括那些没有租种土地但依附于农业并为豁卡其他属民提供服务为生的人，如铁匠、屠夫、纺织工、牧羊人等。其中，种地的向寺院或贵族交纳实物地租、货币地租或支劳役地租，对于所租种土地没有世代继承的使用权；不种地的"堆穷"则在从事其谋生"主业"的同时，主要向寺院或贵族交劳役税，如裁缝、纺织和普通杂役等。有个别贵族豁卡的"堆穷"，以制陶（如扎囊杂玉豁卡）、捕鱼和摆渡（如贡嘎陇巴豁卡）和氆氇纺织（如贡嘎朗杰学扎西林豁卡）等作为其主要生计，作物种植不是其家庭的主要生计来源，往往这类豁卡的"堆穷"专业性较强。

堆穷没有差地，因此他们与差巴的不同之处是对于政府既没有义务也没有权利，且人身一般依附于寺院和贵族，社会地位低于差巴。少数堆穷可以临时领种寺院、贵族的少量耕地，但这种耕地与差巴耕种的"差登帕溪"相比有两个特点：一是耕种的土地不可世袭，是临时性的；二是通常耕地的份额较小且质量差，同时缺乏农具，没有耕牛，耕种所获在还债之

---

① 苏发祥：《论民国时期西藏地方的社会与经济》，《中央民族大学学报》1999 年第 5 期，第 153 – 155 页。

② 西藏社会历史调查资料丛刊编辑组、《中国少数民族社会历史调查资料丛刊》修订编辑委员会编：《藏族社会历史调查 2》，北京：中央民族大学出版社，2005 年，第 46 页。

后极少剩余，仅凭耕种通常不足以维持基本所需，因而往往要靠佣工、副业、挖野菜和借债度日。此外，除了种地的堆穷，还有不种地的堆穷，他们主要给领主出劳役，如背水、喂马、修补房屋、做饭、当随从（约波）、赶牲口等，即"领主要他们干什么他们得干什么"，"有的领主会给些吃食，有的不给"，但他们可以此获得在领主谿卡范围内的"谋生"机会，即在给领主服役之外的时间里，可以给谿卡的差巴做短工以换取酬劳，或从事酿酒、打铁、缝鞋、纺织、做木工等"职业"以换取生活所需的粮食和交付租住差巴户房屋的租金以及其他所需，对于那些从其他地方逃到本地的堆穷而言，他们还必须向其原来的领主交付"人役税"。因此，与差巴相比，一是堆穷一方面对新领主的土地事实上存在较弱的依附关系（有的堆穷直接从大差巴户"二地主"手里租种耕地），另一方面与原有领主仍然以交纳"人役税"的方式维系原有的依附关系。二是堆穷只对一个领主（对于逃到本地的堆穷而言还有原来最初的领主）支差，不受政府、藏军或头人的多层"剥削"，因此其负担的差役反而较轻一些[1]。三是在一个以获得粮食为基本目的的社会，使用较少、较差耕地的堆穷，因直接获得粮食的条件受到较大局限，而在总体上要比差巴的生活状况较差，且社会地位较低。据各地调查材料，堆穷所种耕地"最高户不过 10 克[2]左右，人均不过 2～3 克，一般只有 1～2 克"[3]，甚至有的"人均不到 1 克"[4]，且堆穷耕种的土地大部分是些质量较差的零星小块土地。但堆穷也因此而有更多时间和可能性（在有条件的情况下）去进行农牧以外的生产活动，如从事手工业和其他行业，或者依靠自身劳力成为雇农，正如有学者分析的那样，"堆穷大都是破产的差巴户转变而来，其经济地位相当于雇农，按其经济条件和社会地位的不同，堆穷又有谿卡堆

---

① 西藏社会历史调查资料丛刊编辑组、《中国少数民族社会历史调查资料丛刊》修订编辑委员会编：《藏族社会历史调查2》，北京：中央民族大学出版社，2005 年，第 49 页。

② 此处的"克"应为"藏克"。藏克为西藏地区传统计量单位，既是重量单位，又是面积单位（即播种 1 藏克种子的耕地数量）。藏克的量器是一种上宽底窄的木制量器斗，标准的藏克叫"登兹卡如"，1 藏克粮食一般约合 28 斤；1 藏克种子播撒的面积为 1 藏克地，不同的地块，面积差异很大。据在拉萨、山南、日喀则等地的调查，最大的 1 藏克地相当于 2.26 亩，最小的相当于 0.6 亩，综合各地调查，1 藏克地约相当于 1.4 亩。

③ 苏发祥：《论民国时期西藏地方的社会与经济》，《中央民族大学学报》1999 年第 5 期，第 154 页。

④ 多杰才旦主编：《西藏封建农奴制社会形态》，北京：中国藏学出版社，1996 年，第 153 页。

穷、烟火户（多为外来户）和兼营手工业或其他行业的堆穷之分"①。可见，堆穷对于所在谿卡社区的人口数量及密度表现出更为明显的依赖倾向，因为这有利于他们通过耕地以外的方式获取诸如粮食、衣物等生活所需。堆穷的来源有两种渠道：一是本谿卡内的差巴户沦为堆穷；二是外地逃到谿卡的堆穷，但必须向原主人交"人役税"。

因此，从缴税形式上，"堆穷"可大致分为四类：一是直接租种领主少量耕地，支付劳役地租；二是通过间接方式租种大差巴或富裕差巴（即"二地主"）的耕地，交实物地租，同时须交给领主人役税；三是租用差巴户的住房，靠被人雇佣劳力过活，同时须交给领主人役税；四是专门靠手工艺在本地营生，同时也外出替人做手艺活，用手艺为领主支差，同时须交给领主人役税②。

（三）无力租种土地的朗生与游民

除了"差巴"和"堆穷"，与农业生产活动有关的劳动群体还包括"朗生"，即"家养的奴隶"。朗生终身依附于贵族、大差巴户等，在主人安排下，从事服侍主人、耕种、放羊、纺织等"内务"劳动，自身的劳力是他们拥有的唯一生产资料。作为谿卡的另一类生产主体，放牧的"属民"从事牧业生产并上缴以酥油、茶叶和羊毛为主的实物税（见后文），此外不需再支付劳役税。

朗生意为"家养的奴隶"，没有任何生产资料，没有自己独立的房屋，没有脱离主人的自由，主人可以将其用于交换、赠送和买卖。成年朗生有了小孩后，有的主人为其提供狭小房屋一间，朗生的后代也是朗生，从这个意义上来说，这是朗生通过人自身的生产为其主人所创造的价值。总体上，朗生的社会地位低于堆穷，但在家户内部的地位因其作出的"贡献"或与主人的关系不同而存在分化，个别朗生因受到户主信赖和倚重而担当管家之职，有的朗生则本身就是差巴户的亲戚。

朗生的来源有三种：世袭、购买、差巴户的朗生亲戚；朗生的待遇每家都不同，并且一年中在农忙、农闲和过年节时也不同。如农忙时，男性朗生一天可得3赤（即"哲"，1哲约为1.4斤）糌粑，女性朗生可得2赤

---

① 苏发祥：《论民国时期西藏地方的社会与经济》，《中央民族大学学报》1999 年第 5 期，第 154 页。

② 西藏社会历史调查资料丛刊编辑组、《中国少数民族社会历史调查资料丛刊》修订编辑委员会编：《藏族社会历史调查2》，北京：民族出版社，2009 年，第 51 页。

糌粑；农闲时，成年男性和女性一天得 1 赤糌粑，年幼者则减少；逢年节时，会额外供给青稞酒。

游民没有土地、财产和房屋，不从事生产劳动，也不承担差役，到处流浪，多为一些破产差巴或逃亡的堆穷和罪民，社会地位最低，受人歧视，领主不准许其开荒和建房子。他们中有的会选择一处地方定居下来，有的会做一些类似屠夫的职业。

以上无论是"差巴"或"堆穷"，他们并不同于"朗生"那样终生依附于主人，成为主人的私人财产（可交换、赠送和买卖，但无生杀权），他们需要依靠自身实力谋取生活和生产的资料——那些有实力雇工从事劳动且不需要依靠作物种植以外的生产活动满足其基本所需的"大户"或"富裕"家庭，他们从事"副业"生产活动的主要目的是积累财富，如纺织和经商等；而那些靠耕种不足以满足其基本生活所需的家庭，在有条件（指具备实力、时间、技能或居住地附近有可利用资源等）的情况下，想方设法充分利用自身所处条件发展"副业"。

三、职业类型与戎巴结构

从职业角度来看，非土地占有者可以划分为三类群体：一般职业群体、宗教职业群体和"贱业"群体。民主改革前，杰德秀平民群体中有一部分人的谋生手段涉及"贱业"和宗教职业。依据当地习俗，有关五金、制陶、屠宰和渔猎的职业被视为"贱业"[①]。如果将从事"贱业"的平民归为"贱业"群体，则"贱业"之外的平民群体中还可以进一步划分为两种类型：一是为庄稼驱逐冰雹灾害的冰雹师和具有占卜及治病等能力的喇拉，姑且将这两种职业的平民和普通僧尼一起划归为宗教职业群体；二是除去宗教职业群体之外的"非贱业"群体，本书将其称为"一般职业群体"。图2-1展示了一般职业群体、"贱业"群体和宗教职业群体在戎巴中的构成情况。

---

① 扎呷：《浅谈西藏"一江两河"流域的民族手工业》，《西藏研究》1994 年第 3 期。

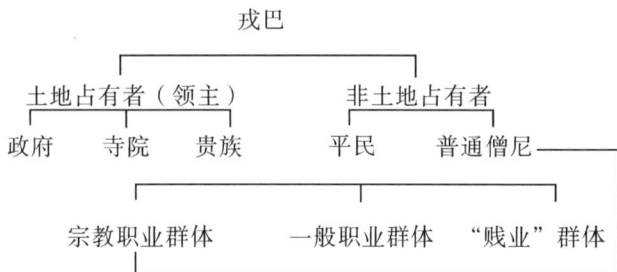

图 2 - 1 民主改革前"戎巴"的构成

今日包括杰德秀镇和桑耶镇在内的"雅砻"一带，传统上当地藏民把"种地的人"称为"辛巴"。辛巴获得耕地使用权的前提是向土地占有者交纳各类差税，并且其所耕种土地的归属（政府、寺院或贵族）、规模和优劣，决定了其所承担差税的类型、数量以及缴税方式①。此外，有一部分人依靠特殊技能获取生活、生产资料，如在当地被称为"古秀拉"的普通和尚"扎巴"（གྲ་པ།）、尼姑"尊玛"（བཙུན་མ།）、还俗僧人"札洛"（གྲ་ལོག）、藏医"傅卢门巴"（བོད་ལུགས་སྨན་པ།）、木匠"辛索瓦"（ཤིང་བཟོ་བ།）、石匠"朵索瓦"（རྡོ་བཟོ་བ།），以及通晓占卜和治病的"喇拉"（ལྷ་པ།）等。而铁匠"革瓦"（མགར་བ།）、铜匠"桑索瓦"（ཟངས་བཟོ་བ།）、金银匠"司索瓦"（གསེར་བཟོ་བ།）、陶匠"杂肯"（རྫ་མཁན།），以及宰杀牛羊的人"谢巴"（བཤས་པ།），则属于平民中的"贱业"群体②，他们仅有少量耕地，或不从事农业耕种，其专门技能在谋生方式中占据更重要的位置。

除了种地的"辛巴"外，在非土地占有者中还有两种"不种地的人"：一种是从事牧业生产并向领主交纳牧业税的"协巴"（ཤེས།）③，一种是以捕鱼为生并向领主交纳捕鱼税的"捏巴"（ཉ།）（在当地也属于"贱业"群体）。民主改革前夕，协巴和捏巴在杰德秀镇仅占极少数，但在桑耶镇海拔较高的河谷地带，如乃卡、亚杰、念果和洛这4个行政村，协巴则有较多的分布；捏巴集中分布在杰德秀镇对岸的陇巴村，并在左岸沿江的村庄都有少数分布。捏巴除了捕鱼之外，还往返于"雅鲁"两岸摆渡牛皮船。排除那些以支"乌拉差"名义所进行的"义务"摆渡外，这也是他们获取生活、生产资料的途径。

---

① 李有义：《今日的西藏》，天津：知识印刷厂，1951年，第118页。

② 扎呷：《浅谈西藏"一江两河"流域的民族手工业》，《西藏研究》1994年第3期，第20 - 30页。

③ 中国科学院民族研究所、西藏少数民族社会历史调查组编：《山南地区扎囊县扎期区囊色林谿卡调查资料》，《山南专区调查报告》（内部资料），1964年。

第二节　戎巴生计的确定性

戎巴生计方式的确定性，一是自然环境为"亦农亦牧"的基本生计方式提供基础；二是土地占有者和宗教职业群体谋生方式的确定性；三是宗教戒律、政府法律和骨系观念对"贱业"群体在身份、地位以及职业上加以隔离和固化①，因而限制了一般职业群体向"贱业"群体流动。正如七十多年前梅·戈尔斯坦在利米河谷的藏语人群中所发现的那样，河谷"戎巴"的不同组成部分"获得资源的途径不同"，因而"采取的适应策略也不尽相同"。②

一、宗教职业群体的生计方式

以村落为单位来看，寺院僧尼、喇拉和冰雹师集中居住在一个较大的主村落里，他们服务的对象不仅包括主村落的村民，也包括附近一些较小村落的居民。

以杰德秀为例，1959 年前的宗教职业群体包括顿布曲果寺的僧人、喇拉和冰雹师。僧人已经脱离生产活动并享受平民的供养，在一些重要时机或场合为世俗家庭念经可以获得额外的布施；冰雹师和喇拉是平民中的极少数成员，他们除了参与生产活动外，主要为其他一般职业群体的平民提供服务。如冰雹师的职能是为同村的庄稼驱逐冰雹灾害，针对更大区域内的此类仪式和活动则由寺院里的僧人通过集体诵经的方式予以完成；喇拉为本村村民提供算卦、问事、治病等服务。

在过去，普通僧尼通过出家这个唯一的社会升降梯脱离平民身份和生产劳动③，同时获得机会学习知识和技能。本书调查的对象处于 16 岁到 90 岁的不同年龄段，他们相信在寺院学习念经、藏医、天文历算、木工、绘画、雕塑等技能有利于其生存。据村里老人回忆，1959 年民主改革前

---

① 扎嘎：《西藏传统手工业五金工匠的历史、行会组织及其社会地位》，《中国藏学》1992 年第 A1 期，第 22 – 26 页。

② ［美］梅·戈尔斯坦著，坚赞才旦译：《利米半农半牧的藏语族群对喜马拉雅山区的适应策略》，《西藏研究》2002 年第 3 期，第 113 – 120 页。

③ 李有义：《今日的西藏》，天津：知识印刷厂，1951 年，第 118 页。

杰德秀有两位冰雹师，并各有各的追随者。后来，越来越多的村民相信果达的"法术"更灵验，慢慢地村民们就只认他一位冰雹师了。喇拉与村民的日常生活联系更为密切。大到建房、婚嫁和丧葬，小到算命、看病和问卦这样的琐事，无不显示出喇拉的意见都极为关键。对喇拉有所求的人，必当场奉上礼物或现金，遇有喇拉家中有建房、耕种等琐事，也会义务出力帮忙。传统上只有严格按照父子世代相承的喇拉身份才被视为合法。

二、"贱业"群体的生计方式

当地文化中对铁匠、渔夫、屠夫、陶匠等从事这类职业的个人及家庭的隔离，以及耕种土地的规模及属性，对当地群体中的职业分化具有直接的影响，其结果是导致从事农牧业以外职业的人只是极少数，但他们同时又是不可或缺的部分——铁匠为农业生产提供耕犁、铁锹、镰刀、脱粒器等生产工具，为牧业提供割毛刀，以及为屠夫提供专用的屠具，为鞣皮匠提供刀具；渔夫为当地人提供的最重要服务是运输，其次是鱼类食品；屠夫为农牧民提供屠宰服务，以保证居民有肉吃的同时，而不至于触犯宗教的禁忌；陶匠为人们提供各种生活用具，如酿酒的缸、储存糌粑的罐、烹煮食物的锅和煮茶的壶等。

历史上，多数"贱业"群体的成员与土地几乎毫无关系，他们被视为不务正业的流浪人，是代表"污秽"的"黑骨头"[1]。因此，除了经济地位上的不平等，宗教戒律、政府法律和骨系观念将"贱业"群体隔离和固化在最低的等级[2]，从而极大地限制了一般职业群体向"贱业"群体的流动。冰雹师和喇拉的身份严格遵守父子相承的方式，他们与普通僧尼所共同构成的宗教职业群体在戎巴中享有威望；"贱业"群体的后代则不能入寺为僧[3]，也不会被冰雹师和喇拉的队伍所吸纳。

民主改革前，社会地位低下的"贱业"群体通常情况下可使用的耕地数量少、质量差或者几乎没有耕地。面对干旱、水涝、冰雹和害虫等自然灾害的影响，他们抵抗风险的能力更为低下，因而很难将土地耕种作为获取资料的主要手段。手艺是他们能够依附于土地占有者从而获得少量土地

---

① 李坚尚：《谈西藏民主改革前的手工业行会》，《民族研究》1991 年第 5 期，第 33－36 页。
② 周润年、喜饶尼玛编译：《西藏古代法典选编》，北京：中央民族大学出版社，1994 年。
③ 李坚尚：《谈西藏民主改革前的手工业行会》，《民族研究》1991 年第 5 期，第 33－36 页。

耕种权以及与其他平民进行交换的资本。尽管依靠手艺获取的资料在其生计中可能超过耕种土地的收获，但制作铁器、铜器、陶器的技能和屠宰牲畜这样的技能很难被视为一个正经的行当，多半也只能算作家庭生计的一项补充手段。

只有在杰德秀那样较大的村落（杰德秀豁堆所在地）才会有极少数的铁匠和屠夫（通常在 1～3 人）。以杰德秀为例，1959 年前杰德秀的"贱业"群体包括 3 户铁匠、1 户铜匠、1 户金银匠、3 个屠夫以及七八户捕鱼兼摆渡的人家。

屠夫的服务对象和时间都极其有限，一是有实力饲养牲畜的家庭毕竟有限，并且一般情况下并无屠宰牲畜的需求，二是一年中需要屠宰牲畜的时间集中且短暂（屠宰牲畜集中在藏历 10 月进行）；铁匠除了在春耕、秋收（包括打场）这样的农忙时期打制或维修工具的活计比较集中一些外，平日里还可以制作一些铁器类的生活器物用于交换所需；对于依附于贵族耕地的杂玉村陶匠户而言，除了为贵族种地，他们仍然需要利用业余时间制作陶器以用于交换尽可能足够的口粮，从而使制陶这项技能成为他们特殊的生计补充手段。

"贱业"群体内部耕地使用不均，从而决定了农业在其生计中的地位。对于一般职业群体而言，农业是其谋生的主要手段；对于"贱业"群体而言，农业只是生计的补充手段。"雅鲁"北岸陇巴村的捕鱼人（同时也是渡江的船夫）对耕地的依赖明显要少得多。他们所能利用的耕地极其有限，"最坏者因经常遭水、虫灾，（产量）仅 1、2 倍……渔民主要靠打鱼、摆渡吃饭"，"他们生活方式形同游民，能搞来东西就大吃大喝，搞不来东西则饿肚子"。[①] 然而，捕鱼这一行为被视为触犯了杀生的禁忌，因而捕鱼人生活常遭到诘难。

三、一般职业群体的生计

民主改革前，占人口绝大多数的一般职业群体是农牧生产的主要承担者。他们在人数上占大多数，并且所采取的补充谋生手段与当地居民的基本生活所需联系更为紧密，如裁缝、鞋匠、帽匠、木匠、石匠、画匠、酿酒师等。

影响一般职业群体生计方式的因素主要包括两方面：一是土地使用不

---

① 陈家琎：《西藏地方志资料集成》，北京：中国藏学出版社，1999 年，第 200 - 207 页。

均导致农业在生计中的地位有所差异；二是一般职业群体通常情况下不会采取有关五金、制陶、捕鱼和屠宰等被视为"贱业"的谋生手段，并在通婚和日常饮食等方面严格避免与"贱业"群体的接触。即使在极少数的通婚案例中，通婚后也不意味着就要采取有关"贱业"的谋生手段。根据调查，木工、绘画、裁缝、制帽和酿酒等是杰德秀一般职业群体通常会采用的补充谋生手段。根据访谈者提供的信息整理，1959年民主改革前，杰德秀有木匠7人、画匠1人、裁缝2人、鞋匠2人、背夫2人、马车夫9人、职业牧羊人7人、藏医1人以及酿酒师6人。

民主改革前的土地制度和耕地使用不均很大程度上是直接导致平民生计差异的因素之一。包括杰德秀在内的整个调查区域，民主改革前不乏因耕地不足而以羊毛纺织作为主要生计的家庭。如今日扎塘、吉汝一带在1959年前属"鸡如谿卡"，因其属民"租田少、不支差、多以织氆氇为生"，以"氆氇换粮食为该谿堆百姓主要生活来源"。[①]

整体来看，为适应河谷独特的自然环境，平民在充分利用河谷资源的过程中，形成了农、牧、渔、猎、采集等多样化的生计方式；从家庭层面来看，由于河谷物产的局限以及不同家庭所采取的生计补充方式的差异，大多数家庭在"亦农亦牧"为基本特征的生计方式下，同时需要依靠农牧之外的方式来获得生计上的补充，"自给"仅在某些领域和一定程度上实现"自足"。

事实上，戎巴日常所需的许多资料依赖于与外界的贸易交换获得。历史上与藏北牧民的"盐粮交换"获得食盐、土碱、牲畜及肉类和奶制品[②]；与尼泊尔、印度以及青海、云南和西藏本土的回族、汉族和藏族商人换取茶、染料、铁、布匹、火柴等生活及生产资料[③]。与此同时，家庭之间"以工换工""以物换工"和"以物换物"的互惠也是其内部不乏频繁和活跃的生计手段。

1959年民主改革后，包括寺院僧尼和其他宗教职业者在内的非土地占有者按人均分配到了耕地，促使原有的宗教职业群体转化为一般职业群体，同时一般职业群体和"贱业"群体在政治上地位平等。由于还俗僧

① 中国藏学研究中心、西藏社会科学院、中国社会科学院民族研究所编：《西藏山南基巧和乃东琼结社会历史调查资料》，北京：中国藏学出版社，1992年。
② 安新固：《西藏的盐粮交换》，《西藏研究》1982年第3期，第133－140页；李坚尚：《盐粮交换及其对西藏社会的影响》，《西藏研究》1994年第1期，第47－54页。
③ 扎呷：《西藏山南地区扎囊、贡嘎两县传统民间贸易调查》，《中国藏学》1993年第3期，第35－40页。

尼、朗生、协巴和捏巴等都分到了耕地，因此"种地的人"队伍壮大了，农业成为大部分居民的基本谋生手段。至 1964 年底，原杰德秀区（包括克西、秀吾在内）1 032 户中仅有非农户 19 户（牧业户），占全区的 1.8%；原杰德秀乡（今杰德秀居委会）391 户中有非农户 2 户（牧业户），占 0.5%[①]。

传统上，"农业 + 牧业 + 纺织业 + 物物交换"是杰德秀多数家庭的基本生计模式。家庭牧业是以生产羊毛并服务于家庭纺织业的绵羊养殖为主，以提供畜力为主的毛驴和犏牛（特指牦牛和黄牛杂交繁殖的后代）以及提供奶制品和肉食来源的黄奶牛是家庭畜牧养殖的基本组成部分，尽管数量上远不及羊群规模，但其作用不可忽视。其他如山羊、牦牛、马、猪和藏鸡等有零散养殖，畜群规模一般受到耕地规模的直接影响。"物物交换"主要是围绕羊毛纺织品与其他生活资料进行交换的贸易活动。

在河谷有限的空间和草场资源环境下，由于牲畜食用的一部分食料来自种植的作物秸秆或饲草，因此绵羊的饲养规模受到耕地规模的直接影响，并进而影响到一个家庭从事纺织业以及相关贸易活动的规模。民主改革前，杰德秀饲养绵羊规模在 500 只左右的纺织大户仅有 3 户，其余多数为几十只到上百只不等的小规模养殖户。纺织品的用途包括自用、交差和用于交换。交换的目的不尽相同，耕地较少的家庭一般用于交换粮食等基本所需，不同于专门的经商大户，其交换的目的在于积累财富。

1959 年的平叛运动阻断了杰德秀与境外商队之间的贸易活动，紧随其后的民主改革阻断了寺院的法会活动，致使附着在宗教活动上的物资交换也受到阻滞，因而影响了杰德秀的氆氇和邦典[②]交换。在政府提倡"以农牧为主"的生产背景下，过去主要用以交换的纺织生产也相应地减少。后来的人民公社时期和"文化大革命"时期，由于国家强调生产"以粮为纲"，并且不允许社员搞营利性质的家庭副业，导致纺织手工业受到压制。乡镇政府为督促村民投入到农牧业生产中，因而收缴了村民的 370 架织机，直到 20 世纪 80 年代包产到户时才退还了织机，并"允许群众请假到外地购买羊毛或出售自织的围裙"[③]。

随着市场化的嵌入和国家"退牧还草"政策的实施，一方面杰德秀的

① 《贡嘎县杰德秀镇政府文件（第 1 卷）》（内部资料），贡嘎县档案室，1977 年。
② 邦典、邦单都是指围裙。
③ 《山南地区农业发展咨询报告》（内部资料），山南市档案馆，全宗号：XW045，1992 年第 145 卷。

纺织户可以在本地市场上购买到羊毛或毛线，另一方面也因此避开了饲养羊群规模的限制，养羊不再是"自给自足"经济模式下开展纺织业的重要条件。因此，杰德秀的纺织业自恢复以来，尽管养羊户越来越少，但是从事纺织的家庭数量显著增多了。

截至2016年，杰德秀居委会的户数从民主改革初期的391户增加到696户。村里的老人们说，"虽然过去杰德秀织氆氇的家庭比其他地方要多，但毕竟只是那些家里条件稍微好些的人家才会织氆氇，不像现在这样，村里每家都至少有一架织机"，并且"过去织氆氇不舍得自己用，现在织氆氇就是给家里人用的，多余的才会卖出去"。

2016年，杰德秀鲁康街上有9个裁缝铺面，制作成本高昂的藏装如今是男女老少必备的服饰，尤其在逢年过节或重要仪式活动上，穿藏装是基本的礼仪，并且在今日山南一带的藏民中，无论男女穿藏装必须佩戴藏式"金花帽"；背夫和马车夫已被现代工具取代，2016年杰德秀私营客运面包车28辆，在川藏铁路项目工地上运载渣土的私营重型载货汽车33辆，多数家庭购买了机动三轮车作为日常的辅助性工具，同时村里有2个经营三轮车销售和修理的店铺；职业牧羊人为村里分散的小规模养羊户提供有偿的放牧服务，村里担当此职的以老年男性和中年女性居多，其次为中年单身男性。尽管职业牧羊人的传统价值是节约劳动力，但在今日其更为关键的作用是维持了村里少数养羊户的存在。

在传统的基本生计模式下，杰德秀一部分家庭以木工、绘画、裁缝、制鞋、制帽和酿酒等作为家庭谋生手段的补充形式。表2-1中，木匠和画匠的增多与2005年以来国家推行安居工程有关，是对当地短期内显著增多的建房、装饰和家具需求的一种回应。

表 2-1　杰德秀部分非农职业人数

年份	职业									
	木匠	画匠	裁缝	鞋匠	帽匠	背夫	马车夫	职业牧羊人	藏医	酿酒师
1959	7	1	2	2	0	2	9	7	1	6
1984	7	2	5	0	0	0	18	30	2	1
2016	45	20	9	0	1	0	0	15	3	4

资料来源：综合多位报道人提供的材料。

由于区位条件的特殊性，较为活跃的民间贸易是杰德秀人文环境的突出特征。民主改革前，杰德秀仅坐商就有 60 余户，其中还包括尼泊尔、不丹、云南等地的坐商。民主改革后这些外来商人中的一部分后代，因和本地人通婚留了下来。自 20 世纪 80 年代恢复民间贸易以及市场嵌入农村社会以来，尤其是国家安居工程的实施，促使杰德秀鲁康街的基础环境和商业氛围有了极大改进，临街和沿公路的房屋几乎都开设了商铺。2017 年，仅杰德秀本地的商铺就有 150 多家，经营形式从销售百货到榨油坊、面粉加工、包子铺、茶馆、理发店、洗澡堂、裁缝店、铜器制作加工、修车铺、纺织作坊等。

第三节　戎巴生计的流动性

如前文所述，民主改革前的三种职业群体之间的流动性极其有限，宗教职业群体和"贱业"群体可向一般职业群体流动。反之，由于宗教戒律、政府法律和骨系观念对"贱业"群体在身份、地位以及职业上加以隔离和固化[1]，因而限制了宗教职业群体和一般职业群体向"贱业"群体流动。

一、"贱业"群体的封闭性和非流动性

1959 年民主改革前，普通僧尼可通过还俗的方式向一般职业群体流动（此种情况较少见）；宗教职业群体和一般职业群体通常情况下与"贱业"群体保持隔离；"贱业"群体内部形成一个相对封闭的环。"贱业"群体的后代不能入寺为僧[2]，也不会被另外两种宗教职业人群所吸纳。

由于土地资源短缺、社会地位低下和骨系隔离等因素，他们很难摆脱其赖以为生的特殊职业，而是将其从事的"贱业"代代相承下去。事实上正是由于这种封闭性，他们在某些资源的获取上独占优势，因而使其能够在竞争弱势中将生计维持下去。形式上他们可以放弃"贱业"转向以一般

---

① 扎嘎：《西藏传统手工业五金工匠的历史、行会组织及其社会地位》，《中国藏学》1992 年第 A1 期，第 22 – 26 页。
② 扎嘎：《西藏传统手工业五金工匠的历史、行会组织及其社会地位》，《中国藏学》1992 年第 A1 期，第 22 – 26 页。

职业为生，但在现实中他们很难摆脱其身份的不利影响而获得更有优势的生存机会。

一般职业群体在骨系观念的约束下，通常情况下并不会介入到五金、制陶、捕鱼和屠宰等划为"贱业"的职业，甚至在通婚上也是严格禁止的（尽管有极少数例外），并且即使通婚后也并不意味着就要从事"贱业"所包括的职业，而是在社会身份和骨系中被划为同一类的等级。

相反，"贱业"群体中的成员可以从事"贱业"之外的职业，如陶匠仅在农业生产之余的时间制作陶器，并在藏历9月和10月的农闲期间外出交换；五金匠人和屠夫也租种少量耕地，即使没有租种耕地，也要向管辖社区的谿卡或宗堆交纳"人役税"[1]，即向所属谿卡提供该种特殊技能的劳役，方可向社区内的其他人员提供此项服务，从而获取资料。杰德秀对岸陇巴村的捕鱼人提供了另外一种案例，他们没有耕地，除了捕鱼、渡船、晒鱼和交换鱼等工作外，依靠采集煨桑、"麻孜"（草名，同酥油调和可熬制染料）和"甘达"（洗衣草灰）[2]等与右岸的戎巴进行交换，以此作为谋生手段的补充形式，这与一般职业群体所采取的策略并无二致。

二、宗教职业群体和一般职业群体之间的双向流动

民主改革后，多数僧人、喇拉、冰雹师的身份及职业都转变为辛巴，并不再公开从事宗教性职业。据报道人的讲述，民主改革前杰德秀的顿布曲果寺内仅普通僧人就有300多名；到了20世纪70年代中期，村民在私下里还清楚其职业和身份的男女僧尼10人、喇拉1人、冰雹师1人。到了20世纪80年代初期，这些从民主改革前就已经存在的宗教职业人员已陆续过世。笔者于2015年初进入当地所了解到的情况是，自1985年寺院生活逐步恢复以来，目前出自杰德秀本村的僧尼有29人，拥有喇拉身份的有2人（其中1人非本村人）。

有的还俗僧人在社区中承担念经或类似于喇拉的角色，有的在鲁康街上经营商铺专门销售宗教用品，有的依靠掌握的医术、木工、绘画或雕塑的技能营生，在桑耶，有的还俗僧人开起了餐馆和客栈。

近些年父子相承的喇拉随着世代的更替已经越来越少，在杰德秀的2

---

① 郭冠忠：《论西藏封建庄园的内外"差"剥削》，吴从众编：《西藏封建农奴制研究论文选》，北京：中国藏学出版社，1991年，第230－242页。

② 陈家琎：《西藏地方志资料集成》，北京：中国藏学出版社，1999年，第200－207页。

名喇拉中,一名是顿布曲果寺的"扎巴";另一名是杰德秀小学的退休教师嘎玛旦增。嘎玛旦增非本村人,自 20 世纪 70 年代末入赘杰德秀,在村里生活了 40 多年,加上学识出众,乡里邻居遇事都要找到他算一算,长此以往便成了村民默认的喇拉。另一个典型案例来自邻近河谷的扎其乡西卡学村,村里一位 28 岁男青年普布曾跟随村里一名世代相承的老喇拉学了 2 年的秘密本事,后来中断了,去跟朋友合伙开了一家摩托车修理铺,由于生意不景气,普布离开修理铺到泽当一座寺院里专门学习了 4 年的念经和历算,2015 年回到村里后,开始在村民中扮演一名专职喇拉的角色。

三、"贱业"群体和一般职业群体之间的双向流动

铁匠、陶匠、渔夫和屠夫这样的职业被视为"贱业",因而从事这类职业的个体及其家庭处于社会的最底层。社会上通过严格的骨系观念和内婚制度对从事这类职业的个体实施隔离,传统的法典和宗教规定以明文限制的方式给予这种隔离以合法性,因此"贱业"作为满足社区人群生活必需的职业而存在,但同时由于其受到严格的限制而只能在少数个体或家庭中承继,且仅限于男性的承继者。

从社会分工的角度而言,骨系、宗教和社会等级等因素将少数个体限定于少数特定的职业类型中,但在具体的劳动过程中,以这些职业谋生的家庭与以从事其他职业为主的家庭一样,男性承担了技能性的职业,当新的继任者替代其运用这项技能为家庭谋利时,退居二线的男性将和家中的妇女、儿童一样承担起与这项技能有关的辅助性工作以及其他职业的生产活动——但通常来说,在 1959 年前的农区家庭中一般仅有 1 种需专业技能的职业,有 2 种及以上技能性职业的情况较为少见;但无论是直接生产粮食的农业,还是间接获取粮食的牧业、纺织业或其他职业,从事以上不同职业的个体及家庭的主要目标都是获取粮食,农业以外的生产活动安排,在时间上以耕作周期为主要参照,在形式上与农业生产形成互补。

自 20 世纪 60 年代初至 70 年代末,一些非铁匠户出身的男性青年自愿学习铁匠技艺,成为这一职业群体中的一员。如桑耶镇在民主改革初期有铁匠 2 户[1],但随着人口的自然死亡,到了 70 年代桑耶镇就没有铁匠了,直到自愿学艺成为铁匠的青年甲列填补了这个空缺。笔者 2016 年初识甲列

---

[1]　郭克范:《扎囊县民主改革时期档案整理与研究》,北京:社会科学文献出版社,2014 年,第 138 – 140 页。

时，年近 60 岁的他仍旧是桑耶镇唯一的铁匠。甲列一般都是在家等客上门定做铁器，有时他也做一些铜器的成品来卖。在他制作的器具中，最常见的是铁质和铜质的家用器具，比如水缸、背水器、糌粑桶和各类壶、瓶等生活器具，以及犁、锄、镰刀等生产用具。回顾自己的处境，甲列说："过去做铁匠主要是补贴家用，现在做铁匠一年的收入好几万，不用种地也不愁吃喝。"2016 年，杰德秀的 3 个铁匠中，有 1 个非铁匠户出身的 36 岁铁匠，也是在最近几年才学习这门手艺的。

2016 年，杰德秀仅有的 1 户铜匠是来自朗杰学岗则村的 28 岁青年拉杰。拉杰说现在生活水平提高了，用得起铜器的人家也多了，于是 22 岁的时候他就去拉萨学习了这门手艺，2014 年才到杰德秀租了这间临公路的铺面，一边做铜器一边卖，一个月的收入少说也有七八千块。

民主改革初期，受政府提倡渔业的影响以及交通运输需求的激增，沿江村落里一些普通家庭也加入捕鱼和渡船户的行列。如桑耶镇 1941 年出生的玖米，年轻时自学制作牛皮船在江上摆渡，平日里捕一些鱼用于自食和交换。但自从扎囊大桥建成通车和政府下令禁捕以来，沿岸各村的捕鱼户就停止捕鱼了。

根据前文所述，民主改革后至人民公社时期，一般职业群体和"贱业"群体之间的隔离，在铁匠、捕鱼（兼船工）这样的职业中被打破了，一般职业群体中的部分人员自愿向"贱业"领域中的部分职业转移。至改革开放后，出现了一般职业群体的成员向喇拉这一宗教职业的转移。

随着包产到户和市场化的介入，村民投入到农业的机会成本随之增大，原本作为补充形式的一些谋生手段，转而成为谋生手段的主要形式，如纺织、经商和外出务工等。一方面，国家扶贫战略的推动和鼓励富余劳力从农业转入其他产业，促使部分村民放弃了传统的基本生计模式，转而依赖某一项专门的谋生手段。耕地托付给亲友耕种，甚至出现部分抛荒现象，家庭畜牧业随之不再。另一方面，随着国家加强了对农田基本建设的投入和扶持，当地农业生产出现了一个关键性的转变，即农业生产的组织方式随着农业合作社的建立而得到增强，因此带来的直接结果是更多的富余劳力从农业生产中脱离出来。从村、镇到县、市、自治区的各级政府部门，一方面在积极地创造更多就业机会，一方面鼓励村民"就近就业"或外出经商和务工，同时，国家对教育的重视和投入促使更多年轻人向外流动。2016 年前后在当地推进的"土地确权"制度，意味着"三权分离"的土地利用方式将有可能使传统上"亦农亦牧"的基本生计方式获得根本改变，从而促使当地人在农牧业之外寻求生计，原有的三种职业群体又将面临新的适应。

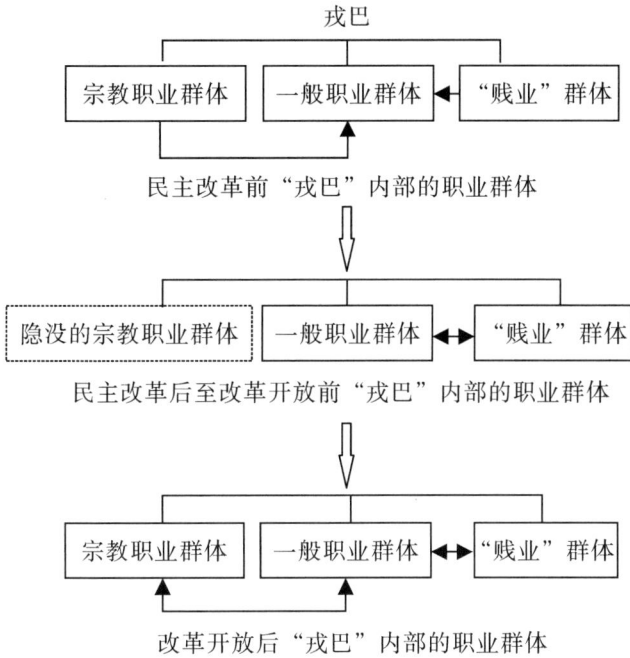

戎巴

| 宗教职业群体 | 一般职业群体 | "贱业"群体 |

民主改革前"戎巴"内部的职业群体

| 隐没的宗教职业群体 | 一般职业群体 | "贱业"群体 |

民主改革后至改革开放前"戎巴"内部的职业群体

| 宗教职业群体 | 一般职业群体 | "贱业"群体 |

改革开放后"戎巴"内部的职业群体

图2-2　三种职业群体间的流动

第三章
民主改革前我巴的生计与分工

戎巴的生计多样性形成家庭分工的前提。以家庭为组织生产和生活的基本单位以及在家庭层面上对劳动力的组织和分配，是形成村落内部社会分工的基础。影响一个家庭对劳动力进行组织和分配的要素离不开家庭所依赖的生计。杰德秀的自然环境资源及所处交通区位为村民提供了农、牧、纺织、贸易、交通等多种生计选择。分工的内容和形式涉及两个层面：一是不同生计类型中劳动的分配；二是劳动中不同工序的分配。

第一节　一般生计与分工

1959 年西藏民主改革前，政府、寺院和贵族占有土地资源（包括耕地、草场、林地和水源）的土地制度，是将戎巴内部区分为土地占有者和非土地占有者两个基本集团的基础，并从根本上左右了占绝大多数人口的非土地占有者的谋生方式。土地对家庭生计和分工的影响：一是土地资源类型和居民对土地利用方式的多样性构成当地家庭的生计基础；二是土地和差税制度在一定程度上影响和限制了一个家庭对生计方式的选择。因此，对土地资源的直接使用或间接依附，均导致了不同家庭生计及分工的异同。

一、农业生计与分工

在以农业为主要生计的家庭中，各类生产活动的组织和安排首先围绕农业展开，最突出地表现在劳动力在季节（时间）上的分配有农忙和农闲的区别：传统上河谷平地地带以春青稞和少量春小麦为主要种植作物，从而以秋收（包括打场、储存、炒青稞、磨糌粑、运送税粮）、秋耕、冬灌（因耕地条件而异）、春播为每年农忙最为集中的时段，此时家中男女全劳力的主要工作都与此相关。

（一）季节与分工

季节的气候变化及作物生长的自然习性是人们安排农事活动及其他劳动依据的基础。农业生产活动大约只占去一年中三分之一的时间，一年中耕地、播种、施肥、浇灌、锄草和收割这几个主要环节的农业生产活动分别集中在藏历 3 月、5 月、8 月和 10 月这四个月中。其中，3 月是开始春耕和播种的时节；5 月是围绕青苗进行施肥和除草的田间管理时节，另外这期间河谷进入雨季，正是庄稼需要雨水灌溉的时节，是过去靠天吃饭最为关键的一个月；8 月是秋收的季节；10 月是给农田进行冬耕和冬灌的时候，所起的主要作用就是松土、灭虫和保墒；11 月、12 月是一年中最冷的时候，此时主要是做一些收集掉落的树叶和牛羊粪以储备肥料的工作，同时给牲畜准备越冬的圈舍。如果将一年中的 12 个月标注在一条时间轴上，可清晰显示出一年中的家庭劳动力在农业活动中的组织和分配情况，即劳动力在时间上的分工，其依据是作物生长的自然习性；分工凸显的是劳动力的集中和分散，即效率问题。

（二）工序与分工

藏历 3 月春耕开始，其工序包括犁地、平整土块和播种。在春耕和播种同步进行时，最基本的劳力配置包括：2 头抬杠的犏牛、1 个赶牛犁地的男壮劳力和 1 个播种的女劳力。与大多数农区一样，耕地采用"二牛抬杠"的方式，需 1 个男劳力推犁，一般 1 个劳力 1 天可耕 1 亩地；犁地的同时由 1~3 个劳力跟在耕犁的后面，一般用锄头类的工具将土块打碎并使土地平整，这个工作通常由男性劳动力来完成，许多情况下也省去了这个环节；接着，由女性紧随其后点播青稞种子，通常是 4~6 名女性，所用工具是木制的"角棒"，点播的特点是保墒、均匀和便于收割。采取点播的方式种子用得最少，但比较费劳力，并且要求土壤有一定的黏性，在沙性土壤里这种方式就不宜采取。在当地，还有另外两种方式：一种是先耕地、放水，水干后播种，再翻耕一次，采取这种方式用的种子量要更多，但比点播的方式节省劳力，这种方式在海拔高一些的坡地上使用较多；二是两个劳力同时分工协作，一人在前面耕地，一人在后面撒播种子，这种方式用的种子比前一种少，但比点播要多，同时也比较节约劳力的投入，并且要求撒播种子的人具备一定的经验。以上三种播种方式的选择与耕种习惯和家庭实力有一定关系。

藏历 5 月开始需要给田里青苗拔除杂草。在杂草不多的情况下 1 天 1 个成人劳力可以拔完 1 亩。通常这样的工作由成年女性和小孩来完成。一般情况下，男劳力做除草这样的工作被认为是不必要的，但也要根据家里的实际情况，除草的劳力不够，男性也是要下地除草的，并没有男性不拔草的说法，特别是朗生，"主人叫干什么就干什么，没有什么选择的余地"。如果是放水灌溉，"许多地方都会缺水，种粮食要靠天下雨……我们这边山上有水流下来就能利用起来灌溉田地，所以放水就可以灌溉，这个活不分男女，只要是劳力都可以干"。

收割是男女都可以干的活，1 天 1 个劳力收割 1～1.5 亩的青稞或小麦，其间不仅是收割，还要把割下来的青稞扎成小捆。由于杰德秀耕地分布在"雅鲁"南岸的宽谷平坝地和江雄沟河谷平坝地上，土壤母质是河流冲积物和洪积物经长期堆积而成，其土层深厚、有一定的黏性，在冬季时会呈现冻土情况，雨季被雨水浸泡后变得十分泥泞，收割青稞时，需要借助镰刀将其从根部割断。而在河谷山区，耕地主要分布在河谷两侧的坡地以及洪积扇地的下部，其土壤质地较轻、沙性中、土层较薄、保水和保肥力都较差，青稞秸秆的生长一般较矮小且土壤根部较浅，因而在收割青稞时，不用借助镰刀就能将作物秸秆连根拔起。

（三）工具与分工

犁地时，由青壮男劳力在后面扶犁柄，在田地上来回进行顺耕。耕地的工具是"二牛抬杠"式的耕犁。"二牛"的"牛"不仅是指牦牛，还有"二马""二犏牛""二驴"等。在当地，河谷平地常用犏牛，山坡地常用牦牛抬杠，即把犁辕前端拴附的横木杠，直接羁系在两头牛的牛角或牛颈上。在单纯耕地（秋耕或春耕）时，有时需要 1 个人在前面牵引着耕牛，负责牵引的人则不分男女，在不缺乏劳力的情况下，通常 60 岁以上的老人和 15 岁以下的小孩是不耕地的。

就目前了解的情况来看，西藏农区耕地的都是男性，至于女性不耕地的原因，报道人的说法各异，有的说是因为"女的罪孽深重，如果让女人去耕地的话，牛拉起犁来就要费劲，所以都是男的犁地"；有的说是因为"女人不能接触铁质工具，否则就会给村里招来不祥"；有的说是因为"女的耕地没有力度，所以由男人来耕地"；有的说"这是老一辈传下来的习惯，他们也不知道为什么女人不能耕地，就是跟着习惯这样来的"。

青稞脱粒因场地的限制需要采用不同的方式进行，主要有畜力踩场、使用脱粒工具两种方式，其中脱粒工具主要有连枷和"加索"（直译为"铁牙"）两类。场地开阔的打麦场是专供黍卡使用的，传统上常采用畜力踩场的方式进行，如牦牛、马和驴。由于每年秋收期间从藏北来的牦牛商队很少到达山南一带，因此用来踩场的牲畜以驴为最多。踩场时可以单独驱使 1 头驴，也可以将其两两并排，同样由 1 人驱使，数个组合同时进行，以转圈或来回的路线反复行走，通过牲畜和人的压力使作物颗粒与秸秆分离，其间由其他人配合用木叉翻动已踩过的作物，如此反复踩踏、反复翻动，直到将秸秆上的颗粒完全脱离，在整个过程中，通常由男性劳力驱动牲畜，由女性劳力来配合翻动踩踏过的秸秆。1959年西藏民主改革前，在田野点一带的农区主要靠毛驴踩场，一般也是需要前面有人牵引，后面有人鞭策，西藏民主改革后各地乡一级区域成立农民协会，上级政府统一购买石磙下发到各个农民协会供打场使用，通过毛驴牵引石磙打场不仅提高了功效，并且节约了劳力。

图3-1 脱粒工具"加索"

根据档案资料，西藏民主改革后，山南专员公署农牧科采购了600套石磙投入各区农协组织①，此后畜拉石磙才逐渐取代了畜力踩场的方式。畜拉石磙同样只需1个驱使畜力的劳动力，但转圈和来回走动的次数以及配合翻动秸秆的次数都大大减少了，从而通过改进脱粒工具的方式极大地提高了脱粒的效率。使用连枷打场不分男女老少，只要可以挥动起连枷即可，但同样地，其前提条件是具备可以打场的场地。通常，连枷可以用来单独完成打场的任务，也可以和畜力踩场配合使用，其目的是提升脱粒的效果，但其阵势或劳力、畜力的组织和规模就显得单薄多了。此外，除了踩场的脱粒方式，在田间或不能使用打麦场的地方，就使用一种叫作"加索"的脱粒工具。"加索"的外观很像一把铁梳子，下部由木架支撑，上面是一排缝隙细密的"铁针"。脱粒时将一小捆青稞或藏小麦（有芒刺）靠近穗粒的秸秆部位垂直向下放进铁梳子的缝隙间，使穗粒在铁梳子的一端，人在秸秆根部的一端用力将穗粒快速拉

图3-2 "加索"复原图

① 《山南专员公署农牧科报送1961年农具计划》（内部资料），山南市档案馆，全宗号：XW043，1961年第6卷。

过铁针的缝隙，使穗粒脱离秸秆。使用"加索"脱粒，一般由力气大、动作利索的男劳力来完成，根据"加索"的宽度，可由 2 个劳动力同时进行作业，脱粒时在"加索"两旁堆放好事先捆好的小束作物，以方便取拿，脱过粒的秸秆就势堆码成草垛。可见，相比畜力踩场的方式，利用"加索"则不受场地大小、位置的限制，并且脱粒干净，不需要像踩场那样反复进行，并可以同时将秸秆堆放好；但其相对不足之处是每次只能小量进行，在脱粒任务较重的情况下，对人力消耗较大，也对人的体力和耐力有较高要求。

二、牧业生计与分工

"雅鲁"河谷的传统牧业主要以绵羊、山羊、黄牛、毛驴等牲畜的饲养为主，牦牛和马则相对较少。牦牛的生活习性与海拔较高的草场及游牧有关，海拔较低、气温较高的河谷低地反而不适宜其生存；马在农业生产活动中的作用及优势并不突出，在旧时农区主要是贵族、官员的坐骑，一般居民家庭并不饲养马匹。在以杰德秀为代表的"雅鲁"河谷村落中，支撑起家庭纺织业的家庭绵羊养殖业是河谷牧业的主体。

（一）牲畜类型及用途

在河谷农区，作为力畜的牲畜类型主要包括犏牛、骡子和毛驴，其主要用途有耕地、驮运和踩场等。少数家庭饲养牦牛用于耕地，但牦牛自身的生活习性并不适应河谷低地较高的温度和干燥的气候，因而只有在春耕、秋耕和冬耕农忙的那一段时间，牦牛才待在低地的农区，大部分时间需要待在河谷海拔较高的草场放牧。因而对于牦牛的养殖就有放养和寄养两种方式，而这两种方式的实现，需要与农区的邻居或牧区的亲友建立合作的关系。

选用犏牛（牦牛和黄牛的后代）来替代牦牛不失为一种良策。公犏牛是可用作耕地、驮运和踩场的畜力，但公犏牛保留了公牦牛好动、易怒的性格，且没有繁育后代的能力。同时其生活习性更适应放养，而不像黄牛那样可被圈养，且食量也较大，因而饲养公犏牛也需消耗较大成本。

毛驴显然在农区更为适用且经济。据文献材料和报道人的讲述，毛驴的确曾是贡嘎、扎囊一带河谷农区最为多见的牲畜。相比饲养公犏牛用作畜力的较大机会成本，毛驴体格小，食量较小，耐力强，性格较为温顺，可圈养，不需要专人放牧，可用于驮运、耕地和踩场且更适应河谷平地的生存环境。但在耕地和远途运输方面，毛驴不及骡子和公犏牛，骡子又稍逊于公犏牛。

用作肉食和奶产品来源的牲畜主要包括黄牛、绵羊和山羊。公黄牛不用作役畜，除了少数作为种牛以外，主要作用是充当菜牛，极少会有利用公黄牛驮运、犁地的情况。公黄牛的食量较母黄牛大，在饲养条件有限的情况下，那些刚出生的、身体情况看起来较弱的小公牛，会在一开始就被刻意地忽略喂养或被直接淘汰掉；在条件允许的情况下（主要是饲料有保障），公黄牛才作为肉食的一个来源被饲养。在调查期间发现，农区极少会有将自然淘汰掉的母黄牛当作肉食来源的情况发生；相反任其自然老死的情况更为普遍，按照农户自己的说法："母牛让我们挤了一辈子的奶，还怎么忍心杀了它呢，要好好地喂养，给它养老送终。"另外，当地人对于公犏牛肉的食用是有忌讳的，认为食用公犏牛肉是不吉利的，尤其是孕期的女性，如果误食了公犏牛肉，则预示腹中的胎儿无法生育后代。

母黄牛对生计的主要贡献是产奶。当地人认为役使母牛应该被绝对禁止，因而极少会将母黄牛用作耕地和驮运的畜力。母犏牛和母黄牛一样可用于产奶，经验丰富的报道人告诉笔者，在母牦牛、母犏牛和母黄牛中，产奶量最高的是母犏牛，其次是母黄牛，最少的是母牦牛，"1 头母牦牛每天挤奶 2 次，好一点的情况下 1 头牛一次可以挤 5 磅保温瓶的量"；从品质来看，母牦牛的奶又是最好的；但饲养母黄牛的成本最低，因为体量较小的母黄牛食量也相应较小，经过简单加工的作物秸秆是其主要的饲料，日常的放牧无须专人看管；母犏牛的产奶量虽高，但繁衍下一代不具优势。民主改革前的土地使用不均，致使母黄牛的饲养集中在少数条件较好的家庭。

母黄牛比母牦牛产奶量高，但是同样单位体积的牦牛奶提炼出来的酥油和奶渣产量比母黄牛高，并且农户也一致认为牦牛奶制作的酥油品质更好。因为含脂量较高，5 磅的牦牛奶可以提炼 2 斤酥油，"牦牛奶打出来的酥油是做成砖状的，黄牛奶打出来的酥油只是很小一坨"。

河谷绵羊养殖的主要用途是为纺织业提供羊毛来源，因此绵羊是河谷农区饲养规模最大的牲畜类型。山羊的毛、皮和绒也是重要的生活资料，其他犏牛毛、犏牛绒也是重要的生产和生活材料，山羊的数量比牛类、毛驴和骡子要多，但比起绵羊来，山羊的数量不足以相提并论。

（二）放牧与分工

根据上文所述，河谷农区的主要牲畜类型可大致划分为两类：一类是以犏牛、黄牛、毛驴等为主的大型牲畜；一类是以绵羊、山羊为主的小型牲畜。据笔者 2015 年以来的调查与观察，目前饲养毛驴和犏牛的家庭在河谷农区几乎难以寻迹；羊群的饲养在一些城镇化程度较高的村落里仅集中在极少数家庭；仅母黄牛依然是较多家庭保留的一项牧业生计。

放牧羊群每天在远离村庄的野外进行且羊群需要专人看护。一年当中只有给羊群打预防针的时候农户会将羊群留在家里半天或更短的时间，打完针就要将羊群赶去吃草。在野外管理羊群和防患暴雨风雪、野狼攻击等自然威胁需要相应的经验和技能，因此放牧工作一般由家中的成年男性承担，但并不严格排除女性从事放牧，尤其是在缺乏劳动力的家庭。男童在七八岁时即开始跟随父亲参加放牧，以便从小即获得训练，同时还可以独自承担起捡拾牲畜粪便的工作。通过与其他家庭形成合作互助可以使上述问题获得较好解决，例如在合作基础上的轮流放牧、换工、寄养，乃至联合起来雇请专门的放牧者。

放羊人通常是早上 9 点前出门，下午六七点返回。出门的时间不能太早，太早的话羊吃了沾露水的草容易导致腹泻；回来的时候也不能太晚，在天黑前将羊群赶进羊圈羊才不易受凉。此外，放羊有一个规律，早上出门时把羊赶到有草的地方让羊吃草，接近下午的时候就把羊赶到有水的地方让羊喝水。判断的依据是太阳的位置和热量：在太阳光较为柔和的时候让羊群在高处的坡地吃草，当太阳直射越来越强的时候，就赶着羊群到低处有水的地方，如果是雨天就不必刻意再到低处有水的地方。太阳不晒的时候，羊吃的是当地称为"刺玛"的一种带刺的灌丛，夏天会盛开一串串蓝色的小花，它的花和叶是羊的食物。索朗顿珠告诉我们在太阳光很强烈的时候"刺玛"的花和叶会有苦涩味，就像人吃的苦瓜一样，这时候羊不会吃，只有在阴天的时候羊才会吃，因为这个时候"刺玛"的苦味就很少或几乎没有了。"刺玛"的茎上布满了小刺，而羊会灵巧地避开。在当地，青草和"刺玛"就构成了羊群的主要食物来源。冬天的时候，青草变干，羊就专门吃"刺玛"，即便是掉在地面上的叶子，羊也会细致地把干枯的、细小的叶片吃完，而青草是春、夏、秋三季的食物。

黄牛的放牧方式因季节和环境而异，一种是有专人看守的放牧，一种是无人看守的放牧。如果村庄周边都是耕地，在秋收之前按照惯例黄牛不能靠近耕地，因而多数时间在牛棚或牛圈圈养。放牧时则需要专门的放牧者将牛群赶到村庄固定位置的草场，秋收结束后的 9 月到 10 月间才会放任黄牛和羊群在田地里放牧，这时通常不需要专门放牧的劳动力。

在杰德秀，黄牛的日常放牧也可以不用专人看守。距离杰德秀村庄 1～2 公里以外的一处灌丛江滩是放牧黄牛的固定场地。每天清晨农户将自家黄牛赶到这处灌丛后便离开，留下黄牛自由活动，傍晚前再到灌丛找到自家黄牛将其赶回家中。多数时候黄牛会自行原路返回，因此放牧黄牛对劳动力的要求较为灵活，对放牧者的经验和实力没有严格要求，因而通常是由时间较为自由的老年男性和女性担当此任。黄牛回到家里后，通常是女性负责给牛喂食，也可以是男性给牲畜喂食，但挤奶的工作仍然是由女性承担。食料多数情况下是混合着糌粑粉的干草（切碎的作物秸秆），午饭后积攒起来的残羹剩菜也是黄牛的食料来源。黄牛排泄的粪便主要作为燃料的来源，也可以作为田地里的肥料或用作填满牛棚缝隙的建筑材料，因此黄牛在一个家庭中充当着能量转换的关键作用。

须明确的是，黄牛的放牧是否需要专人看护，有时取决于草场的位置是否固定以及到村庄的距离。扎囊县杂玉村因地处山坡、耕地少、作物产量低，牲畜的越冬食料储备相对不足，牛群在一年中至少有6个月依靠草场的放牧。由于杂玉村的放牧只能在村庄两侧的坡地进行，为了在整个雨季让牛吃到新草，村里有6位专职放牧的老人，他们把全村的牛分成2批，分别由3位老人组成放牧的小队，一群在北坡放牧，一群在南坡放牧，傍晚时大概在同时段返回村庄。

从上文所述来看，从事放牧工作的劳动力需要具备几个要素：能够胜任的体力；对于牲畜、草场和抵御自然风险有经验；不会导致其他损失的时间投入。可见，性别并不构成放牧分工的依据。如果按照年龄将劳动力划分为全劳力和半劳力，并排除掉那些行动不便或智力上有障碍的人，则15岁以下的儿童和60岁以上的老人属于半劳力，其余的属于全劳力。与牧区的放牧不同，农区的放牧工作则通常由相对较弱的半劳力完成，而牧区的放牧由健壮的男性全劳力承担。只有在那些以牧业为主要生计的家庭（如饲养河谷绵羊的家庭），放牧才是一项重要的工作，因而由全劳力来完成。

（三）畜产品处理与分工

牲畜的毛、皮、奶、肉、骨、粪便等为戎巴提供了必要的生活和生产资料，对于这些畜产品的处理和加工有着不同的分工倾向。屠宰和制皮依赖专门的屠夫和鞣皮匠，剪毛、梳毛绒、编毛绳、纺织和加工酥油等并无严格的性别分工界限，但剪毛通常由男性完成，挤奶和加工酥油通常由女性承担。

日常挤奶的工作通常由家中的女性完成，从十余岁的少女到六七十岁的老妪都可以承担这项工作。有的家庭会在女性之间形成固定的分工模式，比如由家中年轻的女性负责挤奶并在开始挤奶前给牛喂食，而由主妇打制酥油、制作奶酪，再由年长的老妪负责照看需要晾干的奶酪。

藏历3月、9月是集中剪羊毛的时间。3月后天气逐渐变暖，这时给羊群剪毛，不但收获了羊毛，也有利于避免羊群在温度升高的雨季中因毛长而滋生寄生虫和引发其他的疾病。当地给绵羊剪毛并不会将羊身上的毛剃光，这一方面是因为工具落后，另一方面是考虑到需要给羊身上留下来一些短毛防雨防寒，因为高原即使是处在逐渐变暖的雨季，昼夜和早晚的气温变化也较大，尤其是在野外遇到下雨天气时，防止寒气侵入是必须的，否则会导致羊群身体抵抗疾病的能力下降。此外，由于羊群常穿梭于山脚下的"刺玛"丛中吃其叶子和小花，留下一些短毛可以防止被剐蹭。春季开始时，羊群在外面依然吃不到足够的食物，直到雨季来临之前，主人会给回到家里的羊群补充吃一些青稞的秸秆或储备的干草。但总体来说，这个季节由于食物的减少，羊群的身体都会转为瘦弱。

大概在藏历3月底、4月初的时候，农户们要赶在雨季（藏历5月）来临之前给羊群剪完羊毛，这样做的目的也是给羊身上重新长出一层细毛预留时间，否则羊容易在雨季死亡。在接下来的4~5个月中，羊群因食物充足剪短的羊毛又重新变长，农户们选择在9月份左右给羊群再次剪毛，此时雨季还未结束，在寒冷的冬季到来之前，羊毛还可以变长一些，以利于羊群过冬。然而，在海拔稍高一些的村庄则每年只在雨季前给羊剪一次毛，秋季便不再剪毛，这是为了利于羊群度过寒冷的冬季，因而农区有的家庭一年只给羊群剪1次毛，不同于牧区的一年剪2次毛。

此外，藏历8月、9月是羊肥壮的时候，然而随着雨季的即将结束，能够吃到的草在不断减少，整个羊群的生存受到影响，因此村民会将一些年龄偏大、身体不再强壮的牲畜通过宰杀的方式淘汰掉，一方面为家庭提供肉食供应，另一方面延续了大多数青壮牲畜的生存。因此每年藏历年前的10月，农区和牧区就进入了宰杀牲畜的高峰期。就农区家庭而言，每年至少宰杀一头菜牛（公牛）和几只羊。

羊长到4岁的时候，也就是长出四颗牙的时候，即相当于一个成年人的年龄。当年春天出生的小羊不会和成年羊在同一个时段里剪毛，而是要到9月、10月的时候才可以剪一次毛。如果是上一年就出生的小羊，则可以和其他的羊一起在藏历3月底、4月初的时候剪毛。

给绵羊剪毛通常是男性的工作，但女性有时可以充当重要的助手，甚至替代男性完成剪羊毛的工作。剪羊毛的过程可以由一个经验丰富和身手敏捷的人完成，有时候也会需要两个劳动力配合剪羊毛，相互配合的人可以是夫妻，可以是家里的两个男性，也可以是请来帮忙的亲戚或邻居。剪羊毛的具体过程是：抓羊—把羊按倒，用腿压在羊身上固定羊的身体（防止羊乱动）—剪羊腹部的毛—把四肢捆在一起（防止羊乱蹬），翻过羊身剪掉羊身上的毛—一手抓毛，一手使用剪刀剪毛—松绑—完成。一个熟练的"剪毛工"剪完一只羊通常需要 10 分钟左右，不太熟练的人则需要 20 分钟左右。很多时候都会因为羊的配合程度以及人的剪毛经验导致羊身上会遭受一些皮肉之苦。尤其是羊比较瘦弱的时候，剪毛就会变得愈加困难，常常会让剪毛的人不小心就剪到羊身上的褶皱，而在羊的身体比较肥硕的时候就让剪毛工作变得较为容易一些。剪羊毛是每年的一项重要工作，平地村落的大部分家庭 1 年剪 2 次毛，即在春、秋各 1 次，剪羊毛时只需 1 个劳力即可完成，但要抓羊和捆住羊的四肢时，通常需要至少 2 个劳力的通力合作，这些工作主要由男性完成，但在劳力不足时，家中女性视同男劳力。

清洗羊毛需要在寒冷的冬季进行，通常是由家中的男性来完成的。用冰雪融化的水清洗和用江边的细沙来轻轻搓揉，才能保证羊毛的品质。梳理羊毛、纺纱和捻线尽管没有严格的分工界限，但通常由老年人来承担这些工作。剪下来的羊毛须经过清洗和梳理后才能用来纺成毛线，从剪羊毛到纺线的准备工作差不多就要花去 40 多天的时间[①]。最后将捻好的羊毛线织成氆氇或邦典，这多半是由家中的女性来完成。

三、纺织业生计与分工

作为一项重要生计，纺织业是绵羊养殖、羊毛织染和纺织品交换的综合体。从事纺织业是杰德秀乃至"雅鲁"河谷诸多家庭的重要生计，对于大多数依靠氆氇来交换粮食的小差巴户或堆穷户而言，从事纺织业的主要目的是交换生活所需，或者在获得政府准许的情况下由氆氇替代粮食作为上交的实物税；以交换纺织品积累财富为目的的纺织"大户"仅占极少数。

（一）纺织业作为主要生计

杰德秀的堆穷户以纺织氆氇和邦典为主、耕地为辅，差巴则以耕地为

---

① 扎嘎：《西藏民主改革前的山南地区农村手工业——氆氇与邦单》，《西藏研究》1993 年第 1 期，第 38 页。

主、纺织业为辅。在杰德秀"大多数人家都一样，就是靠织氆氇生活的"；"少数几个纺织大户靠织氆氇卖，所以变得富贵了"。而一些堆穷户和小差巴户因为耕地少，仅种地粮食不够吃，要用氆氇和邦典去交换口粮。贵族和大差巴户的纺织作坊，根据织品品质及等级，一部分自用和作为酬劳供给朗生，一部分用于向噶厦政府交氆氇差（须经检验合格），其余占多数的部分则用于交换而获取更多的生活用品或积累财富；那些耕种土地数量较少、所产粮食不足以糊口的小差巴或堆穷家庭，其织品主要用于换取糊口的粮食，满足自需反而居于次要位置，同时在交换的过程中不排除上升为积累更多财富的可能；最后一种情况是基于满足自需同时可以向其他家庭提供雇工的纺织小户，以此换取粮食用于糊口或积累。他们可以为其提供服务的对象除了本村一些不具备纺织技能的家庭外，还包括其他河谷的一些村庄，尤其是那些纺织户较少的村庄。

在劳动力、时间、技能、工具、羊毛来源等因素中，对于以耕种为主和需支"外差"的差巴户而言，劳动力和时间是他们开展氆氇纺织的关键因素；对于不种地或只种少量耕地，并且只交"氆氇差"的堆穷户而言，他们有相对充足的时间去放羊和学习纺织技术，因此养羊的数量和具备的纺织工具成为他们从事家庭氆氇纺织的重要条件。

（二）纺织业的分工

纺织业的主要工序包括日常的放牧、一年一次或两次的剪毛、羊毛处理、纺织和最终的交换。

放牧羊群是每天必需的工作，剪羊毛一般是春季和秋季各剪一次，在海拔稍高一些的村庄则每年只在雨季前给羊剪一次毛，秋季一般就不再剪毛，以此让羊群度过寒冷的冬季。

剪下来的羊毛还要经过清洗和梳理并纺成毛线，然后再由专门的人利用织机织成氆氇，接着是给氆氇染色（民主改革前所用染料主要由印度输入），清洗晾干后进入销售的环节，销售并非在本村完成，而是使用驮队将氆氇运往几十公里以外的曲水进行，有实力的大户则将氆氇运往拉萨、江孜、日喀则等距离更远的市场。可见，要实现自产自销的生产活动，劳动力的组织和分配是关键的因素。

根据所了解到的情况，民主改革前，杰德秀以经商为目的的氆氇大户中，有依靠雇工经营作坊的，有完全依靠自家劳力的，也有专门从其他个体家庭中收购氆氇的。对于耕种土地较多也相应地承担较重其他劳役"差"

但不从事氆氇经商的家庭，利用富余的粮食去交换现成的氆氇显然是更为省时、省力的选择；而对于那些耕地所产勉强果腹但没有掌握纺织技能的家庭，则尽可能地依靠自己养羊来积攒所需的羊毛，并雇请专门的纺织工（通常是堆穷）将其织成氆氇以满足家庭成员所需。

纺织业的家庭分工依据生计灵活安排。杰德秀1945年出生的巴果，是民主改革前一个堆穷户的女儿，她和父亲、母亲以及2个哥哥、5个姐姐、1个妹妹组成了一个11口人的核心家庭，这个家庭的生计包括租种贵族的耕地和纺织业。收获的粮食一半交给贵族，剩下的粮食不够吃，就靠编织氆氇和邦典到其他地方交换粮食，纺织氆氇所需的羊毛来自家庭养殖的500多只绵羊。全家人的分工情况是：在平时，父亲、2个哥哥和巴果每天都去放羊，母亲和6个姐妹留在家里做一些家务、农活，以及与纺线、织氆氇、织邦典有关的工作，一个月下来通常可以织5个邦典和1卷氆氇。

巴果从10岁开始和父亲以及2个哥哥把羊群赶到远离村庄的山坡放牧，顺便捡回一些柴火。种地和放羊都要给贵族交税，种地交的税是收获粮食的一半，放羊交的"草场税"则依据和贵族之间的协定，数量和形式不定。笔者与报道人的一段对话，反映了报道人家庭生计和分工的大致情况：

笔者：1959年前杰德秀的那些大户都是在织氆氇卖吗？

巴果：有些贵族本来就富有，他们家里有专门的人织氆氇，他们的氆氇大多数都是拿去卖的。有些大的差巴户织氆氇也是专门卖给别人的，所以变得富有了。我们织氆氇是给自己家里养家糊口用的。

笔者：您的家里有5个人在家织氆氇，一个月能织多少？

巴果：因为做准备工作要花费大量的时间，比如梳毛、纺纱、捻线，大部分时间在做这个，所以一个月下来能织出来的氆氇并不多，就5个邦典和1卷氆氇，总的算下来，氆氇要更多一些。

笔者：平时除了农活、放羊、织氆氇，家里还需要做的事有什么？

巴果：家里种地要浇水、拔草，还要放羊、织氆氇和邦典，这些工作都忙不过来，所以别的工作也就没有做了。

笔者：不去乌拉差吗？

巴果：因为是堆穷，乌拉差由大户的奴隶去，自己家人不用去。

　　笔者：编织的氆氇和邦典需要交税吗？

　　巴果：种地要交税，羊毛不用交税，但是放羊的山是贵族的，所以要交"草场税"。其他就不用交税。

　　笔者：几岁开始学习织氆氇？父亲、母亲和兄弟姐妹们全部都会织氆氇吗？

　　巴果：民主改革后学的织氆氇手艺，基本上全部都会。

　　根据巴果的说法，像他们这样租耕地种的堆穷户不用去支"外差"，支"外差"的都是普通差巴户或大差巴户安排朗生去做。杰德秀的堆穷户主要以纺织氆氇和邦典为主、耕地为辅，差巴则以耕地为主、手工业为辅。杰德秀的大户有些就是靠织氆氇卖所以变得富贵了，而巴果家比起一些种地的普通差巴户生活条件较好一些，但他们自己种地粮食不够吃，因此要用氆氇和邦典去交换口粮。

　　巴果的母亲和5个姐姐、1个妹妹留在家里做一些纺织、割草、浇地的活计。田里的农活、放羊、剪羊毛、整理羊毛、纺纱、捻线、编织、去外地交换粮食，全部的工作都依靠自己家庭里的劳力来完成。"那时的生活常常都是在繁忙中度过，家里的活多得做不完，家里要浇水、拔草、放羊、织氆氇、染色、织邦典、换粮，这些工作都忙不过来，所以别的工作也就没有做了。一家人一年的生计就围绕着耕种、放羊、纺织和交换氆氇。""除了那些贵族和大户人家不缺粮，大部分人家都没有吃的，所以还是要去换。"

　　一个熟练纺织工在夏季白昼较长时织1卷宽24厘米、长18米的氆氇需要7~8天的时间，织1卷同样宽度但长度是15米左右的氆氇需要5~6天。雇主支付给纺织工的报酬是1天3哲青稞以及每天的伙食（有的纺织工自带口粮，雇主可以为其提供茶水）；平均织1卷氆氇需要支付不低于21哲（合29.4斤）青稞，这比直接用青稞交换1卷中等氆氇便宜了将近1倍。[①]

　　最后纺织品的交换环节主要由男性承担。根据交易的地点，可以将纺织品的交换分作两类：一类是等待专门经营氆氇生意的人"上门收购"，一类是主动外出交换。外出交换纺织品的工作主要由男性家庭成员负责，他们对交换行情的掌握产生两种结果：一是他们中经验比较丰富和"人脉"

---

　　① 扎呷：《西藏山南地区扎囊、贡嘎两县传统民间贸易调查》，《中国藏学》1993年第3期，第37-38页。

比较广的可发展为专门的纺织经商户；二是坐等"上门收购"的交易也通常由男性主导。巴果母亲和姐姐们编织的氆氇除了留一部分自用外，其余的由父亲和哥哥们带到曲水的集市上交换粮食，有时也会有人到家里"上门收购"。把纺织品带去曲水交换（有时去更远的江孜、日喀则等地），而不是在杰德秀本村或江雄河谷内部的其他村庄去交换粮食，按照巴果的说法原因有二：一是除了那些贵族家庭和种地的大户，杰德秀大部分家庭吃的都不够，因此要到村落以外的地方去换取粮食；二是去村落以外的地方更容易换到粮食，至于本村内部，巴果则说"不能在本地方换，因为都认识嘛"。

（三）纺织工序、技术与分工

在杰德秀，纺织氆氇或邦典的工作不区分男女。通常 13～15 岁的男女家庭成员开始正式学习纺织氆氇的技术。

不受空间、时间、劳动者体能和技术限制，纺织的分工较为灵活。纺纱和捻线的活可以独立于纺织以外进行，不受场地、工具、时间等因素的限制。因此纺纱和捻线是比纺织氆氇更为普遍的一种劳动，差巴、堆穷和朗生都可以参与到这一环节的劳动中来，且不受性别和年龄的限制，它属于氆氇纺织准备阶段的第一道工序。

氆氇染色从准备染料到染色，其分工因工序的复杂程度而机动灵活。在家庭内部，可以购买原材料后自行加工成染料，这项工作在性别、年龄和技能上并无严格要求，但掌握染料配方和核心染色工艺的通常是男性。

> 染色器具包括"巴日"（陶制染缸）、"提雄"（漏色，用于在氆氇上制图案）、"干巴"（木质的钳子，抓氆氇，钳子有大小两种，有一种叫干巴卡的邦典的名字，来源于此）、"桑锅"（铜制的锅，小锅）、"日恰"（牦牛毛织成的线，染色的时候用来捆绑氆氇的线）、"漆括"（像指套一样，染色的时候保护手指的工具）、"剁雄"（类似于内地的杵臼，有大小不同规格，用来捣碎矿物及植物染料）。

氆氇染色是一项对技术和经验都要求较高的活计，同时也是一个重体力活，通常由男性来完成这项工作。氆氇染色是给编织好的成品染色，常见的氆氇颜色有红色、白色、黑色和棕色，除了白色是氆氇本身的颜色以外，红、黑、棕三种颜色都需要染制而成。染色的时候，先将磨好的染料放进染缸里煮，再将整卷氆氇放置在染缸内，旁边有人在不停地翻搅，使氆氇受色均匀，同时需要有人控制染锅的火候；由于氆氇的长、宽尺寸较邦典大许多，也较重，因此给氆氇染色是一个重体力活，且需要至少2个劳力的配合。在官方的染色机构，由于是专供噶厦政府和达赖喇嘛的氆氇，因此规定必须是由染色技艺娴熟的男性劳力来完成工作。1959年西藏民主改革前，专供给达赖、寺院活佛和噶厦政府官员所用的氆氇全部由男性染匠集中在杰德秀豁堆的染房里染制而成，清洗氆氇虽然是由其他人来完成，但仍然是男性，且在清洗过程中须全程举行隆重的念经仪式，最后也是由这些男性染匠将氆氇运送至拉萨。

邦典染色与氆氇染色的不同在于：一是染色的对象是毛线（编织邦典的材料）而不是成品；二是对劳动力的体能并无较高要求。承担这一工作的前提是熟练掌握染色技巧以及富有染色经验，因此分工在性别上没有严格界限，但在年龄上有所区分。

图3-3 织架上的邦典

邦典染色的第一步是制作染料。先将磨好的染料放进"巴日"，加入浸泡过曲罗叶（当地可用作染料的一种植物）和萨祖（一种矿物染料）的水，再把"巴日"放在燃烧的马粪或羊粪中加热；次日清晨取下"巴日"，趁着温热开始给毛线染色。一个"巴日"的染料可染从深色到浅色的7种颜色，包括深蓝色、天蓝色、浅蓝色、黄色、深绿色、绿蓝色、绿黄色，因此在染色的过程中，染完一种所需颜色的毛线后，再往染料里加热水稀释，接着再染一种颜色，直到把所需的各种颜色的毛线染完，因其直接影响到染色的效果，因而对于颜色深浅程度和毛线数量的控制需要熟练的经验。

染上等邦典的毛线，要将装着毛线和染料的"巴日"放到热性肥料中至少 7 天的时间，其间需每天搅动几次。据说用这种方法染出来的毛线，织成邦典后颜色经历十几年也依然鲜艳明亮。染粉色的毛线要多 1 道工序，即先将毛线用甲萃（可染成朱砂红的染料）这种染料染成红色，然后再把毛线放进"巴日"的染料里继续浸染，可染出深浅两种粉色。至此，邦典所需要的全部颜色都可以染出来。如图 3 - 3 所示，编织邦典的时候根据颜色的搭配、排列顺序以及色块大小，组合成为含义、类型和名称各异的邦典种类。擅长邦典编织的以女性为主。

四、外出交换与分工

外出交换的物品通常是家庭手工制品，比如纺织品、编筐、陶器等。外出交换通常由几户人家的男性成人结伴同行，同时可以捎带上那些家中没有人参与外出交换的家庭的手工制品。家庭成员没有参与共同外出的原因很多，如家中没有多余男劳力（外出时间一般从几天到 2 个月不等）外出，或者手工制品数量较少，专门为其外出的成本太高。

（一）纺织品的交换

纺织品的交换包括待人上门收购和自行外出交换两种方式。手工制作的氆氇在品质上差异极大，因此交换所得也差异极大，在做交易时，常常需要双方反复沟通和讨价还价。因此，除非是非常熟悉的亲友已经给出了大致可以接受的价格范围，否则代为交易的情况极为少见。

民主改革前，作为杰德秀仅有的几户"氆氇大户"，巴果家的氆氇除了留一部分自用外，多余的氆氇有时会直接卖给"上门收购"的商贩，有时也由父亲和哥哥们拿到曲水的集市上交换粮食。

根据调查及前文分析，杰德秀作为一个纺织技术集聚的氆氇特产村，由于大多数家庭纺织氆氇的目的都是换取糊口的粮食，而纺织家庭的相对集中使村落内部对于氆氇纺织品和技术的供应趋于饱和，多数家庭能够自给自足的状况反而限制了村落内部的交换，在各种层次的纺织户向外输出氆氇（纺织品）和纺织工（技术）的过程中，一方面强化了对村落外部市场的依赖，另一方面这些纺织户之间又自动形成了一种相互竞争的关系。

（二）陶器品的交换

陶器物的交换时间集中在每年的藏历 9 月和 10 月，原因与后文提到的阿扎和松卡的编筐户相同。出行前，制陶户需要向豁卡的代理人请假外出，这是一年中他们唯一可以离开豁卡到外面去用陶器交换青稞和其他生活用品的时间，在外面的时间一般在 1 个月左右，超过了规定的时间会受到豁卡的责罚。由男性制陶人外出交换粮食，一方面考虑到外出远行的艰苦和不便，另一方面由于每年出去交换粮食的路线和村庄相对固定，因此如果遇到卖出去的陶器出现裂纹这样的情况，制陶人就可以免费帮主顾把裂缝补起来。因此制陶人也与换粮发生地方的一些老主顾建立了亲密的联系，这些主顾的家可以成为他们借宿的地方。

> 以前就以制陶为主，品种很多，制作的陶器要拿去跟其他村庄交换粮食，现在都在家务农，或是外出打工和做生意，做生意就是氆氇生意，他们就去贡嘎那边收购氆氇，然后拿到扎囊的染色厂染色，再拿到拉萨去卖。他们也自己织氆氇，织的氆氇是自用。现在氆氇的销路也很不好，杂玉村这边是停产状态，玉卜村那边建了合作社还在生产，扎囊县举办的氆氇文化节要求各种手工艺产品都要在节日上进行展览，所以会临时做一些展品。如果有人买的话就卖了出去，剩下的就放在村里的展览室里。

杂玉村已经去世的陶匠老人旺杰，由于他每年交换青稞的路线和村庄都在琼结县，并跟那里的人建立了良好的关系，所以如果是旺杰老人去卖陶，他在琼结那边的熟人和朋友就不会去买别人的陶器，村里卖陶的人家，有时是几户制陶人家相约一同前往的，有时也有一个家庭中父亲带着儿子出门换粮的。总之在长期的实践中形成了与陶匠相对应的、相对固定的销售路线和地点，概括来说，泽当、琼结、贡嘎，还有林芝、日喀则是杂玉村中制陶户主要会去的地方，阿里、那曲和昌都则都没有去过。玉卜村的制陶户常去的销售地则以拉萨和泽当为主。制陶户们要靠驴将陶器驮往这些远距离的销售地。驮运前，陶器要用绵羊毛和山羊毛织成的袋子装好，在器物之间填充上青稞秸秆，并通过巧妙的打结方式对陶器进行稳固以防止过度的颠簸。玉卜村的制陶户卖陶器的时候有时单独出去，有时和其他制陶户一起出去，但他们销售的地点并不固定，也不像杂玉村那样每个陶匠有内部"约定"的片区。

村里不可能出现全部制陶户同时外出交易的情况。通常情况下,就像每年轮流外出支差一样,每次外出的仅是村里少数几个陶匠的代表。他们不仅带着自己的制品,还带着其他邻居或亲友的制品。唯一不同的是,这种相互间的"帮忙"和轮流"担班"是几个家庭间基于自愿形成的。信任和约定俗成的规则是这种"轮流互助"的前提,即外出交换时的"价格"根据陶器本身的品质而定,避免厚此薄彼。直到全部的陶器交换完成才会返回,从而保证每个家户都有所收获。

(三) 编筐的交换

编筐的交换同样集中于每年藏历的 9 月和 10 月。一年中举行寺院法会的日期是集中交易手工品的好时机。对于松卡和阿扎的编筐户来说,由于前有"雅鲁"的阻隔、后有高山峡谷的封锁,他们平时的出行较为不便,因而藏历 9 月和 10 月是他们可以集中兜售手工品的最佳时机。这段时期大部分农田秋收已结束,山沟低地处的农田有的已完成了秋灌和秋耕,在冬耕来临前,这是一年中难得的农闲时间,也是一年中唯一具有充足时间去到较远"市场"交换产品的时机。

从交换对象来看,编筐户们倾向于赶着驮畜把编筐运到那些农牧民一年一度互换产品的地方赶场,与牧民交换盐、碱、酥油或羊毛等物资,而与农民换回粮食。赶场的距离越远意味着可以卖出更高的价格,因而这段时间制陶户或编筐户都忙于将平时积攒下来的成品,相约同村邻近或关系要好的几户组成一个小型的专职销售团队,依靠驴或马为主的驮运将主人以及主人制作的产品运输到村庄以外的地方进行交换。

从交换的"价格"来看,阿扎的编筐户通常将箩筐运往拉萨的堆龙德庆、旁波等地出售,这些地方每只编筐可以换取 3 升到 4 升的青稞,有时运到拉萨,则每个编筐可售 7 两至 10 两的藏银(折人民币 0.35 元至 0.5 元);西藏民主改革后,由于国营商店和供销社等商业网的普遍建立及大力收购当地土特产品,因而大部分成品都被供销社收购,销往外地的编筐就极大地减少了。1960 年单是阿扎乡约 24 户编筐户供给供销社的柳筐就有6 250个[①]。

---

① 郭克范:《扎囊县民主改革时期档案整理与研究》,北京:社会科学文献出版社,2014 年,第 139 - 140 页。

从畜力的获得上来看，相比牧区依靠牦牛或绵羊为主的驮运队伍，毛驴在农区无论是获得的成本、饲养的方式和投入，以及毛驴自身的生活习性都更为经济和适用。而马则是一种较为昂贵的牲畜，在农区并不多见，牦牛一般不作为运输的畜力，而用作耕畜最普遍和常见。从获取粮食为主的交换目的来看，一般这些产品不会通过主人之手直接流向海拔更高的半农半牧区或牧区，而是相对集中地流向那些生产粮食更为集中的低平农区。

上述表明，手工品的交换无一例外由男性掌控。体力、耐力和经验在外出交换中都是极为关键的要素。在长途的跋涉和旅途中，除了一路上对牲畜队伍的照顾和途经休息点时从牲畜身上娴熟地装卸货物以外，还需要熟悉行经的路线及其气候、地理状况，以及掌握途中每个村落的情况以便于选择恰当的销售地点；同时与这些村庄的某些个人和家庭建立起友好长久的互助关系，以便于解决落脚、食宿的问题和了解当地的渠道情况；而最为关键的是，正如报道人所讲述的那样，在售出或交换这些手工制品时，对这些产品本身的专业经验和了解程度能够积极促进交换的达成，即由制作这些成品的人自己去完成这个异地的交换是最恰当的；而有时也可以带上家中的年轻男性成员一同前往，以便做一些辅助性的工作。实际来看，如果是与其他家庭成员结伴同行，助手就会显得多余了，只有在单独出行时，携带家中成员才会成为一种必要的选择。除了纺织的氆氇有为数不多的个体游商（以本村人为主）会自动上门收售以外，大部分以家庭为单位的手工产品，包括氆氇在内，都以家庭为单位自产自销。

第二节　特殊生计与分工

在"雅鲁"流域，特殊生计是指除去农、牧、纺织及贸易之外的谋生方式，它包括宗教职业、"贱业"和属于一般职业范畴的其他行业。其中，宗教职业群体的僧人已经脱离生产活动，冰雹师和喇拉从事的生产活动属于一般生计的范畴；"贱业"主要包括捕鱼、制陶、五金和屠宰业；属于一般职业范畴的特殊生计则包括土、木、石、编筐、酿酒、制鞋、裁缝、制帽、治病、绘画等行业。由于篇幅所限，下文所述的特殊生计及其分工主要涉及制陶业、捕鱼业和编筐业。其依据是这三种生计手段既有特殊性，又因采取这些谋生手段的家庭和人数较多而具有一定的代表性。

一、制陶户的生计与分工

扎囊县杂玉村在民主改革前属于杂玉谿卡，有 30 来户属民，其中 10 户为陶匠户，在陶匠户中有 1 户叫作"勉则"的制陶大户。这些制陶户主要烧制民间所用的茶壶、火盆、酒壶、背水桶等生活用品。他们同时依赖于农业和制陶业，在巧妙利用农业生产活动的季节性特点上，通过利用农闲时间和日常的琐碎时间制作陶器，使制陶业成为农业生计之外的重要补充，因而较好地克服了他们耕地数量不足、质量低劣和产量低下的问题。他们制作的陶器物除一部分作为替代粮食的实物税交给谿卡和自用外，多数用于贸易，以交换粮食和其他生活物资。

（一）农业和制陶业的分工

杂玉谿卡的制陶户包括堆穷户和朗生，"他们无土地或（土地）很少，以制陶为生，入不敷出"[①]。在从事少量农业耕作的堆穷户（同时也是制陶户）中，农业和制陶业构成生计的整体，家庭成员以分工的方式各自承担一部分劳动，形成经济领域的合作关系。由于男性掌握制陶的核心技术并主导制陶业（包括制作和交换），女性处于从属地位且发挥辅助性作用，因此制陶整体上被视为男性的工作；农业的分工则与其他从事农业的戎巴一样，首先农业这项生计被视为男女共同承担的工作，其次农业内部环节或工序的分工也与其他农业居民一样，在此不再赘述。

（二）女性在制陶业中的参与

制陶包括以下几个主要步骤：取土、筛土、和泥、制坯、烧陶，其间还包括挖草皮用于烧制陶器。除了挖草皮、制坯和烧陶，其他步骤都有女性参与或负责。

取土这道工序通常由女性承担，男性制陶者有时也会参与，只要能识别出黏土即可。女性取土不分年龄，只要是劳力就可以，也不与是否结婚或生过孩子有关，一般来说上了年纪的女性就不再去取土，原因是丧失了劳力。至于为什么在同时有男性和女性劳动力可以选择的情况下通常由女

[①] 郭克范：《扎囊县民主改革时期档案整理与研究》，北京：社会科学文献出版社，2014 年，第 7 页。

性来取土，制陶者们认为这是沿袭而来的习惯，他们相信女性在取土这个环节上要比男性更具耐心和细心。一般 20 岁以上和 60 岁以下的女性都可以去取土，只要她们的体力足够支撑这项劳动。杂玉村两边的坡地是可以挖掘黏土的场地，一次能挖取 100 斤左右的黏土，至少可以做一口酿青稞酒的大缸。

取土最关键的是掌握识别陶土的经验和技巧。其中，对土是否适宜制陶，取土的人首先要作出判断，通常的做法就是用唾液将疑似黏土浸湿，然后把土捏成细条，可以竖立的就是适宜制陶的黏土，反之就不适宜。取到的土通常由女性背回家里，有的时候需要依靠家中男性来完成。但把取回来的土块敲碎、研磨和晒出细土，再把细土加水和成泥放到阴凉处备用，这些通常都是女性来完成的。

除了取土、筛土、和泥以外，在陶器被拿去交换粮食之前，需要在陶器表面刷上一层用水调过的矿物，其作用是让陶器表面看起来更为光滑明亮。这个工作有时由女性来完成，据说也是因为女性比男性更为细心。

（三）男性控制核心技术和外出交易

依据传统，制陶是男性的工作。杂玉村的男性自小就耳濡目染制陶工艺，一般到了 15 岁左右就开始正式学习制陶技术。有的跟着自己父亲学习，有的拜村里手艺最好的陶匠为师。1951 年出生的旦增欧珠，自小跟随一位陶匠邻居学习制陶手艺。拜师学艺不需要交学费，但要无偿替其师父的家庭干活，包括家里家外各种事务，比如给师傅端茶倒水或者外出销售制作完成的陶器。同时，制陶的全部准备工作也由学徒来完成。像大多数新学徒那样，旦增欧珠学完三年就掌握了基本的技术要领。据旦增欧珠说"少数的人需要学习五年，但做到手艺精湛的话，就需要十几年的磨炼和积累"，而他们内行人都比较清楚的一点是，学习时间的长短除了个人的天分和勤奋以外，还跟学习制作的器具直接相关：一般半年就可以学会制作一个酿青稞酒的酒缸，但要学会制作装青稞酒的酒壶或酥油灯那样较为精致的陶器，则要学上一两年。

制坯、挖草皮和烧陶是男性制陶者的工作。根据烧制陶器时的传统做法，烧制过程中需要用到草皮来遮盖和密封。挖草皮要挖草长得比较密集、草根和土地连接比较紧密的那种高山草甸土，而要挖这种草皮就需要去村子后面海拔较高、离家较远的地方，挖好的草皮用人背或驴驮的方式运送回去。这些工作由家中男性来完成。

制坯的技术都由男性掌握。一个陶器学徒的学习时间以及对手艺的评价标准是依据做何种器物，制作一般的器物需要学 2 年至 3 年，完全掌握技能则最快也要 6 年，手艺达到精湛就至少需要十多年。比如炖青稞酒的器物，事实上由两个可以分离的部分组成，下面是烧炭的炉，上面是架在炉上的酒壶，等同于一个保温瓶的功能，高度有 20 厘米到 50 厘米的不同型号，通常越小的越要求精致，展馆中所示的整体高度不超过 20 厘米。学习制作这种器物需要 3 年，而相比起来大很多的酿青稞酒的酒缸，一般初学半年左右就能掌握要领。刚开始学的时候就学转轮盘，直到找到感觉。

整个制坯和烧制过程由掌握了核心技术的男性来完成。烧制陶器须对时间和火候有精准的掌握，这将影响到陶器的色度、光泽和使用寿命。在时间一定的情况下，烧制陶器颜色的深浅跟温度有关，烧陶用的燃料是牛粪和羊粪，用草皮在地面上围成一个圈，先把陶坯和燃料放进去烧，烧到一定时间后再把草皮盖住顶部继续烧。草皮的作用就是密封和保温，村里制陶人都认为传统的烧制方式对陶器最好。民主改革前的 10 户制陶户，"每人每日技术高者可制粗坯 9 至 10 个，低的 6 至 7 个，日短时高者 6 至 7 个，低者 4 至 5 个。年出窑 30 至 40 次。一窑出成品 120 个……10 家年出成品 36 000 左右"[1]。

二、捕鱼户的生计与分工

"雅鲁"两岸沿江的村落总有几户以捕鱼为主要生计来源的家庭。如"雅鲁"北岸的陇巴村、昌果村（贡嘎县）和松卡村（扎囊县），以及南岸的森布日村、吉纳村（贡嘎县），这些村庄的共同特点就是临近"雅鲁"，便于通过捕鱼获取资料。今日杰德秀拉孜山到止勒山一带曾称为"堆"，意为"捕鱼的王"。最新的地质研究发现：杰德秀及其周边曾是一处大型古堰塞湖[2]，"堆"地水域相对较浅，适合捕鱼。

---

[1] 郭克范：《扎囊县民主改革时期档案整理与研究》，北京：社会科学文献出版社，2014 年，第 7 页。

[2] 韩建恩、孟庆伟、郭长宝等：《雅鲁藏布江中游杰德秀古湖的发现及其意义》，《现代地质》2017 年第 5 期，第 890–899 页。

（一）捕鱼户的生计与两性分工

陇巴村在1959年前属"陇巴谿卡"。1954年，西藏地方政府设6个总管（基巧）统辖西藏103个宗、谿，陇巴谿卡隶属拉萨管辖，拉萨则隶属卫区总管①。民主改革前陇巴谿卡有53户，是一个捕鱼户集中的村落②。从陇巴村所处区位和周边环境来看，村庄背靠着陡峭的山崖，临近水域；所处地理位置相对孤立和偏远；周围是岸边狭窄的平地，土层浅薄且布满大小石块，不利于开垦耕种。村民的生计包括基本的农业和牧业，但其耕地"最坏者因经常遭水、虫灾，（产量）仅1、2倍"，因此"渔民主要靠打鱼、摆渡吃饭"，"牧畜业有山羊、绵羊、牦牛。副业生产一般是养鸡、猪、牛、羊"。"他们生活方式形同游民，能搞来东西就大吃大喝，搞不来东西则饿肚子……每年3、4月间正好打鱼，夏季水大不能打鱼，他们开始摆渡运输……他们捞的鱼，或换青稞或换衣服，或晒干等待商人收买，运到不丹换取大米进口。"③ 然而，捕鱼这一行为被视为触犯了杀生的禁忌，因此捕鱼户的生计常遭到诘难：

> 据说在十三世达赖37岁的时候，地方上流行的一种传染病是由于打鱼杀生所造成的，于是政府下令禁止打鱼，各地的捕鱼户失去了生活的依靠，陇巴的渔民流浪在仔塘（属南方专员区）与甘巴林之间，过着乞讨卖艺的流浪生活。过了6、7年以后，经过请求，政府才又准允他们打鱼。④

因违反佛教禁止杀生的禁忌，他们被视为社会等级最低的"贱民"。捕鱼人身份以及被限定的生计方式，促使多样化的家庭副业成为必要选择。"农民在闲时挖'麻孜'（草名，同酥油调和可熬制染料）、'甘达'（洗衣草灰），亦为副业生产的一种……但村中几无商业贸易之可言。"⑤

家庭生计与分工围绕农业、牧业、采集、捕鱼（含交换）和摆渡展开。农业和牧业的分工与其他戎巴无异；摆渡是完全由男性掌控的生计，女性

---

① 拉萨市地方志编纂委员会编：《拉萨市志》，北京：中国藏学出版社，2007年，第83页。
② 陈家琎：《西藏地方志资料集成》，北京：中国藏学出版社，1999年，第200－201、207页。
③ 陈家琎：《西藏地方志资料集成》，北京：中国藏学出版社，1999年，第200－201、207页。
④ 陈家琎：《西藏地方志资料集成》，北京：中国藏学出版社，1999年，第200－207页。
⑤ 陈家琎：《西藏地方志资料集成》，北京：中国藏学出版社，1999年，第200－201、207页。

被完全排除在外；捕鱼业包括了制作牛皮船、制作捕鱼工具、下水捕鱼、运鱼、晒鱼、交换（换粮为主），这一系列工作以掌握了核心技能的男性劳动力为中心展开，女性在其中参与了一些辅助性的工作，比如整理渔网和晒鱼；相应地，男性劳动力除了捕鱼和渡船这两项主要的工作，家庭中其他的副业，如采集煨桑、制作扫把的藤条、照顾家务等劳动则落在女性身上。

1942年出生的旺钦，从小练得一身好水性，12岁时就开始独立捕鱼。那时捕获的鱼主要有三个用途：一是要给拉萨一个叫作"勇嘎"的贵族（陇巴谿卡的领主）交30条鱼的鱼差；二是大部分会运到对岸的村庄去交换粮食和其他物资；三是少部分留下自己食用。依靠捕鱼来交换的粮食基本上可以满足一家人的口粮。平时除了捕鱼外，旺钦还摆渡和被商人雇佣运货物，妻子和小孩就离家上山采（煨）桑、采藤条拿回家做成扫帚，再让家里的男性顺道拿出去换粮，所以那时候换来的粮食足够一家人吃，但是日子过得比较辛苦。旺钦说："这是因为捕鱼很辛苦，而且只有男人可以做，女人是禁止靠近牛皮船的，否则就会带来风险，这样一来，男人的负担就大了。"那些没有男性去捕鱼的家庭，女性就到山上采一些煨桑用的植物（小杜鹃）拿到南岸跟农户换粮食，或者想办法用其他的方式去谋生，与那些有男人捕鱼和渡船的家庭相比，这些没有参与捕鱼和渡船的家庭，生存要更为艰难。

（二）以男性为主导的捕鱼业

除去藏历4月的萨嘎达瓦月，陇巴村捕鱼户一年中大部分时间都在捕鱼。然而，一年中出门捕鱼的频率并不是均匀分配的，其中，藏历的2月、3月每天都会去，这是一年中水位最低的时候，也是最容易捕到鱼的时候。4月是藏历的萨嘎达瓦月，整个期间的传统是不吃肉、不杀生，因此严格来说，捕鱼的人要在4月停止捕鱼，但实际上4月的停工只限于4月1—15日这半个月，16日以后就又投入到捕鱼的活动中，用报道人的话说就是不捕鱼就吃不上饭，只要有饭吃就顾不上讲究了，因此要赶在5月雨季来临之前再捕一些鱼，水位上涨以后就不再捕鱼了。

雅鲁藏布江的鱼是共享的，松卡的人可以到杰德秀附近的江里捕鱼，陇巴的人可以到松卡附近的水域里捕鱼，并且常常是在捕鱼后卖给就近村庄里的住户。这种在哪捕鱼就在哪出售的方式，简化了储藏鱼的工具和方式，减少了鱼在运输途中停留的时间，降低了鱼会腐烂的风险，也节省了人力和物力，使捕鱼的人依靠一只牛皮船、两支划桨和一个储藏鱼的牛皮袋，在投入一定的劳力和时间之后，就能依靠捕来的鱼换取一些粮食作物。

雨季一般从 5 月持续到 10 月，这期间江水上涨，裹带着泥沙的混浊江水漫过了河床两边低洼处的沙滩，渔夫们的捕鱼活动明显减少了，基本上不会再有人出门捕鱼。到了藏历 11 月、12 月和次年的 1 月，江水结了冰，整个捕鱼活动就停止了。在过去，无论是松卡还是陇巴的捕鱼户，都是集中在 2 月、3 月捕鱼。因此，在鱼旺季节，男性下江捕鱼，女性进山砍柴火。打来的鱼和砍来的柴要积攒起来拿去换糌粑糊口。

与其他村那样以渡船为主、捕鱼为辅的独立作业者不同，陇巴村的捕鱼活动大多数是由村里的捕鱼劳力一起组队完成的。捕获的鱼在参与者之间平分。捕到的鱼用牦牛毛织成的袋子装起来，1 袋可以装 80 条鱼，每条鱼的大小和重量不统一，装了鱼的袋子用牦牛从昌果的朵吉扎寺渡口驮回陇巴村，1 头牛驮 1 袋鱼，偶尔捕获较多的时候可以用 15 头牛驮回 15 袋鱼，鱼被驮回到村里就要先进行分配，分到鱼后各户把鱼拿回自家处理，或是把鱼内脏掏出来晒成鱼干，或是分到了鱼就拿去换青稞。

捕获的鱼，除了自食、自用和每年交给寺院用于祭神的 550 条 1 尺多长的大鱼外，大部分鱼用于交换所需的粮食和其他物资。"鱼粮交换"的路途和过程占用了大部分的时间、劳力和畜力。"鱼粮交换"要先把捕获的鱼用牛皮船运到对岸那些生产粮食的村庄，再靠毛驴把鱼从岸边的渡口跋涉几公里运进那些种植户居住的村庄，与那里的人挨家挨户地进行交换，最后把换来的粮食再按照同样的行程运回到陇巴的家中。

不论是陇巴村的捕鱼户，还是松卡村的船工兼捕鱼户，他们前去卖鱼的地方尽管不会严格遵循一种既定的路线，但通常都是从人口密集的城镇开始，比如先从对岸的贡嘎县吉雄镇开始，这里从 20 世纪 70 年代中后期开始成为贡嘎县委及县政府的新的办公所在地。在吉雄镇没有卖完的鱼，再顺着水流的方向漂到下游的乡镇，有时是位于南岸的杰德秀，有时是位于北岸的昌果，甚至有的时候就直接去到靠近杰德秀的江边水域捕鱼，捕到的鱼运到杰德秀可以及时地卖掉，这样一来可以免去鱼会腐烂的风险。

玖米捕来的鱼除了少部分是自己家里吃掉以外，大部分是用来交换以青稞为主的粮食。交换的地点是"雅鲁"南岸一带，用鱼跟农户换粮食。

吃鱼是提供身体所需蛋白质的重要来源，鱼粮交换主要集中在"雅鲁"两岸的村庄，居住在支沟山谷里靠近最里端的那些村庄的藏族百姓则很少会吃鱼，一个重要的原因是捕鱼的人极少会到达那些距离遥远且耕地和人口都较少的地方去换粮，那里没有他们想要的"市场"，尤其是高山草甸的牧场，那里的牧工或牧民不吃鱼，他们也不会用鱼来喂食牲畜，而牧民的肉、酥油等畜牧产品，对于缺乏口粮的捕鱼人来说则是奢侈品，也不会成为他们期望换取的物品。但有时在河谷低地人口密集的村庄不能换到他们所需粮食的情况下，捕鱼人也不得不前往那些零散分布在河谷中段坡地上、耕地和人口都相对稀少的村庄去换粮。桑耶念果村是一个靠近牧场的村庄，这里也偶尔会有捕鱼的人前来光顾，村里的老人仁增旺钦回忆说："我们过去是吃鱼的，但要看自己家里的条件，如果能有剩余一点的粮食的话，有人来卖鱼，自己有条件就可以用粮食跟他们换鱼吃……那时 1 哲糌粑可以换1 条鱼，鱼很大哦，有三四斤。"

（三）完全由男性控制的造船和摆渡

尽管捕鱼有明显的季节性，但摆渡却是一年中都可采用的谋生手段。"夏季水大不能打鱼，他们开始摆渡运输，自拉萨至甘巴林每只船运 1 趟，脚价 200 两银子，制一只牛皮船需要 450 两银子，可载重千余斤。"[1]"冬天打不到鱼时，他们只好把牛皮船背到拉萨，然后从拉萨顺江送客到下游的泽当，挣几个船钱买糌粑糊口。"[2]

作为一名独立的、合格的捕鱼人，会做牛皮船也是一项基本技能。陇巴村的旺钦说以前村里很多老人都会做牛皮船，因此他从小就经常有机会看着村里的人做牛皮船，而长辈们也会教给他一些做船的"知识"，慢慢地他也跟着学会了做牛皮船。

制作牛皮船所需的材料包括两类：一类是本地生长的两种灌丛树材，即"加纳"和"杰亚"。"加纳"是本地一种杨树，生长于山中，树皮黑色，叶子特别小；"杰亚"是本地一种柳树，在河谷地带较为普遍。另一类是出自牛和羊的制品，包括牛皮、牛尾毛和羊油。

制作牛皮船首先需要用长、短两种木条搭建好框架：一只牛皮船需要15 根长木条和 21 根弧形短木条（陇巴村旺钦所需数量与松卡村玖米所需略有差异：玖米制作牛皮船需用长木条 16 根、短木条 22 根）。其中，长木条用当地生长的"加纳"树削皮制成，其特点是硬和直，不易变形；短木条

---

① 陈家琎：《西藏地方志资料集成》，北京：中国藏学出版社，1999 年，第 206－207 页。
② 罗永辉、赵新生：《渔村新歌》，《西藏日报》，1979 年 9 月 16 日第 2 版。

取自当地生长的"杰亚"树，韧性较好，易弯曲。关于两种木条的参数如下：

　　长木条　直径：4 厘米；根据船体大小所需要长度：小船长 2 米多，大船长 3 米多；数量：15 或 16 根。

　　短木条　直径：2.5 厘米；先掰弯并用绳捆住，再放到水里泡 1 个晚上（12 个小时以上）可用；长度不少于 140 厘米；大牛皮船超过 200 厘米长，所需数量 21 或 22 根。①

　　"加纳"树要在藏历 4 月份的时候上山砍，然后拿回家里晒干、掰弯、泡水，第二天就可以直接用。"杰亚"树在村庄附近就能找到，是一种比较容易获取的树材，其特点是容易掰弯、韧性较好，先掰弯并用绳捆住，再放到水里泡 1 个晚上（12 个小时以上）即可用。

　　制作牛皮船一般用牦牛皮。陇巴村的旺钦就相信"做牛皮船一定要牦牛皮，其他的牛皮不行，虽然也可以用，但是都不如牦牛皮的好"。松卡村的玖米则认为做牛皮船用牦牛皮固然是最好的选择，但如果是做稍小一点的船，用黄牛皮也可以做，"如果是用黄牛皮，就要用公黄牛的皮，因为母黄牛的皮太薄了"。至于数量，做大的牛皮船需要 4～5 张皮，做小一点的船就用 3～4 张皮。对于牛皮的处理，从一张生牛皮到制成牛皮船，需要经过刮皮、泡皮、缝皮和抹生羊油这些步骤：

　　刮皮及其工具：即把牛皮里层的肉和表层外面的毛刮掉。刮掉牛皮表面的毛必须用刮毛石器，如果用锋利的刀刃刮毛就会损坏牛皮。刮掉牛皮里层的肉，用到的是一套组合工具：一是刮皮肉刀，刀的两端各有 1 个手柄，中间是刀刃，两端的手柄长度一样，长约 7.5 个手指，中间刀刃长 22 个手指②；二是三脚木架：刮皮用的三脚木架，由两根细木的一端支撑住一截稍长的粗木。细木接触地面的一端呈削尖状以利于稳固，同理，粗木接触地面的一端被削成一个轻微的斜面，以便与地面贴合。从两根细木和粗木连接处的支点到地面的距离约 50 厘米，可以根据操作者的身高或腿长相应地调整高度，以方便操作为宜。刮皮的时候把牛皮套在粗木的上端，操

---

①　综合陇巴村旺钦和松卡村玖米两位牛皮船制作人提供的数据整理。

②　据旺钦说，过去没有测量的工具，全都要靠手指完成测量，船的长度、大小、材料的数量要靠记忆记下来。手指测量的方法：一般用右手掌，从小拇指到食指 4 个手指头并拢的宽度算 1 个"指"的单位。1 指的宽度因人而异，因而经验非常重要。

作者两腿分开跨在细木的两侧，两只手各持刮皮刀的一端，俯身从上往下用力，使刀刃均匀刮过皮层的肉脂。所用刀刃可以去找贡嘎的铁匠定做，也可以到市场去买。

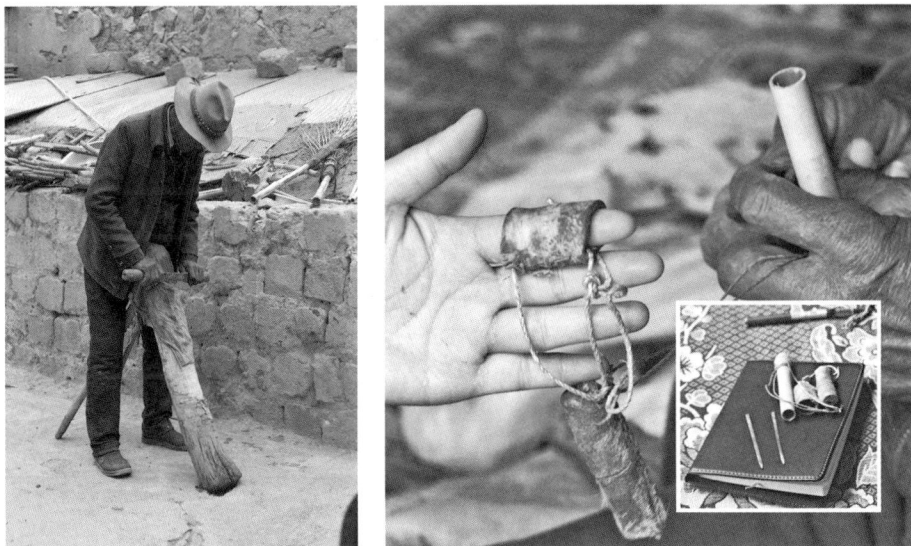

图 3 - 4　刮皮演示和缝皮针具

单是去肉，1 个熟练劳力一天能刮好 1 张皮；2 个熟练劳力合作，1 个刮毛，1 个去肉，1 天能处理好 1 张皮。在整个的造船过程中，都是由男性负责，女性不参与、不帮忙。

泡皮：把刮好的皮泡在水里 4 ~ 5 天，直接放在江边或水沟里有水的地方即可。

缝皮及其工具：皮在泡水后就变软易于缝制，所用的工具包括针和线两类：一是铁质的针和羊皮质的顶针（指套），通常顶针和针成套地放置在羊皮做的针线包中，针线包的长、宽约 10 厘米，类似普通钱包的大小，方便随身携带，里面可以放十几根缝针，针头较宽、呈扁形，针身长 8 厘米左右，宽 0.5 厘米；羊皮顶针一般套在食指上，长度能遮住 2 个指节。二是缝皮用的长线和短线，1 只牛皮船需要 88 根短线，3 ~ 4 根长线，其中，短线用牦牛肚皮部位细软的毛捻成，用于缝船身，长 5 扎 4 指，粗（直径）0.5厘米，一般人做不出来，必须由做船的师傅自己做；长线用于缝船底，长 2 排 +2 扎，用牦牛尾巴部位的长毛捻成，粗（直径）0.3 厘米，线较细，防

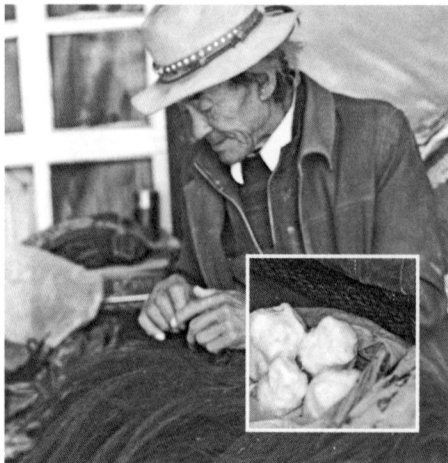

图3-5 给牛尾毛抹生羊油

止水浸入船底。①

抹生羊油：把生羊油直接刮下来后，用石头捣碎，再捻成团。不能用猪油替代羊油，因为猪油晒到太阳就化了，也不能用熬煮过的羊油。羊油的用途是用来抹长线的。在缝之前抹一次，缝好之后再抹一次。

牛尾巴部位的毛，剪下来后先洗干净，再把长毛和短毛区分开，长毛留做长线，短毛跟肚皮上的毛一起留做短线。长毛不用放在水里泡，直接用手一根一根捻成长线，用的时候要在长线上面涂抹生羊油，缝好船身之后，要再用生羊油涂一遍长线，才能保持长线的韧性较好。短毛捻成线后要用塑料袋密封（以前没有塑料袋的时候，用布料包裹保存）以防虫，使用之前要用水泡。

一个体量较大的牛皮船，一次最多可以运载12人，政府规定每次每条船不超过8人，平时政府人员不来检查的话，旺钦和他的同行彼此心照不宣地会偷偷运12个人，单程每人每次收费1元，到前两年②，运费涨到了每人5元；起点是陇巴村码头，终点是对岸的吉雄渡口（现属贡嘎新区甲竹林镇管辖）。

经实地测量，一个较大牛皮船的体量如下：

船身整体：下宽上窄、前短后长、横竖截面都为梯形。

船头：上宽0.94米，下宽1.00米；船头是船夫划船的位置。

船尾：上宽1.37米，下宽1.50米。

船体：上长2.30米，下长2.67米。

船深：0.63米。

---

① 借助肢体的测量单位。"排"：双臂左右伸直后，从左手中指尖到右手中指尖的距离；"扎"：同一手掌拇指和食指尽力拉开的距离；"指"：一般用右手掌，从小拇指到食指4个手指头并拢的宽度算1个"指"的单位。以上三种测量方式视对象大小可灵活转换，但三者之间不存在换算关系，且每一个单位的实际长度因人而异，在没有测量工具的情况下使用。

② 此处指2015年前，该年政府按规定取缔了雅鲁藏布江上的船运。

船重：65 斤。

船桨：长 1 排，其中桨板长 2 扎、宽 2/3 扎；直径约 0.05 米。

做好的牛皮船有 1~2 年的使用年限，其间可以修补，如船底部的牛皮因为摩擦而损耗最大，如果船底的牛皮坏了，可以再换一张新的牛皮在上面。旺钦从 45 岁至今一共做了 200~300 只牛皮船，具体的数字连他自己也记不清了。他的儿子"嫁"到了曲水县俊巴村做女婿，在那里他也通过替别人做牛皮船赚取报酬，有时候接的活忙不过来就让父亲旺钦来做。

三、编筐户的生计与分工

与南岸河谷明显不同的是，"雅鲁"北岸河谷生长一种当地人称作"杰亚"的野生柳科植物，这种植物的枝干，粗的可用于制作牛皮船骨架中弯曲的结构部分，细的可用于编制各种生产和生活所需的篓筐。与杰德秀以纺织闻名一样，北岸今日桑耶镇和阿扎乡在传统上因编筐而闻名。然而，纺织业在北岸河谷较为少见，正如编筐在南岸河谷不见。造成这种差异的原因，单从编筐所需的植物材料来看，这种野生柳条在北岸河谷山地的迎风坡上生长繁茂，在南岸却寥寥无几。

（一）编筐作为生计补充

依赖于自然环境及资源的编筐业在北岸较为突出，一部分家庭生计以编筐作为农牧业之外的补充手段。尽管北岸河谷同样有适于羊群放牧的草地，却因地质为沙质土壤且气候相对干旱而生长成片的"狼牙刺"灌丛植物，比起杰德秀水土良好、草长丰茂的环境，北岸村庄饲养羊群的规模和羊毛的质量都会因此受到影响，加上土地和差税的性质，以及区位和交通条件的限制，使倾向于用作对外交换的羊毛纺织业在北岸并未像南岸那样发展起来。

另外，掌握铁、木、缝纫、制陶、造船这些技能的家庭所占比例是极小的，这一情况与江南岸的杰德秀、朗杰学、吉汝、扎其等同级行政区划的情况极为接近，差别明显的就在编筐和氆氇纺织两项：其一，就本研究而言，目前没有相关记载和调查能够证实南岸存在编筐这一行业；其二，北岸的氆氇纺织涉及的户数和人数较南岸差距为大。

（二）采集编筐材料及女性参与的分工

以民主改革前女性在家庭编筐生计中所承担的作用和角色来说明分工的情况。格桑多吉出生于 1942 年，在他七八岁的时候，为躲避乌拉差跟随母亲一边要饭一边从拉萨达孜逃到了桑耶，后来又辗转到松卡的一户亲戚家里。亲戚家成员包括一对夫妻和两个小孩，家里有不多的耕地，种的青稞不够果腹，要靠男主人编笊筐以换回粮食。在格桑多吉跟着亲戚家生活的 2 年时间里，亲戚家买了 3 头公牦牛用来驮运笊筐到别的地方去卖。

女主人不会编笊筐，就负责上山去砍采编制笊筐所需的材料。在这个过程中，首先需要具备的经验就是寻找藤条的产地，用来编制笊筐的藤条是一种藏语叫"杰亚"的野生柳条，通常生长在半山上湿润的向阳坡，在那些干旱的山坡上是不生长这些灌丛的，因而只有到了山上才能看到这些植物，所以熟悉地形和产地是首要具备的经验。藏历 4 月，山上的灌丛植物的枝条被附近村民砍采来编筐、做牛皮船的支架、制作扫帚和用作煨桑。砍采"杰亚"这样的野生柳条，并不是连根砍断，而是砍采一些符合要求的枝条，被砍过的部分在夏季还会继续生长。符合要求的柳条有两种：一种是最粗的，有大拇手指那么粗，最细的是小指那么粗，粗的用来做经，细的用来做纬。砍采无用的柳条不仅会徒增运输途中的负担，还会因为用不上而耽误了编制笊筐的工作。柳条经纬的粗细和匀称不但影响笊筐的外观，还会最终影响交换价格。因此在砍采柳条时需要作出初步的判断，粗细合适的藤条可以用来编筐，其余的可以用作烧柴，具备一定的辨识经验有助于缩短寻找目标的时间。

牦牛作为材料运输的工具，使男主人从材料采集的劳动中脱离出来。采集的材料靠人背回家里，有牦牛的家庭就可以通过牦牛来驮运。往返村落和采集材料的半山途中需要花费大量时间，甚至比砍采本身所需的时间要长得多。但运输材料耗费体力，需要男女主人的配合。将柳条运回家是一个非常考验体力和耐力的活动，家里没有牦牛的时候，每天早上需要起得很早去砍材料，然后靠人工背回来，这个时候单靠女主人一个人的劳动是不现实的，据说 1 人 1 天可砍采编 8 个背篓筐的柳条，如果不考虑砍采量，单是将其运回家中显然 1 个劳力（不分男女）是难以完成的，而通过减少砍采量则势必导致效率低下，因为付出 1 个劳力所砍采和运回的量，按 1 天的时间成本来计算，则效率低了 1 倍，因此必须要男主人和女主人同时出门砍采，才能运回相对足够且更多的量。

牦牛作为运输工具所带来的积极影响是多重的。从分工来看，成年女性和儿童负责上山采伐原料，掌握编筐技能的男性留在家中专门从事编筐，不但节约了砍伐材料的劳动力，而且可以采集更多更好的材料，还延长了编筐的时间。亲戚家可以到更远一些的坡地、柳条更密集一些的地方去砍采合适的柳条，并且运输的劳动由畜力代替了人力，人只需要在途中赶好牦牛就可以了，所以男主人不再跟着妻子一起上山砍采，而是在家专门负责编制箩筐，同时带领和照顾年龄最小的孩子，而因为牦牛减轻背运负担的女主人则带着年龄较大的小孩一起上山，由小孩照看着牦牛或做一些辅助性的劳动，比如把砍好的一些柳条进行分类，或者搬到一个统一的地方，诸如此类。若按照 1 个技能熟练的劳力 1 天可以编制 1/4 个大的储粮筐估算，男主人在家的工作量可以换回 6/4 哲青稞，显然这是分工带来的效率，即经济学所称的"分工经济"（此处未考虑购买牲畜作为畜力的成本）。

野生柳条运回家后，需要把一些用于编制盐盅、食盒一类精细箩筐的柳条挑拣出来然后剥去外皮，剥皮的工作由女性和儿童来完成，男性要对这项工作提出要求和把关。除了分拣、剥皮这样的工作，藤条还需要经过水泡和晾干的工序。至此，女性和儿童所做的准备工作已基本完成。

对于"女人是否可以编箩筐"的问题，格桑多吉和其他报道人的说法是一致的："女人不能编箩筐，因为女人编不了，如果女人要学的话也可以，但是女的手劲不够，所以女的一般就是砍采材料和负责剥皮。就和木匠、石匠一样，在西藏这边女的没有干木匠、石匠的，因为这个是男人干的活，编筐也一样。也没有什么说法，但是就是这样的习惯，世世代代就是这样分的。"

（三）掌握编筐技术的男性成员

材料准备工作完成之后，从材料进一步的精细化、扎模、编制到成品处理、外出交换都由男性完成。事实上，对于那些小巧而精致的盐盅、食盒这一类的物件，在编制前有必要将藤条做一些细化的处理，使其不至于在编好后显得毛糙、扎手。砍采回来的柳条根据粗细和经纬分类使用，编筐时所用的工具并不复杂，一般有石刀、铁钻和小刀三样辅助性的工具，基本上是在编制的过程中使用的，比如石刀可以用来压紧纬条，小刀可用于剥皮、修茬和削尖等。

编制时讲究手劲一致，必要的时候可以用石刀敲打使纬条压紧。编好的筐要达到经条竖直、纬条横平、面光、筐内的里茬短、编制紧密牢固、整体不歪斜，这些工作依靠编制者的经验来掌控。有些编制完成的筐也需要做一些后续的休整工作，比如喂牛用的食槽在编好之后需用糌粑在槽的内框里面糊一圈，以起到防漏耐用的作用。喂食牲畜时需要在草料里加水和盐浸泡，这样牲畜吃起来不会太干且容易下咽，同时补充了身体所需盐分。通常，在粮食充足的情况下，有条件的家庭还会往草料里加入糌粑或面片，用以增加牲畜的营养。

背篓筐、大青稞篓、装糌粑用的食盒、喂牛用的槽（各种大小都有，最大的可以喂两个牲畜，是一个圆圈形的，所以两头牛可以站在不同的方位上吃食，现在都用塑料的，编出来的牛槽都卖不出去了）、洗衣服的篮子（开口大底子小，开口处的直径据目测有 1 米左右）、洗菜的筐、牛驮运用的筐，几乎生活上必需的物品在过去都可以是这类的编制品。

像格桑多吉亲戚家这样的家庭，日常里所编制器具的种类、大小并不是无限扩大的，虽然只要掌握了编制的技能就可以在不同种类和形制上决定编制的器物，但由于这些器物本身并不是为了满足家庭自身所需而生产，而是为了拿去跟另一个家庭交换粮食，因而它们的种类、形制、精细程度就不再由掌握了技能的主人自由发挥，而是根据长期的交换实践所积累的个人经验去作出判断和决定。当然这个过程中，不排除编制的人所掌握的技能在不同编制品上所具有的优势，比如有的家庭中，只能编制一些做工相对简单的器物，如背篓可以算是一个门槛型的编制物，而像"盐盅"和"百盅"那样的器物则对技能有更多的要求。

格桑多吉的亲戚日常所编制的器物主要是背篓筐、大青稞筐"百盅"、装糌粑或盐的"盐盅"、各种大小的喂牛槽、洗衣服的篮子、洗菜的筐、牛驮的筐等，尽管过去生活上必需的物品都可以编制出来，但常编的就是这些器物。从整个地方来说，根据 1963 年的调查报告，当时整个桑耶区（含今日阿扎乡、桑耶镇）能够编制的箩筐包括：背筐、挑筐、储粮筐（即"百盅"）、牲畜饲料盆、炒青稞盆、箱柜、糌粑桶、簸箕、筛土用的筛盆等，1960 年生产编筐 27 000 个，按当时市价折算约值 13 500 元，此外还有筛子 90 个，约值 4 860 元[①]。

"百盅"是容积最大的储藏青稞的筐，据格桑多吉说 1 个"百盅"可以装 100 哲粮食，可以交换 6 哲青稞，1 个技能熟练的劳力编 4 天可以编制完

---

① 郭克范：《扎囊县民主改革时期档案整理与研究》，北京：社会科学文献出版社，2014 年，第 7 页。

成 1 个"百盅",如果是 2 个技能熟练的劳力同时一起编（2 个人同时编制的合作方式是 1 人编 1 层，可以前后稍微错开），则只需要 2 天就能完成。

储藏糌粑的编制容器藏语叫"盐盅"，用的材料与"百盅"是一样的，1 人 1 天可以编完 1 个，如果有其他事忙的话，就要 1 天半的时间才能完成。过去条件好的家庭或大户人家比较讲究，专门用"盐盅"来装盐，1 个"盐盅"换 2 哲青稞。根据笔者的调查，2017 年桑耶寺一年一度的"朵底节"期间，1 个装糌粑的"盐盅"的售价是 150～200 元，现在每家每户的客厅都会摆放至少 1 个这样的食盒，有的家庭也有 2 个或者更多，依据各自需求而定，现在"盐盅"的用途不一定是用来放盐或放糌粑，多数家庭放一些干果、水果和糖一类的小零食，底边长、宽约 30 厘米，高 10 厘米左右。

"盐盅"也可以用来放糌粑，筐的内层里面不必用糌粑糊一层，但所用的柳条需要先剥皮，加工和编制上都更为细致；编制储藏青稞的"百盅"所用的柳条不用剥皮。所有箩筐的编法是一样的，但在形状、体积和是否需要剥皮上，则根据其用途而异，上述"盐盅"和"百盅"都有大小之分。

第三节　戎巴分工的特点

通过对一般生计和特殊生计及其分工的调查与分析，发现在围绕生计的基础上，雅鲁藏布江中部流域家庭分工的一般表现是：以性别、年龄和技能作为基本依据；同时，除技能以外，性别和年龄都不构成严格的分工依据，即分工较为机动和灵活。同时，雅鲁藏布江中部流域的家庭分工表现出一定程度的"男主外"和"女主内"倾向，但这种倾向主要是由外出交换粮食导致的。在以农业为主要生计的河谷农区，掌握某种核心技术和外出交换的男性，也即"男主外"的分工倾向，可以说明男性对家庭的经济贡献可能多于女性，但并不能说明男性因分工而具有相对于女性的地位优势。

一、生计是分工的前提和基础

生计是家庭分工的基础和前提。基于多样性资源利用的生计模式，与土地制度、谿卡制度、宗教禁忌以及骨系观念等共同塑造了当地的职业分化，从事不同主业和副业的家庭其内部的劳动分工也存在明显差异。1959年西藏民主改革前的土地制度对于家庭劳动分工的影响仅次于由自然环境及资源利用方式所形塑的生计模式对于家庭劳动分工的影响，表现为租种土地的社会属性、规模及其所对应的差税类型及规模，这决定了一个家庭所涉及的生产门类及劳动类型，以及劳动力在时间和空间上的不同分配情况。

（一）多样性生计与职业分化

杰德秀当地基于自然环境及其利用方式的生产门类主要是农业，其次是畜牧业和基于畜牧业的手工纺织业和贸易交换。

当地的自然环境和资源以及自给自足的家庭经济在很大程度上将这种可能限制在一个极为狭小的范畴，依靠耕地以外的草场发展畜牧以及基于畜牧的手工纺织染业这一主要依赖于对外交换的"外向"型经济支撑起了绝大多数耕种土地较少的家庭的生计，尤其自17世纪五世达赖时期噶厦政府对江雄河谷的纺织染业加强渗透与控制，以及在18世纪七世达赖时期今日属贡嘎、扎囊二县的"雅鲁"南岸一带的部分区域被赐封为桑颇家族（七世达赖父亲）的领地以来，这一带部分谿卡（如今日扎囊县吉汝沟的吉汝村、扎西林村和贡嘎县江雄沟的杰德秀村）得以氆氇代替青稞和劳役等向政府上交差税。以上事实更加强化了这一带手工纺织的发展，并对民间贸易交换的活跃具有一定的推动作用。尤其是杰德秀，其所处的地理和交通区位为其贸易活动提供了极大的便利，加之长年不歇的地下泉水的出露，为杰德秀的织染业提供了绝无仅有的优势。这也是杰德秀早在15世纪就能够将源自印度式样和风格的围裙"邦典"引入当地纺织业的一个极为关键的条件，进一步强化了杰德秀居民独具特色的集农、牧、织、染、交换为一体的生计模式，杰德秀也成为远近闻名的"邦典"村。早在17世纪五世达赖时期，噶厦政府便在杰德秀设立了最早的官方织染机构。因而当地家庭所从事的职业及其劳动类型则大体上以农、牧、织、染、交换为主，同时少数家庭所从事的职业依附于以上行业，或为当地家庭提供生活服务，如酿酒、水磨、打铁、放牧、屠宰、制作铜器或木器、绘画、裁缝（制作衣服、鞋、帽等）、实施葬仪、算命等。

（二）家庭生计的主业和副业

但正如上文中所述，由于租种土地规模及其对耕地依赖程度的差异，杰德秀"堆穷"家庭中存在以农业耕种为主和以畜牧纺织或交换为主的差异，因而按照其生计模式，可以分为以农业为主业、以畜牧和纺织为副业的家庭，以畜牧、纺织和交换为主业但以农业为副业，或完全没有农业的家庭，即农业、牧业、织染和交换在不同家庭中所占比例各异。总体来说，耕种土地越少，对畜牧和纺织的依赖越大，需要通过交换获取粮食的活动越频繁；反之耕种土地越多，劳动力在时间和空间上被农业束缚的可能性越大，并且对绵羊畜牧业和纺织的依赖越小，但若通过雇工的方式扩大劳动力的来源，耕种土地较多的"大户"家庭则更易于通过畜牧和纺织获得更多财富的积累。

此外，一个家庭中的其他非直接生产性的劳动主要包括家务、劳役差、宗教和社区公共事务等。在谿卡制度盛行的农区，劳役差是每个家庭所承担的一项重要活动，其一年中所支差的天数占到了全年总天数的 1/5 以上[1]，涉及的工作内容更是多达数十项，除了给作物除草、给牲畜割草等相对轻松的活计可以由家中的老年人或儿童担任以外，其余大部分差役都需要出全劳力。其中，除了那些由男性掌握技能的活计外，如打铁、维修农具、屠宰和鞣皮等，其余大部分工作并不区分性别，类同"男女同力"的原则。

"雅鲁"北岸桑耶寺碧西谿卡的一个 5 人核心家庭展示了一种情形：1933 年出生的仁增旺钦，由于其父亲和母亲从属于不同的谿卡，平日里家中的 2 个姐妹跟着母亲在河谷低地的谿卡劳作，仁增旺钦则跟着其父亲在河谷坡地的谿卡劳作。他们各自在不同的谿卡代理人或根保的监管下劳作，早出晚归，回到自家的土坯屋后开始做一些准备晚餐、纺羊毛线和喂养牲畜的家务。仁增旺钦说那时家里没有人会织氆氇，是因为"要干的活很多，要交的差也很多，没有时间学手艺"。

出生于 1945 年的巴果和父亲、母亲以及其他 8 个兄弟姐妹构成了一个拥有 11 口人的核心家庭。一家人租种了贵族的耕地（其身份性质为堆穷户），尽管耕地较少不能满足全部所需，但纺织氆氇起到了关键的补充生计作用。纺织所用的羊毛全部来源于自家养的羊群，于是全家人一年的生计活动主要包括耕种、放羊、纺织和到曲水或江孜交换氆氇。全家 11 口人在性别上的分工表现为：父亲带领巴果的两个哥哥和巴果每天负责放羊，到

---

① 宋赞良：《从乌拉差役看西藏农奴制下的"人权"》，吴从众编：《西藏封建农奴制研究论文选》，北京：中国藏学出版社，1991 年，第 274 – 280 页。

了春秋两季给羊群剪毛，在农闲时再把家里纺织好的氆氇带去江孜交换粮食和其他物资，大部分时间是家里的男劳力负责这类远途贸易的事务，有时候男劳力分配不过来，则临时由巴果的一位姐姐替代。平日里，巴果的母亲带着巴果的6个姐妹负责在家里做家务、纺羊毛和织氆氇，除了年幼的巴果（可以去牧场做一些捡牛粪的工作），作为女性的劳力们则远离了外出放羊这样的工作。遇到农忙时，全家的劳动力都集中在农事上，并根据农活的内容重新依据习俗或实际情况在性别上对劳动力进行组织和分配。

二、分工以机动和灵活为突出特点

以家庭为单位的分工组织，其适应自然和社会环境倾向于与其他家庭建立合作的关系，如邻里、亲友之间基于帮工和换工的积极互惠与互助，以及基于雇工的消极互惠，因而可以将有限的劳动力安排在主要的生产活动上，而将其余的生产活动通过与其他家庭联合起来共用较少的劳动力的方式予以解决，以此来获得更多的由分工带来的效率。对于一个家庭而言，其内部的劳动分工除了遵循当地一般的分工"习惯"之外，即按照性别、年龄和技能进行分工之外，还需考虑家庭的实际需求及劳动力状况。

对于一个家庭来说，由于需要应付不同的生计，劳动力在时间和空间的分配上，也需要从家庭自身的情况出发，帮工、换工和雇工是在补充家庭劳动力不足的情况下所采取的策略。同时，家庭成员在特定情况下会打破男女分工的界限或"习惯"——如女性可以承担男性的工作，男性可以替代女性完成相应的那一部分工作，其共同的目的是为满足共同的家庭所需及完成相应的生产活动，因而是较为机动和灵活的。

在分工较为机动和灵活的家庭分工中，性别分工并不占据突出优势，相反，以年龄和技能为依据的分工，更能满足和适应家庭的生计方式。一个家庭倾向于按照年龄而非性别划分劳力：将15~60岁的劳动力视为全劳力，将10~15岁的儿童和60岁以上的老人视为半劳力。许多七八岁的男孩或女孩已经开始为家里做一些诸如捡牛粪、羊粪，和成年人一起放牧之类的活；到了10岁左右，女孩跟着母亲一起干活，以便熟悉女性主要负责的劳动，男孩则跟着父亲一起干活，以便熟悉男性主要负责的劳动。

在农、牧、纺织和家务等劳动领域，"男女同力"所表达的另一层内涵，是当地家庭大部分的工作分配并没有严格的性别限定。换句话说，在农、牧、纺织和家务这些劳动领域，性别并不构成分工的主要或重要依据。相反，人们所遵循的是"谁有空谁做"的一种灵活方式。根据笔者的调查情况，日常的食物加工、卫生清洁、纺织、饲养牲畜等劳动显然基本上都是由成年女性完成的，成年男性和家中老人以及未成年男女通常都是起到了辅助性或临时替代的作用。

1959 年前从事不同主业及副业的家庭，其分工的一般情况是：①作物种植中除了耕地、耙地是由男性劳力完成以外，其余绝大部分的劳动，从种子下地到食物上桌，男性和女性劳力都可以做，或者共同完成。②畜牧生产中，由男性负责放牧、剪毛等工作，但除了自行宰杀牛羊的工作绝无例外是由男性完成以外，其余工作并没有绝对的性别分工界限，比如在没有男性劳力在场的情况下，女性劳力也可以自己上阵剪羊毛。即一个家庭中计算劳力倾向于按照年龄而非性别来划分全劳力和半劳力。③在手工生产中，包括氆氇、卡垫（藏式沙发上用的垫子）、邦典（只产自杰德秀的纺织户），从剪毛到洗毛、梳毛、纺线、染色和纺织都没有严格的男女分工界限和年龄分工，尤其是纺线的环节，当地人习惯于在忙完一些比较"繁重"的、连续占用较长时间的劳动后，只要一有机会就抖动手中的纺锤纺毛线，尤其是没有固定工作行程的老年人，无论是走路还是围坐在一个地方，手中都习惯于不停地纺线，对于有数个纺织劳力的家庭而言，通常的规则是"谁有空谁做"，有一个人坐在氆氇架上纺织时，其他人手中也会有其他的工作在进行。当走出家门到本村或其他村庄，以替对方家庭纺织氆氇而获得粮食或换工的报酬时，外出纺织的工作则多是由男性来完成。

鉴于农业活动高峰期对劳动力的大量需求和家畜日常的放牧管理需要专门劳动力的投入，以及基于羊群养殖的家庭纺织对劳动力的日常需求和交换纺织品对劳动力的周期性需求（依据技能熟练程度完成一件纺织品所需的最少时间），当地家庭灵活调配劳动力的潜力，正是其适应环境的实践过程。

三、性别分工在生计中的作用并不突出

性别分工在生计中的作用并不突出，意味着性别在家庭分工中的意义并不是主要的。体现这一倾向的分工特点包括：男性掌握的特殊技能是唯一严格的分工标准，从而促使女性在大部分劳动中起到辅助与合作的作用；大部分劳动中的性别分工界限并不严格；年龄、性别和技能构成家庭分工的生态基础，当中并无任何一项是其分工的主要标准——因为决定家庭分工的是生计，而非生计之外的政治、社会或文化因素。

（一）男性掌握的特殊技能是唯一严格的分工标准

多样性生计是一个家庭的生计特点，因此两性在基本生计的大部分劳动中是合作的关系；同时由于部分生存技术——尤其是手工生产技能的核心技术由男性掌握，因而技能是唯一严格的分工标准，其严格界限的意义是相对于家庭成员而言，而非针对性别。但不可否认的是，女性在特殊生计的大部分劳动中起到的是辅助的作用，但本质上也是一种合作的关系。

手工生产是所有生产活动中男女分工界限最为严格的领域。在笔者所调查的区域，仅有纺织、裁缝和制陶（仅有个别女性陶匠）是属于"男女的工作"范畴，但在细节上仍有明显的界限。

（二）大部分劳动中的性别分工界限并不严格

在不同的生产部门中，按照工作"仅由男性做""仅由女性做"和"男女都可以做"的三种依据，将劳动力的分配形式表述为"男性的工作""女性的工作"和"男女的工作"，同时将专属于男性的娱乐项目和女性的娱乐项目也附其后，将会显示出男、女所承担工作的范畴与实际承担的工作类型之间存在明显反差。

男性的工作：

（1）农业：①犁地，②灌溉，③发酵牲畜肥料，④施肥；约占同类项目的36.4%。

（2）牧业：①剪毛，②屠宰（由专门的屠夫进行），③鞣皮；约占同类项目的42.9%。

（3）手工业：①铁，②铜，③金、银等，④木，⑤石，⑥砌墙，⑦裁缝，⑧编筐，⑨泥塑，⑩用于家具或建筑装饰的绘画和专门画佛像的绘画，⑪鞣皮，⑫制鞋，⑬制作牛皮船（仅限于部分捕鱼者和船夫），⑭制作乐器和面具，⑮修鞋；约占同类项目的83.3%。

（4）其他：①藏医，②喇拉，③冰雹师，④捕鱼，⑤打猎，⑥远途贸易，⑦背尸和葬师，⑧承担所有公职，⑨经管涉及财产的全部交易；约占同类项目的36%。

（5）娱乐：①掷色子，②演奏乐器，③旺果节和藏历年的各类节庆活动；约占同类项目的50%。

女性的工作：

（1）农业：播种；约占同类项目的9.1%。

（2）牧业：没有必须由女性完成的工作。

（3）手工业：没有必须由女性完成的工作。

（4）其他：①打扫屋子，②洗衣，③承担大部分炊事，④照料孩子，⑤做牛粪饼；约占同类项目的16%。

（5）娱乐：没有专属于女性的娱乐项目。

男女的工作：

（1）农业：①种植土豆、萝卜和圆根等，②除草（以妇女、儿童为主），③收割，④打场（其中使用"加索"脱粒者为男性，使用"连枷"者男女皆可，牵引牲畜踩场者男女皆可，驾驶"拖拉机"者为男性），⑤青稞加工（炒青稞和磨面），⑥榨油；约占同类项目的54.5%。

（2）牧业：①放牧，②喂牲口（小孩也参加），③割草，④挤奶；约占同类项目的57.1%。

（3）手工业：①纺织（纺纱、捻线、拉经线、织布、染色），②制陶（绝大多数制陶者为男性，仅有个别制陶者为女性），③打阿嘎（带队的仅为男性）；约占同类项目的16.7%。

（4）其他：①采集，②割柴草，③就近贸易和照看店铺，④生火（谁做饭谁烧火），⑤煮茶做饭，⑥支差，⑦务工（向本村人提供有偿劳力或到外地提供有偿劳力），⑧接生，⑨搬运建房材料（女性仅从事搬运和其他协助性工作），⑩经管家中收入，⑪理发，⑫修理三轮车；约占同类项目的48%。

（5）娱乐：①泡茶馆，②节日期间跳舞、唱歌，③打羊骨；约占同类项目的50%。

以上内容主要从田野调查中获得，少量内容根据文献记述加以补充。须指出的是，所列的分工情形属不完全统计，但大体上囊括了日常所涉及的主要劳动项目及内容，能够反映出当地男女性别分工的几个倾向。

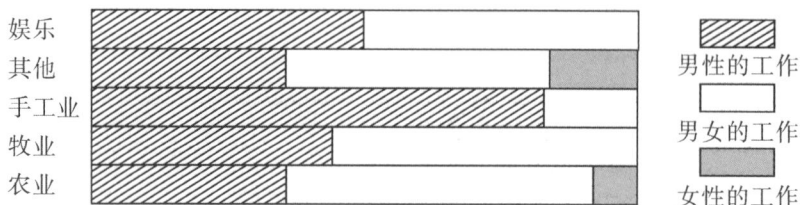

图 3-6　性别分工的三色地带

第一，在各个生产部门中，男女分工明显不均衡（见图 3-6）。首先从表面上看，男女分工不均衡体现在"男性的工作"和"男女的工作"占了较多的份额，而专属于"女性的工作"则占了不到 1 成的比例。然而，这并不意味着女性所承担的实际工作量就比男性少。另外，在"男女的工作"范畴中，实际上女性承担着主要的职责，男性只是在必要时起到辅助或替代的作用。

农业生产中"男女的工作"所占份额最多，其次是"男性的工作"，所占份额最少的是"女性的工作"；牧业生产中同样也是"男女的工作"所占份额最多，其次是"男性的工作"，并且没有哪一种工作是男性绝对不可以参与的；手工业生产中，除了纺织是男女都从事的工作，以及有极少数的女性制陶人以外，其他几乎全部的手工生产都由男性承担；在贸易和支差的项目中，除了远途贸易和一些只能由男性完成的支差项目外（如运送专供达赖及噶厦政府等使用的氆氇至拉萨），男女间并无严格的分工界限；在家务劳动中，女性明显比男性承担更多，并且在男女都可从事的工作中，都是以女性为主导，男性通常起到辅助的作用，偶尔在女性忙不过来的时候起到临时代替的作用；其他具有社区公共性质的职业或劳动基本上都属于"男性的工作"，相比之下女性参与的场合极少，且并非不可替代的，仅在"打阿嘎"这样的劳动场合中，出于男女搭配的工作需要，才使女性的参与成为不可或缺的部分。

第二，少数领域存在严格的性别分工界限。在农业生产中，"犁地"是"男性的工作"，当地流传"女不犁地"的禁忌。当地传统的说法认为，女性因罪孽深重，驱使耕畜犁地会加重牲畜的负担。综合各位高龄老人回忆，"锄草"主要是成年女性和儿童承担的工作。当地个别村庄有着"男不锄草"的说法，认为除草这样的工作会让男性失去体面；播种是必须由女性完成的工作。

牧业生产中的性别分工在形式上比农业生产的分工界限更为清晰和严

格。如屠宰牲畜（由专门的屠夫进行）、刮皮和鞣皮是专属于男性的工作；挤奶和打奶一般被视为女性专属的工作，但并未严格地限定，实际中年幼的男童或成年的男性都可以从事挤奶这一项工作，只是不像女性那样频繁；传统上用刀给绵羊割毛是一项费力耗时的工作，这不仅受制于绵羊的配合程度，也受制于割毛人的体力支持情况，因此割毛多是男性承担的工作。

手工生产是所有生产活动中男女分工界限最为严格的领域。在笔者所调查的区域，仅有纺织、裁缝和制陶（仅有个别女性陶匠）是属于"男女的工作"范畴，但细节上仍有明显的界限。

第三，"男女同力"的分工倾向。"男女同力"并不是一个可以概括当地性别分工基本特征的词汇，最多是表明了分工实践中一个方面的倾向。另外，"同力"强调的是一种形式上而非程度上的比较，甚至仅是一种出自旁观者对于"他者"的主观印象，而非依据实际的测量数据得出。如上所述，在工作类型的"归属"上，"男女同力"不适于用来描述农、牧、手工等这些领域的性别分工情况。但在部分贸易和"支差"活动中，由于女性的普遍参与而塑造了女性和男性具有同等劳动价值的形象。清末宣统年间出版的《西藏新志》中记载[1]：

> 普通男子所操之业，在藏中大抵为妇女之职务，或耕作田野，或登山采樵，或负重致远，或修缮墙壁，建造房屋。凡普通男子所为概为之。贸易亦多属妇人。

另据《西藏图考》记载："土民之服役者，名乌拉，凡有业之人，勿论男女，皆与其选……遇差徭辄派及妇人。"[2]《西藏记》中更是声称乌拉差役"凡有生计之人，毋论男女皆派"[3]。从中可以窥见在贸易、纺织、农牧和家务等经济活动领域，以及"支差"这样的强制性劳役中，女性所发挥的突出作用并不在男性之下，而有可能是居于主导地位。

在上述的文献记载中，一种异文化视角和男权主导的话语模式，先入为主地将有可能原本由女性主导的工作视为男性的职责，因此表述为诸如"普通男子所操之业，在藏中大抵为妇女之职务""凡普通男子所为概为之"或"凡有生计之人，毋论男女皆派"。

---

[1] 许光世、蔡晋成：《西藏新志》，上海：自治编辑社，1936年，第48页。

[2] 黄沛翘：《西藏图考》，拉萨：西藏人民出版社，1982年，第188、193页。

[3] 《西藏记》，上海：商务印书馆，1936年，第13页。

对于"男女同力"现象是否反映了西藏妇女在经济领域中具有较高的地位，南希·E. 列维妮对此不置可否，但她在对阿里传统税收制度的比较研究中，表达了"妇女承担家庭中的主要劳动"是由于差役繁多与劳力缺乏合力作用的结果①。考虑到西藏历史上存在大量男性入寺为僧而导致整体劳动力流失的情况，南希·E. 列维妮针对阿里的情况所得出的这个结论并非完全没有依据，但其并未提供相应的实证来支持这一结论。

事实上，直至民主改革，西藏全区的在寺僧人约占总人口的10%②。男性劳力入寺为僧所导致的劳力缺乏难以有压倒性的说服力。至少对于一些并没有家庭成员入寺为僧的家庭来说，整体男性劳动力的缺乏（不管在一个什么样的程度）并不直接导致这些家庭劳动力的缺乏，因而不会对家庭内部的性别分工造成直接的影响。从社区来说，尽管担当手工生产者（如铁匠、木匠、画匠、石匠、鞋匠、裁缝等）及其他社区公职者（如屠夫、冰雹师、喇拉、船夫、藏医等）的是社区中的男性成员，但实际上从事这些职业的人数所占的比例是极小的。

第四，"女主内、男主外"的分工倾向。家庭分工中依据"女主内、男主外"原则中的"内"和"外"，并非以"家屋"居住空间来加以区分，而是依据其面向的"服务对象"而言，即女性从事的工作集中于家庭内部的农、牧、纺织和家务领域，男性从事的工作除了在上述偶尔发挥一些辅助或补充的作用外，他们通过其他的手工生产或担任社区公职的方式，将服务对象的范围从家庭内部延伸至家庭之外的社区。男性掌控了几乎全部手工生产的核心技能以及社区中的宗教性职业。根据调查，除了纺织技术不论男女都可以从具备这项技能的家庭成员、亲戚或邻居那里学习得来，其他手工技能全部由男性掌握（仅有极少数的女性制陶者和裁缝是例外）。其中，木工、绘画和泥塑等可以通过入寺为僧的途径获取学习机会，其他手工技能的获取主要是通过父子或师徒（男性）相承。另外"根布"（村子的头人）、藏医、喇拉和冰雹师等无一例外是男性承担的职业，并且仅有临时土地租佃使用权的农户和手工业者是没有资格担任"根布"的③。

大量男性僧人引起的整体劳动力缺乏并不能恰当解释"男女同力"的

---

① ［美］南希·E. 列维妮著，格勒、玉珠措姆译：《西藏阿里传统税收制度之比较研究》，《西藏研究》1993 年第 1 期，第 33－35 页。

② 西藏自治区党史资料征集委员会编：《西藏的民主改革》，拉萨：西藏人民出版社，1995 年，第 141－144 页。

③ 格勒：《阿里农村的传统土地制度和社会结构》，《中国藏学》1992 年第 A1 期，第 22－23 页。

分工特点。反过来说，"女主内、男主外"的分工特点，则恰好印证了西藏农区家庭内部的分工模式并非以男女性别作为其基本的依据，而是从家庭的生计需求出发，将家庭中的劳动力不分男女、只按年龄和技能进行组织和分配，从而使家庭多样性的生计方式得以正常运行。而这也正好符合当地人们应对西藏高原资源匮缺、需通过多种生计方式的组合来达到获取足够资料的目的，以及面对来自资源占有者通过收取实物税和劳役税而向劳动者家庭施加的控制和压力，即人们正是通过对劳动力的组织和分配，来适应其生存其中的自然、社会以及人文环境。而现实情况无疑证明了这种分工模式的合理性。

此外，女性的日常是在忙碌中度过的，可以在时间和空间上相对密集地标示出她们一天的工作轨迹。相比之下，男性在完成一件"分内"工作之后，即可以较为自由地安排闲余时间。

（三）年龄、性别和技能构成家庭分工的生态基础

以纺织技能为例，纺织技能的获得和训练通常是在家庭内部完成的。在杰德秀，纺织是许多家庭的生计补充，不论男孩或女孩，13～15岁时便开始正式坐到纺织架上学习纺织技术，而在这之前，男孩和女孩从小便开始对这项技术耳濡目染。一旦掌握了这门技术，就意味着成为这项工作的专业承担者。作为纺织技能的承载者，人们仅在年龄上存在区分：即13～15岁的家庭成员就可以学习纺织技能，除非身体有残疾而不便操作，否则天赋和性别在此并不发挥作用。当然，另一个关键的前提是对纺织技能的掌握符合这个家庭的生计需求。然而，包括纺织技能在内，"贱业"之外的多数技能的获得，不仅仅与是否满足家庭的生计需求有关，还与家庭在其他方面的实力有关，比如家庭的经济实力和自身所能提供的劳动力数量。而家庭的经济实力则通过耕种土地的数量或饲养牲畜的规模得以反映。

在北岸和南岸的村落都有许多像仁增旺钦的家庭那样，没有掌握氆氇纺织的技能。就仁增旺钦所在的前达村来说，比起南岸的杰德秀，村中有纺织架和会纺织的家庭明显就少许多。在过去，偶尔有会纺织的人从江南岸去到江北岸，受雇于那些家中养羊但不会织氆氇的人家。

这与谿卡的属民没有流动的自由有一定联系。在前达这样距离河谷低地的大村落较远的村庄，如果有家庭成员要去学习某种手艺，而掌握这种手艺的人并不是与他们居住在同一个村子内的话，那么就意味着要离开他的日常居住地。从其所属的谿卡来说，由于私人原因外出必须请假获得领

主同意，并且据说要向他们的领主送礼才能获准，同时还必须找到能顶替外出者的劳力，否则他们是不被允许随意外出的。从家庭层面来说，是否能够负担或者是否情愿负担外出学习这门技能所需的成本往往是更为直接的原因。因而在一个几乎没有人掌握纺织技能的村落，年轻人就很少有学习这种技能的机会了。正如仁增旺钦所总结的那样：

> 那些稍微有点权势和地位的人家才织氆氇。这里大部分都是朗生和差巴，朗生要干自己的活，差巴要交税，所以没有人家织氆氇……江那边会织的多一些，主要就是靠织氆氇糊口。像朗生的话，会织氆氇的就是在织褴卡里的，为褴卡干活，他们自己的话没有这些材料（指工具和羊毛，笔者注），也没有时间。再有一个就是交通不便利，一般的差巴户也没有条件，要过江出去外面很困难。

缺乏充足的闲暇时间和离开居住地（也是劳作地）的自由，在一定程度上可以通过家庭条件来获得弥补，具有一定实力的差巴家庭或堆穷家庭拥有更多的可能性安排家中的年轻人学习一些谋生的手艺，比如木工、绘画、泥塑等，这里不包括诸如铁匠、屠夫这一类的"贱业"。"只有那些条件较好的人家，才有条件安排小孩去拜师学习一些木工、绘画的手艺。那些大差巴户或达官贵族的孩子才有条件去当和尚，在寺院里不但生活条件好，还能学习一些东西，可以学经文识字，学画画和学藏医。而他们这样的差巴户，甚至没有养羊，因为没有精力去放羊。当时家里也会养牛，养公犏牛是为了耕地，养母牛是为挤奶和生小牛。牛的数量在不同的年份里不固定，有时一两年养3头母牛、2头公牛，有时候又会生小牛，但是不能多养，除了没有足够精力外，还因为没有足够的饲料，饲料的一个不可或缺的来源就是农作物的秸秆，而草场不足以提供全年的牲畜食草所需，秸秆是弥补空缺的必要物资。"

第四章
民主改革以来我巴的生计变迁与分工变化

自民主改革以来的各个时期，戎巴的生计方式在政治、社会和经济转型的拉动下发生显著变化。表现为：一是农、牧、工、商等基本谋生手段在戎巴整体生计方式中的变化倾向；二是戎巴社会内部三个不同群体各自生计方式的变化。与此同时，与生计紧密联系的分工也发生了变化，表现为原有的以技能、性别和年龄为依据的分工体系在整体和局部都发生了相应的变化。

第一节　整体生计变迁与分工变化

整体生计变迁是指戎巴的生计方式从传统的"亦农亦牧，工商并存"转变为新时期的"农多牧少，工商分离"。这一变化引起的分工变化，在于一个家庭所采取的不同生计类型（而非劳动工序）的劳动在成员间的分配。须明确的是：这一趋势的转变并非一蹴而就，而是经历了自民主改革以来不同时期的变化。导致这一变化的主要原因是多方面的，既有社会经济环境转型的因素，也有戎巴积极理性的适应策略。

一、民主改革初期的生计变迁与分工变化

1959 年西藏实行民主改革后，耕地、草场、牲畜、生产工具等生产资料，在政府的主导下分配给了村民。掌握了生产资料的家庭成为组织生产活动的基本单位，一改过去由领主谿卡主导生产的状况。原来耕地较多的大差巴的耕地数量相应减少，普通差巴的耕地也作了调整，僧人、朗生和乞丐等也分到了自己的土地，当地辛巴的队伍扩大。

（一）农业成为主要生计

民主改革初期，最显著的生计变化是农业成为绝大多数戎巴的主要生计；其次是生产活动安排不再以谿卡为主，个体家庭成为生产活动的组织者和主导者。民主改革初期，耕地、草场、牲畜、生产工具等资料在国家主导下按家庭人口平均分配，大量还俗僧尼和其他非土地占有者按人均分配到了耕地。其结果是，一方面"种地的人"队伍扩大了，另一方面农业成为几乎全部戎巴所依赖的主要谋生手段。对于有手工从业者的家庭，国家采取"不分或少分土地"的分配政策。对此，有手工从业者的家庭纷纷

向政府表示主动放弃手工业。除此之外，国家对农牧生产的提倡和鼓励，促使农业成为全部家庭的主要生计。

因打破原有的土地和差税制度而带来的变化：首先是耕地的占用权和使用权都归农户个体所有，种地所得归自己所有，也免除了过去"支差"所投入的大量时间和劳力，因而极大地促进了广大缺粮或少粮户在农业生产上的积极性；其次是人均耕地的增加，对于一些原来没有或仅耕种少量耕地的堆穷户而言，通过种地可以直接获得较1959年前更多的粮食来满足其自身需求。因而耕地的增多和农业对人们的吸引客观上使村民的生计重心发生转移。

在民主改革前，杰德秀大多数居民是依赖织氆氇换粮来满足生活所需或积累财富的，在"以物易物"的乡村，以青稞为主的粮食既是直接满足基本生活所需的农耕产品，也是间接反映着一个家庭生活水准及实力的财富象征。尽管人们获取粮食的方式不同，有直接的生产和间接的交换两种，但所有的家庭都遵循同一个价值标准，即粮食的多寡是衡量一个家庭贫富的标准。

对粮食的重视和追求，直接体现于对耕地的重视和追求。民主改革初期，"土地分配原则上照顾原耕，尽量少动，按土地数量、质量、远近采取抽多补少、好坏搭配的办法；生产资料的分配，首先尽可能满足贫苦农奴和奴隶的要求，同时又要贯彻执行团结中等农奴（包括富裕农奴）的政策，对于他们原耕的土地，要适当予以照顾，对于他们的耕畜、农具、房屋，一律不得侵犯。对于喇拉，应分给同样一份土地，如喇拉本人尚未还俗回家，所分的土地，可交由农会代管。对于农村的小手工业者，如铁匠、木匠、泥匠、石匠、裁缝、纺织工等，应大力扶持，教育他们不要改行转业，分地时应分给同样一份土地，但也可以视情况说服他们少分或不分"①。这一分配土地的原则，一方面表明了保留手工业的立场，尤其是那些可以直接服务于农牧生产活动的手工业；另一方面，有利于说服手工业者接受"少分或不分"耕地的立场。

依靠自己生产粮食，比依靠通过交换的方式间接获取更受欢迎。同时，在民主改革初期，村民为获得更多土地的分配而自愿放弃了先前所从事的手工业，加上此时国家对边境贸易的关闭，主要依靠对外交易的纺织业受

---

① 《西藏工委关于西藏地区土地之改革方案》（内部资料），扎囊县档案室，全宗号：XW01，1959年第2卷。

到阻滞，并且国家提倡以农牧生产为主的政策，也促使这一时期农区家庭的生产活动趋向于以农业生产为主的单一化和同质化。尽管国家在提倡农牧生产为主的同时也提倡恢复和发展服务于农牧业的手工业，但显然并未引起初获土地、牛羊等生产资料家庭的兴趣和注意，而基层政府也在这一时期的工作中有意无意地影响了农牧以外的手工业生产活动。

显然，农业生产能为更多家庭带来充足或富余的粮食作物，但同时这种单一化和同质化的劳动产品也造成了另一种局面：即便所有家庭都能够生产足够的粮食，也仅能满足他们单方面的生活所需；即便积累越多的粮食在农区仍然被视为财富越丰富的象征，但粮食的富足在满足当地居民"吃饱"需求的同时，也造成了他们在穿、住、行、用等其他方面所需物资的贫乏。

（二）牧业显著增长

1959 年西藏民主改革后，政府在促进河谷牧业的发展方面发挥了主导作用。在民主改革初期的 20 世纪 60 年代初，政府对西藏个体经济采取"彻底完成民主改革，以粮为纲，大办农业，大办粮食，农牧并举"[①] 的工作计划；在之后的农业学大寨时期强调"以牧为主"的举措，促使农区的牧业较 1959 年前有了明显的增长。

以杰德秀为例，人民公社时期，牧业生计最主要的变化，一是绵羊养殖成为牧业生产中的主要部分；二是牧业生产和管理从个体家庭经营转变为由杰德秀人民公社统一组织。

如前所述，地处河谷低地的杰德秀，其传统牧业是以适应河谷环境的绵羊、山羊、黄牛和毛驴等牲畜为主。人民公社时期，绵羊养殖业成为牧业主要的组成部分。

杰德秀的牧业以支撑纺织业的绵羊养殖业为主体，因此从饲养数量或规模来看，绵羊是河谷牧业的主体。除此之外，山羊的数量比牛、驴和马要多，山羊的毛、皮和绒是当地居民重要的生活来源，但比起绵羊来，山羊的数量就不足以相提并论了。

根据杰德秀的地理环境和绵羊的生活习性，对于羊群的放牧管理需要安排专职的固定或流动人员。由于民主改革前畜养绵羊数量较多的家庭一

---

① 《西藏工委农牧部 1961 年农牧业生产计划》（内部资料），山南市档案馆，全宗号：XW043，1961 年第 6 卷。

般是以纺织氆氇为主要生计的堆穷家庭，前文中所提及的巴果家民主改革时被划为中等农奴（据巴果所称是被划为中等农奴，据其邻居所称巴果家是富裕农奴）。不计其他家畜，当时巴果家里有 500 多只绵羊，这个规模的绵羊群体，加上巴果家里 11 口人中有 7 人从事纺线和编织的劳动，如果不考虑其他因素，仅按照 1 个月时间可以织 5 个邦典和 1 卷氆氇的纺织效率，则 1 年织品的产量可达 60 个邦典和 12 卷氆氇。按照 1 个邦典可以换 10 哲糌粑、1 卷氆氇可以换 60 哲糌粑的交换"价格"，一年下来可以换 1 320 哲糌粑，1 哲糌粑按 1.4 斤计算①，相当于 1 848 斤糌粑。

按人均约 500 斤粮可满足一个成年人 1 年的口粮算，巴果家一年通过纺织可以换得的粮食至少可以满足 3.6 个人的口粮。但据巴果的说法，一年下来织氆氇交换所得要比邦典多，1 卷氆氇交换粮食的量相当于 6 个邦典的量。因而实际情况可能比这个数量要多。但必须考虑到氆氇因为宽度、长度和所用羊毛的差异（根据羊身上不同的部位划分羊毛的等级并织成不同身份的人所用的氆氇）所导致的织成品之间的交易价格差距非常大，主人会综合实际情况来调整邦典和氆氇的生产计划。假设巴果家没有耕地，完全靠织氆氇交换粮食，则全家 1 年需要 5 500 斤青稞，折合 65 条氆氇（按 1 条氆氇可换 60 哲粮食、1 哲粮食约 1.4 斤计），若按照 1 只成年羊 1 次可以割下羊毛 1.4 斤（由于割毛工具没有现在的剪刀效率高，因而割下来的量应低于 1.4 斤）、1 年割毛 2 次，且 12 斤羊毛线（此处暂时忽略从羊毛到毛线的损耗）可以织成 1 条氆氇，则 1 年至少需要 780 斤羊毛，共约 278 只成年羊。

（三）纺织业和其他家庭手工业萎缩

民主改革初期，纺织业和其他家庭手工业萎缩的原因有两点：

1. 村民为分地而放弃手工业

尽管政府在改革之初即明确提倡"在整个改革过程中，既要搞好改革，又要搞好农业、副业、手工业的生产"②，并在其后的 1961 年国家正式批复颁布了农村"26 条"积极恢复和发展农村手工业③，但手工业者的积极性

---

① 扎嘎：《西藏民主改革前的山南地区农村手工业——氆氇与邦单》，《西藏研究》1993 年第 1 期，第 38 页。

② 《西藏工委关于西藏地区土地之改革方案》（内部资料），扎囊县档案室，全宗号：XW01，1959 年第 2 卷。

③ 中共中央文献研究室、中共西藏自治区委员会编：《西藏工作文献选编（1945—2005 年）》，北京：中央文献出版社，2005 年，第 264－270 页。

并未随之高涨起来，除了因为对境外市场的输出断裂而导致市场需求萎缩之外，手工业者对耕地本身的重视也是一个不容忽视的原因。因而一些原来从事手工业生产的家庭有的因为耕种土地足以维持生活，加上手工业收入低而自动放弃手工业生产；有的因为种地的劳力不足，且手工产品没有销路而决定放弃手工业生产；同时有的家庭为了分到耕地而主动向政府表示放弃手工业的倾向。

以下是根据1961年山南分工委存档的手工业调查报告整理出来的资料，从中可以看出手工业者有为分得耕地而放弃手工业的倾向：

> 全村有8个手工业者，包括1个织布的，3个木匠，1个铁匠，1个裁缝，1个织氆氇的，1个织卡垫的。其中，除了1个铁匠和1个木匠是专门搞手工业而没有分得土地外，其余6个现在都是以农业为主，兼营手工业。铁匠反映因为"工具不全、没有原料、木炭也找不到，铁匠活不好搞只能搞农业，但是没分到土地，现在生活有困难。请求政府帮助解决耕地问题"。其他手工业者也存在两种情况：一种是家里分到的土地能维持生活，而手工业工资低，所以已停止了手工业；另一种情况是主要搞农业，只附带搞一点手工业。纺织户次旺说："'26条'政策很好，但是织卡垫没有销路，卖不出去，我家小孩多，劳力少，没办法，再不搞这行了。"与次旺同村的四组组长其爱人原来是织氆氇的，现在也表示不想再搞织氆氇了。[1]

2. 地方政府对手工业生产的忽视

民主改革初期，政府提倡在生产上以"农牧"为主，集中力量发展农业、大力发展牧业。在此过程中，由于农业生产成为每个家庭的主要生产活动，因而以家庭为单位的生产组织将更多的劳动力投入到农业生产的活动中，包括那些曾专门或主要从事氆氇纺织并以氆氇交换粮食作为其主业的家庭，从而导致手工业生产被"忽视"。

与此同时，1960年前后，基层政府在执行中央政策的具体实践中也存在一些偏激的做法，比如杰德秀区政府为了督促村民集中精力搞农业，不

---

① 《山南手工业调查报告》（内部资料），山南市档案馆，全宗号：XW01，1961—1962年第6卷。

准村民搞手工业，于是就把织氆氇的机子集中到区政府闲置了起来；甚至有的干部一见群众在家搞毛纺织，就认为其不下地劳动，于是往往当场就加以指责；杰德秀对岸的昌果采取由当地供销社统一收购村民编制篓筐的办法，但村民对此并不满意，认为自销的价格要比统一收购的价格高；此外，昌果和江塘等地将铁匠和木匠组织起来制造和修理农具时，按照过去的传统每天供给匠人口粮而非支付"工资"，于是造成了一种轻视手工业生产的思想。①

1961 年，山南专区第一次手工业代表会议总结了当时"忽视"手工业的几种情况：一是忽视手工业生产的思想，硬性规定手工业生产者要把一年大约90％的时间用在农业生产上，而且个别地方干脆把手工业者"工转农"；二是不准群众学手艺，如泽当区有个修理皮鞋的工人，带了一个徒弟学了十天亦被区里工作人员责令回去参加农业生产，不准学手艺；三是人为设定一些阻碍手工业发展的规定，如给手工业产品的定价"好偏低"，并且硬性规定手工业产品只许卖给本乡或供销社，不许直接卖给群众，更不许同私商买卖交易，只许现款交易，不许交换口粮或其他物品，只许坐产，不许远购远销等。这些情况在一定程度上打击了手工业者的生产积极性。

（四）国家主导下手工业和民间贸易的短暂恢复

在恢复发展手工业方面，政府提倡"凡是为人民的生产和生活所需要的行业，就可以得到迅速恢复与发展，凡是不适合人民生产生活所需要的，必须歇业改行方有出路"②；同时其立场是"恢复发展与扶助的政策，自产自销不征税的政策"，规定"凡是属于侵犯手工业者利益的，必须澄清情况，作适当地退还与退赔，今后不得再有人为的乱作规定妨碍手工生产的现象"，同时责令"要教育各级干部应认识手工业生产占据国民经济中重要地位，不得忽视"，要求"各地必须认真进行检查，立即纠正，凡人为的障碍，要一律取消，该退赔退还的要坚决退赔退还，对手工业生产要重视，农业手工业生产的劳力要根据生产者自愿，作适当的安排"。为迅速恢复与发展手工业生产，对于生产、资金、原料、产品销售有困难的，村民确实

---

① 《山南专区第一次手工业代表会议总结报告》（内部资料），山南市档案馆，全宗号：XW01，1961—1962 年第 6 卷。

② 《一位手工业者写给分工委财经部的信》（内部资料），山南市档案馆，全宗号：XW01，1961 年第 24 卷。

无力自行解决的，政府帮助解决。[①]

组织和开展物资交流会。1961 年 4 月，中央正式批复西藏工委上报的《关于农村中若干具体政策的规定》，其主要内容是：稳定农民个体所有制，办好互助组且五年内不办合作社，积极扶持发展农村手工业和副业生产，活跃农村经济，计征爱国粮等。第 16 条关于"积极恢复和发展农村的铁、木、石、泥和制皮、做鞋、陶瓷、纺织、造纸、缝纫等手工业"；第 17 条提倡搞好农区的牧业生产，提倡发展家畜、家禽、打猎、捕鱼、采药等副业生产，并允许自行买卖，收益免予征税；第 19 条提倡农民和农民、农民和牧民之简单农牧、土特产品自由交换，并免于征税，恢复原有的集市和习惯性的物资交流大会。

民主改革初期，因民间依附于宗教仪式活动的传统贸易活动停滞，加之手工业曾一度受到来自民众和政府两个层面的"忽视"，1961 年，政府对杰德秀私营商业予以扶持，私营商业增至 41 户 48 人。按行业分杂货 18 户、氆氇 6 户、油商 2 户、屠宰 9 户、酿酒 2 户、其他 4 户；经营商品有藏犁头、铁锹、围裙等 90 余种。而在这之前，因民间贸易活动受到影响，杰德秀私营商业减少到 18 户 23 人，其中坐商 9 户、行商 9 户；按类型分杂货 14 户、氆氇 2 户、屠宰 2 户[②]。同年，山南工委为贯彻实施农村"26 条"中关于积极扶持发展农村手工业和副业生产、活跃农村经济的政策和规定，以沟通城乡工农产品交换、活跃市场促进生产发展为目的，决定以泽当区为中心，一年举行 2 次全区规模的物资交流会，时间定于藏历 6 月 8 日和 10 月 8 日开始，每次历时 7 天。

尽管在 1957 年西藏 S101 省道建成通车之前，杰德秀与所有村落一样出行依靠步行或畜力，但由于杰德秀地处河谷低地的开口处而拥有区位和交通的便利，与其东边扎囊县扎塘镇、西边贡嘎县的吉雄镇以及南边河谷内的朗杰学一带都有频繁的往来[③]，同时，杰德秀与其周边规模较小的村落组成一个类似于"标准集镇"的体系，每个较小村落与集镇中心的距离不超

---

① 《山南专区第一次手工业代表会议总结报告》（内部资料），山南市档案馆，全宗号：XW01，1961—1962 年第 6 卷。

② 西藏自治区地方志编纂委员会编：《贡嘎县志》，北京：中国藏学出版社，2015 年，第 384 页。

③ 杰德秀位于 S101 省道旁，并与其西侧的贡嘎县政府所在地吉雄镇仅相距约 10 公里，距离贡嘎国际机场不到 20 公里，又与其东侧的扎囊县政府所在地扎塘镇和人口最多的吉汝乡相距 30 ~ 40 公里。

过 10 公里①；以西距离斯麦村不到 1 公里、以西南距离果吉村约 3 公里、以南距离克西村约 4 公里（按老村计算）②、距离秀吾村约 10 公里③，这些村庄与杰德秀共用 1 个至 2 个铁匠、2 个至 3 个屠夫、1 个至 2 个阿巴、3 个至 4 个裁缝、1 个至 2 个鞋匠和 3 个至 4 个木匠等，即这些手工业者服务的主要对象是"标准集镇"体系内的村落及其居民。与此不同的是，氆氇纺织户在杰德秀占据的比例尽管缺乏具体的数据，但依据所推断的平均每户 0.8 个氆氇机的事实，则可充分证明杰德秀从事纺织手工业的家庭所占比例较高，并且纺织户所针对的服务对象或交换对象是村落甚至河谷以外的"中间集镇"或距离更远的"核心集镇"，因此民间交换和贸易的停滞或恢复对于杰德秀纺织手工业的恢复和发展具有直接的影响。

因此，杰德秀本地贸易活动的恢复和全区性物资交流会的开展，以及邻县扎囊县早在 1960 年就在其县驻地扎塘镇开展的物资交流会都给杰德秀氆氇纺织业的恢复带来了机会。

> 扎囊县首次由政府发起的物资交流会定于 1960 年 12 月 21 日至 27 日，这次物交会不仅吸引了邻县的小商，也吸引了来自"很远的吉汝区和桑耶区的农牧民"。邻县的小商带来了氆氇、羊毛和各种皮张，吉汝区和桑耶区的农牧民也带来了羊毛和皮张，扎塘附近的村民也带来了各自包括青稞余粮在内的农副产品，他们将氆氇、羊毛、皮张和青稞卖给县收购站和贸易小组的门市，换取了货币，再用货币从收购站买回茶叶、盐、火柴等生活必需品，火柴是以前村民中十分稀缺的用品，常几户人家"共用 1 盒火柴"。④

山南专区政府在 1961 年提出新的工作重点是集中力量发展农业、大力发展牧业，同时发展商业和为农牧业服务的手工业，并针对手工业的恢复

---

① ［美］施坚雅著，叶光庭、徐自立、王嗣均等译：《中华帝国晚期的城市》，北京：中华书局，2000 年。

② 在笔者调研期间，克西村于 2015 年底正式改制为与杰德秀镇平级的克西乡。

③ 以上村落间的相互距离是根据笔者实地调查的粗略估算，并结合当地面包车司机的经验估算值得出的一个大概路程数。

④ 《1960 年扎囊县扎塘镇召开物资交流大会的总结报告》（内部资料），扎囊县档案室，全宗号：XW01，1959—1966 年第 9 卷。

提出了"自力更生、就地取材、自由交换、自产自销"的指导方针①。对于手工业生产所需原料缺乏的问题，政府采取了针对性的举措，如对于编箩筐、织氆氇（染色原料主要缺乏红、蓝颜色的染料，需要从周边市县购进以及从印度、尼泊尔进口）、制陶、做牛皮船、制皮、做鞋、造纸等可以就地取材的手工业，政府提倡发动群众自力更生设法寻找新原料或代用品，并充分利用废品；对于当地缺乏的原料，如铁可以通过成品换废铁，染料则提倡尽量开发使用本地"土染料"②。

一份政府档案材料的记录显示，不同行业的手工业者对此有不同反应：扎囊县（民主改革后设县）吉汝沟杂玉村的 2 位制陶者表示"原料方便，自力更生没问题"，"本县买的很少，外县买的多，价格也比较好，也能换东西，泽当开物交会我们要多准备，拿去卖了也可买到自己需要的东西"；氆氇纺织者表示根据自产自销的政策，他们可以收进羊毛和其他原料，工具也可以自己想办法解决；铁匠则表示收集废铁损耗大、成本高，如扎其区充堆乡（现为扎其乡充堆村）铁匠次仁扎西说："向群众收集的铁，十斤铁出了三斤工具，原料有困难，我今天在供销社买了一把镰刀来打铧犁，一把镰刀六角钱，比群众买的铁要便宜。"吉林区扎塘乡铁匠益西起鲁说："（打铁）原料方面群众很少，质量也不好，费工也多，要求政府供应一部分，我们也收购了一部分，那就打得多些，价格也合适一些。我原来买铁打了一把铁锹，连原料和工钱值 13.5 元，政府卖的 2 元至 3 元，铁锹价格很低，价格不合理，政府提出自产自销，政府的便宜，我们的贵，供销社也不要。"③

在恢复发展手工业方面，政府提倡"凡是为人民的生产和生活所需要的行业，就可以得到迅速恢复与发展，凡是不适合人民生产生活所需要的，必须歇业改行方有出路"；并且鼓励生产"以农业为主，以农、牧、手工、付（副）业相结合，产销结合，并根据各行业的历史习惯与便利开展生产，政府不再作硬性规定"；如纺织用的羊毛、编筐用的藤条等原料基本上可以就地取材的主要依靠自力更生自行解决，不能依靠自己完全解决并有一定困难的原料，如铁、棉线、染氆氇用的染料等由政府尽力协助解决，竹子

---

① 《山南手工业调查报告》（内部资料），山南市档案馆，全宗号：XW01，1961—1962 年第 6 卷。

② 《一位手工业者写给分工委财经部的信》（内部资料），山南市档案馆，全宗号：XW01，1961 年第 24 卷。

③ 《一位手工业者写给分工委财经部的信》（内部资料），山南市档案馆，全宗号：XW01，1961 年第 24 卷。

则可以用供销社所售商品的竹竿包装进行二次利用；立即取消各区对手工业产品在销售地点、价格等方面的人为限制，贯彻自产自销自运的政策，不论销地、售价均由自愿，不得干预，并拟恢复杰德秀鲁康物资交流，一年分春冬两次；"凡为人民生产生活服务的行业对生产资金确有困难无法周转而影响生产的，政府以低利贷款给予解决"；指示县供销社尽力采购辖区内缺少的原料，如铁、线、染料等；鼓励培养新生力量，提倡以师带徒，传授生产技术。

在鼓励和提倡恢复手工业的同时，政府也采取了扶持的措施：①凡为人民生产生活服务的行业，对生产资金周转确实困难而影响生产的，政府以低利贷款给予解决，利息是3‰，即100元一个月利息总额0.3元；②由国营公司尽力组织采购我区缺少的原料（如铁、染料）和部分手工业生产工具，以解决生产中的需要；③在自产自销或通过私商销售且不能完全销售产品，有碍生产周转，国营公司、供销社帮助收购推销；④组织技术交流，推广先进经验；⑤手工业产品一律免予征税[①]。

在政府引导下，部分手工业获得了恢复与发展：一是恢复较快、产量增长较快的铁、木、纺织、缝纫等；二是正在恢复或接近恢复的造牛皮船、制陶、造纸、制鞋、制皮、织氆氇等，其中，1961年扎囊县的木业生产较1960年增加了4倍，制器增加了18个品种；三是生产趋于下降，面临歇业、转业或改行的造香、制佛像等。一年中农业生产主要集中在春播和秋收两个时段，这是农忙时节。手工业的生产则不具有季节性，全年可利用的农闲时间和拼凑日常的"碎片"时间都可以进行生产，在时间利用上具有较强的灵活性。但总体而言，农忙而务农，农闲则从事手工，从而使全部居民形成了"以农为主，以牧供织"的生计模式，再无民主改革前专门"以牧供织，产销结合"的纺织户。

即便是国家和地方政府采取措施积极支持手工业和民间贸易活动的恢复，但依赖于对外交换的纺织手工业并未有太多起色。而直接服务于农具生产、加工和维修的铁匠职业以及编筐和制陶却在这一时期获得了较多的重视，尤其是铁匠职业，由于政府对农业生产工具改革的重视并从政府层面引导了农区工具改革的运动热潮，学习铁匠手艺并依靠铁匠职业作为农业以外的生计手段成为一些非铁匠户后代青年主动的选择。在旁人看来，

---

① 《一位手工业者写给分工委财经部的信》（内部资料），山南市档案馆，全宗号：XW01，1961年第24卷。

这些后来加入的非铁匠户青年不同于代代相承的"黑骨系"铁匠，他们自己也是这样认为的。与此相似，"雅鲁"北岸的一些村里出现了新一代的捕鱼人，他们身兼制作船只、捕鱼、摆渡多种职业，因为相对丰厚的回报，他们的生活比一般的家庭要好许多。

（五）分工的变化

综上，民主改革初期，在国家力量的主导和影响下，以家庭为单位的生计多样性逐渐转向趋同化和单一化；在以农业为主、牧业有所增长、手工业和贸易活动相对萎缩的背景下，家庭分工聚焦于以农业和牧业为主的生计领域，为分工的进一步精细化提供了前提。

在这一生计变化背景下，农业生产活动成为所有家庭的核心劳动，家庭劳动力的分配，无论在时间和空间上，都表现得更为依赖于土地，更为依赖于直接从土地上生产粮食作物。家庭内部的劳动分工主要围绕农业生产展开，因而在农忙时需要与其他家庭建立互助关系，在农闲时则会导致劳动力的过剩现象。在日常的放牧活动中，由于家家户户都分配到了一定数目的牛和羊，这种分群放牧和舍饲放牧相结合的不同养殖方式，相比民主改革前仅在少数养殖户之间所建立的帮工或换工的合作关系，推及更多的家庭之间，尤其是在国家提倡生产互助的政策推动下，一种自发于民间的、超越家庭范围的分工及合作制度，在更为广泛和深入的层面上得到推广。显然，可支撑分工的劳动力规模扩大了，但在劳动类型因手工业和贸易活动萎缩而减少的情况下，劳动力的充分组织与分配依赖于劳动总量的增加。农业精细化耕作可以消解一部分劳动力，但在农闲时期容易导致劳动力的闲置。国家对手工业和贸易活动的积极恢复，促使这一时期的生计模式更接近民主改革前的生计多样性，但主要用于对外交换粮食的手工业生产已失去其传统的意义，如果继续保留包括纺织在内的手工业生产，单凭戎巴内部显然难以消耗多余的产品。因此国家在恢复手工业和贸易活动上的举措，事实上失去了根基。

基于民主改革初期农业和其他各项生产技术及制度并未发生根本性改变，生计的变迁直接导致分工的变迁。由于纺织业以及围绕纺织品的交换活动的萧条，民主改革初期杰德秀在以农牧业为主的单一化和同质化生产活动背景下，家庭内部的劳动分工在第一个层次上主要涉及农业和牧业两种门类的劳动类型在成员间的分配；在第二个层次即劳动工序上，依据性别和年龄的分工得到强化。造成这一情况的主要原因，一是儿童随着教育的普及退出生产活动，二是生产互助组的存在，使得可供分配的劳动力规模扩大了，一些上了年纪的老人也逐渐退出主要的生产活动而越来越局限于家中的内务。全劳力成为主要生产活动的承担者，劳动力在性别上的现实区分被弱化，促使依据性别的分工被弱化，"男女同力"的分工特点得以被强化。与此同时，儿童到学校接受教育，老年人留守家中，成年的全劳力在农闲时忙于自家的农牧生产，农忙时则由互助组统一调配，从而促使依据年龄的分工得以强化。

二、人民公社时期的生计变迁与分工变化

这一时期最根本的变革是土地等生产资料归集体所有、生产活动由社—队统一调配和组织，即凸显社—队的组织地位，而致使个体家庭的角色被隐没。生产队和人民公社成为生产活动的组织者和主导者，以满足全队的生产计划和完成国家的征粮计划为基本出发点，并且由于这一时期自由贸易活动和其他副业生产停滞，家庭生计以参加集体生产获取工分为主，因而更趋向单一和同质。伴随着生产工具的进一步现代化以及农技的改革和推广，传统的农业生产活动发生了明显的变化，主要表现为耕作制度和耕作时间的变化，促使当地人的传统作息模式发生变化。

以杰德秀为例，社会主义改造后，主要的农、牧及纺织生产由杰德秀人民公社统一组织，社员家庭按劳动力参与社—队组织的各类生产活动，以此获取工分来换取资料。家庭内部的生产劳动仅限于少量自留地和自留畜的经营管理。在政府强调"以粮为纲"的导向下，农作物种植趋向单一，且不允许社员搞营利性质的家庭副业。为此，乡政府收缴了杰德秀村民的370架织机，直到20世纪80年代包产到户时才退还了织机，并允许群众请假到外地购买羊毛或出售自织的围裙。① 在此之前，个体家庭的纺织生产为集体性质的杰德秀人民公社围裙厂所取代。

（一）主要生计活动由社—队组织

1967年"文化大革命"在贡嘎县开始，1969年成立杰德秀区革委会，下辖的5个乡（杰德秀、斯麦、果吉、克西、秀吾）相继改为人民公社，直至1984年，杰德秀区才更改建制为杰德秀镇，杰德秀人民公社改为杰德

---

① 《山南地区农业发展咨询报告》（内部资料），山南市档案馆，全宗号：XW045，1992年第145卷。

秀村。① 杰德秀人民公社建立后取代了原杰德秀乡的建制，下设 9 个生产队。生产队为基本核算单位，社员集体劳动，实行评功记分、多劳多得。

这一时期最根本的变革是土地等生产资料归集体所有、生产活动由社—队统一组织和调配，凸显社—队的组织地位，致使家庭作为个体经营的角色隐没。

> 社员除土地以外的生产资料，①耕畜和为农业生产能长期使用的生产工具，在付给本主合理的价款后归社集体所有，统一搭配使用。对较落后的又不能进行改进的工具，一律不归社集体所有。②社员私有的生活资料和饲养的家禽、小农具、经营家庭副业生产所需要的工具，仍属社会所有。③社员的奶牛，按牛的大小好坏、产量多少等情况，折价归社公有，5 年内付清价款，但奶牛数量不多、社员又不愿入社，在不影响社内生产的情况下，可仍归个人所有。④社员私有的成群牲畜，一般的应该由合作社按照当地的正常价格作价收买，转为社集体所有；有几只牲畜（牛羊）的社员，如不愿作价入社的，也可以暂时仍属社员私有，但要由社统一经营，按照当地的习惯与本主议定应得的报酬。⑤互助组集体所有的一切树木、耕畜、奶牛等资料，归社集体所有。社员私有的零星果树，除自己院内的仍为私有外，其余的随地入社，为集体所有。②

杰德秀人民公社以农业生产为主，辅以牧业和集体纺织业。农作物一年一熟，以种植青稞、小麦和油菜为主；牧业以黄牛、牦牛、绵羊、山羊和驴为主，其中，绵羊和山羊的养殖主要用于获取羊毛以供编织，并且在数量上是最多的；黄牛养殖主要用于制作酥油，因而母黄牛的数量要远多于公黄牛，除了个别公黄牛被选作种牛外，其余的都作为菜牛；驴和牦牛主要用于提供畜力，驴是运用最多的运输畜力，也用于秋收后的打场；用于耕作的主要是公犏牛。

此时，主要生产资料归社—队集体所有，生产活动由社—队统一经营。生产活动仍然以农牧生产为主，家庭内部的副业、手工业和民间交易停滞，

---

① 西藏自治区地方志编纂委员会编：《贡嘎县志》，北京：中国藏学出版社，2015 年，第 804 页。
② 山南地区方志编纂委员会编：《山南地区志》，北京：中华书局，2009 年，第 1704 – 1705 页。

家庭内部的劳动分工延续了互助组时期主要依据年龄和代际划分的"内外有别",即男女全劳力主要担负家庭以外、由人民公社组织的各项生产活动,以老人和小孩为主的半劳力则主要围绕家庭事务来安排劳动。

这一时期,杰德秀人民公社的生产活动主要围绕三个方面:一是以春青稞、冬小麦(20世纪60年代开始试种,70年代进行推广的品种)、油菜籽等主要作物为主的生产和加工活动;二是以绵羊、山羊、黄牛为主的牧业生产活动;三是以杰德秀人民公社围裙厂为组织,以氆氇、邦典纺织为主的手工纺织及副业生产活动。而家庭内部则以养殖少量的藏鸡(主要提供鸡蛋)、母黄牛(主要提供酥油)为主。即农、牧、纺织是杰德秀公社的主要生产活动,由于档案材料中未记录有关从事农、牧、纺织生产的具体劳力结构情况,因而不能准确得知人民公社时期杰德秀的劳力分配情况。

依据表4-1所显示的情况,显然用于氆氇纺织的绵羊毛是杰德秀公社的主要畜牧产品,其次是绵羊皮、山羊毛、山羊皮、牛毛和牛皮,就绵羊毛所涉及的劳动环节而言,主要包括:羊群的放牧和饲养、疾病和生育管理、割毛、洗毛、梳毛、纺纱、捻线、织布、染色、清洗、销售等。互助组之前以家庭为单位的氆氇纺织户,一个家庭内部几乎包揽了全部的环节,尽管依靠有限的交换也可获得额外的羊毛。因而一个家庭内部劳动力的多寡及其分配直接影响其纺织生产活动的规模和效率。

表4-1　1977年杰德秀区主要畜/禽品产量

公社	牛皮(张)	牛毛(斤)	绵羊皮(张)	绵羊毛(斤)	山羊皮(张)	山羊毛(斤)	鸡蛋(个)
杰德秀	8		302	8 363.8	79	931.3	8 610
斯麦	7		129	2 884.6	70	427.1	8 310
果吉	29	110.7	284	8 064.2	349	1 799.8	24 125
克西	12	134	141	5 743	65	828.5	18 475
秀吾	4	78.1	614	11 824.8	231	1 581	27 600
合计	60	322.8	1 470	36 880.4	794	5 567.7	87 120

资料来源:杰德秀区政府国民经济统计报告。

(二)家庭生计趋于单一

杰德秀区所辖的5个公社地处江雄河谷低地,地势平坦,土壤较为肥沃，江雄河由南而北顺势而行汇入"雅鲁"，客观上为灌溉提供了有利条件，是西藏"一江两河"区域重要的农耕地区，农业生产占据主要地位。同时，由于河谷海拔较低地带优越的水土、植被环境为羊群和黄牛提供了较好的生长条件，以绵羊养殖为前提的羊毛纺织业也是杰德秀重要的手工业生产，如前文所述，西藏民主改革前，羊毛纺织是杰德秀多数堆穷家庭的主业。自民主改革后，由于耕地分配到户，使农业生产成为绝大多数家庭的主要生计活动；加之受对外贸易停滞的影响，家庭纺织业趋于没落；在互助组时期，由于多数家庭的成员中具备纺织技能，因而以纺织技能作为换工互助的价值不大，直到人民公社时期，家庭副业仅限于饲养为数较少的畜禽，家庭纺织手工业也受到限制，而代之以社办的集体手工业、副业——杰德秀人民公社围裙厂的组织形式存在。

（三）贸易活动停滞

由于区位条件的特殊性，杰德秀的民间贸易历来较为活跃。根据多位报道人的讲述，杰德秀鲁康街的贸易活动来源于扎囊县扎塘镇强巴林寺每年1次的佛教活动以及扎旦寺每年2次的佛教活动。早在20世纪初，杰德秀即已成为山南基巧的第二大市场，是贡嘎宗定期开展贸易活动的固定乡村集市。贡嘎县内的大部分私营商户集中在杰德秀，以经营粮食、布匹、日用杂货等为主。民主改革前，杰德秀仅坐商就有60余户。民主改革初期，杰德秀鲁康集市的贸易活动一度停滞，1964年私人经商和外商来往贸易被视为非法而遭到禁止，如小商户倒卖牲畜和尼泊尔商人到杰德秀收购氆氇等均被视为非法。1966年5月至1976年10月，人民公社时期和计划经济体制下的鲁康集市，除了农牧民之间的盐粮交换及其他日用品的少量交易外，基本上无贸易活动。[①]

（四）分工的变化

就家庭所承担的劳动而言，一个家庭所承担的劳动类型可以分为家内和家外两种，家内主要包括家务及自留地、自留牛、自留羊和自留树的打理；家外面对的劳动类型即是由社—队统一组织的农牧生产活动及其他相关的劳动，如土壤改良、修建水利等农田基础建设。家庭中的全劳力以参加生产队和人民公社的生产任务挣取工分，"男女同力"在这一时期，不同

---

① 西藏自治区地方志编纂委员会编：《贡嘎县志》，北京：中国藏学出版社，2015年，第384页。

于互助组时期象征男女社会地位平等的政治口号，而是在生产活动中的切实体现（不包括纺织在内的技能性工作除外）——如女性驾驭"二牛抬杠"进行耕地便是一个突出的例子，尽管某种意义上，这也是女性展现自己不输给男性的另一种象征性行为。在一定程度上，割羊毛这项工作考验的是操作者的经验和技巧而非体力，习惯上由男性劳力来完成这项工作，但据笔者的调查发现，在男性外出务工时，家庭中的女性也能承担起剪羊毛的这一职责，这或许与工具的改变有直接关系。

大致在民主改革后的农具改革运动时期，剪羊毛的剪刀和打场的石磙一样，批量地进入各地农民协会，改变着当地获取羊毛的效率，同时也可能改变了在剪羊毛这道工序上的传统分工模式，即基于性别的分工转向象征着"男女同力"的分工，因此分工的依据不再是性别，而是一种具体情境下的灵活策略——谁有空谁做。尽管难以考证女性剪羊毛是否为新近出现的一种应对劳力缺乏的策略，但至少说明许多习惯上由男性掌控的劳动类型并非有严格界限，与其说分工是一种突出男女天赋异禀的差异的结果，不如说分工是人们采取了某种适应策略及措施的结果，反映着人们对环境适应的积极性和对某种效率的追求。此外，由于"文化大革命"时期不再有宗教活动，家庭中有关宗教仪式的活动也停滞了。

值得注意的是，人民公社时期的部分手工生产，如纺织业和打铁业在集体组织下强化了技能在家庭之外的社会分工的重要性。

三、包产到户和改革开放以来的生计变迁与分工变化

自20世纪80年代初以来，随着包产到户的实施和市场的开放，个体家庭重新成为生计活动的组织者，同时也意味着成为真正意义上的自主决策者。与此同时，为帮助农牧家庭稳定生产和满足生活所需，国家加强了在农牧业等生产领域以技术化和机械化支持为主的人力、物力和资金的投入，从而引发了各项生产活动本身的变迁。围绕上述变化，各项劳动及工序在家庭内部和家庭之间的分配也随之变化。

（一）农业在家庭生计中的式微

20世纪80年代初的改革开放以及之后的包产到户，促使戎巴重新向个体经营下的多样性生计转变。首先，农业重新成为个体家庭的基本生计，但不是唯一生计；其次，随着市场的开放，手工业和商业在生计中的贡献及地位获得增强，反观农业在家庭生计中的地位面临全新的挑战。同时，

随着市场上可替代食品的选择增多，当地人的饮食结构也在悄然发生变化，农业在生计中的影响式微。因此，尽管农业仍然是大部分家庭的基本生计，但在家庭生计中的地位已大不如前。

1. 农业重新作为杰德秀个体家庭基本生计

20世纪80年代初开始的包产到户，促使农业重新作为杰德秀个体家庭基本生计。然而，过去几十年的经验，不断暴露出个体家庭经营农业所无法克服的"散、弱、差"的特点。近年来，随着国家扶贫项目的推进，当地政府鼓励村民外出务工，同时在国家倡导发展现代农业的政策背景下，主导并推动了当地农业向"合作社＋公司"经营模式的趋势发展。此举对家庭生计的直接影响有：一是促使更多的富余劳力转移到附近城镇务工，以此带动家庭的增收和创收；二是促使农业生产脱离个体家庭。

2. 农业生产的合作化倾向

至笔者调查期间，2016年杰德秀已成立一个以村小组为单位的农业机械合作社，而同在本研究调查区域的西卡学村，则在2015年就已经成立了以村小组为单位的农业（种子）种植合作社，并在2017年将合作社的参与规模扩大至行政村的级别，同时完善合作社向公司经营模式的转变。在局部地方，随着国家土地确权工作的推进，一些村小组在扶贫项目的框架下，将耕地的使用权和经营权租给外来的投资公司改作他用。于是，村民从土地获取资料的方式也由直接耕种转变为间接收取地租。

3. 传统农业在生计中的影响式微

同时，随着市场上可替代食品的选择增多，当地人的饮食结构也在悄然发生变化，加之现今单位粮食产量的极大提高，以种植小麦和青稞为主的传统农业在生计中的影响式微。农业在杰德秀的情况基本上代表了"雅鲁"河谷的整体情况。在笔者调查期间，杰德秀居民一日三餐中的食物很大一部分来自市场，多数情况下糌粑仅作为早餐和一部分老年人的晚餐而存在，许多家庭的中餐代之以米饭，晚餐则以面条或藏式饺子为主食。村民自家土地上种植的作物自二十世纪七八十年代以来[①]，冬小麦的种植比例逐渐超过冬青稞，并进而取代春青稞的种植。据报道人的粗略估算，在部分村落冬小麦的种植比例达到了70%左右，同时主要辅以饲草、油菜籽、土豆、萝卜等作物种植。粮食富余是多数家庭面临的境况，除了一部分满足自需，一部分用于给牲畜喂食，还可以将多余的粮食卖给拉萨生产青稞

---

① 西藏自治区地方志编纂委员会编：《贡嘎县志》，北京：中国藏学出版社，2015年，第804页。

酒或青稞饼干的厂家。同时，为满足牲畜需求而种植饲草的积极性也得以加强，饲草不仅可以自用，还可以卖给牧区那些拥有大量牲畜的牧民。

（二）牧业在家庭生计中的"先扬后抑"

20 世纪 80 年代初，原属生产队的绵羊、山羊和黄牛等牲畜随着土地的包产到户分配到个体家庭，促使家庭畜牧业更为普及。同时，家庭畜牧业在国家政策和市场化这两方面力量的主导下，一方面以产奶为主要目的的黄牛饲养逐渐普及；另一方面以获取羊毛为主的绵羊饲养逐渐减少。

1. 黄牛饲养逐渐普及并地位稳固

传统上有条件饲养本地黄牛的家庭较为有限，自 20 世纪 70 年代以来开展的"黄牛改良"是由政府主导、以满足农户生活所需而实施的项目，其目的是利用外地黄牛与本地黄牛的结合，培育出产奶量明显增多的新一代黄牛。该项目的实施首先从"雅鲁"沿江一带开始和扩散。2007 年，山南地区行署在全区范围内开展了"黄牛改良"项目，其初衷是提升当地黄牛的产奶量，满足群众对酥油、奶酪、肉等畜产品的需求，这一项目的实施也推动了家庭饲养奶牛的普及。

根据田野调查的情况，农户饲养的奶牛以母黄牛为主，仅少数情况下会饲养成年公牛。母牛由于其产奶的作用而受到重视，因而在平时的喂养中也受到"优待"。而公牛除了专门作为种牛以外，主要的作用就是作为役畜或菜牛。

事实上，河谷低地的农区极少有饲养犏牛的情况，在众多需要畜力的场合，如运输、耕地、打场等，毛驴和骡子是比犏牛、牦牛更为普遍的牲畜。加上现代化交通工具和机械化农具对畜力的替代，公犏牛可发挥价值的空间越发狭窄。同时，当地人对于本地母黄牛奶制品的偏爱，以及政府对"黄牛改良"项目的推动，也在一定程度上限制了母犏牛在当地的饲养数量。

改良后的黄牛较本地黄牛的体格更为壮硕，且产奶量增多近 1 倍（根据采访各户的经验说法，不是平均数），但同时改良后的母黄牛其耗食量也增多了近 1 倍，农户对此的反应不一：有的认为黄牛改良后确实明显提高了产奶量，能够满足一家人的所需，甚至有盈余的奶制品（如酥油和奶渣）可以少量出售；有的认为改良后的黄牛虽然产奶量增多了，但是奶的味道、营养等品质下降了，不如本地的黄牛好；有的认为改良黄牛食量大，本地黄牛尽管体格较小，但饲养起来没有改良黄牛的负担重。

　　黄牛改良以后，产奶确实多，但是打出来的酥油和本地黄牛的味道有很大不同，从口味习惯上来说还是觉得本地黄牛奶的酥油营养和品质更好一些。随着黄牛改良，本地黄牛的数量越来越少，本地黄牛虽然个头小、产奶量不高，但是因为它们吃得少，没有改良黄牛吃得多，要更好养，而且肉质好得很，吃起来也香，现在改过的黄牛吃得还多，养牛的负担增加了，而且肉不好吃。过去黄牛改良前村里全是本地黄牛，黄牛改良后本地黄牛就越来越少，有的地方本地黄牛几乎都消失了。

　　在笔者调研期间，杰德秀的大多数家庭养有奶牛，其主要的作用就是提供牛奶制作酥油和奶酪，余下的奶汁则可以供家人直接饮用或煮成甜茶。

图4-1　人力酥油桶、电动酥油机、全自动奶脂分离器

　　酥油不仅满足食用，它还是家庭日常礼佛和在佛事活动上供给寺院的必需品。近些年来，由于包括酥油在内的奶制品可以从市场上方便购得，因而养牛本质上并不是一个家庭必需的生计，但在笔者调查期间，包括杰德秀在内的整个"雅鲁"河谷，大多数戎巴家庭都饲养1～3头奶牛。根据报道人的说法，自己做的酥油质量有保障，而在市场买的酥油不但花钱多，还有可能买到质量不好或者掺假的酥油。另据笔者观察，家庭饲养奶牛的规模并无较大起伏，这一方面得益于种植的农作物（如青稞、小麦及其秸秆）足够饲养满足家庭自需的奶牛数量，另一方面由于近距离的牛群放牧可以在没有专人看护的情况下实现，稍远距离（不超过村庄的地域范围）的牛群放牧（在不依赖职业放牧人的情况下）则可以通过多个家庭联合及

周期性轮流放牧的方式来减少每个家庭在放牧方面的劳动力投入；此外，饲养奶牛还能提供额外的肥料和燃料来源，也能将家庭日常的食物残余作为奶牛的食料利用起来，因而饲养奶牛仍然是多数戎巴生计的一部分。

2. 绵羊养殖户急剧减少

河谷绵羊的饲养与家庭纺织业紧密相关。随着市场化的不断深入，以家庭为单位的绵羊养殖业急剧减少。以杰德秀为例，过去几年杰德秀养羊的家庭比现在更为普遍，但是现在杰德秀9个小组中除了第一村小组外，其余8个小组几乎没有养羊的家庭。

市场的开放，一方面促使外来的物品替代了本地的部分产品，同时通过市场可以方便地购买到织、染原材料，并且本地的纺织品可以进入更大的市场进行销售，从而促使越来越多的家庭加入氆氇和邦典纺织的行列；另一方面也促使许多家庭将经商作为其谋生的重要手段。此情形不同于1959年民主改革前和民主改革初期以利用本地资源为主的多样化生计活动，也不同于人民公社时期生计活动单一化和同质化的倾向。

市场成为羊毛原料的主要来源。杰德秀现在的纺织户极少会依靠自己养羊来获取羊毛，他们更愿意花钱在市场买机器纺好的毛线，或者也可以从村庄以外的地方购买羊毛。这可归因于市场上的机纺羊毛线更省时、省力且匀称，省去了纺织户要专门养羊的环节，同时也降低了纺织户的门槛。

今日杰德秀村以及附近的斯麦村、克西村已鲜有养羊户。养羊的目的是为获取羊毛，其中山羊毛可以做毛毯，绵羊毛可以做氆氇、邦典和藏被，藏被很重，可以盖也可以当作褥子来垫，藏族家庭一般都会有，现在多是老年人在用，年轻人很少会用。大概从20世纪90年代初开始，村里养羊的人家就没有了，主要原因是人们外出打工，没有人放羊。土地包产到户以前，村里有2个人专门放羊，一个是1961年出生的图登朗杰，一个是2016年前已去世的索朗琼炯，去世时已经73岁。20世纪80年代初期，村里的土地和羊分到了各家各户，有的把羊养死了，有的把羊宰了吃掉，有的把羊卖给了别人，所以村里的羊也就少了。

> 浪卡子的羊毛不好，可以织卡垫，但织氆氇不行，原因是气候寒冷，羊的毛会不好。浪卡子那边的羊比我们这边（贡嘎、扎囊一带）的羊体格大、肉多、羊毛硬、毛长、毛粗，我们这里的羊体格小、肉不多，但是羊毛软、毛短、毛细，织氆氇就好。（所以）肉是浪卡子的最好，毛是这里的最好。还有肉的味道也不一

样，羊卓雍湖（浪卡子）旁边长大的羊的肉质也不一样，羊吃草的山上长了一些野葱那样的药草，羊吃了这种野葱，羊的肉吃起来味道就会好一些，我们这里的羊肉吃起来味道会淡一些。

如今纺织户所需的毛线可以直接从市场购买，对羊毛需求量较大的专门经营氆氇纺织的作坊则可以到一些养羊比较多的家庭收购，这些家庭主要集中在扎囊县扎塘镇的白若村、斯贡村、朗赛岭村，扎其乡的孙仓村，桑耶镇的念果村和嘎曲村小组；以及贡嘎县甲竹林乡的给若村、克西乡的秀吾村。

以上村庄都集中在雅鲁藏布江南岸，据经营氆氇生意的图登朗杰说，之所以不去北岸，并不是因为交通的问题，尤其是自2015年扎囊大桥通车以来，从南岸去北岸的昌果跟去杰德秀、朗杰学一带相比路程差不多，去北岸的阿扎和桑耶则要近多了，但是北岸几乎没有能收购的氆氇。"昌果没有织氆氇、邦典和卡垫的，阿扎的村民是自织自用，桑耶的情况不太清楚。"根据从桑耶本地调查获得的说法，在20多年前桑耶都没有会织氆氇的人家，现在有些人家有会织氆氇和卡垫的人，一部分是从江南岸主要是扎囊一带南岸村庄嫁过去的，所以桑耶才慢慢有了织氆氇的人，另外一部分氆氇纺织户是移民搬迁的新住户带过来的，所以桑耶的"新村"第五小组基本上都有会织氆氇的人家，但都是自织自用的，所以整体来说桑耶的氆氇现在也不是很多。而距离更远一些的曲水、泽当，图登朗杰说都没有氆氇可以收购，只有在贡嘎、扎囊一带的村庄才可以收购到氆氇，其中扎囊的氆氇最多，贡嘎杰德秀的邦典最出名。

（三）市场化背景下家庭纺织业的恢复和繁荣

为了治穷致富，1979年以来杰德秀居民大力恢复和发展传统的家庭纺织业。"1977年以前，由于'文化大革命'期间搞家庭副业被批判为走资本主义道路，全公社的社员基本上都停止了织围裙，社员家里的织机被收缴，偷偷织围裙要被批判'割尾巴'。社员的收入来自集体分配，但不足以满足生活的基本需求。那些年，很多群众没钱买盐巴和茶叶，更吃不上酥油，有的人家甚至买不起国家供应的返销粮，欠账的人很多，向国家当伸手派，年年救济。"粉碎"四人帮"后，当地政府为贯彻中共关于发展农业的政策，以及1980年中共中央对西藏工作放宽政策的重要指示，鼓励群众恢复发展家庭副业治穷致富，退还了"文化大革命"期间收缴的370架织机，允许群众请假到外地购买羊毛或出售自织的围裙，在保证农业生产的前提下，尽量多给社员时间在家织围裙，10天左右放一次假（农忙除外）。冬天基本上让社员在家搞副业。

> 1981年上半年，全社社员家庭总共有织机500多架，个别家庭有3~4架氆氇机。每户社员平均每月织围裙3~4条，合人民币50~60块钱，群众的收入大增，茶叶和盐巴都不缺了，酥油也能吃得上了，大多数户和人都不再向国家贷款。还有不少人买了自行车、缝纫机、手表、收音机，年轻人穿上了新衣服。仅以社员旦增贡嘎为例，一家五口在1978年的时候买茶叶都要借钱，1980年全家搬进了新盖的房子，茶叶、酥油不缺，全家换上了新衣服，有的衣服要卖二三十元，全家全年织围裙副业收入约1500元，平均每人300余元。[①]

脱离牧业的家庭纺织业逐步繁荣。市场的开放带来贸易活动的自由，杰德秀村民可以在家门口便利地购买到羊毛、染料等材料，极大地降低了家庭从事手工纺织的门槛，同时纺织品得以进入更大的市场进行销售。"虽然过去杰德秀织氆氇的比其他地方多，但毕竟只是家里条件好些的人家才会织氆氇，不像现在这样，村里每家至少有一架织机"，"过去织氆氇不舍得自己用，都是拿出去卖的，现在织氆氇就是给家里人用的，多余的才会卖出去"。在笔者调查期间，杰德秀已成立4个纺织合作社，按计件工资的方式雇佣一部分村民在合作社编织纺织品。仅有极少数家庭依靠编织氆氇及销售氆氇和卡垫作为生计的主要来源，绝大多数家庭的收入来源还包括经商和外出务工。

根据145份入户调查表的分析（见附录四），当地除极少数家庭以编织氆氇为唯一收入来源以外，绝大多数家庭的收入来源包括外出务工、编织氆氇和卡垫或外出做生意（销售氆氇和卡垫）。假定一个在合作社编织氆氇的普通家庭，其中1人（通常是丈夫）外出打工，平均每月收入4000元（不计在外吃、住、交通、通信等消费支出）、每年打工10个月；1人（通常是妻子）在合作社编织氆氇，收入是每条800元，平均每个月编织2条，

---

① 《中共贡嘎县委杰德秀公社大搞家庭副业致富的调查》（内部资料），山南市档案馆，1981年。

则氆氇对这个家庭收入的贡献如表4-2所示。

表4-2　氆氇纺织对家庭收入的贡献

家庭收入构成	每月工资（元）	平均工作时间（月）	1年收入（元）	所占比例（%）
外出打工	4 000	10	40 000	71.4
编织氆氇	1 600	10	16 000	28.6

资料来源：入户访谈。

调查表明，编织氆氇能给家庭带来可观的收入。村里有1个以上年轻劳力的家庭，多数采取丈夫1人外出务工，妻子1人留守在家照顾老人、小孩、牲畜和管理田间零散农活并利用碎片化时间编织氆氇增加收入的生计模式。在家留守的劳力，相对于外出务工的劳力，一方面节省了吃、住、交通、通信和其他日用品的消费；另一方面能保障农田的管理和牲畜的饲养，可以满足家庭日常对粮食、酥油和其他奶制品的需求，还能照顾好家中老幼、促使家庭和谐，并且能够拼凑闲暇的碎片化时间编织氆氇以增加家庭收入。

对于一些没有外出务工劳力的家庭来说，留守在家同样能够利用编织氆氇获取收入。村中有一户特殊的三口之家贫困户，家庭成员包括58岁的扎西卓玛和88岁的老母亲以及34岁的单身智障女儿。扎西卓玛和女儿都会编织卡垫，两个人加起来每年可以编织35~40个卡垫，按照她们卖出去的价格每条300元，一年可以收入10 500~12 000元。从整个家庭的发展而言，劳力留守在家能够灵活安排劳动时间、打理好家中事务，利于家庭和谐的同时，也有利于增加收入。一般家庭的日常消费主要是食物、衣物、清洁物品（牙签、卫生纸、清洁剂、洗衣剂、牙膏、牙刷、洗发水、洗面奶、护肤品、饰物等）、宗教用品以及购买所需的氆氇原材料（羊毛等），其中所需的青稞、冬小麦和土豆等粮食大都能够自给；饮品中酥油和茶是每日必需的消费品，酥油也是每日所需的宗教消费品（酥油灯），除了茶叶需要到市场购买以外，酥油通常能够自给自足；衣物除了节日所穿的氆氇传统服饰以外，其余的都需要到市场购买；床和沙发所需的垫子、盖被，少量是自己编织，其余大部分需要到市场购买。除此以外，每日所需的蔬菜、糖果和一些饮料以及电、交通工具所需的油料等都需要到市场购买。

图 4-2　家庭纺织

从整个地域而言，留守家庭编织氆氇不但有利于就地、就便、拼凑碎片时间实现"就业"，还利于氆氇编织技艺及相关文化的传承和延续。同时，一部分劳力留守家庭能够防止社区出现"空巢"现象，避免留守老人和年幼儿童独自生活而可能带来的一系列社会问题，使老人晚年有依靠、儿童有陪伴和家庭教育不致缺失。另一个更有意义的层面是保障家中农田有人耕种，避免出现大量抛荒田，从而保障粮食安全。总之，一个社区中能够有相当数量的青壮劳力留在村中就便、就地就业，有老年、青年、壮年、幼年不同年龄阶段和性别比例相对平衡的男女人口数，对于一个村落或社区的发展及其整体生态文明环境的维护是有利的。

（四）经商和务工成为戎巴生计的主要来源

1980 年 6 月，西藏自治区下发了《农村若干经济政策的规定》（试行草案），鼓励社员经营好自留地、自留畜、自留树、自留山，允许和鼓励社员从事编织、养殖、缝纫、纺织等家庭副业和手工业，允许串乡买卖，允许社—队对外承包农、畜、林副产品加工、运输、基建等生产项目和经营旅店、饭店、修理店等服务行业，允许农、牧、林副产品上市交易，恢复农民之间、城乡之间的产品交换。1984 年以后，当地实行家庭联产承包责任制。

自 20 世纪 80 年代恢复民间贸易以及市场嵌入农村社会以来，当地政府鼓励居民从事家庭纺织和其他副业生产，允许各种工匠串乡买卖。1982 年，贡嘎县恢复开放杰德秀鲁康集市贸易，允许个人经商。至 1985 年，杰德秀鲁康市场有集体商户 5 户、个体私营商户 60 户。① 自 2005 年国家实施安居工程以来，杰德秀的基础环境和商业氛围有了极大改进，鲁康街两侧的商铺显著增多。

随着杰德秀的贸易活动从周期性集市到每日集市，"经商"成为一些家庭的重要谋生方式。1982 年，贡嘎县恢复开放杰德秀鲁康集市贸易，允许个人经商，29 户个体工商户拿到了经营许可证；至 1985 年，杰德秀鲁康市场有集体商户 5 户、个体私营商户 60 户；1993 年集体和个体商户总数达 200 户，至 2000 年，有个体商户 290 户。② 笔者 2015 年第二次进入杰德秀调研期间，从杰德秀派出所获取一份大约在 2013 年前统计的商铺名单，名单里记录的杰德秀商户共有 148 户，其中，数量较多的是藏式茶馆 35 家、百货商店 30 家、现代服装销售店（包括鞋类）26 家、藏装制作兼销售店 5 家、水果蔬菜店 5 家、农机修理销售店 4 家、缝纫店 3 家，约占总商户数量的 73%；其余各类商店在 1 家到 2 家店铺的，包括建材、五金、家具、厨具、粮油加工、手工馒头、面条加工、川味饭店、洗车、理发、羊毛加工等；这份统计名单里没有包括杰德秀 4 家氆氇加工厂内的销售点和 1 家砖厂，以及那些自纺自销的家庭和做氆氇、邦典生意的行商。

图 4 - 3　杰德秀鲁康集市上的裁缝铺

据笔者 2016 年 7 月底第三次进入杰德秀继续调研期间的不完全统计和观察，藏式茶馆、百货商店和现代服装销售店（包括鞋类）依然是杰德秀

① 西藏自治区地方志编纂委员会编：《贡嘎县志》，北京：中国藏学出版社，2015 年，第804 页。

② 西藏自治区地方志编纂委员会编：《贡嘎县志》，北京：中国藏学出版社，2015 年，第384 页。

比例最多的商铺类型。在杰德秀派出所提供的 148 户商铺名单上，又增加了几种商铺类型，包括 4 家青海回族人经营的钢架门窗店、2 家三轮车销售店（其中 1 家兼营摩托车修理）、2 家佛教用品店、2 家肉店（屠夫经营）、1 个家庭牙医诊所（诊所设在家院内部，医生为顿布曲果寺僧人，家院是其姐姐的家）、1 家杰德秀本地人开设的淋浴室、2 家四川餐馆、1 家铜器加工店、1 家金花帽制作销售店、2 家藏式木制家具店。

此外，除去朗杰学乡间公路沿线的商铺、S101 省道沿线上的商铺、氆氇加工厂内的销售点和 1 家砖厂、在自己家院内从事的木工等手工业加工厂，以及那些自纺自销的家庭氆氇纺织和做氆氇、邦典生意的行商，每天在杰德秀打麦场（平时作为私家载客面包车的停车场）摆摊的商户，仅统计鲁康主街道上的商铺共有 86 家，其中，现代服装销售店（包括鞋类）34家、百货商店 16 家、塑料五金 10 家、藏式餐馆 5 家、缝纫店 4 家、水果蔬菜店 4 家、四川餐馆 3 家，其余还有小吃店（凉拌粉和油炸土豆、香肠类）2 家、佛教用品店 2 家、儿童自行车店 2 家、面粉加工店 1 家、河南馒头店1 家、毛线店 1 家、床上用品店 1 家。可见，自 1982 年恢复开放杰德秀鲁康集市贸易并允许个人经商以来，杰德秀的经商户数和他们的经商范围及类型都发生了巨大的变化。

近年来，国家扶贫项目的推进和新近发起的农业合作化推动一部分家庭富余劳力外出务工。外出务工成为许多家庭的一项收入来源，它对家庭生计的影响不仅在于其经济贡献，还在于对家庭传统生计方式的冲击。据笔者调查，由于外出务工而放弃农业、牧业和手工业的家庭并不在少数。

（五）分工的变化

1. 新时期个体经营下的生计分化与分工

1984 年后当地家庭的生计模式出现了分化，即部分以农为主、部分以经商为主、部分以纺织业为主（与经商相结合的家庭作坊）、少数以纺织以外的手工生产为主，并且自 20 世纪 90 年代以来，部分家庭逐渐以外出务工为主。

事实表明，以家庭为单位的分散的个体经营，再次面临多样性谋生手段与劳动力相对缺乏之间的矛盾，尤其是一些家中有小孩在外地学校接受教育或有劳动力外出务工的家庭，其劳动力缺乏的情况更为突出。农田抛荒现象开始凸显，妇女、儿童和老年人留守问题突出，此时农、牧、手工等生产劳动在家庭成员间的分配更加凸显出时间和空间上分离、聚合的特点：一是在农忙时节，外出务工、读书和做生意的男女劳力回到家中参加农忙劳动及公共性的庆祝仪式（如春耕仪式和望果节）；二是农忙结束后再返回各自所在的城市，如拉萨、山南和日喀则，在内地更远城市的学校读书的青少年，则仅在藏历年时才会返回，因此一年的时间分配的大致情形是：以在附近工地务工的家庭为例，当地大概在藏历 10 月底就会停工，冬季不施工，民工们返回家中，此时没有太多农牧方面的活计，全家人就聚在家里从事羊毛纺织的工作，大概从藏历年前 1 个月开始准备年货，藏历年期间走亲访友、拜访寺院、烧香祈福、放松娱乐，这段时间可持续半个多月，传统上，一年中的 11 月、12 月、1 月、2 月是没有太多重大农牧活计的时节，并且在藏历年前的一个来月，是许多劳力在当地寻找被雇用机会的时间；在这个漫长的冬季，除了纺织和照料牲畜的日常，人们的日常生活也似乎随着冬季的来临而渐渐冬眠了，只有到了 3 月、4 月春季来临的时候，人们才频繁地走出家门，重新聚集到农田里开始一年的春耕仪式，并且此时牛羊等牲畜也进入了生产和分娩的季节，在这之后，人们的生活和生产又逐渐步入繁忙的状态。

在此时期，以农业生产为主的家庭，女性承担了几乎全部的传统生产门类，男性在将大部分时间投入外出务工的同时，仍然承担着每年农业生产中耕地、秋收和打场的主要工作；在一些诸如剪羊毛、制作陶器等的劳动中，开始出现女性替代男性的情形；在家中的家务、宗教活动和公共事务中，女性和家中的长辈扮演了主要的角色。结论：以生活活动为准绳，男女性别的分工差异又重新回归公社之前的传统，即分工的依据没有改变，而是根据季节（时间）和生产活动的空间属性，对劳动力灵活地加以组织和分配，表现新的时代背景下对于环境的适应策略。同时，以邻居、同乡（地缘）关系为主的家庭之间的合作得以重新恢复，这其中既有互帮互助或换工的积极互惠，也有雇工性质的消极互惠。

过去三十多年的包产到户及个体经营尽管解决了农区家庭的吃饭问题，但在卷入市场化的过程中，因为现金的缺乏而导致多数家庭处于贫困状态。为实现农区家庭的创收和增收，地方政府积极提倡和协助当地劳动力外出务工，但同时也加剧了农牧生产过程中的劳动力缺乏问题，并且由于外出务工的家庭成员在每年农忙时节须回到家乡参加生产，也极大地影响了他们的务工收入。

2. 基本生计合作化趋势下的分工及变化

为解决农区家庭个体分散经营所暴露出来的弱点，近几年来，地方政府响应国家政策，鼓励分散经营的农业生产走向合作化，这对于家庭分工的影响，就是将更多的劳动力从土地的束缚中解放出来，从事农业生产以外的职业以增加现金的收入，或者留守家中从事氆氇纺织的手工业也可以获得较为丰厚的利润，而多数家庭选择了在当地经营茶馆或百货商店。此外，由于打铁、制陶等职业不再受到重视，制铜、泥塑等手艺则受到市场的欢迎，屠夫成了赚钱的职业，但传统形成的隔离并未消除，除了铜匠有新的成员加入，陶匠因为留守妇女可以开发利用其闲置的劳力而在政府的说服下接受这个可以赚取工资的手艺，其他的手工职业却没落了；此外，阿巴或喇拉这个职业之所以还有年轻人愿意投入精力和时间去学习，很大程度上是因为它是一个不错的谋生手段。

在局部地方，随着国家土地确权工作的推进，一些村小组在扶贫项目的框架下，将耕地的使用权和经营权租给外来的投资公司改作他用。于是，村民从土地获取资料的方式也由直接耕种转变为间接收取地租。

以上因素的变化对于一个家庭的分工影响：首先，生产门类更趋于单一（如纺织业），但不再是农业和牧业；其次，承担这部分工作的，主要是留守家中照顾老人和小孩的妇女，她们是更愿意去学习这门技能的人；最后，外出经商或进入城市务工的男性劳动力，已基本上脱离了农村的生产活动，家庭对于他们而言是一种亲情联系的纽带，在节假日定期回家是他们与家庭在空间和时间上重叠发生联系的节点，家中的老年人也因无事可做而将更多的时间和精力投入转寺、拜佛、念经和泡在甜茶馆里，适龄的后代则在学校里完成至少9年甚至12年的义务教育，考取大学的青年则远离家乡到大城市去学习和生活，毕业后回到家乡的学生以参加政府职能部门的工作为首选，他们不再从事父母或祖辈所从事的农牧生产活动。然而务农依然是其父母一代的基本依靠，即便不再亲自参与这些劳动，但是依靠土地获取生活所需，是他们将要维持至终的事业，可以预见这些不再亲自下地劳动的农民，追随子女到大城市生活将是他们的选择。家乡的土地、房屋和牛羊，不再有任何可以束缚他们的力量，四处离散是大多数人的生活选择或被迫适应。与之相应的是，在宽阔平坦的耕地上，大部分代之以规模化和标准化的生产方式，那些机械难以通行的山区和坡地，将可能是唯一保留传统耕作方式的地方。

第二节 一般生计的局部变迁与分工变化

民主改革以来，国家在西藏持续投入了财力、物力、技术等要素推动农田及水利建设、农具改良和引进以及农技推广等，并通过政策主导和地方政府组织实施来推进农业生产；自 1959 年民主改革初期开始，国家提倡"以农牧生产为主"，并实行按土地常年产量累进比例计划征购爱国公粮；人民公社时期开始以社、队为基本核算单位，将全部收入扣除各项开支后，在国家、集体、社员之间分配。在资金分配方面，初级社时期是按土地报酬和劳动工分分配到户，农业税由户承担，在随后取消土地报酬后，社员分配全按工分；在粮食分配方面，初级社社员口粮按人口平均分配，建立人民公社后，采取按工分分配口粮，对无劳动力或缺劳动力户予以补助，直到 1984 年以后，粮食全部由承包户处理。

一、农业技术—工具改革与分工变化

民主改革以来，在政府主导和扶持下的技术—工具改革使农业生产效率获得提升。它们包括拓荒、农田改造、水利建设、技术和农具改良或引进等。1973 年以后，"农业学大寨"运动期间的化肥、农药、优良品种、农业机械获得了国家大力支援，通过修建水渠、水库、水塘，改造低产田、河滩，加沙改土等措施实施农业基本建设；1974 年后全面贯彻农区"以粮为纲、全面发展"方针，大搞农田水利建设，推广科学种田。

（一）工具改革与分工变化

土壤耕作包括耕、耙、压、耱、锄等多个步骤，传统上大多以秋耕和春耕为主。民间把秋耕和春耕概括为"耧、捶、吉楼、那木"，认为秋耕宜进行 2 次："耧"为第一次，在秋收后进行，一般要求深、细和早，目的在于深耕灭茬、压草做肥，同时因早耕气温和土温还较高，土壤水分也充足，可促进草籽发芽，起灭草保蓄水分和翻晒土、促进土壤熟化等作用，翻出的草根还可拣出喂牲畜；"捶"为第二次，一般在第一次秋耕的基础上进行交叉犁地，即不要细，以便于冬灌，经冻融作用而熟化土壤。春耕也有 2 次，第一次春耕要细，因冬灌后土壤经冻融作用而变得疏松，细犁可使土壤上虚下实，消除坷垃，可为提高播种质量创造条件；第二次春耕即为播种，在此之前有灌溉条件的还要灌水。对于秋耕时间的把握，讲究一个"早"字，认为秋耕是"七金""八银""九铜""十铁"。所谓"七金"，意为在藏历 7 月份犁地效果最好，而这正是雨季降水量最为集中的阶段。[1]

历史上，耕犁性能较差，多数情况下只能松动表土，实际深度在 10 厘米左右，且常有漏耕，使犁地效果较为粗放。

由于农业生产领域急需维修和补充数量庞大的生产工具，从 1959 年的冬耕活动开始，一场由政府领导的声势浩大的工具改革运动已在农区展开。政府提倡加大生产工具的生产，鼓励以铁匠为主的手工业者多生产缺乏和急需的生产工具，以解决此类生产工具的不足，同时政府协助解决所需部分原料不足的问题。

> 农牧工具加工生产必须两条腿走路：一方面应加强国营加工力量，目前主要加强各专区所在地和重点县的国营农具加工部门，尽可能设法就地加工，专区能够生产的就不要拿到拉萨来搞，专区农具厂主要供应生产量大的，缺木质和缺铁匠的地方所需的农牧工具；另一方面，应积极组织手工业者进行加工生产。注意解决他们在工具等方面的困难。为防止投机抬价，各地可根据具体情况，尽可能地适当地把手工业者组织起来，供给原料，代国营和供销社加工生产，收回成品，付一定的加工费。[2]

在工具改革运动中，政府一面提出"保证生产关，工具要当先"，一面领导铁、木工匠成立铁木厂和铁木组对传统工具进行大胆改革和创新。政府倡导的工具改革及创新，在于提前对农业生产各主要环节所需的工具加以改制，以保证生产的需要。如备耕环节所需的翻地犁、十字镐和翻地锹；驮运环节所需的粪筐、手推车等。在 1960 年的春播前，又大抓工具改革运动，改进了藏犁，制造了条播机，修补了木耙，大量制造了铁齿耙 40 302 件（其中修补旧耙 17 854 件、新制 22 448 件）；为加强田间管理，大抓了锄草的刀、追肥用的粪桶、驮背的粪筐、保管粮食的防风雨具、收割的镰刀和锯镰以及驮运工

---

① 西藏自治区地方志编纂委员会编纂：《西藏自治区志·农业志》，北京：中国藏学出版社，2014 年，第 306 页。

② 《农牧生产工具现场调查研究会议纪要》（内部资料），扎囊县档案室，全宗号：XW01，1963 年第 39 卷。

具、石磙、风车、扬场铣、扫帚等的生产；为保证积肥数量，提高肥料质量，全区办了 1 270 个化肥厂，并在厂内进行工具改革。突出的是，这一时期扎囊县的群众创造了水力、脚踏、手推等形式的制肥机，实现了机械化，提高了工效，全区制成土化肥料 17 585 万斤[①]。

在这次生产工具的改革运动中，提高劳动工效、保证生产质量是主要的目的。根据相关材料的记录，使用新制造的运输手推车比靠人力背运的方法提高工效 3 倍以上；改制的新式犁深翻地 6 寸以上，比旧式藏犁深耕 3 寸，且犁得透，其工效提高 1 倍；使用新制的条播犁播种比点播方法好，土壤翻得深，增加了土地增产潜力；同时由于春播工具的改革，不仅保证了春播质量，而且提前 30 余天就完成播种工作；据计算，利用石磙打场的办法比过去用牲畜踩场等办法工效要提高 10 倍以上；利用风车扬场比过去用布扇风扬场提高工效 10 多倍，对实现秋季快收、快打极为重要。

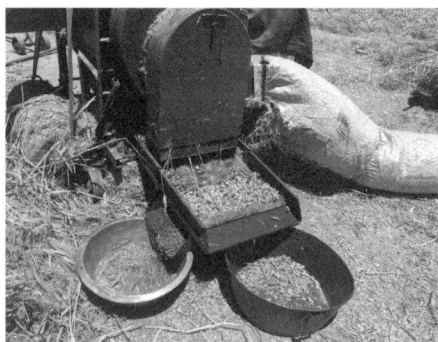

图 4 - 4　发动机脱粒

① 《扎囊县农牧部关于开展工具改革运动的初步总结报告》（内部资料），扎囊县档案室，全宗号：XW01，1960 年第 13 卷。

工具改革减轻了繁重的体力劳动，也减少了劳动力的投入。制作土化肥料，用石磙碾碎代替石锤粉碎羊粪和石灰，可以把土肥碾压得更细，最后用搅拌机代替徒手拌肥料，还可以避免手被烧伤；运输原料成品时用四轮小车，使工效提高 50 倍以上，由原 6 个人日产 600 斤，提高到日产 3 万斤。不仅改进了卫生条件，减轻了重体力劳动，而且解放出大批劳动力，经常可以出动 1 400 余人大搞水利建设。[①]

随着大量农具的投入使用也急需相应的维修人才，基于此，政府一方面收集各地对农具要求及特点的描述，以提供给相关制作单位生产符合需求的农具；另一方面也鼓励非铁匠户出身的青年到政府的农机站学习生产铁质农具的技能。因而这场工具改革运动也同时催生了许多新生代的铁、木工匠，尤其是过去社会地位低下、社会隔离严重的铁匠职业，受到了极大的重视。截至 1960 年 6 月底，山南专区共组建 8 个铁木厂、111 个铁木组，共有 798 位铁木技术人员参加。[②]

1959 年后逐步推广新式步犁，尤其是在推广山地犁后，耕地质量才逐步有所提高。20 世纪 80 年代末期，随着农机的大力推广，农机化程度进一步提高，杰德秀的耕地基本实现机械化耕作，运用的农机具主要有拖拉机、旋耕机、翻转犁。与此同时，河谷坡地上一些村庄的地块仍在使用"二牛抬杠"及步犁。

1959 年从拉萨的部分乡镇开始试验用新式步犁，但随后不到 2 年的时间新式步犁即被农户弃用，直到 1964 年新式步犁才重新在农区获得推广[③]。传统上西藏农区用旧式步犁（藏式犁）翻耕土地，且 1959 年前所用的犁大多是木制的，没有犁铧，故而只能松土不能翻地，在一些土层薄、土层下面石块多的土地，木制犁能起到的作用极其有限，因而犁地的工效低、质量较差，能够进行冬季翻地的面积很小，并且翻过后的地里杂草丛生，影响了农作物自身的生长和产量。在犁头尖的前端装上一个铁制犁铧显然能提高效率。犁地虽然依靠畜力带动犁铧运作，但人们仍认为指挥耕牛和掌控犁柄是男性担任的工作。

《西藏日报》在 1966 年 3 月 4 日刊载的文章中总结了新式步犁的优点：

① 《扎囊县农牧部关于开展工具改革运动的初步总结报告》（内部资料），扎囊县档案室，全宗号：XW01，1960 年第 13 卷。

② 《扎囊县农牧部关于开展工具改革运动的初步总结报告》（内部资料），扎囊县档案室，全宗号：XW01，1960 年第 13 卷。

③ 《关于林周县和达孜县邦堆区推广使用新式步犁情况的调查报告》，《西藏日报》，1966 年 3 月 4 日第 2 版。

人扶犁省力、深浅容易掌握；有调节板、导轮；犁铧锋利，犁镜光滑，肯进土、肯翻土、吃土深浅一致、好掌握；扶犁时人可以走在待翻的平壤上，不用费很大力气，牛的负重量虽然大一点，但由于重量一致，用力均匀，牛拉起来也轻松、走得快，一般耕牛都可以拉动；比旧式步犁容易学会。

新式步犁之所以难以推广成功，该文总结了四个主要原因：第一是基层政府工作人员在领导上缺乏经验，对新式步犁的使用以及群众的意见和建议研究不足，并且遇到阻碍便迅速败下阵来；第二是群众长期使用旧式步犁的耕作习惯阻碍了新式步犁的推广；第三是使用技术不得法，开始牛拉不动，群众便误以为新式步犁不如旧式步犁好用；第四是当时互助组还处于初建阶段，还不能充分发挥互助组集体生产的作用。因此，一家一户使用新式步犁，耕牛有困难；有的两户合伙买一部新式步犁，但耕牛大小不同，配合不上；有的两户共有一头牛，使用时意见不一，受到了限制。[①]

1966 年 10 月，贡嘎县江塘乡铁匠旺青格来自费学习修理步犁和仿制步犁的技术，带领全乡 11 个铁木手工业人员和学徒成立贡嘎县第一个铁木生产小组。综上，新式步犁适合山南大部分农区使用，可以发挥其提高工效、节约三分之一到二分之一劳动力的作用，并使富余劳动力投入其他农事活动，以提高农业生产的整体效率；同时可以抓住季节，节约三分之一到二分之一的时间，并利于精耕细作、粮食增产。

（二）耕作技术的改革及影响

西藏农区的传统耕作制度可以说是在对抗多种不利因素的过程中发展起来的，其中，针对病虫害、草害、土壤肥力流失和干旱等不同因素的对抗促使人们建立起基于地方性经验的耕作制度，包括土壤翻耕和作物种植两个方面，与江雄沟隔"雅鲁"相望的昌果沟境内，有距今约 3 370 年的新石器时期遗址，其遗存物中包括了青稞、粟和少量小麦、豌豆种子的碳化粒和草本植物"人参果"的地下根茎碳化粒，证明至迟在新石器时代青稞就是"雅鲁"流域的种植作物。

1. 作物结构与季节分工

在青稞和小麦这两种主要农作物中，青稞具有早熟、耐寒、耐盐碱、耐旱、抗病、丰产的特点。其中，在喜马拉雅山北麓海拔 3 000 米到 4 400

---

① 《关于林周县和达孜县邦堆区推广使用新式步犁情况的调查报告》，《西藏日报》，1966 年 3 月 4 日第 2 版。

米的一年一作地区，主要有春青稞、春小麦；在喜马拉雅山南麓地区海拔3 000米以下地带种植有冬小麦、冬青稞、春小麦、春青稞。政府档案材料的记录显示，1961年前，平均海拔在3 000米到3 900米的沿"雅鲁"两岸的河谷平地地带，因其海拔较低、气温较高、无霜期较长，适宜种植春青稞和春小麦，以及豌豆、蚕豆、扁豆、油菜、荞麦、马铃薯、苦豆、芜菁和大麻等（其中扁豆仅个别县种植，如隆子县、扎囊县有少量栽培，大麻全是零星种植），贡嘎、扎囊两地是这一地带最典型的两个农业县。在山南境内，与"雅鲁"流域的河谷平地地带差异明显的分别是海拔4 300米到4 400米的错那县高寒山区和海拔2 950米左右的喜马拉雅山南麓地区。根据1960年的调查，错那县高寒山区的霜期从8月初开始到次年的5月底、6月初结束，整个无霜期约为70天，过去在该县雪线下区域仅播种饲料作物，自1960年开始种植青稞、小麦、豌豆、油菜、马铃薯等作物，但据观察，早熟品种的油菜、青稞可长成熟，不过因为受霜害，种子的饱满程度较差，而马铃薯则因霜害而叶子全部枯死且没有结薯，其他如晚熟品种的小麦、豌豆均因生长不良而未成熟。与此形成鲜明对比的是，海拔在2 950米左右的喜马拉雅山南麓地区，如错那县的勒布种植有冬小麦、冬青稞、荞麦、马铃薯和芜菁等，并可进行二季栽培，即在收割完青稞和小麦后，可再种植一季荞麦或芜菁。另在隆子县加玉区堆巴乡海拔3 000米以下区域，也有二季栽培，青稞收割后种植荞麦。[①]

1961年山南地区耕地面积37万余藏克，约占西藏全区耕地面积的14%。其种植的作物以青稞为主（占70%到75%），其次为小麦（占10%到15%）、豌豆（约占10%）、油菜、蚕豆、薯类、玉米、蔬菜和其他农作物。根据作物分布与环境的关系，即迎风坡或背风坡的地理位置和海拔高度、日照、降水等自然因素的差异，西藏农区的作物表现出明显的垂直差异：海拔3 000米以下区域种植冬青稞、春小麦、春青稞、荞麦、马铃薯等；海拔3 000米至3 900米区域种植春青稞、春小麦、豌豆、蚕豆、油菜、荞麦、扁豆、马铃薯、大麻、苦豆、芜菁等；海拔4 300米到4 400米的高寒山区仅有早熟耐寒的春青稞、春小麦和芜菁。即海拔越高，可适宜种植的作物种类越少。

---

① 《1961年山南专区生产资料汇编》（内部资料），山南市档案馆，全宗号：XW043，1961年第5卷。

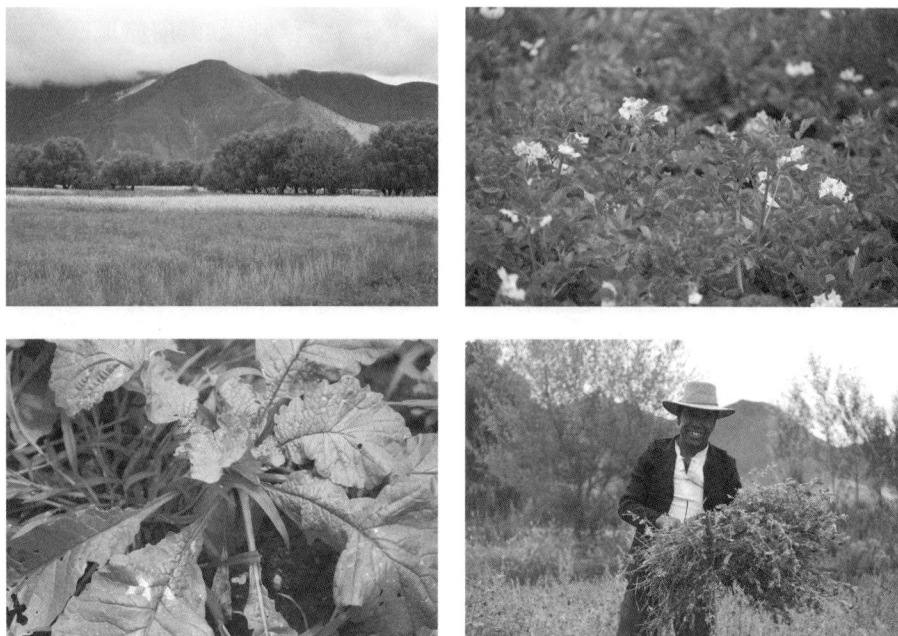

图 4 - 5　河谷作物

2. 耕作制度与农牧分工

在同一地块上同期混合种植两种以上作物的叫"混作"，只种一种作物的是"单作"。混作的目的是抗灾、稳产和调节地力。传统上，混作在西藏农区甚为普遍，在种植业中占有重要的地位。西藏地区的农田大多数是混作的，青稞地里可以看到小麦、豌豆、油菜等，后藏的青稞、小麦地更时常混生着豌豆，单独栽培豌豆和油菜的很少。贡嘎县 20 世纪 70 年代以前主要采取麦类作物与豆类作物混作的形式，具体有小麦 + 豌豆、青稞 + 豌豆、油菜 + 豌豆等形式。

轮作的目的是恢复和提高土壤肥力，防止病虫草害，提高粮油产量和品质。西藏的轮作习惯多是把豌豆作为青稞的前作。如豌豆—青稞—小麦—豌豆或荞麦等。一般情况下青稞连作 2 年后其长势就会减弱，因而引入轮作制度可以在间隔一段时间后恢复或稳定青稞或小麦的产量。据 1961 年中国科学院西藏综合考察队考察，西藏利用苦豆和青稞等作物轮作，相当于种油菜后施 100 袋有机肥料的增产效果。

图4-6　混作和轮作

　　同时，轮作与休耕后大量施肥的作用相仿，因此在一些条件较好的上等地几乎都不用休耕，而是利用豆科作物进行轮作。除豌豆外，蚕豆、油菜、马铃薯等都可以作为青稞的前茬作物。包括杰德秀在内的沿江一带农区，历史上是轮作制度较为普遍的地方。民主改革初期，拉萨曲水、堆龙德庆等地的沿河耕地采用的作物轮作形式是：蚕豆混入少量油菜—青稞—小麦。与此轮作方式相适应的施肥原则是青稞多施、小麦少施、蚕豆不施；其土壤翻耕一般是秋耕2次，青稞地春耕2次，蚕豆、小麦地春耕1次。由于轮作周期短，有机肥分解缓慢，能较好地平衡一个轮作周期的土壤养分状况，维持一定的生产水平。

　　由于一些害虫是依附于作物的寄生型害虫，因此通过轮作的方式还可以创造不利于害虫生存的环境。而混作嵌入轮作的制度，可提升土壤养分的充分利用程度。20世纪70年代后，由于推广化学灭草技术、增施化肥及改进农机具等原因，加速了休闲轮作向作物轮作的转变，部分尚存的休闲轮作主要目的是蓄积土壤的水分。从1985年开始，贡嘎、扎囊二县开始试种和推广箭舌豌豆增加肥力，后经大力推广，达到了缓解草畜矛盾和提高地力的效果。

20世纪60年代，由于急于增加粮食产量，豌豆种植面积急剧下降；20世纪70年代，推广冬小麦后，部分地区冬小麦种植面积占适宜其种植面积的70%到90%，造成连作；80年代初期，大力压缩冬小麦种植面积，所以尚未暴露出连作的危害性；在同一时期，开始推广冬青稞，青稞本身耐连作，在有相对较多的牲畜粪肥和休耕前提下，尚能维持一定产量水平；在80年代后期，又大抓粮食生产，部分沿江河谷平地的豆科作物急剧减少，大多仅种有青稞和小麦，因而又陷入了麦类作物连作状况，在一些化肥施用量剧增的产地，产量获得了提高，秸秆和根茬残留也随之增多，有机肥也相应有所增加，未暴露出明显的对地力消耗不利的影响。

然而单作连作尤其容易引起某种虫害爆发。20世纪70年代推广冬小麦以来，因冬小麦连作，贡嘎县在1975年的受灾面积达772亩，1979年西藏全区发生了严重的蚜虫灾害，随后蚜虫逐渐成为高原农田的主要虫害，但随着农药的推广使用，混作面积逐年减少，从20世纪80年代开始，贡嘎县大部分耕地的混作仅限于油菜＋豌豆，麦类作物以单作为主，但在其后的20世纪90年代，几乎每年都爆发了规模较大、影响严重的虫灾，仅1999年杰德秀虫灾面积就达1 300亩，严重受灾的有300亩。[①]

（三）休耕除草与劳力组织

除了灭虫，休耕也是灭草、改善土壤结构和养分状况的基本环节。在日喀则地区，一般是在夏、秋农闲季节，在休耕地上进行土壤翻耕（10多次以上），前两次翻耕时拣除掉"然巴草"等多年生的杂草，同时促使其他杂草生长发芽，在下次耕作时再将其消灭；山南地区多采用雨季前耕地作土埂，雨季中和雨季后进行淹灌灭草，同时引入河水带入泥沙、养分等淤积于土壤表层，起到灭草和增加土壤养分的作用。此后，在种植作物的几

---

① 西藏自治区地方志编纂委员会编：《贡嘎县志》，北京：中国藏学出版社，2015年，第69页。

年里一般不进行秋、春耕，或是尽管进行秋、春耕，但由于藏犁漏耕多，只能针对浅层部分土壤起到松土的作用，对于除草和改善土壤养分的效果有限，随着时间的推移，土壤上下层变得板结坚硬，杂草蔓延，一般 5 年左右之后就不再有明显的耕作层，因而必须进入下一轮的休耕周期。

图 4-7　松土除草

传统上，拉萨、山南地区在作物生长初期用小锄或手除草一次，除草后即行灌溉，在作物生长后期用手拔除野燕麦及其他杂草作为牲畜饲料。20世纪 60 年代，随着机器播种的推广，运用小板锄提高了除草松土的效率，降低了劳动强度；70 年代开始推广化学除草剂，灭草效果较好，但由于化学除草剂的专一性，一种杂草得到控制后，另一种杂草又有发展，因此采取人工除草与化学除草相配合的办法。

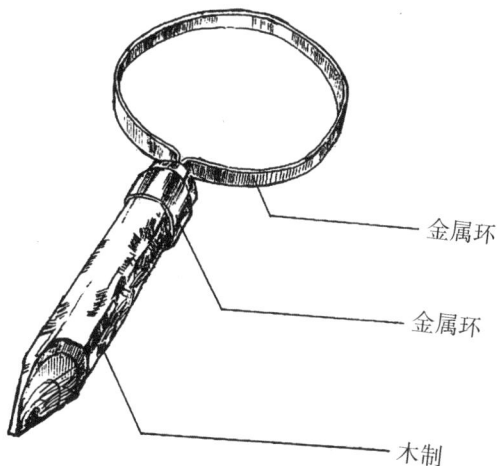

金属环

金属环

木制

图 4-8　除草工具

（四）犁耕播种与性别分工

人民公社时期，女性不能耕地的旧习被打破。按照动力的来源，传统的耕地方式包括"人耕"和"畜耕"，"人耕"是指由人力牵引和推犁的耕地方式，通常是在缺少畜力情况下的一种应对策略，但需要至少两个劳动力同时作业。据报道人讲述，像仁增旺钦那样的堆穷户或其他小差巴户，他们能够租种到桑耶寺所属豁卡的土地，劳力是基本的条件，而能够具备畜力（用作驮运、耕地、打场等）和部分生产工具则使他们拥有更多的竞争力，一些被豁卡认定为"不善经营"的堆穷，豁卡就有权收回他们租种的耕地。抛开霜冻、洪水、虫灾等自然情况，人为造成的"不善经营"主要依赖于经验、劳力、畜力和工具等生产资料的投入情况，其中畜力和生产工具依赖交换获得。

自吐蕃时期推行"二牛抬杠"（见图4-9）以来，扶犁执柄似乎是男性壮劳力的劳动范畴，对于为什么都是男性劳力犁地，有的报道人说那是因为女性没有力气做这个活；有的说他们也不清楚为什么，传统的习惯就是这样的；有的解释说，因为老一辈人认为女性和男性比，她们是"罪孽深重"的一个群体，所以如果由她们来执掌犁地的话，因为"罪孽"太深重就要让耕牛承受更多的压力，因此出于对耕牛的爱护，就不让女性扶犁；最后一种说法是女人不能碰到铁器，否则就会引来冰雹、霜冻、洪水和虫害等自然灾害，因此不能让女性扶犁。

图4-9　二牛抬杠

这一情况在人民公社时期恰好相反，1925年出生的拉珍回忆：在人民公社时期，男性干的活女性也干，很多女性都有犁地的经历，那个时候公社还组织了女性犁地的比赛，犁地前先要穿上汉式的男性衣服，戴着解放帽，据说这样装扮是为了让自己看起来像一个男性一样强壮有力，而并不是出于某种宗教的目的，因为那个时候犁地穿女装也可以，但是为了显示自己的厉害，女性都穿着汉式的男装耕田，尤其是比赛的时候，表示女性不输男性的气势。在犁地时套犁、耕地、拆犁等都是女性一手完成。

旧时耕种差岗地或领主的"自营地"时，由于这些平整、地块大、土质松软的优质耕地都位于平地上，因此实际的耕种过程往往是几套"二牛抬杠"组成的人力、畜力并行同时出发和折返，所以配合播种的女性也是一同前行。在有的不用犁而是用锄翻动土壤并进行播种的土地上，男女劳力的搭配便不再是男前女后的配合，而是男女各站一排，由手持锄头的男性背身站成一排，一边举锄挖地一边退后，对面同样站成一排的女性则一边在锄头挖过的土壤上撒种，一边埋土前进。为了保证工作进行的效率，保持男女队伍的秩序和节奏一致显得尤为关键，即男性挖锄的行为保持一致，女性撒种的节奏也保持一致，在这个过程中借助类似于口号、团队一起唱的"播种歌"不仅可以达到保证秩序的效果，还可以通过这样的方式转移或缓解一部分因为劳动而产生的疲惫。

二、牧业生计的局部变迁与分工变化

可适应河谷低地生存环境，为河谷家庭提供羊毛、羊皮、羊肉甚至畜力来源的羊群，尤其是其毛可以用于纺织的绵羊群，成为多数家庭的选择。尽管管理羊群是一项非常辛苦的工作，并且在全年中的每一天都需要占用专门的劳动力从事放羊，以及须向领主交纳草场使用税，但相比其他大型牲畜而言，人们还可以利用绵羊间接换取粮食和其他生活所需乃至积累更多财富。

（一）人民公社时期的集体放牧与分工

一般来说，在羊群的放牧分工上，本身是没有男女之分的，但对放牧的经验却有较高的要求，这体现在一天中羊群随着时间在不同场地（空间）上的转移关系到羊群放牧的质量以及羊群体质的健康，同时对于防备野狼的攻击也需要成年人的经验和威力，因而尽管小孩一般在七八岁时即开始加入成年人组成的放牧队伍中，但关键时候他们并不能够单独胜任这项工作，因而与其他家庭形成互助（如换工和寄养）或专门雇请牧羊人，对于缺乏劳动力的家庭和在农忙时节尤其显得重要。

据杰德秀居委会现任支部书记达瓦回忆，人民公社时期杰德秀公社下辖9个生产队，每个生产队都有专人牧羊，每队大约有3人。羊群外出吃草的时候，会被牧羊人赶到本生产队的草场范围吃草，在户外对羊群的管理依赖于牧羊人的经验，经过公社一级的总结，大概包括了这样一个放羊的规律：在羊群从草场返回后，互助组时期尽管生产组织超越了家庭这一单位，但羊群依然是个体家庭所有，每天傍晚在牧羊人将羊群赶回村社时，不同家庭的羊会自动脱离羊群回到各自的主人家。当冬季草场上的牧草减少时，各自用自家储备的越冬畜草或作物秸秆喂食羊群，即羊群是家庭个体私有的财产，互助与合作仅限于放牧，即各家的羊在每天清晨集合，在傍晚回家时又分散回各户。而在公社时期羊群等生产资料收归生产队集体所有和统一经营，牧羊人早上出门，傍晚将羊群赶至生产队修建的羊圈，越冬时节由专职人员利用生产队所属的秸秆或冬季储备干草喂食羊群。

但无论是耕种秋收还是放牧接羔，除了放牧是每天固定的活动，其余都具有明显的季节性，因而在一年中除去农忙和剪毛、接羔的活动，其余时间就产生了多余和闲置的劳动力资源。由于家庭和生产队生产活动趋于单一，这些多余出来的劳动力资源在创造价值这一方面就有被浪费的可能，但事实表明，公社一级组织在这一时期组织各生产队劳力进行了许多公共性的项目建设，比如植树造林、农田改造、修建水利、防灾治灾等。因而自1959年民主改革至1967年"文化大革命"开始，互助组时期被评价为西藏农区发展的黄金时期，人民公社和生产队时期，除去所有制形式和"文化大革命"的影响不论，单就组织形式而言，是有利于农牧业实现规模化生产的。

（二）工具变革与分工变化

生产队时使用上了剪羊毛的剪刀，比起原来用于割羊毛的刀，不但操作起来简便了，效率也提高了。剪毛前需要至少两个劳力配合将羊抓住并捆住四肢，把羊侧放在地面上，剪羊毛的人坐在地上，利用双腿将羊头和尾部固定住，即使在没有旁人协助的情况下，一个熟练的男劳力也能完成剪羊毛的工作，在剪完一侧时把羊的身体翻过来再接着剪完另一侧身上的毛。

比起个体家庭和互助组，生产队的羊群规模扩大了，集中剪毛的那几天可以在全队调配劳动力，因而能够快速地完成羊群的剪毛工作。除此之外，临近春季时母羊的分娩和接羔，也因为生产队较强的组织力而能够更高效地完成。可见，互助组和生产队时期的羊群管理活动，不仅冲破了民主改革前以家庭为生产单位的组织范围，而且也使那些在个体家庭之间长期以来形成的基于地缘和亲缘关系之上的轮流放牧、寄养、雇工（包括联合雇工）的形式也一并随之消失了。

（三）家庭绵羊养殖业的消退

尽管并无证据表明民主改革前的养羊户比现在的多，但从交通条件、定期交易会每年仅 3 次、单是杰德秀这样的较大规模村落中养羊大户也仅有 3 户来看，要通过交换获得羊毛的机会和数量都较为有限，因此家庭纺织业对自身饲养绵羊有很大程度上的依赖，即自养自纺，而且多数家庭并不能达到以养羊来获取主要材料的程度，因此依赖于家庭养羊业的家庭纺织业，其规模是与绵羊养殖业直接相关的。考虑到绵羊的饲养至少有 5 个月左右不能依靠放牧获得支撑，因此需要用夏季储存的干草和耕作的作物秸秆来作为绵羊的饲料来源之一，因此养羊的规模也受到耕地规模的影响。一个家庭中对纺织这项生计的依赖与耕地规模及绵羊的养殖规模相适应，家庭纺织业不能脱离绵羊养殖，甚至不能脱离对耕地的使用。民主改革后，包括耕地、奶牛和绵羊在内的生产资料分配到个体家庭，但初期的效果并不好，原因是分配下去的羊在有的家庭被直接当作肉食宰了。饲养少量的绵羊和饲养 200 只以上的绵羊，投入的劳动力是一样的，即一年中的时间，绵羊每天都需要放牧，而不像黄牛那样对放牧的劳动力并没有硬性的要求。因此，在劳动力没有获得解决的情况下，家庭饲养绵羊的生计是不具有明显优越性的。人民公社时期由于家庭不再私自从事养羊业，纺织业也被视为"资本主义的尾巴"，这一时期生计的变化导致家庭分工的变化，以年龄作为分工的依据占据主要地位。改革开放和包产到户后，家庭纺织逐年获得普及，纺织户比以前更多了，相反绵羊养殖业消退了，这是国家退牧还草项目的直接结果，同时也是市场化所带来的羊毛及毛线材料方便获得的结果。

三、纺织业的合作化倾向与分工变化

自 20 世纪 80 年代初期推行市场经济"双包到户"以来，除个体家庭和集体经济组织以外，20 世纪 90 年代末先后涌现出一批家庭作坊或私营企业。2011 年前后，这些家庭作坊或私营企业担负起了带动村民或近邻共同致富的责任，在上级政府的扶持下一些家庭作坊或私营企业改制为农民合作社，吸收部分村民成为合作社的股东或工人。此外，在当地还有"公司＋农户""双联户＋个体家庭"的经营组织形式，使当地呈现出多元化经营的特点。总体上，这些多元化经营主体及组织形式的出现，是以国家和市场嵌入为背景的。在多元化经营主体和国家、市场嵌入的多重因素影响下，当地家庭的劳动分工也呈现出新的适应特点。

（一）纺织合作社

1998 年，杰德秀的纺织能手格桑在当地政府的鼓励下，申请了 5 万元的无息贷款组建了纺织合作社，召集村里一部分贫困闲散人员，教给他们编织邦典的技术，再由合作社按件收购纺织成品，由此开始了他的创业之路。2002 年，在当地政府扶持下，格桑再次贷款 2 万元，办起了只有 6 名非固定员工的家庭作坊式的格桑民族手工业工厂；2004 年，格桑又贷款 30 万元扩大生产规模，利用 2 年的时间还清银行贷款，并在 2007 年成立了格桑民族手工业扶贫企业，创办了杰德秀藏毯厂。同年，政府拨给了 15 万元的培训费，让格桑将编织技术传授给更多的村民。到 2008 年，格桑的厂里已经有了 20 台编织围裙的机器，一年靠制作氆氇和邦典至少有 10 万元的纯收入。2011 年，杰德秀藏毯厂更名为山南市贡嘎县杰德秀镇格桑围裙农民合作社，用政府提倡的"以企带农"的方式组织当地妇女加入合作社的生产。

合作社的 25 名职工以杰德秀和邻近的斯麦居委会的女性居多。格桑因病去世后，他的妻子嘎日开始经营合作社。为了鼓励大家的积极性，嘎日对员工实行计件工资，每织一件围裙 45 元，月平均工资 1 200 元，一个职工一年有 1 万多元收入，每年共发放职工工资 33 万多元。该社的产品包括围裙、氆氇、毛毯等 10 多个品种，主要销到拉萨、日喀则、那曲和山南等地。斯麦居委会的纺织工巴果说："在阿佳（姐姐）嘎日的带动下，我家现在也在织邦典，一年有 1.5 万元的收入，日子越过越好。"在嘎日的带动下，杰德秀镇（辖杰德秀居委会、斯麦居委会、果吉村、克西村①、秀吾村）小型家庭编织作坊逐步增多，截至 2011 年，编织户已达 980 户，固定

---

① 2015 年克西村改为克西乡。

从业人员 1 400 余人，织机 2 100 台，年收入 800 余万元①。

在杰德秀的几个合作社里，有 2 个规模较大的合作社安装了染色的设备，可以运用现代的氆氇染色技术自行染色，也有合作社是统一用车将氆氇运到约 30 公里外的扎囊县氆氇染色厂进行染色的。图登朗杰担任贡堆村氆氇纺织合作社的负责人，社里织好的氆氇一半拿到扎囊县氆氇染色厂染色，一半放在家里自己染。图登朗杰说，这是依据本地人和康巴人的不同喜好来区分的：日喀则、拉萨自泽当沿江一带的藏族主要倾向于购买黑色、浅红色和深红色的氆氇，而康巴人喜欢大红色的氆氇。尽管染色厂里染得好，但是康巴人喜欢的大红色只能自己在家里染。

（二）纺织合作社与家庭分工的案例

贡堆村是一个只有 34 户居民的村小组，在过去几年，随着村里男性居民外出务工的增多，留守村里的妇女利用闲余时间学起了氆氇纺织，而这跟村中做氆氇生意的图登朗杰一家有直接关系。1961 年出生的图登朗杰从 1985 年开始做氆氇买卖生意，2013 年和二弟各投资 30 万元成立了家庭氆氇作坊，并在拉萨经营一个氆氇批发的店。图登朗杰从各个村庄收购回来的氆氇加上合作社纺织的氆氇，由在拉萨的二弟将一部分氆氇批发给销售氆氇的商铺，一部分由店铺的裁缝制成成衣出售；在家里的三弟则每个月用 10 天到 15 天的时间，开车把氆氇运到日喀则一带摆摊出售。

> 村里上了年纪的老年人（一般是 60 岁以上的老人）会织卡垫，也会织氆氇，有男的也有女的。像崩朵这样 50 岁左右的人有的会织氆氇，有的不会，但是都会织卡垫；30 岁以下、20 岁以上的年轻人，留在家里没有出去读书、务工的人就会织卡垫，不会织氆氇，有的要学的话就可以学会。现在愿意学织氆氇的人也多起来了，因为成立了合作社，不用自己买羊毛，负担轻了，销路也有保证。

---

① 张晓明、崔士鑫、李文健等：《"邦典"织出五彩生活》，《西藏日报》，2011 年 9 月 19 日第 3 版。

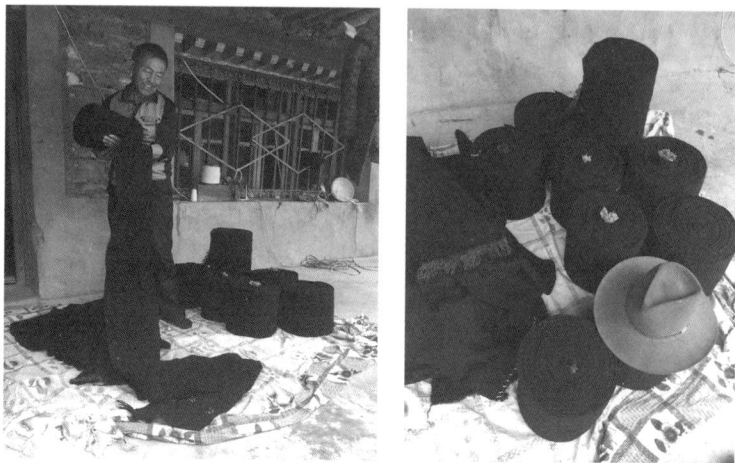

图 4-10　以备出售的氆氇

　　2013 年图登朗杰家的氆氇作坊成立前,在新房子后面的自家空地上建了一层平房,招收了 8 名工人。2015 年时,经当地政府的协调和扶持,图登朗杰的家庭作坊与村里的扶贫工作挂钩,改建为村小组的"氆氇纺织合作社",即政府出资将原来的一层平房加盖到二层以便容纳更多的纺织机器和工人,在拉萨新开一个店面并招收了 6 名工人(其中 2 名是来自日喀则的学徒,后来培训他们成为裁缝,另外 4 名是来自扎囊本地专门销售氆氇的员工),家里的纺织间也计划新增 7 名纺织工,组织更多的闲余劳动力纺织氆氇。从 2015 年开始在政府的扶持下,图登朗杰的家庭作坊变更为贡堆村的氆氇纺织合作社,政府的目的是希望合作社在扶贫上发挥带头作用,把村里更多的留守妇女组织起来到合作社编织氆氇,使她们可以在离家近的地方打工挣钱,既方便照顾家庭和农田,也可以把零散的闲余时间拼凑和利用起来增加家庭的收入,并通过图登朗杰已稳固的销售渠道把氆氇卖到拉萨、日喀则、昌都和那曲。

　　2013 年成立家庭作坊时,来这里做工的妇女中有几个不会织氆氇,图登朗杰就专门请了村里一位 70 多岁的老人到作坊里一个一个地教,学得最快的用了 17 天就学会了,慢的人学了 1 个月。但刚开始那段时期,初学的纺织工因为手脚配合不好,织出来的氆氇不能用,只能当成抹布用,因此浪费了很多毛线。

　　家庭作坊成立最初一共有 8 名纺织工,除了 2 人是对面玖麦村的,其余都是贡堆小组的。其中 7 个人不会织氆氇,需要在合作社的组织下学习编织技术。8 名纺织工的工资是计件工资,每织完 1 卷宽 27 厘米、长 18 米的氆氆氇可获得800元的工资报酬。但对于手艺精湛而稳定的纺织工则按每卷氆氇1 000元的工资给予报酬。通常熟练工人比普通工人织完一条氆氇可节省7斤羊毛，并且手艺好的工人7天就能织完1卷氆氇，手艺相对差一些的要织10天甚至更长时间。

8名纺织工的工作时间是依据各自情况自由安排的，一般是利用早餐后至做晚饭前的这段时间到合作社织氆氇，中间回家吃一次中餐，顺便喂家里的牲畜，然后再回到合作社里。其间遇到家里临时有事需要立即解决的，就会中途离开，如果时间还早就回到合作社继续织氆氇，如果时间已接近傍晚就不用再回去，完全根据自己的情况灵活调整。

平时图登朗杰都是早上7：00起床，稍事准备后在7：30左右出发去贡嘎杰德秀的一家藏餐馆吃早餐，然后等着那里的人来找他卖氆氇，所以这家餐馆是他的一个固定据点，与他经常打交道、做氆氇买卖的杰德秀村民，都知道到这家餐馆来找他。而他只需要经常性地到这家餐馆和那里熟悉的朋友喝茶等候即可。现在手机的普遍使用让这种交易更具有可靠性。图登朗杰在杰德秀并没有固定的卖家，杰德秀的氆氇主人也不会视图登朗杰为唯一买家，双方会在餐馆里碰面，就氆氇的品质和价格进行协商，双方达成一致意见是交易实现的前提。用图登朗杰的话说就是"哪家合适买哪家"，而村民的立场就是"哪家合适卖哪家"。图登朗杰在杰德秀待上半天的时间后，再开着自己的面包车回到扎囊县的一些村子"转一转"，那些氆氇纺织户比较集中的村子，是图登朗杰经常要拜访的地方。对于图登朗杰来说，他不仅要收购氆氇，同时也会收购一些卡垫，因而对于去往哪些村庄收购氆氇和去往哪些村庄收购卡垫他非常清楚。

一个月中约有10天的时间，图登朗杰要开着自家的面包车到贡嘎的杰德秀、朗杰学一带转，晚上就回到贡堆的家里吃饭休息；另外的20来天就在扎囊南岸一带的村庄转，一个月中大部分时间在外面转。收购的地方主要集中在一些氆氇纺织户比较多的村落，包括扎囊县的木那村、施贡村、止布、吉林（卡垫）、玖麦（卡垫）、扎其、朗赛岭、莫嘎；贡嘎县的杰德秀（氆氇、邦典）、朗杰学、克西、斯麦（氆氇、邦典）、果吉。

图登朗杰一个月平均去拉萨送1次货，每次送100卷左右。根据所用羊毛的品质、纺织的精细程度，每卷氆氇的价格都不一样，甚至存在很大的差异，每卷氆氇的收购价格在2 000～10 000元，大多数是在3 000～9 000元之间。最终成交的价格还取决于图登朗杰和出售者之间所达成的共识——图登朗杰依据积累的经验通过眼看、手摸等直观的感觉在短时间内对氆氇的品质作出判断，依次评定给出氆氇的价格；出售者则依据其自身对产品真实信息的了解，从其所接触的邻居、亲戚、交易伙伴等熟人中所获得的关于氆氇交换价格的经验及其在此基础上形成的预期与图登朗杰进行讨价还价，除此之外，双方还会对交易发生的地理位置给予充分的考量——与贸易集散地距离的远近、道路条件的优劣、所花时间和其他成本的高低，这些都是影响最终成交价格的直接因素，但这些相对来说属于客观范畴的因素并不是唯一的因素，图登朗杰说有时候如果织氆氇的人家刚好急需用到现金，那么就会急于出手织好的氆氇，价格就会比平时低一些，但无论如何氆氇的买卖基于双方的自愿得以实现。

四、商业的局部变迁与分工变化

杰德秀是"雅鲁"河谷少数的贸易集散地。杰德秀鲁康贸易活动来源于今日扎囊县扎塘镇强巴林寺每年一次的佛教仪式活动，以及扎旦寺每年两次的佛教活动。早在 20 世纪初，杰德秀即发展成为山南基巧的第二大市场，是贡嘎宗定期开展贸易活动的固定乡村集市，且贡嘎县内的大部分私营商户集中在此，以经营粮食、布匹、肉类、日用杂货等为主。据村民说，鲁康是当地一个水塘的名字，"鲁"是指青蛙、蜥蜴一类的动物，"康"是指水潭，集市就在鲁康边的空地上举行，并且按照交易的货物划分了专门的区域，比如牛、羊、驴和马等牲畜就在曲宗山脚处的山坡，氆氇、邦典、羊毛、杂货等就在坡脚下比较平坦的地方，这里就是今天鲁康集市的中心广场。

中心广场靠东南的位置是嗡玛家的商铺，他们家族是杰德秀数一数二的经商大户。嗡玛家族的两兄弟曾以常年来往于印度、尼泊尔与杰德秀之间经营着当地最大规模和实力的马帮商队而闻名，他们通过商队将杰德秀的氆氇、邦典和其他土产运往尼泊尔和印度边境，再将印度大吉岭的茶叶、布匹、鼻烟等生活用品和尼泊尔边境的货物运回杰德秀在集市期间出售。而擅于纺织的杰德秀居民将氆氇和邦典主要用于交换粮食及其他所需物品，因而贸易成了这些家庭必备的一种生存技能，定期的贸易集市也为这些家庭的贸易活动提供了便利，长期以来便塑造了杰德秀"家家会织、户户能商"的形象，村内居民中至今汇集了来自尼泊尔、不丹、拉达克等地和回族、汉族等商人与当地村民通婚所生的后代，强有力地证明了这里曾是贸易活跃的集市所在。

民主改革初期，杰德秀鲁康集市的贸易活动一度停滞，1961 年至 1963

年间曾有过短暂恢复，1964 年私人经商和外商来往贸易被视为非法而遭到禁止，如小商户倒卖牲畜和尼泊尔商人到杰德秀收购氆氇等均被视为非法。1964 年 4 月间有尼泊尔商人到杰德秀以收债为名，以低价收购氆氇而被扣留护照和氆氇；1966 年 5 月至 1976 年 10 月，鲁康集市除了农牧民之间的盐粮交换以及其他日用品的少量交易外，基本上无贸易活动。其间，贡嘎县居民与黑河（那曲）、当雄、林周牧民用粮食交换土碱、酥油、奶渣、羊毛等物品；同时也进行牛、羊牲畜和牛皮、牛毛、垫子等物品的交换。[①]

1988 年出生的德吉自小在杰德秀长大，平时和父母以及比她小 2 岁的弟弟一起生活。德吉在鲁康街上经营一家童装店，每个月的营业利润在七八千元；德吉的父母和弟弟平时做些家务和农活，弟弟还会每天给德吉送饭，偶尔也会帮忙照看商店，德吉做生意挣来的钱是全家收入的主要来源。童装店的客人除了杰德秀本村人以外，还有来自附近斯麦、果吉和克西的村民，以及江雄沟里朗杰学乡的人，甚至在贡嘎县其他山沟和扎囊县的人也是鲁康街上的常客。

第三节　特殊生计的局部变迁与分工变化

一、捕鱼作为补充生计并最终停滞

人民公社解散后松卡的摆渡业务全部分包给了 2 户人家，玖米也就没有再去摆渡了。大概 3 年后，玖米又做了 2 条牛皮船，用于在农闲的时候到江里捕一些鱼补贴家用，从那时起，除了种地，捕鱼就成了玖米家主要的收入来源。那个时候 1 斤鱼可以卖到 3 元钱，松卡村里有 8 户人家捕鱼，包括那 6 户来往于江两岸的渡船户也捕鱼。

玖米将捕到的鱼拿到江对岸的扎其、扎塘、贡嘎和泽当一带地方去卖，尽管昌果本地也有捕鱼的人家，并且距离昌果以西不足 10 千米的地方就是以捕鱼为生的渔村——陇巴村，玖米有时也会去同在北岸的昌果卖鱼。向玖米买鱼的以本地人为主，有藏族群众和干部，也有一些为数不多的汉族

---

① 西藏自治区地方志编纂委员会编：《贡嘎县志》，北京：中国藏学出版社，2015 年，第 384 页。

干部和群众。

旺钦自己有 7 个孩子，1 个儿子"嫁"到了曲水县俊巴村，1 个在拉萨堆龙德庆，另外 5 个都在陇巴村，各自有自己的家庭。现在旺钦和女儿、女婿以及他们的 3 个小孩一起生活。除了到俊巴村做上门女婿的大儿子，旺钦其余的孩子都没有跟他学过做牛皮船，以前没有搬到新村的时候，他的孩子和他一样都是靠捕鱼为生，搬到新村后，原来的村址上的房屋都废弃了，和其他村民一样，孩子们也都不再捕鱼了，各家都买了大货车。

搬到新村后，有时候自己想吃鱼，旺钦就会去江边撒个网，网回来的鱼都是自己吃，像以前那样专门捕鱼去卖的经历再也没有了。旺钦告诉我们，曲水县俊巴村的村民现在都还在捕鱼、卖鱼，他的儿子就在那边捕鱼和卖鱼，并且开了一家鱼庄。当地人常见的吃鱼方式有烤、煮、生吃或做成鱼肉包子，最受欢迎的吃法是用生鱼肉做成鱼酱就着糌粑吃。

和其他村民一样，旺钦家里现在以种地为主，女婿是开大货车的，家里的生活条件变好了。陇巴村出去外面打工和做生意的人几乎没有，村里人都在附近的采石场开采石头、开着大货车运送沙石料，单是采石带来的收入就使陇巴村成为所在乡镇年收入最高的一个村，2016 年每户人家从采石这项集体经济里分红数万元，现在村民的生活变好了，但他们现在依赖的采石经济只有 10 年的开采权。至于 10 年以后靠什么生活，他们并不会刻意去想太多，更何况还有政府替他们想办法。

不再捕鱼和做牛皮船的旺钦平时也不干农活，每天的生活就是和同村的老人一起到茶馆里玩掷色子（藏语称为"巴拉秀"）、喝甜茶，由于附近没有寺院，他们也不会像桑耶和杰德秀的老人们那样每天都去转寺院，但他们居住的新村里有政府出资修建的转经筒，村里的老人们每天早上都会手拈佛珠转经筒，转完经筒再围绕整个村子转一圈。旺钦每天的生活轨迹是当地大部分老年人的生活状态：

6：00—6：30 起床后空腹出门转经筒、转村庄；

8：00 左右回家给家里的牛喂食秸秆或饲草；

9：00—10：00 喂好了牛就拿起纺纱锤一边纺羊毛线一边走到村里的甜茶馆里吃藏面、喝甜茶；

13：00—14：00 回家吃午饭；

15：00—16：00 出门和朋友玩掷色子；

17：00—18：00 回家吃晚饭。

除此以外，一些不太热衷于泡茶馆或掷色子的老年男性，以及那些遵照习俗被禁止参与此类游戏的女性，则与所有村庄可以看到的情形一样，无论是在闲坐时、走路时还是在和朋友聊天时，如果手里摇着的不是经筒，或者手里数着的不是佛珠手串，那么手里就会揣着一个像陀螺一样旋转的纺纱锤，一边悠闲地消磨时光，一边手不停地纺着羊毛，就好像纺羊毛也是每天必做的功课。

二、增加的制陶户与停滞的制陶业

民主改革后，尤其是国家实施包产到户以后，随着村里人口的增长，学会制陶的人越来越多，鼎盛时达到了家家户户都做陶器的局面，杂玉村也成了远近闻名的陶村。从过去"销往乃东、桑耶、泽当、扎囊、扎其、桑惹等地。年交20至30件陶器于桑颇，给折本林寺交20至30两草皮钱（烧时须用草皮将窑包住）。藏政府修寺院时，须无偿去烧砖瓦"① 的局面，转变为完全自主经营、自负盈亏的生产。

截至2017年全村共有78户、378人，男188人、女190人；耕地504亩，在相同级别村庄里，算是耕地比较少的。其中有100来亩的梯田都是村民自己开垦的，分布在村子南北两边，其余约400亩条件较好的耕地分别在山脚下的吉林村、施工村和玖麦村，这些耕地是民主改革后分到的。村里除了少数几户孤寡或残疾五保户，以及缺乏制陶男劳力的家庭以外，多数家庭都制陶。

后来，制陶业逐渐萎缩直至停滞。根据报道人的说法，大概2005年是一个分界线，除了那些有实力继续升学读书的男孩子，村里大部分的男青年都外出务工，很少有人愿意学习制陶这门手艺了。那是因为那时市场里出现了很多价格低、外观新颖且不易摔碎的塑料制品，而过去一般家庭对陶器的需求并不会在美观、做工上挑剔，只要可用、耐用就足够，但随着人们生活水平的提高，许多家庭喜欢购买那些过去只有大户或贵族人家才能消费得起的铁器或铜器制品，于是购买和使用陶器的家庭越来越少，村里制作的陶器失去了销路，家里到了年龄的小孩也不再学习制陶了。

但最近两年使用陶器的人又渐渐多起来了，现在的老百姓都觉得用陶器不但利于食物的保存，而且更有益于健康。比起用木桶来储存糌粑，糌

---

① 郭克范：《扎囊县民主改革时期档案整理与研究》，北京：社会科学文献出版社，2014年，第7页。

粑长期储存在陶器里不会变质，且糌粑的味道也不会变。除了储存糌粑，用陶罐储存风干牛肉也利于肉长期保持干燥，且不容易变味。按照旦增欧珠的说法，在过去老百姓购买陶器是因为买不起铁和铜的金属器具，后来生活改善了就不太购买陶器，而是喜欢买那些能够与尊贵地位和财富相联系的金属器具，并且因为陶器容易破碎而逐渐受到冷落。据扎其乡1988年出生的拉杰回忆，在他刚上小学的时候，也就是1995年前后，家里人用的碗、杯、茶壶、青稞酒壶等都是陶器，后来到了读初中的时候，也就是从2000年前后开始，家里的陶器几乎就只剩下酿青稞酒的缸了，"最近两三年，因为老百姓不缺钱了，现在的观念讲究健康了，所以他们又想买陶器了"。

截至2017年调查时，尽管全村78户人家中，除去少数孤寡、残疾五保户或缺男性劳力的家庭以外，几乎每家都曾经做过陶器，现在村里只有唯一一位老匠人还在坚持做陶器，但也仅限于有外面的人慕名前来定制的时候老匠人才会重操旧业，其余大部分时间都不制陶了。从年龄段来看，村里40岁以上的男性几乎都会制陶，30岁以上的只有个别男性会制陶，大部分30岁左右及其以下年龄的男性都没有学习过制陶。

2015年杂玉村的支书去了江西景德镇学习，他认为利用景德镇的传统烧陶方式达不到所需的温度要求，因而对此并不感兴趣。但是政府认为挖草皮对环境破坏比较大，因而提倡借用景德镇的烧制方式，并投资在村委会的后院安装了一个现代烧陶的炉子，只是由于村里制陶的人家稀少了，这套烧炉只有在制作一些用于展览的陶制品时才会被用到。

三、屠夫与河谷牲畜的淘汰

河谷牧区的牲畜以牦牛为主。在牦牛群体中，母牦牛是奶产品的唯一提供者和繁殖牦牛群的主要载体，因而在一个牦牛群中，刚出生的母牦牛和成年母牦牛都会成为被用心照顾的对象；而其中混杂着少数由牧户精心挑选出来、用以跟母牦牛配种的成年公牦牛，尽管它们也能跟着母牦牛群一起到草场吃草，但在一年中跨越冬季之前的一段时间里，许多被视为不再适宜配种的公牦牛会交换给农区的种植者用以耕地或驮运物品，有的则与那些从小就被阉割的公牛一起被当作菜牛宰杀，而一些年老且不再产奶的母牦牛，则成为被"淘汰"的对象，尽管被淘汰的方式可能不一定是通过宰杀，而是被就近放生，但被放生的母牦牛获得"自由"的同时，也失去了在人为看护下的存活条件，野外的生存环境以及潜伏着的猛兽攻击的威胁，并不利于它们久活于世，尤其是在它们自身的身体状况已经处在老弱不堪的时候。

选择宰杀的淘汰方式并不是一个可以轻易实现的方式，尤其是那些没有男性劳动力的家庭，此时就需要雇请专职屠夫来完成。

专职屠夫一般居住在人口较为密集的村庄，从事屠夫这一职业的人大致有两类：一类是久居当地，从祖、父辈继承而来的职业，这类屠夫基本上只居住在有耕地的村庄，他们也需要依靠从事少量的耕种获取粮食，屠宰只是他们获取粮食的另一种途径，并且主要集中在每年藏历的10—12月这三个月。另一类是流浪至此在当地替人屠宰牛羊而被视为屠夫的人。

由于替人屠宰牲畜所换取的粮食占据了他们获取粮食数量的较大比例，并且屠宰这一行为从根本上将他们与那些从不实施屠宰行为的人严格地区分开来：屠宰使他们成为社会等级中地位最低的"黑骨头"，他们是其他人眼中最不洁、最肮脏的人。除了观念上的歧视，人们通过不与其通婚和共食，在生活中与他们保持距离，同时政治和法律制度层面也将他们与其他人严格地隔离开来：禁止为僧、禁止拜佛。

尽管河谷牧区有的牧户也会自行宰杀牛羊，但他们不会受到与专职屠夫宰杀牛羊的行为一样的"歧视"对待。正如农区报道人所说的那样："牧户'协马'宰杀牛羊是不会受到鄙视的，因为他们不是专职的屠夫。……那些家里全是女人的牧户就只有请专门的屠夫来宰杀了。"而牧户"协马"也不会受到如屠夫"协马"那样的区别对待，即受到婚姻、饮食和宗教方面的隔离。

> 整个村有画匠、木匠、石匠、喇拉和驾驶员，没有屠夫、铁匠、铜匠、陶匠、和尚。原来村里的半山腰上有个寺院，"文化大革命"的时候被毁了。当需要喇拉的时候，就找村里一位80多岁会念经的五保户，平时农户家里要念经的话就可以邀请他去，他替代了和尚和喇拉的角色。宰牛羊和猪的时候，需要屠夫就去桑耶请过来，桑耶有三个屠夫，都是藏族的屠夫，但现在其中一个平时不干宰牛的事，到了年前宰杀牛羊特别忙的时候才会重操旧业，这段时期非常忙，单算牛一天就要杀十几头，每头收50元的费用。

因此，在那些远离主要村庄、牧户较为集中的山区里，屠宰牛羊的工作并不都是雇请屠夫完成的。在调研期间，一位驻村的大学生村官就曾告诉笔者，沟里有一个偏僻村庄，那里的牧户几乎都是自行宰杀牛羊的，发现这一情况的过程是在每年入户统计牲畜出栏数量的时候，从交谈中无意得知的，有的人家对此有所忌讳，统计时只是简单告诉工作人员今年又淘汰（宰杀）了多少只羊或多少头牛，而对于谁主宰杀牛羊的事宜只字不提，深谙此习俗的政府工作人员也从不会去打听这一"隐私"，不仅是因为没必要打听，更是出于对其生活方式的尊重。

也有的人家不像其他人家那样私底下"偷偷"宰杀，因此驻村的工作人员也会偶尔亲眼看到这样的情况。事实上，同住一个村里的邻居彼此熟悉，在这样一个小范围里试图"偷偷"掩饰自行宰杀牛羊的情况是极少的，因此有的人家也就"大大方方"地谈论和实施宰杀。同一个村子里住着的人家，大家都心照不宣，彼此之间也不会存在"歧视"的情况。

第五章
戎巴分工及其变迁的影响因素

分工与生计方式的紧密联系、生计方式与自然及社会环境的紧密联系，以及生计方式所体现的人群适应环境的理性和策略，使得影响分工的因素不仅包括人群内在的理性，还包括外部自然环境和社会环境的变化。民主改革推翻了旧有的土地及差税制度、废除了戎巴在政治上的不平等，同时伴随着不同时期的社会、经济转型和文化生活的变化，戎巴的生计发生了巨大变化，而内在地包含于家庭生计中的、体现着戎巴适应理性的分工也发生了变化。

第一节　影响分工的自然与文化因素

雅鲁藏布江中部流域河谷地带平均海拔在 3 000 米至 3 900 米，与藏北高原的草原环境相比，"雅鲁"河谷地带海拔低、气温高、无霜期长，一年中降雨主要集中在 7 月至 9 月；"雅鲁"沿岸和谷口处的平地平坦开阔、土壤肥沃，具有较好的农业开发潜力；沿江的滩地和河谷两边的低山是天然的草场；"雅鲁"水域是两岸交通的屏障，同时也是开展水运和捕鱼生计的条件。一方面河谷环境为戎巴提供了可利用的土地、草场、水域和可供捕捉采集的动植物；另一方面高原极限环境整体上较为恶劣、资源相对稀少，向人们的生存提出了挑战。

一、影响分工的自然因素

自然环境为人们的生计方式提供条件，生计方式与分工紧密相连。生活在雅鲁藏布江中部流域的戎巴，适应着不同于雅鲁藏布江上游和下游以及藏北高原的环境，他们是以农业为主要生计方式的定居群体，有着不同于藏北高原藏族和雅鲁藏布江下游珞巴族的生计及分工模式。

雅鲁藏布江中游两岸分布着数十条南北走向的支干河谷，每一条河谷内部随着海拔的上升或降低，其地势、地形、气温、降水、土壤和植被都随之发生相应的变化，戎巴依据这些自然条件的组合发展起相应的生计类型：河谷低地集中分布着以定居农业为主要生计的人群，这里村落及人口最为密集；河谷高处的山地和草甸生活着以半定居牧业为主要生计的人群，他们在河谷人口中所占比例最小；河谷中间的过渡区域，随着海拔的上升而呈现出耕地、村落和人口相应减少的趋势。

对于本书所关注的农区居民来说，河谷的自然环境为他们提供了从事农业和牧业等多种生计的可能条件。地理区位的相对封闭性，促使他们必须采取多种生计以最大限度地实现"自给"。但同时河谷资源的稀缺以及气候等自然条件的恶劣又削弱了上述条件，使得他们很难真正做到"自足"。

戎巴在适应自然环境的过程中，发展出"亦农亦牧，工商结合"的传统生计模式，从而构成河谷、村落、家庭分工的前提。换句话说，生计方式是戎巴分工的前提，自然环境正是通过他们所采取的生计方式对其分工加以作用和影响。

戎巴以"亦农亦牧"为基本特征的生计方式，决定了家庭内部的分工主要围绕农牧生产活动展开。在当地，影响农业活动的自然环境因素，主要是干湿分明的季节降水以及农作物的生长周期。它们共同决定了农业活动对应劳动力需求的高峰期，分别是藏历3月的播种和8月的收获两个节点。因此，对于普通家庭而言，要在两个高峰期顺利完成农作物（青稞）的播种或收割，对于劳动力的组织和调配就发挥了关键性作用。

另外，民主改革前，戎巴饲养的大型牲畜在数量上远不及绵羊养殖，原因在于绝大多数家庭的手工纺织业依赖于绵羊的家庭养殖业。根据羊群的生长习性，每天都需要安排专人放牧，对于那些羊群规模较小（通常少于200只）或者欠缺劳动力的家庭而言，与其他家庭建立协作采用"轮流"放牧的方式，既能够保证羊群在每天获得放牧，又能节约或减少家庭在放牧方面的劳动力投入。除了羊群以外，家庭饲养的少量奶牛和力畜（毛驴和马除外），也能够以同样的方式集中起来轮流放牧。

根据噶厦政府的历史档案记载，本书所调查的区域常见的自然灾害主要有干旱和洪涝（含冰雹）两种，除此之外就是与农业紧密相关的虫鼠害[①]、与畜牧业紧密相关的瘟疫以及有可能带来直接威胁的低温寒冻，可见气候类灾害是当地戎巴所需面临的主要风险。因此，在应对自然环境方面，家庭劳动力的配置要适应自然气候、动物的生活习性和作物的生长习性，同时避免农牧生产遭受自然灾害的破坏。

（一）农业高峰期对劳动力配置的影响

对于农业活动中的劳动力配置而言，最关键的因素在于高峰期时对于

---

① 西藏自治区地方志编纂委员会编：《贡嘎县志》，北京：中国藏学出版社，2015年，第877–883页。

劳动力的大量需求常常超过一个家庭所能提供的劳动力基数。农业活动高峰期对劳动力的需求常常超过家庭内部的劳动力基数，大家庭由于劳动力基数较大而具有明显的优势①。

以青稞（大麦）为主要作物的农业活动，在播种前后需要及时灌溉。每年的播种大抵从藏历 3 月中旬开始，而此时正值旱季阶段，因此人们采用"冬灌保墒"的方式来增加土壤的含水量，而这项工作是在头一年的秋收结束后、冬季来临前完成的，即赶在雨季结束前完成。秋收的完成时间和雨季的结束时期共同制约于进行冬灌的时间，因此冬灌的用水高峰期集中在每年的 10 月至 11 月。用于农业灌溉的蓄水水塘、提灌站、水库和灌溉水渠直到 1959 年后才得以大规模建设②，在这之前大部分河谷农业依靠自然降水实现灌溉。

由于雨季直到 5 月后才姗姗来迟，因而大部分地方都面临干旱的考验。江雄河谷的杰德秀是个例外。杰德秀一个非常突出的地理特点及优势，就是它拥有长年不断的地下水，并且其规模足以保障多数耕地获得灌溉。同时，这股源源不断的水流，也为纺织业用水提供了便利的条件。

无论如何，青稞作物自身的生长习性是首要考虑的因素，因此播种的时节并不会因为降水的推迟而频繁变化，尽管有时候这也会成为不得已推迟播种的理由。大多数情况下，3 月中旬是所有河谷低地开耕的时候，在海拔稍高一些的村落，他们的开耕会往后推迟一个星期或半个月左右，这多半是与气温直接有关。

降水给播种、灌溉和秋收所带来的影响，将直接作用于人们对劳动力的安排。根据调查，一年中主要的农业用工高峰期，集中在每年 3 月中旬的开播、8 月前后的秋收和 10 月后的冬灌。

从政府的历史档案材料中发现，民主改革初期，当地传统的作业方式在时间安排上表现得尤为松散而随意，并常常因此错过"最佳"的作业时机③。于是在政府的强力组织和带动下，并配合农田改造、水利建设以及相关的技术推广（主要是开始于 20 世纪 60 年代、基本完成于 80 年代初的冬小麦推广），促使传统的播种时间和秋收时间都得以提前，同时在秋收后的

---

① 西藏自治区地方志编纂委员会编：《贡嘎县志》，北京：中国藏学出版社，2015 年，第 351 - 353 页。

② CHARUDUTT M, HERBERT H T P, SIPKE E V W. Diversity, risk mediation, and change in a trans-himalayan agropastoral system. Human ecology, 2003 (4): 595 - 609.

③ 《1961 年山南专区生产资料汇编》（内部资料），山南市档案馆，全宗号：XW043，1961 年第 5 卷。

一段时期内增加了冬季牲畜储备草（如苜蓿草）的种植，从而有力地减少了劳动力配置在时间上的随意性。

（二）羊群的生活习性和自然条件对分工的影响

羊群的放牧必须前往远离村庄的山谷或草地，因此户外的主要风险来自狼群的攻击。这是羊群必须由专人守护的原因之一，因而羊群并不像牦牛那样是自由放养的。对于经验丰富的牧羊人来说，选择一块恰当的牧羊地，通常需要考虑到植被、日照和水源的情况。首先空间和植被的情况决定了放牧的规模，并且在不同的时间段内把羊群赶到不同的空间内，体现着牧羊人的经验和智慧。

1959 年民主改革前，巴果家里养了 500 多只绵羊，在其 14 岁以前常常和父亲、两个哥哥一起去山上放羊。要把羊群赶到山坡上吃草是一件非常耗费体力的事，巴果的哥哥们不舍得她去爬那么高的山，就安排她待在低一些的地方，可以休息，也可以趁机捡一些羊粪，待父亲和哥哥们把羊群往山下赶的时候，再带上巴果一起下山。放羊时，最令牧羊人担心的情况就是遭遇野狼对羊群的袭击。好在通常每次来的狼都不是很多，一次就来一两只。每到这个时候，几个结伴的人可以用跺脚、吼叫、吹口哨以及利用羊鞭投掷石块的方式把狼吓跑。但是如果由牧童单独面对这样的情况，通常是无能为力的，只能眼睁睁看着狼把羊咬死。狼把羊咬死后吸完血就走，守在一旁等候的秃鹫就会迅速围上来把羊肉吃掉。

以桑耶的放羊为例，桑耶附近有山地和草场，但是草场为干旱的沙质土壤，上面生长的是长有尖刺的"刺玛"灌丛，这种植物只有羊群会在夏季时啃食其细小的树叶和花、在冬季时捡食其掉在地面上的细小枯叶，而牛并不吃这种植物的叶子。但笔者在桑耶进行调研时，发现其草场的构成比较复杂，第一类是在坡地和较低矮的山坡上，因气候干旱和沙质土壤，生长的植物以"刺玛"为主；第二类是地势较低处靠近"雅鲁"边的人工培植林地面上生长的青草；第三类是桑耶寺以南和嘎曲第四小组附近以南的滩涂上面积较大、由人民公社时期桑耶农场人工培育形成的草场。其中第三类草场划分给不同的村小组作为集体草场，因此在分块的草场四周有铁丝栅栏，出于保护草场的政策，这些草场只有在夏季时有少量的牛可以在上面放牧，而第一类以"刺玛"为主的草场则留给全年放牧的羊群，只有在秋收基本结束时，才能看到桑耶有牛群出行前往山坡上吃草，且一定有专人看守和放牧。传统上，放牧的经验是公开和世代相传的，也没有性别和年龄的限制。因此，能够影响分工的要素就是有足够的劳动力来从事放牧这项工作。

二、影响分工的文化因素

除去政治、社会和经济的因素，影响分工的文化因素包括佛教信仰中关于杀生的禁忌、融合了洁净观的骨系观念，以及那些承袭而来的约定或习俗。由于后两类文化因素在本书的有关论述中已有所提及，因此不再赘述。下文将主要对佛教信仰中关于杀生禁忌对分工的影响作简要梳理。

佛教对生产和分工的影响主要从三个方面来理解：一是佛教所宣扬的教义和戒律中与村落的社会分工相矛盾的部分，如杀生的禁忌对部分职业的排斥；二是佛教活动对某些具体劳动的影响；三是脱离了生产劳动者行列的僧尼对家庭分工的可能影响。

（一）杀生禁忌对"贱业"群体的隔离

在已有的研究中，学者倾向于将西藏社会中的"一切工匠"视为地位最低的人群，如李有义认为传统西藏社会的平民阶级中因为职业不同而导致社会地位不同，一切工匠都是下等阶层，屠夫、天葬师等则是下等阶层中最低等的"贱民"[①]。李坚尚则进一步分析指出导致"贱民"阶层形成的原因：①他们与土地几乎毫无关系，被视为不务正业的流浪人，人们一般称他们为"黑骨头"；②屠夫、铁匠、陶匠、渔夫、猎人、篾匠、鞣皮匠和补鞋匠等，均被说是因为他们直接或间接地屠杀生灵，遭有罪孽；③西藏政府在派僧尼差的通知上特别注明屠夫、铁匠、陶匠等"贱人均不得派入寺院为僧尼"等规定，引发了民众对铁匠、屠夫、天葬师等的歧视；④封建法典中关于"命价律"的赔偿规定将猎民、屠夫或铁匠等下等人的命价与一条捆尸草绳等同。[②]另据笔者的调查，在工匠群体中，除了铁、铜、银等金属匠人和陶匠受到了与屠夫、渔夫、猎人等同样的在婚姻、饮食等方

---

① 李有义：《今日的西藏》，天津：知识印刷厂，1951 年，第 118 页。
② 李坚尚：《谈西藏民主改革前的手工业行会》，《民族研究》1991 年第 5 期，第 33 – 36 页。

面的隔离外，石匠、泥瓦工、木匠、画师、泥塑师、纺工、裁缝、篾匠等在当地社会并未受到生活中的歧视和隔离，因此一般情况下，屠夫、渔夫、猎人、铁匠、陶匠等是由父子相传继承的职业。

如屠夫这一职业，至少从形式上看，是不可或缺的职业，因为无论是农民还是牧民，都不会冒着违反"杀生"禁忌沦为不洁之人的风险而去公开地屠宰牲畜，因为这关系到与领主之间约定的"计美其美"的承租方式，牧民是不可以自行宰杀牲畜的，只有因为疾病、野兽攻击致死的牲畜才被认为是合法的，否则就需要作出相应的赔偿；同时，为防止牧民私自贩卖领主的牲畜，领主代理人采取的办法是在每一头属于谿卡的牲畜身上做上标记，如在牛角上烙上主人家的名号，既可以防止牲畜走失或混入其他牛群后便于查找，也有效地防止了牧民私下的贩卖行为。

在农区里负责放牧牛羊的人，也有同样的保障其放牧牲畜群体数量完整的义务，因而对于被野狼攻击等一类事情的发生，是需要极力去制止的。因为野狼的攻击方式只限于咬破羊的脖子吸血，而紧随其后的秃鹫群则会在短时间内吞食完羊身上的肉。如果这种"天灾"所导致的结果尚可以接受的话，那么人为的屠宰则是完全不能接受的，而如何防止放牧者私下的屠宰行为，利用宗教对"杀生"的禁忌和骨系对"屠夫"行为的隔离，可以起到"监管"的作用。这对于资料占有者而言，如此"对付"非资料占有者及直接生产者的办法，无疑具有不必在场和穿越时空的优势，省时省力且高效。

同时，这种禁忌和隔离，对于民间的放牧活动同样具有规范行为的效力，如前文所述，由于牲畜的分群放牧和羊群每天的放牧需要在不同的家庭之间建立轮流放牧或联合雇用牧羊人的合作关系，因而"杀生"禁忌和骨系隔离制度，在分包到户以后的新时期农区中又找到其适用的土壤。

（二）宗教对分工的影响

1. 脱离世俗生产劳动的宗教从业者

一方面，入寺为僧是男性改变其社会身份及地位的升降梯[1]，因此大量男性涌入寺院；另一方面，自 18 世纪中叶格鲁派执掌西藏的地方政教大权起，其戒律严禁僧人参加生产劳动和娶妻生子[2]，从而导致大量男性劳动力

---

[1] 李有义：《今日的西藏》，天津：知识印刷厂，1951 年，第 118 页。
[2] 张天路：《西藏人口的变迁》，北京：中国藏学出版社，1989 年，第 3 页。

的流失。但男性僧人在寺院里有学习木工、绘画、历法、藏医等技能的机会，服务的对象是寺院本身。平时可以通过为世俗家庭念经的方式获得粮食、财物或其他布施，也可以获得一部分寺院利用宗教仪式活动向其属民或其他世俗家庭收受的布施，如萨嘎达瓦节、旺果节、防冰雹灾念经（如西藏全区性的拉萨传昭法会）、家中亡灵超度、各家祈愿仪式等。僧人虽并不直接从事生产活动，但通过寺院与当地的家庭和个人紧密联系在一起。佛教也通过他们渗透进当地居民的日常生活中。此外，除了寺院的僧尼，农区还存在为数不少的在家居士和在僻静山野潜行修行的居士，在家的居士也可以像寺院的僧尼那样被世俗家庭邀请去念经并换取报酬，如果是有亲戚关系的家庭，则一般是无偿帮忙的。一些修行过的居士回到其家乡时，也会被认为具有前二者的相似职能。

在当地人眼里，僧人都是脱离了世俗生活和生产劳动、可以不劳动而生活的人。[①] 此外，在雅砻一带的杰德秀、吉汝、桑耶以及其他河谷的村庄，几乎每个村庄都有 1 位（通常只有 1 位）能够替人算命、看病，被称为"阿巴"（杰德秀一带的称呼）或"喇拉"（扎囊、桑耶一带的称呼）的世俗之人。在世俗的生活和生产中，阿巴和喇拉几乎不需要靠自己进行生产活动，那些有求于他的个人或家庭会替其无偿耕种、灌溉、收割和打场，并向其奉上青稞和酥油等物，以此作为支付给阿巴或喇拉为其算命、看病、祈福等的报酬。阿巴和喇拉也属于平民阶级，但由于他们在一个社区中被视为有此特殊能力而与一般平民不同。阿巴或喇拉的来源，有的是平民，有的是喇嘛，也有的是还俗喇嘛，但其中平民的来源居多。对于出自喇嘛的喇拉而言，其身份不需要传承，只要学施咒到一定境界，就可以当喇拉。出自平民的阿巴地位要比一般平民高一点，但他们特殊的能力只能通过父传子的方式代代相承。冰雹师是被视为具有施咒降冰雹、降畜疫和沟通人神能力的人。据杰德秀当地人的说法，民主改革前，杰德秀的冰雹师不是本村人，而是从扎囊涅度寺派过来的喇嘛，他曾专门在寺院里学过咒语。每年夏天的时候，村民就请他在杰德秀谿堆的宗堡屋顶作法把冰雹赶到山上，这样冰雹就不会下到田地里损害庄稼。

2. 宗教仪式对世俗生产活动的限制

在众多的宗教节日中，萨嘎达瓦节是对生产活动带来最直接影响的节日。萨嘎达瓦节是纪念佛祖释迦牟尼诞辰日和涅槃日、成佛日（藏历 4 月

---

① 李有义：《今日的西藏》，天津：知识印刷厂，1951 年，第 118 页。

15 日）的日子，整个节期从藏历 4 月 1 日开始延续至 4 月 30 日止，因而也是延续时间最长、参与人数最多的宗教节日。因此，按照佛教戒律这个时期禁止一切杀生行为以及与杀生有关的活动，如屠宰牲畜、捕鱼、打猎和吃肉，并试图让人们相信如果在这个月里诚心礼佛念经或放生施舍，其功德会增加十万倍；相反，如果违反禁忌从事了有关"杀生"的行为就会为所有人招致厄运。因此，屠宰牲畜、捕鱼、打猎等行为在这个节日期间是被严格禁止的。但藏历 4 月对于以捕鱼为主要生计的家庭则尤为关键。一年中最利于捕鱼的时节只有 2 月、3 月和 4 月，因为 5 月开始进入雨季后江里不再适宜捕鱼，而雨季一般持续到 10 月结束。雨季期间江水上涨，裹带着泥沙的混浊江水漫过了河床两边低洼处的沙滩，这个时候在江水中作业不但危险而且极少能捕到鱼。接着雨季一结束，就很快进入藏历 11 月、12 月至次年 1 月的冬季。此期间江水结了冰，捕鱼活动基本就停止了。直待次年的 2 月、3 月来临，捕鱼人又可以抓紧时机捕鱼，藏历 4 月的萨嘎达瓦节噶厦政府禁止捕鱼。为了不挨饿，捕鱼户选择在 4 月 15 日这天一过就偷偷下江捕鱼。在他们看来整个萨嘎达瓦月只有这一天最为关键和灵验。

（三）羊群饲养的规模与轮流放牧

1959 年民主改革前，有实力饲养大型牲畜的农户数量有限，尤其是用于畜力的牦牛、犏牛、毛驴和马等；饲养绵羊的目的是作为纺织羊毛原料的来源，山羊则是羊绒的提供者。以家庭为单位的（包括家庭和家庭作坊）纺织业和以黔卡为单位的纺织业，都把绵羊养殖、纺织、染色和交换融为一体。

杰德秀一般的家庭都有自养的羊群，规模从几只到几百只不等。编织自用氆氇的家庭，养的羊群规模较小，所得羊毛积攒起来利用平时闲暇的间隙时间纺成毛线，积攒到一定程度的时候就可以自织或请人织成氆氇。鉴于杰德秀是氆氇纺织户相对集中的村落，这里的许多家庭都有自家的氆氇机。根据档案材料记录，包产到户时政府曾退还在"'文化大革命'期间收缴的群众的 370 架织机，允许群众请假到外地购买羊毛或出售自织的围裙"[1]。考虑到民主改革后国家提倡农牧生产为主的政策实施及影响，且由于耕地、牲畜、生产工具等生产资料的分配到户，群众农牧生产的热情高

---

[1] 《山南地区农业发展咨询报告》（内部资料），山南市档案馆，全宗号：XW045，1992 年第 145 卷。

涨，加上分配土地时对手工业者采取不分或少分的政策，一些手工业者纷纷放弃了民主改革前所从事的手工业，而且因为平叛后与境外的传统贸易来往被切断，杰德秀的氆氇、邦典纺织停滞了，尽管后来政府提倡鼓励和恢复手工业的发展，杰德秀曾有过短暂的恢复发展经历，但终究因为市场的萎缩以及传统的以氆氇换粮的历史不复存在，接着进入人民公社和"文化大革命"时期对纺织手工业的压制，当地的氆氇纺织直到包产到户之前，基本上都处于停滞的状态。因而，包产到户时政府退还给杰德秀的370架氆氇机应接近民主改革前全村所拥有的数量。另外，根据1961年杰德秀的户数445户来大致推算[1]，民主改革前杰德秀平均每户拥有的氆氇机数量不足1架，考虑到实际上杰德秀至少有3户氆氇经商大户设有专门的纺织作坊的情况，平均不足1架的这个结果可能反映出来的一种情形是，除了少数几个设有氆氇家庭作坊的大户，杰德秀的氆氇纺织多集中在一部分中小差巴或堆穷户的家庭中，扎嘎的研究一定程度上佐证了这个推断[2]。如果这一推断的情形符合实际，那么显然在那个时候，一个条件一般的家庭专门购置一架氆氇机用来纺织自用的氆氇，就过于奢侈而不太符合情理，反而是用于交换的目的更为顺理成章。交换的对象因家境而有所不同，但交换粮食则是小差巴户和耕地较少或者没有耕地的堆穷户最为主要而直接的目的。因此对于这些家庭来说，养羊就构成了氆氇纺织的第一步，因为这是羊毛的主要或唯一来源。除了自养绵羊获取羊毛外，也可以通过每年一次的鲁康物交会交换羊毛，河谷海拔较低处的羊毛要比高地草场上的更受欢迎。

如今，杰德秀除了第1小组还有几户规模不大的养羊户外，其余8个小组的村民几乎都不再养羊。但在河谷内靠近山地的村庄，养羊并获得羊毛或将其出售换取现金，仍是许多家庭的一项重要生计。按照1个放羊劳力1天可管理的放羊规模在200只左右（包括绵羊和山羊）估算，以节约劳力为准则的轮流放羊制度，普遍存在于那些饲养羊群规模较小的家庭之间。

小规模养羊相对普遍，同时也会造成劳力投入分散的问题。几个家庭联合起来，使羊群数量维持在一个合理的规模，各家在每个周期内轮流派出1个放羊的劳动力，这样就可以节约家庭劳动力的投入。一般的做法是，参与合作放羊的家庭按照自家羊群的数量来承担放羊的天数。例如，按照每10只羊轮流放羊1天来计算，饲养200只羊的家庭在每个月投入轮流放

---

① 《贡嘎县杰德秀政府文件》（内部资料），贡嘎县档案室，全宗号不详，1977年第1卷。

② 扎嘎：《西藏民主改革前的山南地区农村手工业——氆氇与邦单》，《西藏研究》1993年第1期，第38页。

羊的天数是 20 天。如果饲养的羊群刚好是 300 只羊，就意味着每个月有 30 天要投入 1 个劳动力专门来放羊，因此就没有必要参与轮流放羊了。

在民主改革前，尽管频繁的"支差"占用了一个家庭大量的时间，但轮流放羊的方式为养羊的家庭节约了劳动力的投入。而这种轮流放羊的实现，要求不同家庭之间处于邻近的居住地，这主要是考虑到在清晨出发时，利于各家的羊只逐个聚拢在同一支队伍里，并在傍晚回归时又利于羊只分散回家而不易走失。因此，在近邻或亲戚之间最易形成轮流放牧的方式，或者通过寄养（换工）的方式将自家的羊托付给亲戚或朋友来放养，或是几个家庭联合起来雇用职业牧羊人。

第二节　影响分工的社会经济因素

除了人们通过分工来适应环境的实践过程中所具有的理性，以及影响分工的那些较为稳定或较少发生改变的自然和文化因素，影响分工的另一类因素则是可变的或相对容易发生改变的。这些可变因素的变化，或是直接作用于分工的变化，或是通过引起生计方式的变迁而作用于分工的变化，从而构成推动分工变迁的外部力量。换句话说，当这些可变因素发生变化时，它们就直接或间接地推动了分工的变迁。这也是自 1959 年西藏民主改革以来，政治、经济和社会制度的急剧转型所推动的结果，相比之下该区域内自然环境的变化则显得微不足道。

一、民主改革前土地及差税制度对家庭生计的影响

1959 年民主改革前的土地使用情况极为不均，村民在基本的农牧生产之外，采取了不同形式的补充手段。政府机构及官员、寺院组织和活佛、贵族等通过谿卡来直接管理其所属的耕地、草场、水域等自然资源，并由谿卡代理人来监管或组织当地劳动者进行有关的生产活动，如对于耕地的租种、草场畜群的经营、山地植物的采集等。谿卡在组织劳力进行具体生产活动的同时，将其面向噶厦政府所承担的差税义务转嫁给租种土地的劳动者及其家庭，并对那些未租种土地但在其领地内通过其他方式谋生的个

人及家庭，以收取"人役税"为条件使他们获得依附于谿卡的谋生机会。①

（一）土地差税对劳动力配置的影响

1959 年民主改革前，除去土地占有者及其代理人以及少数非农业生产者外，还有约占西藏总人口 10% 强的在寺僧人是脱离了农牧生产的群体。②作为生计活动实际承担者的戎巴平民，一年中需花费大量时间和精力用于应付有关"乌拉差"（外差）以及各种"内差"的劳役③，这是他们得以开展生计活动的前提条件之一；作为租种谿卡土地的属民必须首先完成谿卡自营地的耕种，并且从备耕、收割到储藏和加工的全过程，都是在谿卡的组织和监管下完成的。

1. "内差"和"外差"的分派

租种土地的差巴户或堆穷户要承担相应的"外差"和"内差"，差的形式以劳役、实物为主。④ 以雅砻河谷克松谿卡差巴户的支差情况为例，不计其他实物支出，一个耕种 18 藏克土地的差巴每年为支"内差"和"外差"共计约 120 天的人工和 150 天的畜工；耕种 1 藏克土地的堆穷每年为支"内差"共计约 78 天⑤。

首先，作为换取耕地使用权的权利，他们需要从家庭成员中抽调劳动力承担谿卡下派的劳役，包括无偿地耕种领主的自营地以及收获、打场、储存、加工、向噶厦政府运送粮税等全部有关的劳动，除了这种对应季节的活动以外，在平时他们要无偿完成谿卡安排的各种"内差"，一些是砍柴、做饭、割草、放羊等不需要具备专门技能的杂务，一些是由纺织工、铁匠、屠夫等这类掌握专门技能的人来完成⑥。

其次，通过支出"外差"和"内差"的劳役部分，直接进行农业生产的劳动者获得与差役相对应的耕地规模及其使用权，通常这是规模较小的

---

① 西藏社会历史调查资料丛刊编辑组、《中国少数民族社会历史调查资料丛刊》修订编辑委员会编：《藏族社会历史调查 2》，北京：民族出版社，2009 年，第 49 页。

② 西藏自治区党史资料征集委员会编：《西藏的民主改革》，拉萨：西藏人民出版社，1995 年，第 141 – 144 页。

③ 吴从众：《西藏封建农奴制研究论文选》，北京：中国藏学出版社，1991 年。

④ 郭冠忠：《论西藏封建庄园的内外"差"剥削》，吴从众：《西藏封建农奴制研究论文选》，北京：中国藏学出版社，1991 年，第 230 – 242 页。

⑤ 宋赞良：《从乌拉差役看西藏农奴制下的"人权"》，吴从众：《西藏封建农奴制研究论文选》，北京：中国藏学出版社，1991 年，第 274 – 280 页。

⑥ 西藏社会历史调查资料丛刊编辑组编：《藏族社会历史调查》，拉萨：西藏人民出版社，1988 年，第 125 – 140 页。

份地。但多数情况下，支出劳役并不是获得土地耕种权的唯一前提，还需要以交实物地租的方式将一部分份地上收获的粮食交给土地的所有者或出租者，实物地租的形式有各占实际收获物 50% 的平分地租（在此忽略了由哪一方提供种子）和根据当地一般产量所规定的每藏克土地收成的定额地租①。

最后，作为谿卡属民，平民在地理空间上的行动自由受到限制，加之宗教和社会对某些职业的歧视与隔离、不具备条件的家庭难以支持其成员获得学习某种技能的机会，以及本地居民对专门技能的有限需求，都在一定程度上限制了这些农户家庭通过其他手段来谋求生活所需的可能性。

抛开本地自然资源本身的相对匮乏不论，时间被劳役的占用、行动自由的被限制、其他可选职业的局限以及剩余粮食的极其有限，使得那些耕种少量土地的家庭很难依靠农业生产就能满足其家庭的生活所需，在其他可供选择副业非常有限的情况下，迫使这些家庭在自然和社会环境的局限下寻求突破，陇巴谿卡和杂玉谿卡的属民，利用其居住地的"小环境"拓展谋生手段，即是对所处自然、政治和社会环境的适应。其他如杰德秀、松卡、桑耶莫不如此，以至于形成今日以村落为单位的"特产村"，以及这些村落内部家庭分工的相似性。

2. "差"的分派和劳动力的配置

民主改革前谿卡对劳动力的组织权凌驾于家庭之上。凡是租种同一个谿卡耕地的家庭，都必须按约定（领主或代理人强加给租户的要求）抽调出相应规模的劳动力，在谿卡的组织和监管下优先完成谿卡自营地的耕种。在这个过程中，谿卡是组织生产的基本单位，各个承租的家庭就按照相应的"差税"比例派出劳动力，形成一个相互之间具有"业缘"关系的生产集团。每年开耕和收割的时期，都需要举行相应的仪式，仪式举行前，任何家庭不得擅自开耕或者收割。仪式结束后将优先完成谿卡的各项农业生产，然后才是各家各户与时间季节赛跑的"抢种"和"抢收"的环节。

对于家庭劳动力基数较小而不得不向外求助的家庭来说，劳动高峰期或其他无法预见的劳动需求是在互惠交换的基础上获得满足的。因此，一个家庭虽然是生产的基本单位，但在高度依赖社区来实现生产目标的系统

① 叶鲁、禾示：《西藏封建农奴制度的初步分析》，吴从众：《西藏封建农奴制研究论文选》，北京：中国藏学出版社，1991 年，第 90－91 页。

中，保持社区的完整性是最重要的。[①]

（二）杰德秀的氆氇差及其对劳动力配置的影响

在羊毛纺织户较为集中的杰德秀，其居民承担的差税以"氆氇差"为主，因此在时间上可拥有较多的灵活性。江雄沟的杰德秀—朗杰学和扎囊沟的吉汝—扎西林一带大部分自七世达赖时期以来划归桑珠颇章家族所占有，由于其向噶厦政府所承担的差税形式以上交氆氇为主，因此租种谿卡所辖土地的当地属民须承担的差税中就包括了"氆氇差"。在扎囊沟"种桑珠颇章土地，每种 30 藏克地交青稞 60 克及糌粑 15 克另 13 升。每年交藏政府银 15 至 18 品，丰收年可以用农业负担，歉收则以氆氇顶差"[②]。在江雄沟朗杰学，早在明末清初的五世达赖时期，这里就设立了噶厦政府直属管理的西波塘谿卡（位于今朗杰学村 2 组），其主要职能就是专门纺织达赖喇嘛和噶厦政府所需的氆氇；直到 1959 年民主改革前夕，噶厦政府又在今朗杰学村 1 组设立了扎西林谿卡，专门负责纺织供给达赖喇嘛的高级氆氇。这两个谿卡中，前者织氆氇的是谿卡的朗生；后者则更类似于噶厦政府在地方上设立的纺织行会，它将当地技能超群的纺织工组织起来，专门编织达赖喇嘛和噶厦政府所需的高级氆氇，除了纺织工的口粮自带外，噶厦（直接管理机构是孜康）承诺每年发给纺织工一定数量的青稞、酥油和少量砖茶作为酬劳，同时对于其属民中不具备纺织技能的家庭，以支差的形式为谿卡按时按量提供纺织氆氇所需的羊毛经线或纬线，纺织工作由谿卡组织技能水平较高的人来完成。

在杰德秀，早在五世达赖时期（又说七世达赖时期）噶厦政府便设立了专门给氆氇染色的行会组织"乌则"，由孜康（噶厦政府机关）直接委派 1 名仲科（俗官）进行管理，染色的作坊就设在谿堆的城堡里（当地人称其为"堆温宗"）。每年藏历 9 月开始将西波塘的氆氇收集完之后，尚未染过色的白色氆氇先被运到布达拉宫的孜康机构进行检查，然后把合格或过关的氆氇再运回到杰德秀的宗堡进行染色。那些不合格的氆氇将被要求重新编织，织好后再运往布达拉宫验收，最终验收合格的氆氇也运到杰德秀进行染色。

---

① CHARUDUTT M，HERBERT H T P，SIPKE E V W. Diversity，risk mediation，and change in a trans-himalayan agropastoral system. Human ecology，2003（4）：595–609.

② 中国藏学研究中心、西藏社会科学院、中国社会科学院民族研究所编：《西藏山南基巧和乃东琼结社会历史调查资料》，北京：中国藏学出版社，1992 年，第 191–199 页。

在土地作为最重要生产资料的地区，土地制度就越发显示为社会结构的基础①。一个家庭日常的生存活动与其是否租种耕地，以及租种耕地的属性和承担的差税有着直接的联系，即土地制度通过差税作用于当地家庭的生计，从而使一个村落中不同家庭的生计方式有所不同。此外，除了直接与土地发生联系并从事农业生产的家庭以外，杰德秀当地的农业生产同时养活了少量从事农业和纺织业（纺织主要用于村落之外的粮食交换）以外的职业群体。根据报道人的回忆，杰德秀居民中从事农业和纺织业以外的职业群体中，有的在民主改革之后转而以种地为生，如铜匠、金银匠、画师、喇拉和冰雹师等；有的则延续了之前的职业，如铁匠、木匠、牧羊人等。截至1977年，这些从业者中仍然在世的有木匠7人、画师1人、铁匠3人、铜匠1人、金银匠1人、裁缝2人、鞋匠2人、酿酒师6人、"打阿嘎"师傅2人、屠夫2人、背夫2人、马车夫9人、牧羊人7人、藏医1人、喇拉2人、冰雹师1人。

今日杰德秀—朗杰学、扎其、朗赛岭、吉汝等地都曾是桑珠颇章豪宅的领地，桑珠颇章原为蒙古固始汗和硕特部在西藏的领地，后世势力逐渐削弱。自1729年，七世达赖之父索朗达吉和其弟公格旦增曾先后被清廷赐封为公爵，西藏山南地区的大片土地和桑珠颇章也归其名下。据杰德秀原贵达豁卡的管家其米多杰回忆，庄园主人曾保留七世达赖喇嘛写给贵达豁卡的封文，其中有这样一段话："尔等制作各寺僧众法衣和向汉、蒙馈赠礼物之用，没有比氆氇极好之物，除了氆氇外，无须缴纳任何差役。"从此但凡遇到其他的派差事宜，豁卡就会出示这篇公文，只是在"文化大革命"时期这篇封文被烧毁了。对于"七世达赖颁定公文规定杰德秀只需交氆氇差"的事宜，当地其他上了年纪的村民表示并不知情，但他们却能毫不迟疑地指出："杰德秀以上和江雄以下这一带在过去都是给政府交氆氇差的。"

相近的说法在文献中也有记载。1959年前氆氇纺织主要集中在"雅鲁"南岸，以贡嘎县江雄沟的朗杰学至杰德秀一带以及扎囊县吉汝沟一带最为集中。② 早在17世纪五世达赖时期，噶厦政府在朗杰学和杰德秀分别设置豁堆，加强了对江雄沟一带的控制。七世达赖喇嘛时期，噶厦政府在朗杰学设立了官方性质的氆氇纺织作坊，当地百姓称其为"西波塘"，意为幸福

---

① ［美］皮德罗·卡拉斯科著，陈永国译：《西藏的土地与政体》，拉萨：西藏社会科学院西藏学汉文文献编辑室，1985年，第3页。

② 中国藏学研究中心、西藏社会科学院、中国社会科学院民族研究所编：《西藏山南基巧和乃东琼结社会历史调查资料》，北京：中国藏学出版社，1992年，第124 – 125页。

的园地①。"西波塘"担负着为达赖喇嘛、噶厦政府和贵族纺织氆氇的专门任务。此外，据说早在五世达赖时期（又说七世达赖时期）噶厦政府便在杰德秀设立了专门染色的行会组织"乌则"，该组织是西藏历史上第一个专门负责给噶厦政府印染氆氇的机构②，每年为西藏地方政府印染1 500多卷各种颜色的氆氇（其中有7卷是供奉给达赖喇嘛的氆氇)③。1959年前夕，噶厦政府又在朗杰学境内设置了扎西林谿卡，以组织高级工匠专门生产达赖喇嘛使用的氆氇④。

杰德秀谿堆以东的扎囊谿堆有"宗本2人，左扎3人，根保45人（每村各1名），居民468户，交不起差的约占三分之一。织氆氇较邻近各宗为多，每村都有织机1至10架……以氆氇换粮食为该谿堆百姓之主要生活来源……辖区内的血普村，每家均织布，有织机1至3架。1架1月织氆氇1卷，质佳者可换青稞10克，差者换3克"（"克"应为"藏克"，下同）。在1959年前约三分之二多的土地同属于桑颇家族，"该谿堆有桑颇之地300岗，年收粮万克，上交桑颇五千克，放债一千克，其余皆卖出。土质好，但缺水，故农产收入上缴纳税后不敷自用，常以氆氇补之，甚至用织品交税"。这一带"织氆氇者占80%，羊毛取自本地为多"，对于差税"丰收年可以用农业负担，歉收则以氆氇顶。辖区内属敏珠林寺的吉汝谿卡因租田少，而多以织氆氇为生，不支差"。⑤

在羊毛纺织户较为集中的杰德秀，其居民承担的差税以"氆氇差"为主，但并不意味着杰德秀居民可以减少承担往来"乌拉"差役。杰德秀所处的交通区位，决定了其必然要承担更为频繁的运输工作。但在杰德秀这样的大村，因为有较多的户数轮流分担了这项差役，具体到每户反而在这项差事上投入的时间没有小村落那样频繁，因而投入在生计上的时间可以有更多的灵活性。

有学者依据氆氇生产户与农业生产的联系程度将其区分为差巴户和堆穷户两种类型：租种土地的差巴户或堆穷户要承担相应的"外差"和"内

---

① 扎嘎：《山南地区的氆氇与邦典手工业》，中国社会科学院民族研究所、中国藏学研究中心社会经济所编：《西藏的商业与手工业调查研究》，北京：中国藏学出版社，2000年，第345页。

② 西藏自治区地方志编纂委员会编：《贡嘎县志》，北京：中国藏学出版社，2015年。

③ 索朗措姆：《山南邦典民俗文化研究》，西藏大学硕士学位论文，2010年，第18页。

④ 西藏自治区地方志编纂委员会编：《贡嘎县志》，北京：中国藏学出版社，2015年，第182页。

⑤ 中国藏学研究中心、西藏社会科学院、中国社会科学院民族研究所编：《西藏山南基巧和乃东琼结社会历史调查资料》，北京：中国藏学出版社，1992年，第124–125页。

差"，差的形式以劳役、实物为主。①

从杰德秀所处的整条江雄河谷来看，历史上这条河谷内部的土地资源所有者是以贵族和寺院为主的，因而这里的居民可被归为"堆穷"，即区别于耕种政府土地、承担政府相应的固定劳役及经济职责的"差巴"，也不完全同于藏尼边界"无固定经济职责、不依附土地、游动劳动者"② 那样的堆穷，而是租种了贵族和寺院的耕地，并以劳力和青稞为主要形式向土地主人交租的、承担相应经济职责的非游动的劳动者。

"堆穷"与"差巴"的区别不仅仅在于租种的土地属性及承担的相应职责（直接受制于政府，还是受制于贵族或寺院）的差异，还在于"堆穷"所耕种的土地规模较"差巴"而言总体上是少量的（尽管内部有差异），因此"堆穷"对于耕地的依赖程度较"差巴"更低，这意味着"堆穷"一方面在重视粮食生产的历史情境中地位较"差巴"低，但另一方面其从事的生计活动在时间和空间上比"差巴"家庭拥有更多的自由度及灵活度，即对于土地的依附程度较低，这意味着其生活面临较多的不稳定性和风险性，但同时也获得了在生计方式上作出更多选择的可能性。

对于以从事耕种为主的差巴户而言，纺织氆氇只是家庭的一项副业；对于堆穷户而言，由于没有耕地或有少许租地而难以依靠耕种维持生活，因此纺织氆氇成为他们的主要谋生方式。③ 但从有关文献材料的记载以及实地调查所反映的情况来看，除了江雄沟的杰德秀、朗杰学的绝大多数村庄和扎囊沟的扎塘、吉汝一带的部分村庄以外，在周边其他的山沟或多数村庄里，氆氇纺织并不构成大多数小差巴户和堆穷户的生计手段。

综上，单就纺织这一技能而言，1959 年前从事氆氇纺织的劳动力主要有两种来源：一是没有耕地或耕种土地较少、时间相对自由，但粮食不足的堆穷（包括那些具备这种技能但从其他地方逃亡而来后沦为堆穷的差巴户），他们有较多的时间和充分的动力将纺织氆氇作为专门的"职业"，以此来换取粮食维持生计，他们主要的服务对象是那些不具备这种技能（很大程度上是没有多余的时间和精力去学习这种技能和从事这种劳动）的普通差巴户、堆穷户（可能具备除纺织以外的其他谋生技能）和一些条件较

① 郭冠忠：《论西藏封建庄园的内外"差"剥削》，吴从众：《西藏封建农奴制研究论文选》，北京：中国藏学出版社，1991 年，第 230 - 242 页。

② ［美］巴伯诺·尼姆里·阿吉兹著，翟胜德译：《藏边人家：关于三代定日人的真实记述》，拉萨：西藏人民出版社，1987 年，第 74 页。

③ 扎嘎：《西藏民主改革前的山南地区农村手工业——氆氇和邦单》，《西藏研究》1993 年第 1 期，第 38 页。

好的大户（他们不需要专门去学习和利用这种技能）；另一种是由大差巴户或谿卡组织的氆氇作坊，让"家养的"朗生纺织氆氇。当然，这并不排除有条件的差巴户也进行氆氇纺织。

二、家庭及其他生产组织对分工的影响

谿卡是土地占有者设置在乡村、用以直接监管和组织生产的基本单位。谿卡组织生产的劳动力来自其属民。将劳动压力转嫁给属民家庭，从而对属民家庭的劳动力组织和分配构成直接的影响。非土地占有者中的平民为满足自身生活所需而从事生产的基本单位是家庭。一个家庭组织生产的劳动力除了其家庭成员外，还可以凭借血缘、姻缘、地缘和业缘的关系，通过互助、协作、轮流和互惠等方式，将劳动力的来源扩展至家庭以外的个人或组织。

（一）平民家庭：非土地占有者满足自需的生产组织

根据不同的分类标准，西藏农区的家庭存在多种形式。根据婚姻形式可分为"一夫一妻""一夫多妻"（如姊妹共夫）和"一妻多夫"（如兄弟共妻）的家庭。在以上三种婚姻形式之外，"男不娶、女不嫁"的男女关系形式接近事实上的婚姻关系[1]，男女双方与各自的父母生活在一起，生下的后代由女方抚养，子女与父亲之间没有财产继承的联系，但这并不妨碍双方在劳动上互相给予帮助，或者说，共同劳动和不同于一般关系意义上的互助是这种"事实婚姻"最显著的特点。根据人口结构可分为核心家庭、主干家庭和联合家庭，同时包括一定数量的卫星家庭[2]。此外，根据一个家庭或家户所承担的差税的属性，家庭还可以被定义为"差巴户"和"堆穷户"。根据家庭所主要依赖的生计类型，可分为"农业户""牧业户""屠宰户""铁匠户""裁缝户""纺织户"和"捕鱼户"等。

如前文所述，1959 年民主改革前，在一定程度上"自给"的戎巴家庭依赖于多种谋生手段的组合，如农业与牧业的结合、牧业与纺织业的结合、农业与制陶业的结合、捕鱼与贸易的结合、其他手工业与贸易的结合等。

---

[1]　即男女双方各自跟随原生家庭成员生活，不再单独成立家庭，所生后代视具体情况可以跟随父亲，也可以跟随母亲，子女人数在 2 人及以上者可分别跟随父母双方生活。

[2]　吴从众：《民主改革前西藏藏族的婚姻与家庭——兼论农奴制度下存在群婚残余的原因》，《民族研究》1981 年第 4 期，第 27–36、45 页；坚赞才旦、许韶明：《青藏高原的婚姻和土地：引入兄弟共妻制的分析》，广州：中山大学出版社，2013 年，第 31–55 页。

因此家庭所从事的职业类型，是探讨家庭内部及家庭之间分工问题的前提，本书对于家庭分工的探讨尤为关注家庭所依赖的主业和副业，本书后面章节的叙述将以家庭所从事的主要职业作为家庭类型划分的依据，并同时兼顾其副业。即在两个层面上考察家庭内部及之外的分工：第一个层面是指不同类型的职业劳动在家庭成员之间的分配；第二个层面是指不同劳动工序在家庭成员之间的分配；同时，描绘出特定生产过程中家庭与村落及村落之外更大区域之间，因分工而产生联系的方式及路径。

有学者指出"家户是基本的生产单位"①，即几个有血缘关系的家庭聚居一起，以年老的父母为核心，成家的儿女和寄人篱下的亲属构成圈子，大家共同防御、共同使用生产资料，搭配劳力，男性从事建筑、犁地、运输等工作，女性从事播种、挤奶和纺织等劳动。

根据调查，在"从父居"的原则下，当地以"家户"为居处模式的情况并不具有代表性。相反，以"家庭"（包括核心家庭、扩大家庭、多偶家庭和卫星家庭）为居处模式的情况在当地更为普遍。因此，本书将家庭视为当地基本的生产单位；并且，劳动力的集聚并非几个有血缘关系的家庭聚居在一起，而是家庭之间在亲缘、地缘或业缘关系的基础上形成了各种合作关系。在这些相互合作的关系上，每个家庭获得了更多的劳动提供者，从而形成超越家庭的生产和分工组织。这种合作关系仅在急需劳动力的高峰期而单个家庭无法承担的情况下才会被建立，因而日常中"妇女承担了家庭中的主要劳动"②在学者中是较为一致的看法。至于妇女在维持生计中占据主导地位和作用的结论③，则尚需谨慎对待。

（二）豁卡：土地占有者的生产组织

"豁卡"是领主在农区的基层生产组织。从其职能看，有的豁卡内部设有氆氇作坊、榨油作坊和水磨作坊，以生产青稞、菜油、少量蔬菜，以及肉、酥油、奶酪、皮、毛、骨等粮食作物和畜产品为主，同时组织朗生纺织氆氇或制作陶器等，是一个管理严密的生产组织，一般由其代理人进行直接管理，如"（豁卡）下设涅巴（管家，下同）1至2人，总揽豁卡事

① 坚赞才旦、许韶明：《青藏高原的婚姻和土地：引入兄弟共妻制的分析》，广州：中山大学出版社，2013年，第22页。
② 萧瑛：《藏族妇女的生活》，《妇女月刊》1948年第3期，第17－21页。
③ ［美］比阿特丽丝·D. 米勒著，吕才译：《西藏的妇女地位》，［法］石泰安著，耿昇译：《国外藏学研究译文集》（第三辑），拉萨：西藏人民出版社，1987年；尚云川：《藏族妇女与藏区社会经济的发展》，《西藏民族学院学报（哲学社会科学版）》2005年第2期，第31－32页。

务；设勒久（工头）数人，监督在自营地和手工作坊的劳动"①。一般势力
较大的贵族领主的谿卡由其亲信担任"谿堆"进行管理。在谿堆或涅巴之
下，就是一般差巴和堆穷，差巴按占有份地的性质和数量（决定支差的份
额）支差。堆穷若无差地，就按户和人口，以及占有牲畜情况完成谿卡下
派的工作。一部分大差巴家庭中（主要是民主改革时划为农奴主代理人的
大差巴户）有朗生和雇工。有的谿卡有铁匠和屠夫，但为数不多。② 此外，
有的谿卡则由大差巴户承租，因此其日常的管理和组织生产等事宜就由大
差巴户自行主持。

谿卡的分布以雅鲁藏布江"一江两河"流域的河谷农区最为集中。③ 一
个村落的地域范围内常分布着多个谿卡，它们分属于不同的领主。因此聚
集在一个村落中的居民，分属于不同的谿卡及领主。

1951 年 5 月"十七条协议"签订后，原西藏地方政府保持了宗谿建制。
元至正十四年（1354 年，藏历第六饶迴木马年），元顺帝授权西藏帕木竹巴
地方政权管理西藏地方事务，以大司徒·绛曲坚赞为首的帕木竹巴地方政
权大力推行宗谿制度，在今日拉萨、山南、日喀则地区新设 13 个大宗，贡
嘎宗为其中之一大宗。明崇祯十五年（1642 年，藏历第十一饶迴水马年），
五世达赖喇嘛进一步推行宗谿制度，并向各宗委派政府官员。其中，贡嘎
宗为一级宗（即直属于西藏地方政府管辖），设一僧一俗宗本 2 名，僧官名
为"孜仲"，俗官名为"仲廓"，均为五品官职，负责所辖地区执法、收税，
统管宗以下的谿卡。

谿堆是直接管理谿卡的组织，也称堆谿。有的宗本、谿堆之下设有数
名根保，负责派差、收税等具体行政事务。根保一般由群众推选产生，亦
可由宗本或谿堆指定，或群众轮流担任。即指派根保（村主任）或列本
（小头人）分派劳役和收租税，势力较大的庄园还选派左扎（乡间小吏）协
助宗政府办理公务，维护乡间的社会秩序。"庄园就是在这些由领主任命、
分工明确的涅巴、勒久、根布、来本（也译为'列本'，作者注）和左扎的
管理下，驱使农奴劳动的生产组织，而农奴则是庄园'机器'不停运转的

---

① 中国藏学研究中心、西藏社会科学院、中国社会科学院民族研究所编：《西藏山南基巧和
乃东琼结社会历史调查资料》，北京：中国藏学出版社，1992 年，第 124 – 125 页。

② 国家民委《民族问题五种丛书》编委会编：《中国民族问题资料·档案集成（第五辑）：
〈民族问题五种丛书〉及其档案汇编》，北京：中央民族大学出版社，2005 年，第 169 – 170 页。

③ 苏发祥：《论民国时期西藏地方的社会与经济》，《中央民族大学学报》1999 年第 5 期，第
152 – 158 页。

基础和动力。"①

至 1959 年前夕，贡嘎县境内设有 1 宗 2 堆谿，即贡嘎宗、杰德秀堆谿和朗杰学堆谿，贡嘎宗下辖 39 个庄园，2 堆谿共下辖 9 个小庄园。其中，朗杰学堆谿下辖的扎西林庄园是西藏地方政府在 1959 年初设立的专门为达赖喇嘛和地方政府僧俗官员编织高级氆氇的一个庄园，组织技术好的人编织氆氇，并专门委派 1 名孜仲或仲廓级别的官员统管氆氇编织和染色等各项事务。1959 年民主改革后，原贡嘎宗和杰德秀、朗杰学堆谿合并成立贡嘎县人民政府。②

1959 年以前，由于耕地、草场、林地、水域等资源被贵族、寺院和政府直接占有，从事具体劳动的人及其家庭因对资源和部分生产资料的使用而成为依附于贵族、寺院和政府的属民。首先，采集、捕鱼、打猎、作物种植、畜牧、手工生产以及其他获取资料的途径，都以向资源占有者缴税而获得实现为前提，如人役税、草场税、粮食税、劳役税等。税的形式主要包括实物、劳役（含人力和畜力）和货币。其中，劳役税以支劳力的形式缴税，因而对属民的生产和非生产劳动都产生了直接影响。其次，贵族、寺院和政府以谿卡（庄园）为基层单位直接管理和组织其领地内属民从事种植和畜牧为主的生产活动以及相应的缴税活动。

就其功能而言，谿卡制度类似于一个扩大的家庭，由一个地位最高的"家长"或"统领"来主持劳动力的统一组织和分配，但不同的是，劳动所产出的产品只归谿卡所有，而并不在构成其成员的属民之间进行分配，因此谿卡所追求的效率，其实现在于不同的劳动由不同的人来承担（即依靠属民家庭按约定支差，这是属民获得土地耕种以及在谿卡所属领地开展谋生活动的前提和条件），因而并不直接关心技术和工具的变革，长期以来，西藏农、牧、纺织等行业的生产水平落后，但是依然能够以相对较少的土地资源（包括耕地、草场、水域和林地等）养活绝大部分的人口，并且其产品中的绝大部分由资料占有者直接占有，即谿卡直营地（也称自营地）的产品完全由谿卡占有，同时谿卡还占有直接生产者租种的土地上一部分产品。谿卡制度对劳动力的组织和分配，即将分散在不同家庭的劳动力集中和组织起来分配在不同的生产活动中，以此保障劳动力的充分利用，不

---

① 中国藏学研究中心、西藏社会科学院、中国社会科学院民族研究所编：《西藏山南基巧和乃东琼结社会历史调查资料》，北京：中国藏学出版社，1992 年，第 124 – 125 页。

② 西藏自治区地方志编纂委员会编：《贡嘎县志》，北京：中国藏学出版社，2015 年，第 75、83、90 页。

失为一个重要的因素。

（三）两个相邻时期的生产和分工组织：家庭、互助组和生产队

两个相邻时期，是指 1959 年西藏民主改革后的生产互助时期，以及 1967 年至 1984 年实施包产到户之前的人民公社时期。1960 年底，西藏 63 个县 87 万人口的农区完成了民主改革，共没收参加叛乱领主及其代理人的 230 多万藏克耕地和其他生产资料，共赎买未判领主和代理人的耕地 90 多万藏克，分配给 20 多万户 85 万农民。

1. 互助组：个体家庭联合形成的生产互助组织

据报道人的回忆，土地和其他生产资料分配到各户以后，由于各家分到的生产资料并不齐全，且缺乏耕牛以及犁铧和铁锹这一类铁质工具，有的朗生则没有耕种经验不会种地，加上每个家庭的劳动力构成情况不一样，以家庭为单位的分散的劳动力并不利于耕种的进行。而"雇工"在此时期被认为是剥削的行为，因此以家庭为单位的生产组织为克服上述局限，强化了以换工为主要形式的互助，包括以人力交换人力、生产工具和畜力。尤其是那些在过去寄居在豁卡或大差巴户家里的朗生，尽管分了耕地后有了一定的生产资料，但他们中有的人毫无耕种的经验，因而除了上述换工的形式以外，还包括以人力换技术。

1959 年 7 月 5 日，山南乃东凯松豁卡成立首个农民协会后，各地宗豁纷纷组建了农民协会，并在此基础上组织人力修建灌溉水利，将邻近的木匠、铁匠、石匠组织起来改良生产工具，把各村劳动力组织起来准备秋收和打场等活动从而形成不同于民主改革前基于个体家庭之间的互助。

对比过去人们将青稞收回来后靠牛踩打场，农民协会组织起来后用石磙子碾场，这样可以提高 10 倍以上的工效。于是，建立在帮工、换工基础上的生产互助，对于第一次在属于自己的耕地上进行生产活动的农民而言，其空前高涨的生产积极性，很自然地将这种生产互助的浪潮推向了高潮①，在超越家庭之上建立起对劳力、畜力、生产技能、生产工具等生产资料进行统一调配的互助组织，即按照相关劳动的内容和工序以及生产活动的季节性要求将生产活动中的各要素进行组织和分配，以此克服以家庭作为基本生产组织而须面临的劳力不足、生产资料缺乏和效率低下的分散经营的

---

① 罗广武、何宗英：《西藏地方史通述（下卷）》，拉萨：西藏人民出版社，2007 年，第 1480－1485 页。

困境。

在生产互助顺利发展的形势下，西藏工委部分领导认为农民拥有土地的热情将使他们"比内地农民更容易组织起来进行集体生产，加之受内地公社化形势的影响，所以想趁热打铁在西藏农区尽快着手试办农业合作社。于是工委发出试办合作社的指示后，一些地区在 1960 年秋季开始刮起了'合作风'，有的试办合作社，有的搞明组暗社，不少互助组将一些农民刚从土改中分得的生产资料又收归了集体，许多互助组还搞起了公共积累。这些急于改变农牧民个体所有制的做法，使一部分群众思想不安，影响了生产积极性"[1]。

对于铁工和木工这类技术劳力的组织及其与其他劳力之间的互助，形成了政府和民间两种形式：一是在县区办的铁木厂或铁木组内，采取固定劳力、固定生产、固定劳动报酬的办法将铁、木技术劳力组织起来，生产所得归厂、组，并根据其劳动态度、技术高低评定工资按月领发，有超产或发明创造等显著成绩的予以嘉奖；或者是按其所分配的任务、规定的产品规格和质量以及多劳多得的原则获取报酬。二是乡以下组织的铁木业组与农业互助组统一经营，采取统一评工结账，相互找补工分的办法，同时为了刺激参加工改的工人积极性，一般工分稍高于农业工分，有的采取按件包工计分的办法；创新制造的工具由组统一使用，收入归组，参加工具改革人员的土地，由组内负担耕种，结账后相互找补工分。

互助组一开始是按照自愿原则由农户相互联结形成的，农户的选择行为更倾向于关系的远近，而政府的出发点则更多是希望通过农户间的相互合作，以实现劳力、技术、耕畜、农具等生产资料的集中而达到部分缓解工具缺乏、劳力不足所导致的生产压力，因此在组建互助组时，尽管其间并不能完全排除基层干部在其中所起到的协调作用，但总的来说，生产资料相对完备的富裕农奴一般不愿意跟贫农结成互助组织，劳力较多的家庭一般不愿意跟缺乏劳力的家庭建立合作，因此地块在同一片区尽管客观上会有利于生产活动的组织和协作，但它并不构成农户间组建互助组的充分理由。

个体所有制和多元经营下的生产互助具有常年性、临时性和季节性的特点，可根据农牧业等生产活动的季节性特点灵活调整组织的结构，比如

---

[1] 罗广武、何宗英：《西藏地方史通述（下卷）》，拉萨：西藏人民出版社，2007 年，第1480 页。

在藏历 3 月到 4 月的春耕环节，5 月到 6 月的除草、灌溉、施肥环节，7 月至 8 月的秋收时节，10 月至 11 月的冬耕冬灌保墒时节，以及在接羔、剪毛等劳动密集型的生产活动中建立一种常年性的同时也是季节性和临时性的生产互助；在每天安排有放牧经验的个人专门从事放牧、有纺织技能的个人轮流纺织、由具备专门技能的铁匠负责生产工具的维修和打制等方面建立常年性的互助，即互助组成员之间具有一种稳定的、长期的互助关系，但互助的实现是根据生产活动的具体需要临时发生的，即形成了一种互助的惯例。

在平时非农牧的繁忙时节，这种互助的需要及行为就会自然停滞，各家只须负责各家在自留地耕种、自留牲畜喂养上的家庭生产活动；从这个意义来说，互助组的组织是松散的、灵活的、完全尊重了生产活动自身特性的，因而利用生产活动时间差解放了一部分劳力，利用技能的专业化解放了一部分劳力，在允许发展其他副业及贸易交换的情况下，可组织一部分劳力从事其他副业和交换活动，通过增加创收渠道增加整个组织的收入，从而提升生产活动的整体效益。

互助组的性质不仅类似于一个规模扩大了、功能齐备了的大家庭，也类似于一个小型的豁卡或具有换工互助传统的村落，只不过其规模较小且有可能功能并不完备。因此互助组和豁卡、村落一样，是一个相对封闭的能够一定程度上自给自足的组织和单位，但其自给自足的程度要高于一个家庭，同时又低于一个豁卡。高于家庭的部分在于能够比家庭组织更多的劳动力，并能在多种生计中实现共享；低于豁卡的部分在于豁卡能统一调拨更大空间范围内的资源和更多的人力，但互助组只能对组员以及组员个体所有的资源进行组织和调配，并且互助组与其他互助组之间的联系更为密切，没有强制的成分，人们互助的积极性和热情就被充分调动了起来。

案例 5-1：一般性的生产互助组

东拉乡是江雄沟最南端位于羊卓雍湖湖畔附近的一个互助组。最初是由 14 户朗生和 2 户被划分为贫苦农奴的家庭自愿联合组建起来的一个"以农带牧"的互助组[1]，全组共 16 户、76 人，男女全半劳力 42 个。他们的经济基础是：全组耕种土地 150 藏克，每

---

[1] 《贡嘎县东拉乡互助组情况》（内部资料），山南市档案馆，全宗号：XW045，1964 年第30 卷。

人平均不到 2 藏克，有耕牛 5 头，驮畜 9 头，奶牛 6 头，牦牛 30 头，山羊和绵羊共 629 只，猪 3 头，共计大小牲畜 682 头，每人平均 8.9 头。

1959 年初办组时全组有老弱耕牛 5 头，驮畜 9 头，藏犁 1 套，犁铧 1 个，铁锹 4 把，锄头 4 把，……共计大小农具 34 件。……组里一位当过 50 年朗生的老人白玛朗杰对组里的人说："我们组里一户中农也没有，怕不能干吧，是不是要联合几户中农，人家耕牛、毛驴、农具多，总有办法。"于是他们找了当时被划为富裕农奴的平措卡沙求助，但平措卡沙拒绝了。于是他们打算依靠自己的力量想办法发动生产。由于役畜和农具不足，生产困难，产量不高，1960 年 16 户组员中有 6 户是稍有余粮、2 户自给、8 户缺粮。

针对耕畜、农具不够用的情况，组员用劳力去换，交换情况如下：1 对耕牛连犁具 + 耕地 1 天：用 7 个劳力去换工；1 头毛驴往远地运肥料：1 个劳力换工 1 天；1 个铧耕地 2 天：1 个劳力换工 1 天。

1960 年办组时，只在主要农活上实行简单换工，这种换工具有季节性，互助组也具有季节性。1961 年开始在农牧业生产上制订了简单的互助计划：

组内除规定在运肥、下种、保苗拔草、收打庄稼、平整土地、兴修水利等主要农活上常年互助和集体干活外，其他情况下根据组员的专长进行适当分工，以合理使用劳力。在牧业上由 1 名副组长分管并分派了 3 个全劳力带 2 个半劳力学习放羊；2 个劳力放牦牛、奶牛、毛驴，2 个有技术的劳力给组员轮流织氆氇；老弱半劳力纺毛线、挤牛奶、在农忙时到地头给大伙烧茶，由于全组劳力各有所用，除在农牧生产上取得连年丰收外，用自产的羊毛织氆氇，自产自用，解决了组员衣着问题，在 1961 年以来的三年中，自己做了牛皮船，农闲时下湖捕鱼，焙晒成干鱼，冬天运到别的地方卖。

这样一来，一个 16 户 76 人的互助组，形成了一个独立的分工组织，像一个大型的联合家庭，他们需要满足各自的需求，却拥有共同的生产活动和目的，把原来由一个家庭独立完成的事务及劳动，转变为由一个凌驾于家庭之上的组织来完成和实现，在这个过程中，老、中、青的劳动力都获得较为充分的利用，每个劳力或半劳力都看起来合理地受到安排，并且互助组的存在拓展和丰富了家庭的"生计模式"——从"以农带牧"转变为"以农牧带副"，副业就包括了纺织和捕鱼，从而在"白手起家、自力更生"的实践中，强化了该小组"自给自足"的程度。在组内有如下制度：组员外出的请假制度，组员不得无故不出勤，不得弃农经商剥削别人，每天一次记工，十天一齐工，一季度一清工找结，一月一次组员生活会，检查劳动态度，开展批评；为了防止组员乱宰牲畜，还规定淘汰牲畜的审查制度，即适龄役畜不杀、适龄母畜不杀、幼畜不杀。"经过四年来的互助生产，全组生产面貌和组员的生活面貌都发生了很大变化。1960 年的 8 户总缺粮 1 750 斤，1963 年成为余粮户后共出售余粮 2 250 斤；1960 年 6 户稍余共卖余粮 1 843 斤，1963 年共出售余粮 8 768 斤。"①

该互助组对 42 个劳力的评分标准：①工分根据四季忙闲有不同规定——10 分春天值 6 角，夏天值 5 角，秋天值 7 角，冬天值 4 角；②42 个劳力分四等底分——最高的 10 分有 8 个人，8 分者 13 人，6 分者 12 人，3～4 分者 9 人；③农活实行死分活评——1 对耕牛 1 劳力每天耕地 3 藏克得 40 工分，驮畜分为 4、5、6 三等工分，一律按底分记工，放牧牲畜的劳力按底分记工，同时规定每半年对放牧人员的底分进行一次评比，根据他们的技术和劳动情况决定提高和降低底分；组内集体放牧牲畜，按牲畜头数摊工分负担牧工报酬；集体大圈养牛羊积的肥料，按牲畜头数分肥。

案例 5-2：专业性的生产互助组

1963 年贡嘎县吉雄区成立铁工互助组，共有铁工 14 人。铁工互助组在吉雄区委和区政府直接领导下组织建立，直接为农业生产服务，两个多月时间里，修理农具 1 300 余件，加工藏犁头 133 个、藏锹 8 把，并与区供销合作社建立密切的购销关系（见表 5-1）。

---

① 《贡嘎县东拉乡互助组情况》（内部资料），山南市档案馆，全宗号：XW045，1964 年第 30 卷。

表 5-1　1961 年山南专员公署农牧科农具计划表

单位：个

名称	数量	名称	数量	名称	数量
畜力钉齿耙	300	五行播种机	135	老虎铧	140
板镐	5 000	12 片畜力圆盘耙	6	各种配件	15 000
粪耙	7 500	铁锹	32 000	滚珠轴承	15 000
耙子	1 500	太谷号收割机	38	滚铸	3 000
钢钎	1 500	解放牌水车	200	镂铧	1 000
镰刀	15 000	脱粒机	2	放牧帐篷	100
锄头	7 500	打气筒	500	石磙子、铁心、铁碗	800 套
十字镐	2 850	压缩喷雾器	48	羊毛剪刀	5 000
八寸步犁	1 000	手掐乳汁分离器	30	挤奶小桶（大中小）	500
山地犁	3 000	镇子	100	木轮手推车	50
双轮双铧犁	19	大锤	285	木轮马车	50
无轮双耙犁	23	手铧	285	胶轮马车	200
小平车	500				

资料来源：山南专员公署农牧科 1961 年农具计划。[1]

铁工组的成员都是个体手工业者，他们是响应政府号召自愿组织互助组的，并且从各人家中自带口粮和工具。铁工组加工所需的原料，如钢材、木炭等，由区供销社供给。加工的成品统一交给区供销社，由区供销社按照区委、区人民政府的指示确定价格配给各乡缺乏农具的贫困农户。对群众报修的农具，由供销社统一接收后交铁工组负责修理，并根据修理中所用的原料和手工确定修理费；铁工组则根据交给供销社的加工成品件数和修理件数，按件向供销社索取工资。每加工 1 件藏犁头和 1 把锹，工资 5元。由铁工组加工配卖的每个藏犁头只要 14 元；在市场上购买 1个犁头则需要 32.5 元。

2. 人民公社和生产队：集体生产组织

人民公社时期家庭内部对劳动力的组织和分配主要有两个面向：一是

---

[1] 《山南专员公署农牧科报送 1961 年农具计划》（内部资料），山南市档案馆，全宗号：XW043，1961 年第 6 卷。

面向社—队组织集体的农牧生产，二是面向家庭内部少量自留地的耕作，意味着在主要的农牧生产领域，家庭作为生产和劳动分工的组织让位于人民公社，以全劳力和半劳力的划分取代性别分工和年龄分工；同时，随着集体化的农牧生产、拓荒开荒、兴修水利、农田改造等活动的开展，以及政府主导下的对生产工具的引进和补充，在一定程度上动摇了传统的劳动和职业观念。

根据 1977 年杰德秀的人口及劳力结构，杰德秀 9 个生产队共 445 户、1 961 人，其中男性 903 人、女性 1 058 人；劳力 1 033 人，其中全劳力 741 人、半劳力 292 人；同时，按照民主改革时划分的社会阶层分别是：代理人 28 户、125 人，富裕农奴 3 户、21 人，中等农奴 85 户、372 人，贫农 329 户、1 443 人。[①]

相比互助组而言，以集体所有制、统一经营和生产活动趋向单一为特点的社—队组织并非农户基于关系远近的自动联合，而是在互助组的基础上形成的社—队两级组织，"队"取代"互助组"作为农牧业生产活动最基层的生产组织及核算单位，"社"则在纺织、铁、木等手工业生产和水利建设、植树造林、耕地开荒、农田改造、防灾救灾等领域发挥更高一层级别的组织职能，其中，杰德秀社办围裙厂即是成立于 20 世纪 70 年代至 80 年代的集体单位，与其同期建立的斯麦社办围裙厂同属于杰德秀区公所管辖。

从调查所获取的 1981 年时杰德秀公社 9 个生产队（1984 年 9 月 11 日杰德秀公社改制为杰德秀村，原 9 个生产队户口维持不变）的户数、人口及副业生产情况（见表 5-2），可大致看出杰德秀公社除了农业和社办纺织厂以外，各生产队开展的牧业和其他副业类型及其大致的分工情况：就牧业而言，根据生产的类型和习俗，畜皮的生产需要由专门的鞣皮匠进行；割羊毛通常由男性完成；挤牛奶一般是女性的工作。

表 5-2 1981 年杰德秀公社及其副业生产情况

生产队	户数	人数	劳力	牛皮	绵羊皮	山羊皮	山羊毛	绵羊毛	藏鸡蛋	牛奶	柴木
1	23	134	69	0	162	62	381.6	2 882.3	189	3 900	13 400
2	66	320	169	0	104	15	129.2	1 872.2	51	3 700	32 000
3	52	258	121	4	44	11	73.8	1 088	54	4 100	25 800
4	47	227	109	5	4	0	40	630	51	2 000	22 700

① 《贡嘎县杰德秀镇政府文件（第一卷）》（内部资料），贡嘎县档案室，1977 年。

（续上表）

生产队	户数	人数	劳力	牛皮	绵羊皮	山羊皮	山羊毛	绵羊毛	藏鸡蛋	牛奶	柴木
5	40	183	93	2	16	3	93.5	547.2	9	2 800	18 300
6	64	275	144	2	124	6	30	1 241	18	5 800	27 500
7	57	233	121	3	5	0	345	476	90	2 300	23 300
8	36	156	73	3	20	5	36.5	381.5	45	2 700	15 800
9	61	289	139	2	14	4	173.4	1 432.4	84	7 000	28 900
总计	446	2 075	1 038	20	493	106	1 303	10 550.6	591	34 300	207 700

资料来源：贡嘎县国民经济统计数据。表中副业从左至右的单位分别是：张（牛皮、绵羊皮、山羊皮），斤（山羊毛、绵羊毛），个（藏鸡蛋），斤（牛奶、柴木）。

人民公社时期对纺织劳力的分配与互助组时期的情况相一致，在生产队内安排专门的纺织工从事氆氇纺织，并以工分的形式记录其付出的劳动并获得相应的劳动产品分配。因而 1 个组员所付出的劳动，可以最终获得全组成员的劳动成果。就好比把家庭这个基于血缘的生产组织，扩大到基于合作和分工关系而形成的多个家庭联合的生产组织，类似于一个超级大家庭，把原本由一个规模较小的家庭成员完成的有限工作量，改由一个规模较大、成员更多的超级大家庭来完成。尽管耕地联合起来的耕地面积扩大了、牛羊增多了，但是一个明显的优势是将生产工具、耕畜等生产资料集中在一起使用，解决了当时普遍缺乏工具的困境；同时劳动力的集中，不但可以集中人力较多的优势较快地完成某项工作，如农业生产活动中的运肥、下种、保苗拔草、收打庄稼、平整土地、兴修水利等项目，而且还可以在同时进行的一些活动中形成空间上的分工优势。

如前述提及的江雄河谷东拉乡互助组的分工情况：将老弱半劳力安排在家院内从事一些消耗体力和能量较小的劳动，如纺纱、挤奶、照看牲畜、在农忙时到地头给大伙烧茶等，将具有纺织技能的 2 个技术劳力轮流安排在家院内纺织氆氇，将具有放牧经验的 3 个全劳力带 2 个半劳力（儿童）学习放羊；以此促成专门领域的专业化程度，从而可以缩短整体所需的工作时间，同时也提升了劳动的质量，这即是分工带来的效率。

（四）包产到户后的生产组织：家庭与合作社

根据调查，2016 年杰德秀全村 9 个小组共 696 户、2 447 人，其中劳动力 1 351 人，耕地面积 4 613 亩，牲畜存栏 8 617 头（主要包括改良黄奶牛和绵羊），草场 60 066 亩，人工林地 20 000 亩；除依靠自行生产获取小麦、青稞、菜籽油等粮食作物，以及部分蔬菜和奶制品以外，居民的主要收入来源包括纺织和外出务工。据笔者的调查情况，纺织和外出务工是多数居民的收入来源，除此之外，经商和自主创业（含私营运输）也是一部分居民的主要收入来源。其中，杰德秀本村的各类商户如上文所述不低于 148 户（不计杰德秀村民在拉萨等外地营业的商户和不包含外地户口在杰德秀经商的商户）；以合作社形式成立的创业组织包括 4 个纺织合作社、1 个农业机械合作社、1 个国家扶贫项目的斑头雁驯养产蛋基地和 1 家村集体所有的砖厂；以自主创业形式存在的种牛养殖场 1 处、私营面包车约 28 家、私营重型载货汽车 33 家。可见，自国家推行"包产到户""自主经营"和市场化嵌入当地以来，杰德秀村民的生计发生了显著变化。截至 2017 年杰德秀当地家庭的生计主要包括："农业 + 纺织业""农业 + 经商""农业 + 外出务工"的模式，同时存在少量仅以经商、务工和纺织为生计的家庭。[①] 显然，农业仍然是杰德秀大多数家庭的基本职业，并且包括农业、纺织业和牧业在内，都表现出了生产的合作化倾向，从而引发了生产活动中分工的变迁。

三、"互惠"对家庭生计及分工的影响

当地家庭多样性的生计方式，能在一定程度上通过自给满足吃、穿、用、住、行等诸多生活和生产需求，但不能做到完全自足。不同家庭间生计方式的差异性，以及在此基础上通过"以工换工""以物换工"和"以物换物"的互惠方式，构成了村落内部不同职业群体和社会分工的基础。

（一）村落家庭之间的"互惠"

家庭与家庭之间的互惠依赖于亲缘、地缘和业缘关系而建立。当地人依据骨系观念所划分的外婚制界限，一个实质性的效果是使相互间依据亲缘关系联结起来的个人和家庭在范围上扩大了。即一个村落或整条河谷中，因亲缘关系联结起来的集团为一个家庭内部的分工和劳动力配置提供了更多实现的可能和便利。而亲戚间能抱团聚居在一处，即至少为同一个村落的村民，这同样提供了更多可以实现的可能和便利。

当地人通过"直接攫取"和"自行生产"能获取的物质资料包括：①青稞、小麦、油菜、土豆、萝卜、芜菁、豌豆等粮食作物；②毛、皮、

---

① 此处不计入移居外地但户口未移出的村民。

骨、肉、奶制品、役畜（驮运、耕地）、燃料、肥料等牛羊类"畜产品"；③金属、木、藤、石、陶、皮、骨、角等器具，以及纺织、衣、帽、鞋、绳、香料、纸张、胶、硫黄、硝等手工制作品[1]；④核桃、苹果、桃子等果实类食物；⑤木材、柴火、煨桑（祭祀用的杜鹃科植物）、药材、野菜、染料等各种植物资源；⑥鱼类、麝香、毛皮、骨、肉等野生动物资源；⑦石、泥（制陶、泥塑等用途）、矿物染料等各种建筑和工艺所需的天然原材料。

除此之外，当地没有任何与制盐有关的生产。传统上对盐这一必需品的满足主要通过与藏北牧民的"盐粮交换"获得。其他诸如茶、糖、大米、布料、金属以及大部分的饰物等也需要通过与外界的交换得来。而盐和茶也是当地与外界交换的主要物品。

村落内部的互惠包括积极互惠和消极互惠。其中消极互惠主要发生在那些从事不同行业的家庭之间。例如，铁匠通过其劳动及产品与村落内部从事其他行业的居民交换粮食或劳力：①主要为作物种植者提供犁头、锄、锹、镰刀、脱粒器（铁梳子）等工具；②主要为木匠提供锛子、斧头、锯子以及各类雕刻工具等；③为屠夫提供刀具；④为裁缝、鞋匠、造牛皮船的人提供缝针、剪刀等；⑤为居民提供生活器具。

从形式来看，村落内部不同家庭之间的互惠主要包括："以工换工"（不同劳动之间的交换）、"以物换工"（劳力和以粮食为主的实物之间的交换）和"以物换物"。其中，"以工换工"又可分为：人工劳力与劳力之间的交换、"人力"与"畜力"之间的交换；"以物换工"则主要有"人力"与"物"（粮食、手工产品等，在此包含货币在内）之间的交换、"畜力"与"物"之间的交换（畜力的使用需要人的役使，因此包含人力在内，但不包括租用畜力的情况）；"以物换物"的交换有畜力与物的交换（这里指畜力的出租情况，不含人力）、铁器等手工产品（因杰德秀从事纺织的户较多，因而村落内部以纺织品交换粮食的情况并不常见，纺织品通常拿到日喀则、江孜、曲水等区域外的地方进行换粮）与粮食的交换。此外，羊毛、煨桑、野葱以及其他采集所获的动植物资料也可交换粮食。

在调查区域内，以氆氇和邦典为主的纺织品通常是运到区域以外的地方进行交换，在区内主要是通过"以工换工"或"以物换工"（即雇请纺织工）的方式实现。此外，"换工"主要在作物种植、建房、轮流换工放羊等

---

[1] 《山南专区第一次手工业代表会议总结报告》（内部资料），山南市档案馆，全宗号：XW01，1961—1962 年第 6 卷。

劳动中进行，在耕作、建房的劳力不足时，也可视具体情况"以物换工"。

在纺织、木工、裁缝、屠宰这样专业性较强的劳动中，则需要雇请专门的职业劳力。"以物换工"的对象主要包括堆穷和朗生这两种劳动人群，其原因有两个：一是因为堆穷是在时间上相对"自由"的"流动"劳动力，并且有些堆穷户是靠技术或手艺营生的，如每年藏历年前宰杀牛羊的10月、11月、12月三个月期间，专职屠夫通过替代其他人实施屠宰行为获取粮食。正是他们所背负的"下贱"，使他们的劳动不可替代。二是每年在藏历年前1个月左右的时间内，贵族谿卡里的朗生可以放假一个月，并在此期间可以离开谿卡，成为其他人家的雇工。此外，宗教性的服务也是一些有条件的差巴或堆穷户必不可少的，每逢建房、结婚、丧葬、生育、疾病、出行等家中大事，必事先请求喇拉"测算"求得指引，才会按照喇拉的指引行事，每次请喇拉测算之后，村民会奉上一些粮食或钱币作为报酬，没有钱物的就替喇拉家中干活。喇拉的意见及其本人都深得尊重，在村中有较高威望。遇到喇拉家中耕作或建房之事，都会有人出力帮忙。

在那些以耕种为主的农户之间，耕地的牲畜、运载的驮畜以及羊和羊毛等任何需要通过交换获得的物品，甚至人的劳力，都可以进行交换，但这些用于交换的物品，除了劳力有时是"对等"地交换劳力以外，大部分情况下它们所指向的交换对象仍然是粮食。无论是对于那些"缺粮户"还是"余粮户"而言，追求更多的粮食积累是再自然不过的事，粮食在这里可以衡量一个家庭的经济地位，尽管经济地位并不总是与社会地位相等同（如陶匠、金属匠和屠夫，另一个反面的例子是喇拉和咒师）。

（二）河谷之间的"物物交换"

今日江雄沟内的杰德秀、朗杰学和扎囊沟内的扎塘、吉汝一带的居民，民主改革前多数以氆氇纺织为其重要生计。吉汝居民"租田少、不支差、多以织氆氇为生"，部分村庄居民"每家均织布，有织机1至3架。1架1月织氆氇1卷，质佳者可换青稞10克，差者换3克……以氆氇换粮食为该谿堆百姓之主要生活来源"[①]。此外，早在17世纪五世达赖时期噶厦政府即在江雄沟朗杰学境内设立了专供达赖等活佛、贵族和政府官员使用的氆氇纺织机构，并在杰德秀境内设立了专门负责为其染色的官方机构。据杰德

---

① 其中的"克"应为"藏克"。中国藏学研究中心、西藏社会科学院、中国社会科学院民族研究所编：《西藏山南基巧和乃东琼结社会历史调查资料》，北京：中国藏学出版社，1992年，第193－194页。

秀当地的报道人声称，自 18 世纪七世达赖时期以来，当地居民就专事纺织达赖及噶厦政府所需的氆氇而无须再支其他差役。

可见纺织业在"雅鲁"南岸的江雄沟和扎囊沟的河谷生计中占据重要地位。相比于纺织业在南岸河谷的突出地位，生活在"雅鲁"北岸河谷的居民则较少从事纺织业。例如陇巴谿卡（隶属于拉萨管辖）以打鱼、摆渡为主要生活来源的属民，他们在雅鲁藏布江捕捞鱼，用鱼交换生活所需（例如，一条 1 尺长的鱼可换 1 升青稞，或 10 条鱼换 1 件衣服，鲜鱼可晒干待商人收购，再运到不丹换取大米进口）[①]；再如在草场专为领主放牧的牧工，尽管其吃穿所需由领主提供，但依然需要利用积攒下来为数并不丰足的皮、毛、奶酪、酥油等，下山到平地的耕种者之间换取粮食。

此外，那些散居在宗（谿堆，类似于中心"集镇"）里的屠夫（通常有两三个屠户，为宗管辖下的邻近各谿卡所"共用"）此时也迎来了每年藏历前的"宰杀季"；还有那些常年生活在河谷深处海拔较高山地的、以畜牧为主要生计来源的放牧者，以他们积攒的各种畜产品来换取作物种植者生产的粮食；靠近水边的捕鱼者，则以其捕获的鲜鱼或晒制的干鱼与耕种者交换粮食。然而，这并不是说粮食是戎巴群体内部唯一的交换物品。

1959 年前，在调研区域内存在多种换粮方式，如"劳（工）粮交换""畜（力）粮交换""鱼粮交换"和"陶粮交换"。由于换粮是多数居民交易的最终目的，那些从事农业生产并有余粮的家庭，成为交换关系中占据优势地位的一方。而无论是捕鱼的家庭、制陶的家庭、出租耕牛的家庭还是作为劳力雇工的家庭，他们劳动的终极目标就是通过自己的劳动产品去换得青稞或者糌粑这种作物粮食。在换粮的交换关系中，相对于作物种植者，他们处于被动和从属的位置。

（三）与藏北牧民的"盐粮交换"

在河谷戎巴所能获取或生产的所有必需品中，都不包括盐。首要的因素是戎巴与产盐地的距离使其投入到寻盐、挖盐和运盐过程的可能性因为效率低下和可能预见的风险而微乎其微，除了那些具有实力并且专门以此为经商门道的极少数人。距离和实力只是其中的一方面。另外，无论是取盐和运盐的季节，还是途中可能花费的时间，都无法使戎巴具备这一条件。

---

① 陈家琎：《西藏地方志资料集成》，北京：中国藏学出版社，1999 年，第 206 - 207 页。

西藏广大牧区气温低，不能发展种植业。牧区虽有大量牲畜，有比较丰富的肉类、奶制品、皮毛，但在夏季，一般不宰杀牲畜，需要相当数量的青稞调剂生活。……在藏北牧区有不少天然盐湖，蕴藏大量食盐，只要驮运到农区贸易，就可以直接交换农产品和其他生活必需品。[1]

有学者总结：传统上牧民晒盐、取盐多集中在阿里的改则、革吉、噶尔，那曲的巴青、比如、聂荣、嘉黎、那曲、安多、班戈、申扎，以及拉萨北部靠近念青唐古拉山一带的当雄等地。一般适宜在春季挖盐、冬季挖碱。相对来说，春季是农忙季节，冬季高原地区天气奇寒、空气稀薄，气候异常严酷。对于广大农区的人来说，一方面没有条件前往遥远的藏北地区取盐，另一方面农区能投入挖盐、运盐和进行盐粮交换的人力、畜力都有限。尤其是对于较远的农区来说，牧民要花费更多的时间完成旅行的同时，还要承担牲畜容易在途中死亡以及到了牧区后不能如愿完成交换的风险，并且由于换粮的时间要从藏历的 3 月下旬开始，到 5 月下旬才能结束，沿途的食料缺乏保障以及长途跋涉的疲劳容易导致牲畜变瘦、身体抵抗力下降，因而导致牲畜死亡的风险更高。[2]

综合上述，笔者认为，戎巴传统生计的基础在以下三个方面：第一，传统上戎巴整体的生计方式倚重于自然环境及其可利用的资源；第二，戎巴各部分的生计方式受制于由土地制度（主要体现在平民阶层土地使用不均）、社会等级和骨系观念所共同形构的资源分配方式和利用权限，因而形成一般职业群体、宗教职业群体和"贱业"群体三个相对独立和封闭的部分，每个部分获取资料的方式有所不同；第三，在一般职业群体内部因土地使用不均而导致在家庭层面基于差异形成生计多样性。就个体家庭而言，其所采取的基本生计方式和补充方式与土地使用情况直接相关；就戎巴整体的基本生计方式和补充方式来说，土地使用情况构成了基础的因素，但同时也与社会等级和有关骨系的文化因素挂钩。

自 1959 年西藏民主改革以来，雅鲁藏布江中部流域戎巴以"亦农亦牧，工商并存"为基本特征的传统生计方式发生了根本性转变。在影响雅鲁藏布江中部流域戎巴的生计方式及其变迁的因素中，自然环境是基本因

---

① 扎呷：《西藏山南地区扎囊、贡嘎两县传统民间贸易调查》，《中国藏学》1993 年第 3 期，第 37－39 页。

② 李坚尚：《盐粮交换及其对西藏社会的影响》，《西藏研究》1994 年第 1 期，第 47－54 页。

素，而表现为土地制度、社会等级和骨系观念的政治、经济和文化则是直接的动力因素；戎巴不同组成部分生计方式的差异以及变化的脉络、原因和趋势有所不同；从彼此之间的协同，到参与更大层次的整合，推动了戎巴基于生计的地方社会关系的重构。

新的生计方式所呈现的特点是"农多牧少，工商分离"。尽管农业在戎巴整体生计中的地位已有所下降，但"雅鲁"比历史上任何一个时期都更为接近一个纯粹度更高的农区。随着土地确权和三权分离的推进，农业将有可能逐步退出家庭直接的生计活动范畴而集中于一些专门的生产个体和组织来完成；手工业作为文化遗产在旅游和商业的推动下将集中于少部分人的生计中，而大部分戎巴的生计将更多地依赖于商业、务工或创业。戎巴对土地的依赖仍然是一项重要的生计，只是他们不再需要与土地直接发生联系。由此我们看到，戎巴生计方式变迁的动因涉及内外两个方面，从外在因素而言，是随着时代发展戎巴日益融入更为广阔的现代社会和市场经济，同时，从内在因素观察，是戎巴在强大的外力影响之下对外在环境转型积极主动地理性适应。内外两个因素交互作用，促进了戎巴生计方式的变迁。

第三节　影响分工的适应策略

根据观察，基于生计多样性的当地家庭内部分工，存在三种策略：一种是设法扩大家庭的劳动力基数；一种是设法节约家庭劳动力的投入；一种是利用家庭之外的技能劳力增强劳动力配置的实效。三者的目的都是提升分工和劳动力配置的工效。从家庭外部来看，家庭与家庭之间往往通过互惠（含互助、协作）的方式来实现家庭劳动力基数的扩大。

一、扩大家庭劳动力基数

扩大劳动力是指在劳动者基数一定的基础上，通过特定渠道增加可用劳动力的规模。内涵包括：一是在有限的家庭劳动力规模上，通过特定方式扩大可以直接调配的劳动力，如家庭内部采取了灵活调配家庭成员的分工依据；二是增加同一个劳动个体的劳动次数，即对某个劳动力的重复利用，如超家庭之间的互惠；三是节约劳动力，如轮流做工，可有效控制投入同一个劳动项目及过程的劳动力数量，以避免造成劳动力的浪费，而将多余的劳动力转入其他需要的劳动项目和过程中，这实质上也达到了扩大劳动力的目的，同时只利用较少的劳动力去完成一项工作，从而提高了该项劳动的效率，并减轻了家庭的负担。

从家庭内部分工的灵活性特点来看，即劳力倾向于按照年龄而非性别划分，以及大部分工作并没有严格的性别界限，可以发现这是一种在有限的劳动力基数上尽可能多地发挥劳动力工效的方式，从而使有限的劳动力基数获得"扩大"。正如前文所述，劳动力基数较大的家庭，在应对上述环境及多样性生计时，具有更为明显的优势。当然，这种劳动力基数的优势并不在于某种生产单位产量的提高，尽管二者之间可能存在某种正向关系（比如农业可以通过较多的劳动力人数而实现精耕细作，从而有利于在一定程度上提高单位产量），但这种正向关系会受到当地技术和工具普遍水平以及劳动力投入边际效益的影响，因此二者之间的正向关联在大环境的局限下实际上的突破是有限的。而这种劳动力基数较大的优势，则可以在多样性生计集中在一个家庭的情况下，显示出突出的优势，尤其是在家庭生计之外还须面对繁重的差役时，建立在人口基数较大基础上的"大家庭"优势就能凸现出来。特别是在"农牧结合"为基本生计的家庭中，家业愈大，发展畜牧业的倾向愈强烈；家庭成员愈多，愈足以应付劳动力的额外需求；并且可获得足够多的肥料用于提升农业生产，以及足够多的燃料和用于生活所需的奶、肉、皮、毛和畜力。即家庭人口愈多，可能拥有的牲畜量愈多，生活质量的提高也愈加获得了保障。①

历史上杰德秀以及周边大多数村落的农业耕作都较为粗放，灌溉主要依赖自然降水，针对农田的日常管理（如施肥和除草）普遍重视不足，且收获后的休耕和抛荒现象比较突出。因此，实际上一年中农业所需劳动力的高峰期集中且短暂，涉及的月份主要包括3月（开播）和8月（收割）。农业一方面为畜牧业提供蓄草，另一方面投入到农业中的集中繁忙时间较为短暂，其收获则能养活更多的人口。因此，"大家庭"中的多余劳动力，就可以用一年中的较多月份来从事农业之外的生计活动。而家庭中灵活的分工就是适应这种生计方式的表现。

---

① 坚赞才旦、许韶明：《青藏高原的婚姻和土地：引入兄弟共妻制的分析》，广州：中山大学出版社，2013年，第285 – 286页。

（一）抑制家庭劳动力基数的两种机制

通过生育可以直接扩大家庭劳动力的基数，然而，在当地至少有两种机制起到了抑制人口出生的作用：一是自 18 世纪格鲁派掌控地方政权后，禁止僧人结婚生子，并且佛教寺庵要求每户有一名僧尼出家，他们不能生育也不能从事生产；二是兄弟共妻制的婚姻家庭形式降低了人口的出生率。[①] 通常，一个家庭有两个儿子时，其中一人要出家为僧。僧人在寺院的生活，依靠从原生家庭耕种的土地中划出一块来维持，这块地由家人代为耕种，僧人提供种子并在农忙时告假回乡和家人一起劳作，最后获得全部收获物，无须交税。但 18 世纪后，格鲁派规定僧人不得参加生产活动，这意味着通过生育来扩大劳动力基数的可能在一定程度上受到佛教的影响和限制。兄弟共妻的家庭使人口规模维持在一个相对稳定的范围内，生育的子女中，如果有两位以上的男性就可以继续采取共妻的婚姻形式，女性可以嫁入其他家庭，也可以继续留在父母家中，成为日后她的兄弟们共妻婚姻家庭的一员，但通常前一种情况较为常见。总的来说，兄弟共妻的家庭在事实上起到了抑制人口出生的作用。

（二）卫星家庭容纳了更多劳动力

另外，家庭中有不婚的旁系亲属或直系亲属中的兄弟姊妹一起生活，从而形成了"卫星家庭"。几乎每个村子都有一部分卫星家庭的存在，一些未婚的成年男性或女性，与其兄弟或姊妹的家庭生活在一起，自动成为这个家庭劳动力的一部分，并常常因其为家庭（户）所作的贡献而受到全家人的尊重。除此之外，在家修行的男女居士也是组成卫星家庭的重要成分，但他们不参与直接的农牧生产劳动，而通常会承担一部分家务劳动。在一定程度上维持"自给"的家庭功能，以及多样性的生计方式是卫星家庭存在的积极动力。

除此之外，通过收养亲戚的方式来扩大家庭劳动力基数的现象在戎巴家庭中并不少见。收养的对象可以是有亲戚关系的人，但不限于此，有时候可以是毫无关系的外来人。

---

① 坚赞才旦、许韶明：《青藏高原的婚姻和土地：引入兄弟共妻制的分析》，广州：中山大学出版社，2013 年，第 21 - 23 页。

案例 5-3：西卡学村 1922 年出生的老妇人曲珍，自小是被亲戚家收养的孤儿，从 10 岁开始就帮亲戚家里放羊，亲戚家一共有 100 多只绵羊混着几十只山羊，曲珍每天的任务就是把羊群赶到村庄不远的山坡去吃草。亲戚家（一对夫妻和儿子）没有租种耕地，羊群是唯一的财产。平日里的生计主要依靠男主人纺织氆氇拿去换粮食过活，除此之外，家里还有 1 头专门用以挤奶的本地母黄牛，挤出的奶就做成酥油。羊群、纺织技能和奶牛，构成他们生活全部的来源，后来男主人拜托一位有氆氇生意往来的裁缝教其子学做藏装，但其子在一次事故中丧生。曲珍 20 岁前就一直在亲戚家里放羊，用她自己的话说，扎其和扎塘一带的每一个山头她都很熟。后来她去了当地一个大差巴户家里放羊，一年后西藏就推行了民主改革。

案例 5-4：1942 年出生的格桑多吉在他七八岁的时候，为躲避乌拉差便跟随母亲一边要饭一边从拉萨达孜逃到了桑耶，后来又辗转到松卡，这里有一户他们的亲戚，格桑多吉留在亲戚家里做用人，他的母亲则被安排去了亚杰村的鲁庄园做用人，在那里男活女活都要干，据说他的母亲炒青稞的手艺很有名气。格桑多吉所在的松卡亲戚家，是由一对夫妻和两个小孩组成的家庭，家里有不多的耕地，种的青稞不够吃，要靠男主人编箩筐换回粮食。在格桑多吉跟着亲戚家生活的 2 年时间里，这户人家买了 3 头公牦牛用来驮运箩筐到别的地方去卖。

（三）"共妻制"家庭有利于维持劳动力基数

兄弟共妻制的婚姻虽然起到了降低人口出生的作用，但它在维持土地和牲畜数量的完整性上具有突出的意义。有学者指出戎巴之所以选择兄弟共妻制，主要是为了巩固家庭或家户的社会地位，避免家产在众多男性继承人之间瓜分，同时还有利于积聚家庭劳力、实现合理分工，从而更利于采取多种生计方式满足家庭需求。在这个意义上，兄弟共妻制是一种相当功利的婚姻模式①。在那些并未采取兄弟共妻婚姻的家庭中，长子通常留守

---

① RALPH L. The study of man: an introduction. New York: Appleton-Century-Crofts, 1936: 113.

在家继承家产，其年轻的兄弟通过或入赘或出家为僧的方式离开原生家庭，由此导致的这套策略被看作兄弟共妻的反衬[1]，在家庭内部更依赖于生育扩大劳动力基数，对外则依赖于与其他家庭的联系，这种联系通常表现为基于血缘和姻缘的亲属关系、基于地缘的邻居（同时也有很大可能是属于同一谿卡的属民）。相对而言，兄弟共妻家庭在分工上的优势是显著的，因而在"自给自足"方面具有更多的独立性，同时在与其他家庭的联系上，同样可以建立在上述三种关系上。因而总的来说采取了兄弟共妻婚姻的家庭比一般家庭更具有适应环境的优势。共妻制家庭在人口和劳动力基数上所具有的优势，正如当地人所评价的那样："这种婚姻有利于生产发展。人多力量大，有人去生产、放牧，有人外出搞副业、搞交换，有人顶替支应朝夕猝至的'乌拉差役'。"[2]

共妻制家庭在维持劳动力基数、多样性生计以及较大规模的农牧生产和差税上，明显优于劳动力基数较少的普通家庭，并且共妻制婚姻通常产生于那些具有一定实力的家庭当中。换句话说，这类家庭尽管不能完全脱离存在于当地社区中基于互惠形成的相互关系，但显然，它比一般家庭更具有独立性，其"自给"的程度也是较高的。人民公社时期开始实施的集体化所有制和经营制使兄弟共妻制婚姻的经济基础发生了变化，新的婚姻法在政府的努力下不断深入推行，使多偶婚在"明面"上趋于消失。但20世纪80年代后期，包产到户恢复了传统的土地利用方式，因而促使兄弟共妻制再次复活了[3]。根据调查发现，在所有接触的兄弟共妻制家庭中，男方年龄最小的36岁，最大的71岁，40～60岁的最为普遍。

二、节约家庭劳动力的投入

节约家庭劳动力投入的做法，其一是如上文所述的"轮流"换工。在建立起互助协作的几个家庭之间，"轮流"执行某项任务或承担某项劳动，如轮流放牧、轮流支差、轮流外出交换，能够将分散在不同家庭的劳动集中由少数人完成，由此节约了每个家庭的劳动力投入，并使剩余的劳动力

---

① 坚赞才旦、许韶明：《青藏高原的婚姻和土地：引入兄弟共妻制的分析》，广州：中山大学出版社，2013年，第25页。

② 多杰才旦主编：《西藏封建农奴制社会形态》，北京：中国藏学出版社，1996年，第310页。

③ 班觉著，王旭辉译：《太阳下的日子：西藏农区典型婚姻的人类学研究》，北京：中国藏学出版社，2012年，第162－165页。

转移到其他劳动项目中，从而提升和优化了家庭分工的功效。其二是从家庭之外的互惠渠道中获得劳动力的补充。家庭之间在自愿基础上的互惠交换，是满足劳动需求高峰和无法预见的劳动需求的一种有效方式。它可以使灵活多样的劳动安排有效和及时地调动起人力。上述两种做法都可以节约家庭劳动力的投入并增强劳动力配置的工效。

传统上，家庭之间的亲缘、地缘和业缘关系，使"轮流"劳作得以实现。随着社会环境的变化，相比亲缘和业缘关系影响力下降的趋势，地缘关系的影响逐渐占据优势。

劳动力的配置是否优化，不仅取决于当地人们适应环境的主要生产方式，还取决于每个家庭所具有的生产规模与劳动力之间的匹配程度，以及这个家庭在当地的社会关系。优化配置劳动力的目的是扩大劳动力工效。具体而言，扩大劳动力的工效有两种倾向：一是扩大家庭所能调配的劳动力基数，二是节约劳动力的投入。要达到这两种倾向，需要不同层面力量的整合。首先，从家庭内部来看，扩大劳动力工效的方式，一是在家庭成员所能提供的基本劳动力基础上，通过灵活多样的分工方式使其充分发挥作用；二是通过积极互惠和消极互惠的方式，将家庭之外的劳动力资源纳入家庭内部的分工体系中来。其次，来自社会层面的支持必不可少。

三、家庭生计及分工的外部维持机制

上述扩大家庭劳动力基数的倾向、采取轮流制和其他互惠方式节约劳动力投入的倾向，无不高度依赖于家庭所在的社区。显然，聚居在一个较大的村落里比远离较大村落而散居各处更容易获得来自社区的支持。

（一）豁卡的分布是业缘和地缘关系形成的前提

对于"业缘"的理解，应涵盖两个方面：一是同为一个豁卡的属民（租地者），在"支差"过程中可以形成轮流当值，而不必造成所有属民家庭都在同一时段和空间内投入相应的劳动力；二是基于社区内不同职业群体间的互惠。尤其当地整体社会文化环境中对"贱业"群体的偏见和隔离，固化了不同职业群体间的边界。

民主改革前，杰德秀的村民属于不同的豁卡；民主改革后，全村划分为9个自然村小组，当地不再有豁卡，因此基于业缘关系的共同耕作和轮流支差也不复存在。豁卡分布在城市郊区或远离城市并可直接进行农、牧、渔等生产的土地上。它本身既是生产的组织者、管理者，同时也是政府

（军队）、寺院和贵族等所属领地的代言者。豁卡有特定的地缘范围，其内部通常包括了适于耕种的土地、放牧的草场，以及汇集了一些野生动植物资源的林地。在这个空间范围内，豁卡根据其不同的资源和环境条件组织作物种植或牲畜放牧，并实施监督和管理。由于封建领主之间的政治斗争和各种形式的土地占有权的转移、兼并（所有权出租、赠送、买卖），豁卡的数量、范围、所属权都在不断地变化，往往同处一条山沟的土地分属数个豁卡，这些豁卡则又分属政府、寺院和贵族不同的领主，形成一个交错分散的状态。

扎其豁卡（今属扎囊县扎其乡，与扎囊沟一山之隔），在1959年前这一块划归贡嘎宗（宗址在今贡嘎县江塘镇）管辖，与其相邻的扎囊沟内的鸡如豁卡（今扎囊县吉汝乡内）属扎囊沟内的敏竹林寺[①]；解得豁卡、岗巴豁卡属桑耶宗（宗治机构设在今"雅鲁"北岸桑耶镇）管辖；杰德秀豁堆和朗杰学豁堆负责管理江雄沟内的9个豁卡[②]；乃东宗颇章豁卡所辖范围内的土地、林卡、草场与日乌曲林、日乌德庆、日琼浦等寺院豁卡，以及哲康、江洛金等贵族的土地、林卡、草场相互交错在一起[③]。此外，桑耶寺所属的豁卡分布在雅鲁藏布江南北两岸不同山沟的情况，也从另一个侧面印证了这种"分散、交错、杂聚"的局面，即桑耶寺所属的豁卡，既有桑耶沟内的碧玺豁卡（包括今前达村和桑普村2组），还有在江对岸的温门冲豁卡（今雅砻河谷内乃东区结巴乡门冲村）和邦朵豁卡（今江雄沟朗杰学乡朗堂村），其中，碧玺豁卡即是一位活佛赠予桑耶寺的豁卡。

豁卡作为河谷农区的基层生产组织，其功能一是代表领主向属民催收地租和派遣乌拉差役等；二是统筹和监管自营地的生产活动，依据农牧生产劳动的季节属性对劳动力进行组织和分配；三是通过收取人头税及外出须获得请假批准的方式限制属民在空间上的行动自由及其人身依附关系。

从历史上看，豁卡的领主常常不是固定的，其根本原因在于噶厦政府拥有对土地、草场等主要生产资料的更高一级别的占有权，寺院、贵族的土地资源由地方政府封赐所得。因此豁卡的所属权常因转移、兼并（所有权出租、赠送、买卖）等而发生变动。除了新封赐的土地等生产资料，贵

---

① 中国藏学研究中心、西藏社会科学院、中国社会科学院民族研究所编：《西藏山南基巧和乃东琼结社会历史调查资料》，北京：中国藏学出版社，1992年，第193、197页。

② 西藏自治区地方志编纂委员会编：《贡嘎县志》，北京：中国藏学出版社，2015年，第83、90页。

③ 中国藏学研究中心、西藏社会科学院、中国社会科学院民族研究所编：《西藏山南基巧和乃东琼结社会历史调查资料》，北京：中国藏学出版社，1992年，第25－26页。

族世袭祖业，历届地方政府亦予以确认。其中，寺院占有的土地，也有政府或贵族、活佛、大差巴户，甚至堆穷户的布施。如昌都地区察雅宗有一种寺院"固达"（意为投降），原是有土地、财产的差巴，出于宗教的愿望或不堪差役的负担，而请求将土地、财产在死后送给寺院，从而在生前得到寺院的保护，他们不支乌拉差役，在生前对土地有使用权，保有原有财产；但死后财产不能由子女继承，这种"固达"的地位，性质如堆穷，生活则较富裕①。

（二）外婚制对家庭分工的意义

按照婚姻习惯法的约束，藏族普遍遵守禁止近亲通婚的外婚制，即具有父系血缘的人世代不得通婚，具有母系血缘的人间隔5代后才可婚配。外婚制的结果体现在杰德秀这样的较大村落，就显示出"亲戚"关系在村民中的盘根交错和普遍。用村民自己的话说就是"村里大部分人都是亲戚"。这一较大规模的亲戚关系，一方面为家庭内部分工向外延伸提供了良好的社会关系基础，另一方面分工又强化了具有亲缘关系的家庭之间的互惠和协作。这不同于中国华南地区农村的宗族，宗族是建立在单边的族系、田产和血缘基础上，宗亲之间并不一定形成稳固的互助和协作关系；杰德秀居民的亲缘集团，是建立在父母双方的亲缘关系以及相互帮助与共同劳作的基础上，没有共同的族系、田产以及血缘，但显然对于扩大家庭基本劳动力和节约劳动力投入起到了关键的作用。

除了上述基于血缘和婚姻关系所形成的亲属网络外，分工与地方社会的联结方式，还包括基于业缘和地缘关系所形成的社会网络。分工依赖于上述社会网络的支持，同时分工强化了个体家庭与社区内其他家庭之间的联系，即基于血缘、姻缘的亲属关系和基于地缘的邻居关系以及基于业缘（同一谿卡属民）的同属关系。透过分工可知，分工促使家庭被置于一个多重关系叠加的关系网络中，它不同于宗族意义上的基于血缘的家族的联结，也不是基于通婚意义上的亲属的联结，而是基于生计的劳动力组织和分配的联结。同时分工不囿于上述其中任何一种联结方式，相反覆盖和整合了上述三种联结的方式。家庭分工扩大劳动力基数和减少劳动力投入的实践，一方面整合了上述三种具有清晰边界的社会关系，另一方面也说明在村落

① 西藏社会历史调查资料丛刊编辑组、《中国少数民族社会历史调查资料丛刊》修订编辑委员会编：《藏族社会历史调查2》，北京：民族出版社，2009年，第49页。

一级的组织层面上，戎巴内部是趋于分化的。换句话说，分工在一定程度上或一定的小范围内，缝合了这种分化，因而对建构和维持当地的社会关系具有积极作用。

（三）政府层面：法律、宗教的强化作用

法律对当地分工网络的影响，主要体现在"命价"的规定通过社会等级的限制，强化了不同职业群体之间的隔离；土地不能通过任何方式到达平民手中，并限制平民的随意流动，其结果同样是强化了平民的等级、身份和"义务"，以及固化其职业，从而使一个地方的平民（非土地占有者）能固守一地、安于一业，从而形成类似于管仲的"四民分业定居"，以达到"安邦"和"治国"的效果。作为政教合一的地方政权，噶厦政府通过宗教进一步强化了职业隔离，客观上也强化了当地家庭基于"互惠"的分工。尽管还没有直接证据可以表明两者之间的直接关联，但大量的男性入寺为僧，其结果是减少剩余劳动力、将劳动力维持在有效运行的程度；即一方面导致劳动力流失，另一方面则促使多数家庭劳动力基数处于一个较小的规模，从而对社区的依赖程度增强。总之，社会层面和政府层面的因素，都倾向于维持和强化地方的社会网络，以最终形成一种"无为而治"的效果。有直接的证据表明，噶厦政府维持其在卫藏农区的管理及税收不再依靠兵力的支撑（这从其常备军的安置上可以看出[①]）。

在近600年的谿卡制度渗透下，除了宗教的渗透及调控作用外，这一方面是噶厦政府集权统治的结果，另一方面也表明民间已存在一套自行运转和强化的地方社会机制，而这一套机制与家庭内部分工的建立密切相关。

---

① 李有义：《今日的西藏》，天津：知识印刷厂，1951年，第42页。

第六章　戎巴分工与社会文化变迁

戎巴为满足其生计对劳动力的需求，有必要在劳动高峰期时扩大家庭的劳动力基数和在日常节省或减少不必要的劳动力投入。这两种策略都指向一个共同点：劳动力在家庭层面的有效组织及利用是戎巴满足其生计的关键，即分工在戎巴适应自然及社会环境的过程中发挥关键作用。在前面的章节中作者以历时的视角描述了戎巴在主要生计领域中分工的形式、特点、动因及策略，在此基础上，本章将以分工为视角尝试描述社会文化变迁的大致脉络。

第一节　民主改革前的分工与社会再生产

本节试图通过分析家庭分工与社区（包括谿卡及其他家庭）关系的重构，指出基于生计的家庭分工实践是"自下而上"的社会再生产过程；这一过程与统治阶级凭借土地及差税制度和利用法律、宗教、骨系、洁净观念"自上而下"建构的等级社会，构成一个双向建构和动态平衡的"稳定"社会；宗教和骨系观念等体现着统治阶级意志的意识形态，社会文化则起到了强化与巩固这一"稳定"社会的作用。

一、分工与社会再生产的关系

根据前文所述，民主改革前戎巴平民的家庭分工是满足其生计的关键要素。在特定的生计情境下，当技术—工具维持在一个变化较小或不变的水平时，正是分工即劳动力的组织与分配成为戎巴适应环境和满足生计的关键，而分工包含了戎巴内在价值理性下对劳动效率的追求。一方面，戎巴分工的整体特点表现为灵活、机动、大多数劳动没有严格的性别分工界限且从年龄上看对劳动力有着充分利用的倾向；另一方面，戎巴平民家庭在扩大劳动力基数和节约劳动力投入的内在理性驱使下所采取的分工策略是一个社会再生产的过程。

民主改革前在既定的土地制度下，作为代理土地占有者组织生产的谿卡，拥有对其属民分派劳役差和组织生产的绝对优先权。从谿卡的立场来看，作为其劳动力来源的属民是独立和分散的个体（家庭），如同结束于19世纪中期的英国圈地运动所获得的结果那样，谿卡所面临的对象是与土地等生产资料相分离的"无产者"，他们必须通过租用谿卡代理的土地、接受谿卡规定的条件才能获得谋生的机会，他们是易于被控制和被组织起来的个体劳动者，而非基于其他社会关系所形成的能够与谿卡制度相抗衡的"共同体"。

政府就像一个组织生产的庞大机构，通过土地以及相应的差税制度，将戎巴按照等级地位和职业（类似于但不等同于印度的种姓制度）划分为不同的群体，以便于在他们当中形成满足不同生计需求的分工群体；与此同时，谿卡在组织生产和政治管理上的双向渗透，打破了那些天然存在于平民之间的社会关系，其结果是这种凌驾于亲属等社会关系之上的组织关系最为直接地将全部从事生产的平民塑造成供这一机构组织和调遣的个体劳动力。所有这些正是维持谿卡制度所需要的条件，并且最终显示为维持"政教合一"统治制度所需要的条件。

戎巴中的平民阶层，作为没有土地等生产资料的无产者，谿卡的组织关系凌驾于他们之间建立联系的血缘和姻亲关系之上，他们没有可自行支配的"族田"，每个家庭独立地依附于谿卡的土地开展生计。所获得的土地使用权尽管可以继承，但事实上并不稳定，基于血缘和婚姻的亲属关系并不涉及有关土地等财产的继承，在这样的背景下，尽管在生产和生活实践中，亲属关系是构成互助和协作的重要基础，但它所能发挥的社会整合作用是极其有限的，很难与"宗族"那样具有独立组织及运行机制的整合体系相提并论。

更有甚者，谿卡是破坏戎巴内部形成强有力社会关系的直接推手。在前文中提到，谿卡对于属民的管理中，一个明显的倾向即是防止劳动力的流失。例如，通过限制其属民的自由流动以及与其他谿卡属民的通婚（如有通婚则需要补偿相应的劳动力，并且生育的男性后代归到父亲一方，生育的女性后代归到母亲一方），以此来达到防止劳动力流失的目的。

自14世纪中叶，帕木竹巴政权在今拉萨、山南、日喀则地区新设13个大宗并大规模推行谿卡制度管理属民及组织生产以来，17世纪以五世达赖喇嘛为首的噶厦政府向各宗委派政府官员，在一级宗设置一僧一俗2名五品官职的宗本，统管辖区内谿卡（庄园）的执法、收税等各种行政事务；同时在个别地方设立由噶厦政府直属管理的二级宗，称为"堆谿"或"堆宗"，设六品官职"堆谿"，对其辖区内的贵族和寺院谿卡进行管理。直至1959年西藏民主改革前，谿卡制度盛行于以雅鲁藏布江"一江两河"流域为主的，即以今拉萨、日喀则和山南地区为主的河谷农区。

在近600年的谿卡制度渗透下，除了宗教的渗透及调控作用外，噶厦政府维持其在卫藏农区的管理及税收不再依靠兵力的支撑（这从其常备军的安置上可以看出①），这一方面是集权及其有效渗透的结果，另一方面也表明民间的生产活动存在一套自行调配的机制。而代表噶厦政府、寺院和贵族利益的谿卡的主要职能是监管生产、派差和收税，对生产者个体家庭的经济活动产生了深刻影响，如何在谿卡制度的渗透以及底层人口的竞争压力下维持自身的生存和发展，即有效开展并维持其各项生产的经济活动，其最终的落脚点似乎就在于实现劳动力在时间和空间上的有效整合，而这一切又围绕着特定的生计情境来展开。

如此，问题的根本又重新回到了戎巴平民体现在生计上的分工策略。

二、基于分工的社会再生产过程

作为生计活动的直接承担者，戎巴中的平民至少面临四个方面的挑战：一是有限的环境容量下的生存竞争压力；二是由生计方式、土地及差税制度衍生而来的"劳动力缺乏"；三是土地使用不均；四是需要额外养活脱离生产劳动的僧人团体。"雅鲁"南岸河谷是谿卡及其属民较为集中分布的区域，如杰德秀谿堆、朗杰学谿堆、朗赛岭谿卡、吉汝谿卡都是南岸河谷规模较大的单元。就其所处的生态环境而言，很难与"地广人稀"而导致的劳动力缺乏建立联系，相反因为人口的集中以及平民对土地使用的不均而导致激烈的生存竞争。时至今日，占西藏总土地面积5.4%的雅鲁藏布江流域集中了近70%的人口。② 在人口密集的南岸河谷，"劳动力缺乏"首先是相对于土地的使用规模以及所承担的差税而言的，作为代理土地占有者组织生产和管理其属民的基层单位，谿卡对平民生计的直接影响主要来自对劳动力的调遣和占用。平民在一年中须花费大量的时间和精力应付政府所派的"外差"以及各类谿卡内部分派的"内差"③；同时他们自身需要多种手段来维持其"自给"的生存模式，因此对于劳动力的需求导致了"劳动力缺乏"这一事实。根据民主改革时的统计数据，脱离了生产劳动的寺院僧尼约占当时总人口的10%强④，他们与土地占有者一样是依靠平民来额外

---

① 李有义：《今日的西藏》，天津：知识印刷厂，1951年，第42页。

② 高利伟、徐增让、成升魁等：《农村居民食物消费结构对耕地需求的影响——以西藏"一江两河"流域为例》，《自然资源学报》2017年第1期，第12-25页。

③ 吴从众编：《西藏封建农奴制研究论文选》，北京：中国藏学出版社，1991年。

④ 西藏自治区党史资料征集委员会编：《西藏的民主改革》，拉萨：西藏人民出版社，1995年，第141-144页。

养活的群体。

为了满足自身的生计以及应对"劳动力缺乏"的事实，这些被"打散"的平民个体在经济上自发形成合作的关系，而合作的基础就是家庭内部分工的延伸。家庭内部分工首先依据年龄来灵活安排；其次根据是否掌握必要的技能来决定家庭成员承担的生计劳动，并且作为分工的依据，是否拥有某项技能是唯一严格的界限；性别是家庭分工中最不重要的依据，尽管在一些劳动领域有着明显的性别倾向，但"谁有空谁做"的灵活原则使得分工成为一种机动的策略。灵活和机动的分工策略，一方面彰显的是对"劳动力缺乏"这一事实的回应，另一方面是对戎巴整体生计方式特点的回应，即有必要在劳动高峰期时扩大家庭的劳动力基数以及在日常时节约或减少不必要的劳动力投入。

劳动高峰期主要是进行与农业生产相关的耕地、播种、收割、打场等活动，以及每年固定时间将粮食、酥油、纺织品等实物税运送到拉萨的活动。以杰德秀谿堆"乌则"的氆氇染色及清洗、运送为例①，这项声势浩大的差役并非单纯的劳动，它更深刻的意义在于通过占用大量男性劳力来凸显这场仪式的庄严和隆重。

节省或减少不必要的劳动力投入是常态。一方面这是由戎巴的生计方式所决定，另一方面这是由"劳动力缺乏"的事实所驱使。以"亦农亦牧，工商结合"为基本特征的多样性生计，对于那些人口较多、劳动力基数较大、能够满足生计需求的家庭而言，分工在家庭内部也可以完成。比如兄弟共妻家庭就能够较好地避免劳动力不足的情况，正所谓"人多力量大，有人去生产、放牧，有人外出搞副业、搞交换，有人顶替支应朝夕猝至的'乌拉差役'"②，从而有利于家庭生计的开展。同时，这样的家庭较少会受到"劳动力缺乏"的影响，因而具有更强的独立性，即无须通过与其他家庭建立协作来缓解劳动力缺乏的压力。除了兄弟共妻的家庭，人口较多的核心家庭和卫星家庭也在这方面占有一定优势。但完全的独立并不存在，比如在放牧和支差这类活动中，固定地占用一个家庭劳动力是低效且没有必要的。因此，在这类劳动中，分工不再局限于家庭内部，而是与其他家庭建立起联系，将可供组织及分配的劳动力扩展至家庭之外的其他家庭，

---

① 西藏自治区地方志编纂委员会编：《贡嘎县志》，北京：中国藏学出版社，2015年，第868页。

② 多杰才旦主编：《西藏封建农奴制社会形态》，北京：中国藏学出版社，1996年，第310页。

即依靠"轮流"或"换工"的方式使家庭劳动力基数扩大，同时使每个家庭在此项劳动中节约和减少了劳动力投入，能够降低成本获得同等工效，甚至将节约出来的劳动力投入其他生计或差役中，从而得以创造更多财富或应付频繁的支差活动。

因此，在技术—工具几乎没有改变的情况下，是分工的策略提高了劳动的功效，而并非劳动本身的投入增加提高了功效。正如"劳动力缺乏"是由生计方式、土地及差税制度所衍生的事实一样，在有限的家庭劳动力基数上，通过分工的策略及实施，对内采取灵活、机动的分工策略，对外与其他家庭建立起超越家庭的分工组织，以此来扩大劳动力基数或节约劳动力投入，并在个别生计领域达到低投入下的同等产出，或是以节余的劳动力投入其他领域从而增加劳动产出——与此同时，劳动的技术和工具本身并未发生改变，单个项目的劳动投入也并未增加——于是，劳动的效率得以维持或是增加了，而这正是分工的策略及其实施的结果。换句话说，戎巴通过分工或与其他家庭建立起来的基于分工的联系实现了对生计的"自给"并克服了"劳动力缺乏"的困难，因此，正是分工成为他们适应河谷自然及社会环境的关键所在。

分工成为戎巴适应环境的关键，一个不容忽视的原因在于戎巴的分工策略一是在劳动高峰期时能够短时间内整合家庭成员及其之外的劳动力；二是在日常时能够解除某项劳动在时间和空间上对劳动者（劳动力）的限制。事实上，这两种倾向都是将"家庭"或"家户"内部分工的界限打破，使每个家庭可支配的劳动力都超出自身所拥有的劳动力基数，劳动高峰时可临时增加劳动力的投入，在日常非高峰期时，可通过协作来减少劳动力的投入。

显然，这一套灵活的分工策略得以实施和维持的基础是家庭与家庭之间所建立的联系。这些联系中最基本的包括基于血缘和姻缘的亲缘关系，因居住空间相邻而形成的地缘关系，由于同为一个豁卡的属民而经常共同支差的业缘关系。为应对多样性生计和各项差役对劳动力的需求，戎巴内部自发地形成了基于分工的网络。这一分工网络在既有的亲缘、地缘和业缘的关系基础上形成，它并不完全与这些关系重合，却在很大程度上依赖于这些关系。于是分工促使亲属关系重新得以巩固和强化，同样也使地缘和业缘关系更为亲密——而其最关键的意义在于：通过分工建构了一个新的、独立于上述社会关系之外的、真实发挥作用的、有其自身运行机制的社会关系网络。

分工网络的建立依赖于但不一定等同于上述任何一种社会关系。即基于分工建立的社会联系不一定与亲缘关系、地缘关系、业缘关系中的某一种社会关系完全重合，而是根据实际需要灵活地挖掘有关社会关系所形成的资源，因而形成的新的社会关系可能是全部从亲缘关系中获得，或者全部从业缘关系中获得，或者从两种甚至三种关系中各自获得一部分。还有一种可能的情况是，因年代久远，由于"铁打的属民、流水的领主"而致使亲属关系与业缘关系完全重合，即同一个豁卡的属民同时是亲缘关系的团体。但无论何种情况，基于分工构建的社会网络是动态的、实践的，它并不像血缘关系那样一经建立便不可逆，而是表现出较强的临时性和多变性；并且实际情况中，这种关系一经形成，又是长期的和稳定的。在建立起合作的家庭之间常形成稳定的分工关系，这种合作等同于"换工"，起到的作用是使发生关系的两家庭之间构成扩大了的分工组织；每个具体的分工组织以某个特定的家庭为节点，从而在原有的社会关系被打破的情况下，形成新的以个体家庭为核心的较小范围的整合。依此类推，每个节点（即个体家庭）至少在形式上是独立、分散和平等的；唯一凌驾于这些节点之上的是豁卡以及豁卡制度。

互助和协作是普遍的现象，它们背后的机制是分工的策略及其网络。分工及其网络使得原本被豁卡制度打散的平民个体在经济的基础上形成新的紧密联系，平民之间的通婚则使这种联系更具稳定性。包括杰德秀、桑耶在内的几乎所有戎巴村落，放眼望去，村民相互之间都是"亲戚"，他们之间被血缘和姻亲的纽带盘根交错地缠绕在一个亲属团体，而促使他们在生计实践中得以频繁并紧密联系的是分工网络的存在。在豁卡制度及各种差税渗透的生计活动中，基于业缘所形成的关系网络与分工网络的重合度是最高的。从这个意义来说，分工对原有的社会关系施加影响，并导致某些关系获得强化、某些关系被弱化，从而最终形塑着社会关系的强弱，并在原有社会关系的基础上形成新的基于分工的关系，如此实现社会的建构。

三、"自下而上"与"自上而下"的稳定社会建构

上述戎巴平民基于分工策略所形成的协作和互助关系，首先它的形成不仅仅是满足平民自身的生计需要，更重要的是它以满足土地占有者及其豁卡组织生产活动的需要为前提，即以优先保障豁卡所需的劳动力为前提；其次，分工所形成的社会关系及网络是由经济活动而来，满足的是经济活动对劳动力的需求，它并不对豁卡、豁卡制度以及更为根本的土地及差税

制度构成威胁，也不像基于土地制度和骨系观念所形成的职业分工那样具有突出的政治色彩。

如果说基于分工所形成的地方社会关系在土地占有者及豁卡的立场来看是一种被动接受或默认的关系，那么基于土地及差税制度所形成，并由宗教禁忌、骨系和洁净观念进一步巩固和强化的职业隔离，则体现出土地占有者在社会分工领域的主动控制及强势干预。

当然，所谓的被动和默认，也是土地占有者主动打破平民社会关系从而有利于形成个体劳动力来源的结果。因此，无论是被动接受还是主动强化，都是满足土地占有者自身利益及需求的结果，因而根本上符合的是土地占有者的意愿。就土地占有者利用政治、宗教和包含骨系及洁净观念的传统来强化职业群体的分离，其目的也是满足自身的"寄生"所需，因而那些不被需要的职业注定受到歧视，如与杀生和五金制造有关的渔夫、屠夫、制皮匠、铁匠、铜匠（制造佛像的除外）等。而这正是维持当下土地、差税和豁卡制度所需要的条件，并且最终显示为维持"政教合一"统治制度所需要的条件。

因此，站在整体的立场来看，戎巴平民借由分工所建立的社会联系，一方面是应对土地占有者及其豁卡制度的剥削及控制，即这种社会联系本质上是由土地占有者自身的控制所导致的，或者至少来说，土地占有者强化了这种分工的社会联系，并默许了这样的社会联系，尽管在表面看来这是被动的；另一方面，土地占有者所主动强化的职业隔离及其社会分工，促使戎巴内部形成一个相当稳定的社会结构，在这个结构之上，戎巴平民所自发建构的分工网络及其社会关系也获得统治阶层的"默许"以及事实上的强化，从而经由"自下而上"和"自上而下"两条渠道在不同立场、不同层面、不同形式和不同目的的基础上，土地占有者和非土地占有者共同构筑了一个整体上趋于稳定的社会。

受到骨系和洁净观念的影响，"贱业"群体在通婚和饮食等生活方面与其他职业群体形成隔离，使他们的通婚圈受到严格的限制；同时他们的生计受到宗教和法律层面的诸多限定，阻碍了其他职业群体向"贱业"群体的流动，作为一个相对封闭的群体，他们的人口始终处于一个较小的规模，并且他们的社会地位也总是处于最低的等级。相对而言，农业、牧业、纺织业等主要生计的承担者是平民中的大多数，这显然有利于维持和巩固土地占有者的"寄生"方式。

职业群体的固化、隔离以及与之相对应的社会等级，形成了稳固的社会秩序和个体地位及角色，从而有利于减少对其管控的成本及负担，同时提高了效率。历史表明，噶厦政府主要依靠建立寺院和推行宗豁制度对"一江两河"区域进行管理，而非依靠部署兵力。[①] 大体而言，噶厦政府对地方及人群的控制，主要依赖于由政治和社会制度、宗教、骨系及洁净观念所形成的治理体系，即依靠土地及差税制度规定了戎巴经由职业所显现的地位及身份，并凭借宗教、骨系及洁净观念强化这一社会结构，同时约束和限制人们的行为，"自上而下"地控制地方社会；平民则"自下而上"地由分工网络建构稳定社会。

第二节　民主改革以来的分工与社会变迁

前节分析了民主改革前分工实践对地方社会及其建构的意义，本节将侧重描述自民主改革以来由政治经济和社会转型所推动的生计变迁下，戎巴个体家庭的分工实践所推动的社会变迁，尝试在"社会变迁—家庭生计—分工网络—社会重构"的脉络下勾勒出分工与社会互动的动态图景与机制。

一、互助组时期的分工与地方社会变迁

民主改革初期，戎巴个体家庭在政府鼓励下自愿形成了常年互助组和临时互助组。互助组的形成尽管以自愿为前提，但政府的引导必不可少。尤其是那些由朗生组成的互助组，他们的互助更多的是建立在其相近的身份和经济实力上，而不同于传统上基于亲缘、地缘和业缘关系形成的互惠互助。

在政府提倡和鼓励"生产互助"的背景下，同一个互助组的个体家庭之间形成了稳固的互助关系。这一时期的互助组有自愿结合形成的，也有在政府主导下形成的。互助组的建立，从形式和规模上固定了分工网络的范围。在自愿结合形成的互助组中，同一村落空间内的亲缘关系起到了关键作用，在以亲缘关系为主要依据所形成的互助组之中，基于家庭生计的分工网络的建立强化了这一范围内的亲缘关系。然而，亲缘关系并不是互

[①]　李有义：《今日的西藏》，天津：知识印刷厂，1951 年，第 42 页。

助组形成的唯一依据，政府在统筹生产资料的分配和劳动力的组合上发挥了一定的主导作用，避免出现实力过强或条件过差的家庭被捆绑在一块的情况。但也不乏一些完全由条件较差的农奴所组成的互助组，或者互助组的成员中掺杂了一些不会种地和从事其他生产活动的还俗僧人或家奴。在后一种情况的互助组中，分工网络的建立不再与亲缘关系直接相关，而是基于由相近的地缘和属于同一个互助组的业缘关系建立起联系。

因此，从社区的整体社会关系来看，一方面部分亲缘关系因分工网络的形成而获得增强；另一方面也是基于分工网络的建立而使一些原本没有联系的家庭或个体紧密地联系在一起。相比民主改革前以谿卡为核心建立起来的基于业缘关系的分工网络，此时以互助组为核心建立起来的分工网络，二者既有相似之处也有根本的不同。相似之处在于：在同一个开展生计活动的地域单元范围内，生计的基本单位依然是家庭，分工的组织则依然是超出个体家庭的网络；不同之处在于：一是民主改革前形成业缘关系的机构是谿卡，民主改革初期形成业缘关系的单元是互助组，其中一些互助组的形成从最开始就与所分配土地的邻近相挂钩；二是从社区整体来看，基于谿卡形成的地方社会是一个对外孤立、对内完整且有机联系并在整体上处于分散状态的社会，而基于互助组形成的地方社会则在一定程度上对外联系紧密（例如在修建水利工程或抵御自然灾害等领域与其他互助组的合作，这一合作在地方政府的主导下实现）、对内为非有机的和非完整的联系（仅限于分工的联系），但在整体上趋于联系紧密的社会；三是民主改革前分工网络所强化的业缘关系不复存在，新的业缘关系形成于互助组的建立；四是民主改革前基于分工的社会建构以亲缘、地缘和业缘为基础并强化这一基础，民主改革初期基于分工的社会建构尽管仍然以原有的亲缘、地缘和业缘关系为基础，但原有的分工网络被新的互助组所打破，从而形成新的分工网络和业缘关系，新的分工网络所强化的社会关系也发生了转移，因而在分工实践中所再生产的社会已发生根本转变。正是在这个意义上，整个戎巴社区的地方社会在分工的基础上得以重构，并在家庭、社会、国家三个层面获得强化。

这一时期基于互助组形成的分工网络，从劳动主体的角度来看，分工的基本特征从灵活、机动趋向固定；从劳动对象来看，劳动高峰期时仍然需要扩大家庭的劳动力基数，而作为非高峰期的日常，则延续了用以减少劳动力投入的"轮流"制。这一时期，戎巴以农业作为主要生计，并且摆脱了旧有土地及差税制度对劳动力的频繁占用，扩大劳动力基数和节约劳动力投入的动因来自生计本身的需求，因而服从于生计中有关作物和动物的自然习性。所有关于生计的分工实践是在家庭和互助组内部完成的。同时，农闲时期的富余劳动力，由政府统一组织起来在开荒、水利建设等方面发挥效力。

家庭内部分工以年龄作为主要依据，技能的影响减弱。由于民主改革前很大程度上由土地及差税制度、生计多样性以及其他原因导致的"劳动力缺乏"已获得根本性改变，因此劳动力的相对充足促使年龄成为分工的首要依据，即低于某个年龄段和高于某个年龄段的家庭成员被视为半劳力或无劳力者，剩余年龄段的可正常从事劳动的家庭成员才被视为全劳力者，有关生计的大部分劳动即由全劳力者承担，并且性别依然不是作为分工的关键性依据。同时随着学校教育的逐步开展，家庭中的年青一代因进入学校接受教育而逐渐从生计劳动中脱离出来。此外，由于农业成为家庭主要生计以及一些家庭对手工业的放弃，致使技能在家庭分工中逐渐失去影响。

二、人民公社时期的分工与地方社会变迁

人民公社时期，随着社会主义改造，当地家庭从个体经营转变为由社—队组织下的集体经营，农、牧和纺织等生产活动不再是由家庭作为基本的组织单位，而是改由生产队和人民公社扮演了基层生产组织的角色。家庭不再承担在主要生产领域中的组织和分工职能，而是退回到家庭内部，仅对少量自留地的耕作和饮食起居等家务劳动发挥组织和分配的主体作用。

人民公社时期，劳动主体的性别因素至少在形式上对分工的影响被进一步淡化。这一时期，政府主导的社—队生产组织代替了以家庭为单位的生产组织，此时的分工由社—队一级来主导。总体上说，人民公社时期更加倾向于单一化的生产活动以及集体性的生产组织，最大限度地消解了民主改革前"劳动力缺乏"的状况，并在农业开荒、精耕、田间管理、兴修水利和推广新作物（为适应季节及气候而培育的冬小麦、冬青稞，需要集中劳动力对其进行"抢种抢收"）等方面充分发挥了集体经营下的劳动组织优势。

主导分工的关键因素是效率。除了技术—工具和劳动力的组织方式，影响效率的两极分别是劳动力主体和劳动对象。因此，分工所能凸现的优势在于对劳动力主体的遴选上，即依据劳动力在性别和年龄上的自然差异来安排恰当的劳动，并摆脱那些传统上由文化所造成的分工限制。具体而言，分工的形式延续了互助组时期以年龄为主要依据划分为"全劳力"和

"半劳力"的做法，并在局部领域进一步淡化了生产习俗中有关性别的限制，例如女性可以像男性那样役使耕牛来进行耕地；但在另一些劳动领域，比如挤奶和鞣皮，则依然保留了传统的性别分工倾向，而这些表现为男女不同的擅长领域，表明文化传统仍然对分工发挥强有力的作用。

在社—队一级的生产组织，分工不具有灵活性和机动性的基本特征。生产单一化和集体化的倾向，将矛盾推向另一个极端，即劳动力的相对过剩。在此情形下，上述分工的优势并不能顺利获得，或者这种优势并不是必要的。在经历互助组时期从旧土地及差税制度中解放出来的生产热情高涨和"劳动力充足"的过渡，至人民公社时期，这种从压力中解放出来的生产积极性已不能与改革初期同日而语，而"劳动力充足"的情况也转变为"劳动力过剩"，因此那种适应于"劳动力缺乏"状况下灵活和机动的分工已不再是必要的。因而戎巴同样没有避免因集体化和"大锅饭"所带来的消极怠工以及低效率。

在家庭层面，民主改革前为应对"劳动力缺乏"以及互助组时期为优化劳动力组合而采取的扩大劳动力基数和节约劳动力投入的策略，在人民公社时期也失去其存在的土壤。由于主要的生计活动已转移到社—队一级的生产组织，主要的家庭劳动力也由社—队来统一组织，加上营利性家庭副业的停滞，使家庭自身摆脱了劳动力不足的压力。同时，"工分制"给家庭劳动力的安排留下了一定的自由度，因而可以兼顾到家中少量自留地和自留畜的经营。

至此，由家庭生计及分工所引发的分工网络及社会联系也已失去它们存在的土壤。民主改革前基于扩大家庭劳动力基数和节约劳动力投入的分工策略，以及民主改革初期在互助组成员家庭间所形成的优化劳动力的策略，至人民公社时期，由社—队的集体经营模式消解了这一策略的必要性。因此，由于个体家庭不再是生计及分工的主体单位，民主改革前以及互助组时期基于家庭生计所构建的分工网络及社会联系，至人民公社时期已几近消失。这一结果所导致的另一个结果是：作为家庭分工网络建立的基础并同时由分工网络所强化的亲缘关系、地缘关系和业缘关系，与个体家庭的生计及分工失去了有机的和必要的联系。

因此，人民公社时期，尽管社—队组织及集体经营方式通过共同的生计活动，在更大规模的个体家庭之间建立起某种联系，并且比起互助组的协作与分工有了本质上的不同，但事实上，无论是社—队生产组织的集体经营，还是家庭自身的需求现状，都促使人民公社之前存在于个体家庭之间的基于生计和分工的紧密联系中断了。因而从形式上看，个体家庭在社—队的框架下结成了更大范围内基于劳动协作的联系，但实际上这种联系是机械的并且是以社—队这一组织形式为中介的。换句话说，社—队组织就好比一顶悬空的大伞，伞的下面是聚集一团的个体家庭。尽管每个家庭都处在同一把伞的下面，但实际上个体家庭之间是缺乏联系的，因此这是一盘散沙的、粗放的联系，即个体家庭相互之间并没有彼此交织在一张相互联结的网络里。

从这个意义上来说，社会主义改造和人民公社时期的社—队组织以及集体经营方式，彻底打破了存在于个体家庭之间的有机联系，促使个体家庭转变成为比民主改革前的谿卡属民更为分散和独立的个体，并同样以自由"劳动力"的存在形式服务和服从于社—队统一生产活动的组织和安排。至此，基于个体家庭生计和分工并"自下而上"建立的地方社会不复存在；因此与民主改革前经由"自下而上"和"自上而下"两种途径所建立起来的稳定的地方社会相比，人民公社时期的组织及经营方式以一种"自上而下"的途径，单方面地以国家力量的下行及渗透彻底取代了原有的地方社会建构，推动了河谷农区在社会主义进程中的社会重构。

三、改革开放和包产到户后的分工与地方社会变迁

自 20 世纪 80 年代包产到户之后，家庭承包制和个体经营又为基于分工网络的社会建构提供了土壤。但市场的介入和国家政策的引导以及其他方面的变化，引起了人们的生活和生产方式的变化，原有的农业不再是全部家庭的基本生计。而在杰德秀这样的村落，绝大多数家庭都不再从事以绵羊为主的牧业。相反，经商和外出务工成了许多家庭的主要生计来源，传统上基于家庭分工而得以强化的社会不再与家庭形成紧密的联系。

改革开放和包产到户对戎巴家庭生计及分工所带来的根本性影响是谋生手段从单一化转向多样化、经营方式从集体化转向个体化。改革开放和包产到户后，戎巴家庭的生计从社—队组织的集体经营形式转变为个体家庭的分散经营形式，同时在个体家庭之上再无其他类型的生产组织；同时市场的开放促使生计类型从人民公社时期的单一化倾向转变为改革开放后的多样化趋势，如在杰德秀村，多数个体家庭的生计方式由农业、牧业、纺织业和经商等多种生计手段中的两种或两种以上构成。

以杰德秀为例，改革开放以后的包产到户和减免税收，促使分散的个体经营有必要在亲属、邻居和其他关系的基础上加强家庭之间的联系，尤

其是在农业和牧业生产的领域。国家政策的推动和市场的介入促使个体家庭改变了生计方式，比如外出务工和经商成为一项重要生计，可供直接购买消费品的市场有助于个体家庭成为生计"自足"的单位。同时，教育也促使一部分年轻人脱离家庭的生产活动或毕业后留在城市里谋生。

面对生计手段的多样性和个体经营的分散性，个体家庭在不同阶段凭借分工策略维持其生计的做法有所不同。随着改革开放的不断深入，包产到户后戎巴所处的整体社会环境和生计方式都发生了变化，根据生计方式变迁的整体倾向可将包产到户后至今的历程大致划分为三个有明显不同的阶段。须指出的是，这三个阶段并无明确的时间和有关变迁的内容及特征的严格界限，且相邻两个阶段有交集的部分。为便于清晰陈述和比较，通过不同阶段的划分来展现自包产到户以来戎巴所经历的社会经济变迁的大致历程。

（一）第一个阶段的生计及分工实践与社会变迁

第一个阶段是改革开放初期，这一时期的生计以农牧业为主，纺织业和商业有了一定的恢复；家庭成员较为完整，外出务工的情况较少；通婚圈大致保持与过去相近的范围和格局，即以本村内部通婚和与邻近村落通婚为主；婚姻和家庭类型以"一夫一妻"制的核心家庭或主干家庭为主（有少数未公开但实际上属于"兄弟共妻"制的婚姻家庭）。

第一个阶段是家庭生计重新恢复多样化和个体化经营的时期。尽管并不能明了此时是否存在劳动力缺乏的情况，但对比人民公社时期，亲友和邻居间在生计活动高峰期的相互帮忙成为常态。家庭分工与人民公社时期忽略性别因素的做法有所改变，并且随着学校义务教育的开展，家庭中未成年的一代退出了生计及分工的实践。在家庭内部，绝大部分劳动项目并不存在严格的性别分工界限，但延续了传统的性别分工倾向，家庭与家庭之间建立起的"换工"和互助导致事实上的"劳动力充足"，因而也可能是促使或强化性别分工倾向的原因所在。

对比人民公社时期政治导向下忽视性别差异的做法（主要表现为破除文化限制）、互助组时期生产热情高涨及优化分工方案导向下忽视性别差异的做法（主要表现为满足劳动力需求）、民主改革前"劳动力缺乏"这一事实背景下的"男女同力"倾向（主要表现为应对劳动力缺乏的处境），包产到户后的性别分工倾向在一定程度上强化了。同时，随着营利性手工业的恢复，除纺织业的制作技艺不分男女以外，其他制作或外出销售手工制品的生计主要由家庭中的男性成员承担，因而显示出"男主外"的分工倾向；但这种倾向在农业、牧业和在村落内部即可完成的商业活动中并不凸现，并且这三种类型的生计活动明显有着"谁有空谁做"的灵活、机动原则。

从家庭生计及分工的角度来说，对比人民公社时期个体家庭在社—队这一组织框架下所呈现的"一盘散沙"的状态，包产到户后第一个阶段中尤为显著的变化，是个体家庭之间"恢复"了一种基于协作的紧密联系。当然，这种"恢复"后的紧密联系并非互助组时期所形成的新的、范围固定的社会关系的简单复制，同时也与民主改革前存在于家庭间的稳定联系有着本质上的差异。

这一时期，个体家庭生计恢复自主经营，同时其多样性所呈现的基本形式尽管仍然是"亦农亦牧，工商结合"，但它与民主改革前的生计多样性最根本的差异在于：民主改革前，作为生计活动的承担者以及非土地占有者，戎巴平民阶层的土地使用极为不均，因此"亦农亦牧，工商结合"所能指的对象是河谷戎巴整体生计的基本特征，这一特征所强调的是戎巴作为一个整体适应河谷自然环境的结果，与其相对的是藏北高原游牧群体卓巴逐水草而居的生计特征。因此，由土地及差税制度和土地使用不均以及由此决定的政治社会地位、骨系观念等共同形塑的个体家庭的生计差异，导致农业、牧业、手工业以及与手工业紧密相连的商业等生计类型在个体家庭之间的分配极为不均，即有的家庭以农业为主，有的家庭以牧业和纺织业为主，有的家庭以其他单个的谋生手段如捕鱼、摆渡、打铁等为主；凡是不以农业为主要生计的个体家庭，尽管其所倚仗的谋生手段最终都是为获取粮食，但在兼顾农业和牧业上具有较大的难度。因此，"亦农亦牧，工商结合"反映的是戎巴整体生计方式的大致概貌，但戎巴内部的结构性差异导致这一特征不能反映绝大多数戎巴个体家庭的真实面貌。这一时期的家庭分工及策略在前文中已有详述，在此不再赘述。与民主改革前戎巴个体家庭极大不同的是，民主改革后的互助组时期，戎巴个体家庭的生计所具有的特点包括自主经营、土地等生产资料按人均获得分配，几乎全部个体家庭都以农业为主，有一定的牧业和纺织业，手工业通常伴随着商业。因此这个时期的"亦农亦牧，工商结合"既可以反映戎巴整体的生计概貌，也可以反映个体家庭的生计特征，其家庭分工和策略也在前文中有所描述。与前面两个时期相比，包产到户后的第一个阶段，个体家庭的生计特征表现为：自主经营、土地按人均获得使用权和经营权、其他生产资料按人均获得分配、全部家庭都以农业为主、牧业和纺织业及其商业由个体家庭自主抉择去留。因此这一时期的"亦农亦牧，工商结合"更接近戎巴整体的生计概貌，对于个体家庭而言，农业、牧业、手工业和商业并非完整配套的生计搭配，即不同家庭所采取的多种生计可能是相同的组合，也可能是不同的组合。

因此，鉴于这一时期个体家庭生计所呈现出的新的多样性倾向，以及家庭劳动力并无明显不足的情况下，是否需要与其他家庭建立协作，即将家庭分工的范围延伸至家庭之外的其他家庭，取决于个体家庭依据自身劳动力的具体情况来作出抉择，但选择与何种家庭建立协作关系，除了传统的亲缘关系和更能凸现便利性的地缘关系仍然是重要的因素之外，更利于建立协作的可能性［即具有相同的生计手段（业缘）和能反映出亲疏远近的人情关系］成为关键性要素，这一关键性要素更为明显地体现在日常的互助与协作中。例如对于饲养绵羊的家庭而言，建立"轮流"换工的协作放牧方式极有必要，因此选择的协作对象是同样进行绵羊养殖的家庭，而在众多的可选择对象中，友好亲近的人情关系和凸现便利性的地缘关系等在综合权衡中共同发挥作用，取代了那种以某个单一关系作为主要考虑因素的做法。

换句话说，为适应新的生计多样性及这一时期的社会环境，个体家庭依据自身需要与其他家庭建立新的协作关系，更多的是维持生计方式的日常经营。这种协作关系可以在劳动高峰期时继续发挥作用，也可以不用（根据西藏的法定节假日和劳作习惯，劳动高峰期时外出就学或就业的家庭成员返回家中从事生产，或可以缓解劳动力不足的压力；另外，主要由农业生产引发的劳动高峰期，由于农业是这一时期全部个体家庭的基本生计，因此家庭之间的协作对象不受限制，可以依据亲属、邻居或亲疏远近的人情关系来选择协作对象），这由个体家庭自主选择。因此，基于家庭分工的形式、基本特征、动因和策略而建立起的分工网络及其关系，与民主改革前和互助组时期的分工网络及社会关系相比，有了形式和性质上的不同。这一时期分工网络的建立表现出一定的随意性，但这种随意性又是根据实际的具体情况而灵活作出的反应，使得个体家庭之间在分工网络上所形成的关系既有灵活性的一面，也有因随意性较强而较为松散的一面，既不像人民公社时期的"一盘散沙"和互助组时期的"范围固定"，也不像民主改革前有机的"稳定"关系。

（二）第二个阶段的生计及分工实践与社会变迁

在第二个阶段农业仍然是个体家庭的基本生计；但是随着外出务工的

增多，务工收入逐渐成为一些家庭的重要经济来源；商业成为一些家庭的谋生手段；以奶牛和绵羊为主的畜牧业有所下降；从事纺织业的家庭逐渐增多；与外出务工关系紧密的通婚圈逐渐扩大；"一夫一妻"制的核心家庭或主干家庭占较大比例，同时也有一定数量的未婚家庭、单亲家庭、卫星家庭等。

在第二个阶段，个体家庭生计的明显变化就是越来越多的家庭以纺织业、外出务工和商业作为一项重要生计。这一变化所带来的结果，一是促使家庭成员间的分工倾向于固定化和长期化；二是分工固定化和长期化导致劳动力相对不足。为应对这一变化，戎巴家庭在生计上的策略是逐步放弃一些不能带来明显收益或不是必要的生计手段，比如围绕河谷绵羊养殖的家庭畜牧业，这项传统生计的主要功能在于生产羊毛以供家庭纺织或可直接销售羊毛，但随着从市场上直接购买羊毛的优势更为凸显，并且国家所推行的"退牧还草"政策所带来的补偿以及地方政府的积极推动，杰德秀绝大部分家庭已逐渐放弃了这项生计；与此相似的情况还发生在家庭奶牛的饲养上。事实上，导致"劳动力不足"的因素还应包括国家在西藏推行义务教育的政策倾斜，义务教育对家庭生计和分工的直接影响是促使未成年劳动力退出这一实践领域。

除了上述生计方面的策略，部分戎巴家庭采取了婚姻策略来摆脱这一困境，如"兄弟共妻"制的婚姻家庭的复苏[1]，但为了避免与现行国家婚姻法律的抵触，笔者在田野点发现年龄在三四十岁左右的家庭对外以"一夫一妻"的形式公开示人，对内则是事实上的"共妻"婚姻；年龄在50岁左右的"共妻"家庭则并不会刻意隐瞒，并且当地人对这种婚姻形式基本上持积极评价。

戎巴家庭以分工策略应对"劳动力不足"的做法，即是在家庭之间建立紧密协作，以此在农业生产活动高峰期时通过"换工"的形式吸纳其他家庭的劳动力，来组成临时的、扩大的家庭分工组织；日常的联系则因为牧业这项生计的萎缩或退出而逐渐淡化并式微。如此一来，只有在劳动高峰期（如农业生产中的耕地、播种、除草、收割、打场等），扩大家庭分工组织的劳动力基数才成为家庭之间建立联系的主要的也是唯一的动因。

第二个阶段倾向于仅在农业生产高峰期时与其他家庭建立生产上的紧

---

[1] 班觉著，王旭辉译：《太阳下的日子：西藏农区典型婚姻的人类学研究》，北京：中国藏学出版社，2012 年，第 162 – 165 页。

密联系，由于农业是绝大多数个体家庭的基本生计，因此从事相同农业生计的"业缘"关系反而并不关键。以"换工"或"雇工"的方式临时扩大劳动力基数，"换工"通常发生在亲缘关系或人情关系要好的家庭之间，"雇工"则不限于上述关系，有的"雇工"只是另一种形式的"换工"；这一临时性的分工网络以亲缘关系和地缘关系为首要基础，人情关系的亲疏程度和个体偏好在其中起到了关键的作用，并且一经形成的分工网络，具有稳固和传继的特点；从整体看，一个个相对稳固的、由亲近关系（大多以亲缘关系为基础）联结的"小团体"组织了整个地方的社会结构。

因此，这种社会不同于民主改革前建立起来的同时满足劳动高峰期和日常所需的，联系更为频繁的，基于业缘、亲缘和地缘关系的分工网络及其所表现出的具有"超稳定"倾向的社会关系；不同于互助组时期建立起来的同时满足劳动高峰期和日常所需的，存在常年互助和临时互助区别的，基于特定范围而并非与亲缘和地缘关系完全吻合的分工网络及其所表现出来的全新的、"范围固定"的社会关系；不同于人民公社时期个体家庭间因普遍无协作需求而未建立起分工网络从而形成"一盘散沙"的局面；不同于包产到户后第一个阶段倾向于为维持日常经营而更依赖于具有相同生计方式的"业缘"关系而建立起来的临时性的、随意性较强的分工网络，以及表现为既有灵活性又有因随意性较强而较为松散的社会关系。

（三）第三个阶段的生计及分工实践与社会变迁

第三个阶段不再以农业作为主要生计的个体家庭增多，但农业仍然是多数个体家庭的基本生计；从事牧业的家庭减少，保留下来的牧业多数为饲养奶牛，饲养绵羊的家庭几近不存；从事纺织业的家庭有所减少，但仍然有较高比例的家庭保留了这项生计；从事商业（包括交通运输业）的家庭增多且多数家庭从商业中所获取的收入占主要份额；外出务工成为多数家庭的一项重要生计方式，少数有举家外出的情况；在纺织业和农业领域出现合作化经营的模式；通婚圈进一步扩大，婚姻家庭在形式上与第二阶段大致相同。

包产到户后的第三个阶段，随着农区市场化和城镇化的不断深入，从戎巴整体的生计方式来看，传统的"亦农亦牧，工商结合"的适应体系转变为"农多牧少，工商分离"，其中，"农多"是相对于"牧少"而言的，"工"所指的不仅是"手工业"，还有"外出务工"，因此"工商分离"具有两层内涵：一是手工业与传统的外出交换相分离（即生产与交换的分离，交换由专门的"生意人"或合作社来完成），二是外出务工和经商是两个独立的生计手段。从个体家庭来看，不同家庭所采取的生计方式差异拉大：尽管农业仍然是多数家庭的基本生计，但农业在不同家庭生计中的贡献及地位"因人而异"，同时随着国家倡导农业现代化（以生产规模化、标准化和专业化为基本特征）背景下农业生产合作社的成立和农业机械化的推广，一部分家庭从农业生产实践中脱离出来；牧业被大多数家庭所放弃，尤其是绵羊养殖业，因此这些家庭不再有日常"轮流"放牧的需求，对于还保留着一定规模的牧业家庭而言，职业牧羊人的存在也在一定程度上抵消了这一需求；外出务工，尤其是远距离和长期的外出务工，一方面使家庭成员的分工角色固化，另一方面并不一定会导致在第二个阶段中所出现的"劳动力不足"的局面，这主要得益于许多家庭的生计多样性不再是传统生计方式的组合，而是家庭成员根据自身情况有意识地选择"恰当的"或"倾心的"谋生手段，这种选择甚至并不是基于整个家庭的意愿作出的决定，而往往是基于家庭个体成员的意愿来作出决定。但无论是出于哪种立场，其结果都是使家庭成员的角色与其所承担的生计方式"捆绑"在一起，从而形成"一个萝卜一个坑"的固定关系。

因此，至少对于一部分家庭来说，随着家庭生计的变化，分工不再是基于某些共同的生计类型或劳动项目而展开，而是基于不同的生计类型及个体而展开，并且就田野点的情况而言，这一变化正处于不断上升的趋势。而那些并未使农业从其生计实践中脱离的家庭，同时也保留了最后一块符合传统分工形式的领域。只有在这块领域中，家庭才在传统的分工意义上成为一个"共同体"（但仍然是生计意义上的共同体），从而性别或年龄才有可能构成分工的依据——然而现实的情况是，一方面随着农业生产机械化的推广，一些由新机械替代了传统工具及其生产方式的地方，专业机械手的劳动彻底抵消了特定劳动工序中家庭分工的可能（主要是耕地和播种这些劳动工序的性别分工）；另一方面即便农业生产仍然保留了一些非机械化的劳动工序，但这些工序本身并无明显的性别或年龄的分工倾向，换句话说，分工是在可调用的劳动力中灵活、机动地进行，问题在于正是上述所提到的分工角色的固定，导致可灵活和机动调用的劳动力极其有限。此外，在农业生产中的耕地、播种、收割、打场等主要由机械完成的工序中（人在其中起到的作用是辅助性的），人与人之间的分工转变为人与机器之间的分工。对于依然从事农业生产的一部分家庭来说，机械承担了农业生产中的主要部分，其他如除草、灭虫、灌溉以及辅助机械从事劳动的环节，则是仅有的与其他家庭或个人建立起联系的领域；农业合作社的建立则直接将个体家庭排除在生产实践之外。

因此，在彼此都还保留了农业生产活动的家庭之间，日常的田间管理视可组织的家庭劳动力与劳动量之间的情况而定，如除草这项工作，在平时可调用的家庭劳动力极其有限而工作量较大的情况下，就需要寻求其他家庭或个人的帮助。寻求帮助的方式可以是传统的"换工"，也可以是支付工资雇佣劳动力。根据观察，发生在田野点的"换工"和"雇工"都可以是在亲戚、邻居或同村人之间。在耕地、播种、收割和打场这些劳动工序中，平日里处于分散状态的家庭成员又重新聚集起来，共同完成这些工作，并且与其他家庭建立起协作关系。根据上述情况，平时里可调用的家庭之外的劳动力限于"留守"的那一部分人员，生产高峰期时可调用的家庭之外的劳动力限于"留守"和临时"回归"的那一部分人员。亲缘关系、地缘关系和业缘关系（这里指同样从事农业生产的家庭）是"换工"和"雇工"的基础，"换工"更倾向于发生在亲属和邻居那样的稳定关系中，"雇工"则较为机动。

可见，为满足家庭农业生产和扩大劳动力基数的需求，这一时期个体家庭间建立的分工网络是仅限于农业生产领域的；建立分工网络的主体可以是个体家庭之间也可以是个体家庭与个人之间；日常田间管理的分工网络与生产高峰期时的分工网络可以不是同一个；分工网络的建立以亲缘关系、地缘关系和业缘关系为基础但不限于这些关系，并且人情关系的亲疏不再构成建立分工协作的关键，尽管它依然发挥着重要的、较为普遍的作用；农业生产合作社的建立和农业机械化的推广抵消了全部或部分分工协作，并且使农业逐步脱离家庭生产领域，导致依赖于农业生产而建立的分工网络及社会联系将逐步失去其存在的土壤。与其相应的是个体家庭之间基于传统的农业生计方式而建构的分工网络，其稳定性和必要性逐渐减弱，其规模和在整个地方社会所具有的影响力在不断减弱。不同于民主改革前以谿卡为核心的有机联系的对内稳定、对外孤立和分散的"小集团"；不同于互助组时期在固定范围内与特定家庭之间形成相对宽松而稳固的联系；不同于人民公社时期在社—队框架下个体家庭之间所形成的"一盘散沙"的局面；不同于包产到户后第一个阶段整体上灵活而松散的社会关系；不同于包产到户后第二个阶段整体分散、局部集中的社会关系；包产到户后第三个阶段，基于传统生计及分工而建立的内在联系式微，因而曾起到强化和重新整合亲缘关系、地缘关系、业缘关系的分工网络难以继续发挥作用。

新兴的以部分个体家庭、村小组或村居为单位而建立的各级各类合作社,以不同的组织规模、联系方式、作用程度对基础的社会结构加以重新刻画、整合与形塑,促使个体家庭成为多个网络重叠的节点,从而在趋向多维的、立体的、复杂的地方社会中愈加孤立又愈加依赖于所处的社会。纺织类合作社为一部分个体劳动者提供了一个可同时劳动的场地,合作社提供全部材料并负责销售产品,生产停留在手工阶段,纺织工在"织"的环节中独立完成一件织品,并按件领取工资;合作社的建立促使一部分家庭在小范围内联系在一起。

通过对上述互助组时期、人民公社时期以及包产到户后三个阶段的分析与比较,循着"社会变迁—家庭生计—分工网络—社会重构"的脉络,展现了自民主改革以来戎巴生计及分工与社会互动的图景;揭示了伴随着外在因素的推动,分工与社会构成一个不断重构的、动态的、交织的过程,戎巴在特定价值下对"效率"的追求以及适应环境的实践理性,是主导这一动态过程的内在动因。

第三节　民主改革以来的分工与文化变迁

技术和工具所代表的物质文化,包括本土的发明和外来文化的传入,首先引起分工的变化,进而引起人与人相互关系的变化;但相反,人与人相互关系的变化,并不能直接引起劳动分工本身的变化,直接引起分工变化的是人在适应自然及社会关系时的实践及策略。

一、分工实践中的"理性"与"互惠"

如果说分工策略是推动个体家庭与其他家庭建立协作的内在理性,互惠则是分工策略得以实施并促成个体家庭之间建立联系的底层动力。戎巴的分工实践表明,个体家庭基于需求而自主与其他家庭建立必要的互惠关系,从而推动基于分工网络的社会整合。每个家庭都不可能完全自足,因而分工及其策略是必要的,以互惠为基础的社会整合是每个家庭所需要的。

萨林斯在描述原始社会的部落经济时,从满足部落的统治需求出发,将亲属间的互惠视为带有某种"自觉"意识的整合社会的行为。本书所考察的田野对象，其个体家庭更倾向于从满足自身的生计需求出发而与其他家庭建立某种形式的"互惠"关系，分工则是这一"互惠"关系的一个载体，并且互惠的对象并不限于亲属，而是根据现实情况加以抉择，从而经由互惠所整合的社会超出了亲属关系之外，通常也囊括了地缘和业缘的关系。

"互惠"是戎巴在分工实践中推动社会再生产的现实基础，戎巴个体体现在分工实践中的"理性"则是促成"互惠"关系形成的内在前提及动因。即戎巴基于分工所形成的互惠关系，其首要的功能是满足戎巴个体的生计所需，其次才是附带的"社会整合"功能。

传统的分工实践主要表现为以"积极互惠"的形式在亲属和其他社会关系的基础上进行新的整合，从而形成新的关系团体。存在于这个团体之间的互惠关系的意义是保证个体家庭的生计得以顺利实施——在技术—工具未有实质性意义的变化下，分工或劳动力的组织和分配是戎巴适应自然及社会环境的关键。在现实意义上，也可以反过来说，正是有效的分工导致技术和工具丧失了改进的必要和机会。

民主改革前，戎巴在自然环境和社会环境所形成的双重压力下，对于他们而言，分工所具有的现实的、首要的、直接的意义，是扩大家庭劳动力基数和减少家庭劳动力投入。因此基于家庭生计需求而将家庭分工拓展至家庭之外，其实质仍然是以家庭作为分工的主体和组织，但其调配的劳动力则不限于家庭成员，而是根据家庭生计或某项具体劳动的实际需求将其他家庭成员中满足条件的劳动力吸纳进来，在此基础上对新的、临时的、扩大的"劳动力队伍"按劳动需求进行组织与分配，从而构成一个分工的过程。

可供调配的劳动力来源于建立了分工互惠的家庭之间；劳动力根据劳动类型的具体要求，按照性别、年龄和是否具备所需的技能进入调配程序；这些被分工纳入同一个劳动过程中的家庭，组成一个临时的"拟制的家"[1]，但其成员是根据分工实践而变动的，不变的是促成这些成员家庭之间建立联系的基本动因——"互惠"。在上述意义上，分工实践同时是一个社会再生产和社会重构的过程。

---

[1] 麻国庆：《家与中国社会结构》，北京：文物出版社，1999 年，第 126 – 127 页。

二、分工与劳动技术—工具的互动

作为地方文化的载体，劳动者所使用的技术—工具无一例外是相通的[1]，它在劳动工序的层面上直接作用于分工，因而围绕技术—工具而形成的依据性别、年龄和技能的分工，无一例外也是相通的。

西藏民主改革前，农牧业的生产技术—工具处于较为粗放的状态，民主改革初期，国家在农牧生产领域主导了一系列的技术和工具改革，加之土地、牛羊等生产资料归个体家庭所有，极大地鼓舞了人们的生产积极性。农业生产中的分工最为明显地通过生产工具得以体现，如男性一般负责耕地的工作，女性一般负责播种的工作。在农业之外的其他领域，尤其是手工生产领域，男性掌握技能的核心部分，女性通常只做一些辅助性的工作。与此相应的是在手工生产领域形成了基于性别的分工倾向。在儿童长到七八岁的时候，男孩就跟着父亲走，女孩就跟着母亲走，各自向其同性别的长辈学习将要承担的劳动。

杰德秀的纺织业是个例外。这里的男孩、女孩都可以学习纺织的技术，只不过操作纺织机需要接近成年人的身体状况，尤其是身高、双手臂和双腿的长度，关系到能否正常地操作纺织机，因而一般 13 ~ 15 岁的男孩、女孩才开始学习纺织的技术。此外，在一年中不同的月份从事不同的生产活动、在一个月中某几天停止生产活动而代之以宗教活动，或在一天中的不同时段将羊群赶往不同高度的草地吃草，这些都显示了人在既有技术和工具的前提下，对当地不同自然环境及社会环境的适应及策略。

离开劳动工序的层面，从生计及劳动类型的层面来说，当技术—工具不变或其变化所带来的实质性意义并不能引起某种程度的生计改善时，提升劳动效率的关键是分工的策略及其实施。

三、分工与其他制度、观念、文化的互动

分工不仅仅嵌入在由自然环境、技术、工具和人口所构建的体系中，还嵌入代表家庭—社会—国家三方立场及其力量的胶着中。个体在家庭的组织水平上，与社会、国家建立起联系，形成动态中趋于稳定的关系。整个社会的机制是将分散在各个家庭的劳动力抽调出，就像活字印刷的排版

---

[1] ［美］托马斯·帕特森著，坚赞才旦译：《卡尔·马克思，人类学家》，昆明：云南大学出版社，2013 年，第 154 页。

那样，再根据不同的需求将劳动力进行灵活多样的组合，从而凭借劳动力的优化组合来达到适应环境的目的。同时，技术和工具的变化是缓慢的，基于技术和工具的分工也是相对稳定的，加之有限但稳固的职业分化，就愈加需要家庭内部分工的灵活性，以及维持这种灵活性的社会机制和基础。从而不难发现人们对亲缘、地缘和业缘关系的重视。也许正是分工的灵活性所带来的强大的成功，使人的力量充分凸显，因而才导致忽视技术和工具的改进。正如怀特所指出的那样：技术和工具的物质系统还远未发挥出它全部的潜力，但是产生于此的社会系统，反过来要限制它的发挥和进步。①

"政教合一"的地方政权，通过在法律层面对非土地占有者的人身"命价"的分类规定，即通过明确平民中的不同职业群体的社会等级来进一步限制其相互间的流动，从而固化职业分化，使少量人在有限的资源中谋求生存，使大多数人在相对丰富的资源中谋求生存，双方的互补形成社会分工，本质上也是强化社会的有机团结，即减少家庭自给的程度而强化家庭间的依赖和联结。理论上，一个家庭的"自给"程度越高，对社会的依赖越低；然而平民仅有租种土地的权利而不具有转让租地权的权利，加之繁重的差税制度占据了他们大量的劳动成果、时间和精力，促使他们很难脱离或减少对社区内社会关系的依赖。如果说在寺僧人的存在确证无疑导致了有效劳动力的大量流失，那么其最坏的结果也无非是将家庭的可用劳动力维持在一个没有多余劳动力的水平，从而迫使单个家庭对社区的依赖程度增强。在这个意义上，噶厦政权和社会机制体现的都是土地占有者的意志。

民主改革前，戎巴内部的职业分化强化了社会基于分工的有机结合。宗教职业群体和"贱业"群体之间由于部分"贱业"触犯了宗教关于禁止杀生的戒律而在两者之间形成对立。加之寺院限制"贱业"者后代入寺为僧的规定，使两种职业群体间有着不可逾越的鸿沟，正常情况下（故意为之的惩戒除外），两个集团之间不存在相互间的流动。另外，在这两种职业群体之外还有一般职业群体，宗教职业群体经由一般职业群体获得补充，宗教职业群体的成员经还俗后流入一般职业群体。

民主改革推动了一般职业群体和"贱业"群体之间的双向流动。在国家主导的政治、经济改革浪潮中，一般职业群体的成员和"贱业"群体中

---

① ［美］怀特著，曹锦清译：《文化科学：人和文明的研究》，杭州：浙江人民出版社，1988年，第364－365页。

的部分手工业者之间的单向度流动转变为双向度对流。如铁、铜、陶器物的制作，甚至是捕鱼的营生，早些年是为满足生计的需求，近些年来是为追求市场的回报，无论如何，它们都吸引了一般职业群体成员的加入，从而打破了"贱业"群体向一般职业群体单向流动的处境。须指出的是，所谓"贱业"群体向一般职业群体的单向流动，是指"贱业"群体除了从事其特有的"贱业"本职以外，仍需从事农、牧、纺织、采集、交换等非"贱业"的职业，以满足一定程度上的"自足"。

改革开放和包产到户实行后，市场在一定程度上催化了一般职业群体向"贱业"群体的流动，以及一般职业群体与宗教职业群体之间的双向流动。然而，这并不意味着社会对不同职业群体的身份和隔离有了新的看法。事实上，存留在人们观念意识中的区别对待极少被撼动。萦绕在当地人观念中的"洁净"与"污秽"的区别，以及"白骨系"和"黑骨系"的分类认知，引导着人们在婚姻、饮食等日常交往中固化对"贱业"群体的隔离。值得一提的是，包产到户后，个别世代传承的神秘的宗教职业角色被一般职业群体中的"普通"人所填补和扮演。

义务教育的实施使 6～15 岁的青少年儿童长期在学校接受教育，通过接受教育而脱离家庭农牧生产活动的学生多数大学毕业后留在城里工作和生活，因而也改变了家庭内部的劳动力结构。留在农村的年迈父母以及那些因丈夫外出务工而留守的女性成为农牧生产的主要承担者。只有在农忙高峰期的时候，在外地上学、经商和务工的家人才回到家中一起参加劳动。日常的田间管理、家务、纺织和照顾老幼的生活起居等则大都落在女性身上。家庭与家庭之间的互助与协作，经由女性与女性之间的互助和协作来实现。

近年来，随着国家在高标准农田建设和农机购置补贴上的投入，促使西卡学和杰德秀这样位于地势平坦处的农业大村先后成立了农业种植合作社和农业机械化合作社。其直接的作用是取代了传统上以家庭为单位的小农分散经营，由此改变了家庭之间产生联系的方式。在合作社的框架下，家庭与家庭之间的关系转变成股东与股东之间的关系。

除此之外，纷纷出现的纺织合作社将本地拥有纺织技能的人联系在一起（女性占据主导），但这种联系仅仅是使大家在同一个场所工作，或者为同一个机构纺织产品，女性与女性之间并没有建立起直接的"互惠"关系。

结　语

社会、文化、政治等外部因素在改变生计的基础上，也间接推动了分工的变迁。戎巴追求效率的内在倾向和对外部环境的适应理性，对分工及其变迁具有基础性作用。

一、分工是戎巴在特定生计情境下的适应结果

生计是戎巴分工的基础。西藏民主改革以来，以土地制度改革和市场化为主要代表的政治、经济转型，促使戎巴生计方式发生显著转变，从而促使劳动类型在家庭组织层面的分工发生变迁，因而通过生计这个"中介"，政治、经济的转型推动了分工的变迁；政府主导下的技术—工具变革，能够直接推动分工在劳动工序上的变迁，从而反过来又影响不同劳动类型在家庭的分配。于是，当旧的生计手段消失而新的谋生手段出现，"谁来做"将导致相应的分工结果。

（一）民主改革前，土地制度限定了戎巴的职业和生计选择

尽管地理环境和自然资源是戎巴开展生计活动的基础，即戎巴生计方式的整体特点表现为"亦农亦牧，工商结合"，但从戎巴的内部结构来看，土地制度是决定不同群体采取相应生计方式的前提。

第一，平民是戎巴生计活动的主要承担者，平民由三种职业群体构成。戎巴的生计方式从根本上由占有和使用土地的制度来决定。占有土地的制度将戎巴内部划分为土地占有者和非土地占有者两个基本集团。其中，土地占有者是戎巴中的极少数，他们处于社会等级中的最上层，以政府官员、寺院活佛或高级喇嘛、贵族为代表；非土地占有者是戎巴中的绝大多数，其内部分为普通僧众和平民两个阶层，普通僧众的等级地位高于平民；平民内部又可进一步根据职业划分为"宗教职业""一般职业"和"贱业"三个职业群体，其中"贱业"群体处于社会地位的最低等级。

第二，土地使用不均导致戎巴采取农、牧、工、商等生计方式的不均。土地使用不均首先体现在不同职业群体之间，其中"贱业"群体所使用的耕地规模最小、质量最差，他们只能依靠其特殊的"贱业"作为主要的谋生手段，因而农业并不是他们的主要生计，同时社会等级、骨系和洁净观念限制并固化了他们依赖于"贱业"的谋生方式；其次土地使用不均体现在同一职业群体内部，构成同一职业群体的个体家庭或家户，根据土地使用的规模而非土地占有者的属性来采取相应的谋生方式，例如差巴户和堆穷户中同样有以农业为主要生计方式的家庭，也有以牧业及纺织业为主要

生计方式的家庭，通常后者的土地使用规模较前者为少；基于前述两种情况，戎巴的手工业以及通常与手工业合为一体的贸易或商业活动在不同家庭的生计方式中占有不同的比例；尽管数量极少，也有将贸易作为主要生计方式的戎巴。

经过民主改革等历次社会政治、经济的转型影响后，戎巴整体上的生计方式从"亦农亦牧，工商并存"转向"农多牧少，工商分离"，同时随着部分生计的消失（如绵羊的家庭养殖业）或兴起（如纺织业和商业），不同生计的劳动在家庭层面的分工发生变迁。另外，整体生计方式的变迁，还表现为三个职业群体的生计类型在不同程度上从差异倾向趋同、从隔离倾向局部流动，不同职业群体间的流动在增强，传统上由原土地制度、社会等级及骨系观念所形塑的社会分工，被个体的生计策略及实践所打破。

（二）特定生计方式下，分工的总体倾向是机动灵活

在生产技术和工具既定的情况下，劳动力的有效组织是提升劳动效率的关键环节。民主改革前，从家庭层面来看，戎巴的生计方式总体上呈现出"亦农亦牧，工商结合"的特点，因此多样性生计方式对分工提出要求，即劳动在家庭劳动力（不局限于家庭成员）中进行合理的组织与分配，从而符合生计方式的整体特点；从生计方式来看，不同工序的劳动，参照劳动的特点和所要达到的效果，安排符合其特点和要求的劳动力来完成，劳动力自身的特点即性别、年龄和是否具备相应的技能，成为分工的关键依据。总体来看，戎巴的分工整体上服从于生计的需要，即分工主要依据家庭可用劳动力的情况以及劳动本身的特性，而有关信仰、习俗和仪式对分工的结果并不具有主要影响，仅在极少数的领域或程度上对分工发挥影响。因此，民主改革前戎巴生计中分工的一般倾向为：分工以机动和灵活为突出特点，性别分工在生计中的作用并不突出，即大部分劳动中的性别分工界限并不严格，男性掌握的特殊技能是唯一严格分工的标准，年龄、性别和技能构成家庭分工确定性与灵活性的基础。

二、戎巴适应环境的内在理性主导分工实践

戎巴基于生计的分工实践，既不完全如马林诺夫斯基所描述的那样深嵌于当地一整套社会文化体系中，也不完全遵循经济价值最大化原则，更多地表现为内外两种甚至多种适应策略的综合。

（一）戎巴的适应性实践理性是主导分工变迁的基础

在自然、文化（含技术—工具）既定的情况下，分工所达到的效果取决于戎巴的内在理性，即对于劳动力合理组织及分配的最优化追求。

戎巴内在的适应理性，一方面是对于自身需求的满足，另一方面是在自然和社会环境的束缚下对自身需求加以"适当"控制。因此，戎巴对生计的追求并非无止境的"利益最大化"，而是尽可能保持某种程度的"自给自足"。谋生手段的多样性，其内在逻辑是多样性生计可以降低生存风险和保障粮食安全；在此基础上的分工，也并非追求劳动价值的"最大化"，而是围绕着家庭的多样性生计，能够使每一项生计都有对应的劳动力来完成。于是，扩大家庭劳动力的基数和节约劳动力的投入，是家庭分工基于生计满足的内在倾向和逻辑。因而在某些特定的情况下，家庭内部分工策略的实施需要寻求家庭之外的帮助，正是在这个意义上，分工推动了社会的生产和维系。

分工是戎巴适应环境的结果，也是适应新的环境的前提，这其中包含着戎巴追求效率的理性。主导这一理性的价值体系不以积累过多的财富为最终目的，而在于满足基本的生存所需，这其中包括了生理、情感和安全的成分。在佛教引导下的当地习俗，戎巴并不热衷于无限度地积累财富，因此会将一部分多余的财富布施给寺院。对于普通平民而言，在深受佛教信仰影响的价值体系下，在面对高原环境严酷、资源匮乏、传统生产力手段和水平未有更新及改革的情况下，日益增长的人口和相对匮乏的资源之间的矛盾，迫使人口相对密集的农区以基本所需获得满足为目标，以一种"知足常乐"的平和心态作为基本的幸福的价值取向，而并不鼓励人们全力以赴创造更多财富——佛教克制欲求的理念，这有利于缓解戎巴与所处环境之间的张力，但同时也或多或少削弱戎巴从内部寻求动力的可能性。

基于骨系和洁净观念的职业隔离，将不同职业群体限定在各自特定的生计范围内，各司其职、各安其命，分流了资源竞争的压力，也利于维护既定的社会等级和秩序，从而通过严密、稳固的社会秩序，来达到减少治理成本的效果。

与劳动对象一样，技术和工具本身并不会必然导致性别分工，但可以引起劳动在工序上的变化，从而为劳动力的组织和分配创造了前提。从一个家庭所依赖的生计方式来看，基于生计的劳动内容是相对稳定的，如何"调配"家庭成员去完成某项劳动或工序，至少须同时考虑到以下几个方面的影响：一是某些特定的劳动类型或环节，当地的传统是须由专门的人来承担（表现倾向于非理性）；二是同样遵从当地习惯，针对一部分劳动和工序，须依据年龄或性别为标准对劳动力加以恰当安排（表现并非完全非理性，经验是重要的参考）；三是根据当下既有的技术和工具条件来恰当安排各个劳动类型及环节上的劳动力（表现倾向于理性）；四是还须考虑到可供家庭"调配"的劳动力资源（现实经验是关键参考，倾向于理性）；五是在现实条件的制约下，尽可能维持家庭或个人基本的生计（现实经验是关键参考，倾向于理性）。

上述几个方面中倾向于非理性的部分，对于家庭内部劳动力的组织和分配具有相对稳固的作用；注重现实条件和经验的参考，并倾向于理性的部分，则具有相对灵活的影响，同时影响的结果又趋向于一致。

总之，戎巴的分工实践包含其适应当下环境的策略，从而分工的依据既有稳定或灵活的一面，也有主要或次要的一面；分工的形式既有多样或确定的一面，又有复合或单一的一面。

（二）内外动因的交织推动戎巴分工实践的变迁

分工内在地包含于生计方式之中，并受到生计方式变迁的影响。在特定的生计方式情境下，戎巴内在的追求效率的最大化理性要求分工趋向合理或优化，因此，影响分工最直接的因素来自几个方面：首先是在不同类型的劳动中，按照性别、年龄和技能对劳动力加以组织与分配。其次是基于技术—工具的使用在某个具体的劳动工序上合理组织劳动力。再次是劳动的对象，即在特定环境下的资源利用方式。同时，分工还受到信仰、道德、习俗等文化因素的影响。最后，政治（主要体现为土地制度等）、社会转型既能够在促使生计方式变迁的基础上影响分工，也在特定领域直接影响分工的变迁。

因此，戎巴的分工不仅仅关乎技术—工具，而是"嵌合"在自然、文化、社会、政治等多种因素构成的整体之中。民主改革以来，国家、市场以及全球化等多种因素的糅合，致使戎巴的生计与分工置于更为复杂的情境之下。自西藏民主改革以来，由国家主导的土地所有制、经营方式以及生产工具和技术等领域的革新，给西藏农区的经济和社会带来了剧烈影响。人口和开荒数量的增加、国家各项推动或抑制生产的政策的实施、教育和市场的介入，深刻地影响着当地家庭的需求和生计。

综上，生计多样性是分工灵活、机动的前提。西藏民主改革前的生计多样性并不以自然资源的多样性为前提，而是以土地制度的使用不均为前提。因此，民主改革后，出现了生计趋于单一化和同质化的趋势。戎巴内部生计差异性的式微，造成其内部互补性的减弱。直至改革开放后，随着家庭个体经营权的恢复，家庭层面的多样性生计方式也得以恢复。因而多样化的生计，又成为家庭内部分工的动力。然而，"小农"式的个体家庭分散经营，在延续原有分工模式的基础上，导致劳动力的剩余。近年来，国家随即鼓励成立农业合作社，由专门的固定人员从事生产活动，从而将家庭中多余劳动力从农业中转移出来，转而投入其他行业。因此一个家庭内部出现了不同职业群体的成员，然而由于市场的介入，这一时期家庭内部的多样化，带来的是更大程度上依赖于市场而非传统的自然资源多样性的生计方式的多样化。因而传统基于家庭分工而建构和维持的社会，不再适于目前的家庭分工，仅农业、牧业这两项，还存在互帮互助的传统，但是机械化和合作化的趋势，使传统的劳动分工模式彻底改变，分工不再基于年龄和性别，也不是技能，而是由掌握了这一权力优势的人，即便是非专业的，但是因为有这样的机遇，也有机会成为专业的人士。他的身份可能是政府人员，也可能是在某方面突出的人士。因而一方面家庭生计及其分工被割裂了，另一方面原来的小农被职业农民取代了。人们在当地的社会分工不再，个体通过外出就业的方式，加入更为宏大的分工体系当中。

三、基于戎巴分工实践的理论对话

本书试图阐明的观点，即基于生计的适应策略是影响戎巴分工实践的主导因素。人的性别和年龄在戎巴的分工实践中所表现出来的"灵活性"特点，也侧面印证了这一观点。换句话说，促成分工的直接动力是人们满足其生计的内在理性。直接影响生计的自然资源及其分配制度，在劳动类型上"规定"着分工的范畴；技术—工具在物质层面"限制"着分工的水平；宗教和习俗在制度和观念层面"规范"着分工的界限；人主动追求效率的内在理性及其适应策略，则主导着具体的分工实践。

据此，笔者尝试从以下方面进行反思和对话前人的分工理论。

第一，是什么决定了分工？

是个人的天赋，是社会，还是古典经济学家眼中的人要挣脱一切束缚最大化的追求幸福？本书认为：就戎巴而言，分工是其基于生计的适应策略，是人在谋生过程中内在理性和外在环境相互作用的结果。因此，绝没有任何单一的社会、文化或生物因素能够对分工起到决定性作用。举例来说，以"性别"（无论是强调生物意义的还是社会建构的）为视角来探讨家庭成员在生计中所扮演的角色、所作出的贡献以及所获得的地位，难以摆脱以"客位"替代"主位"的嫌疑，本质上是"文化中心主义"的。

西藏民主改革前，本书的调查区域很大程度上接近于一个"封闭"的社区，其社会层面的分工所起到的实质性效用，是对资源的获取渠道和方式加以限定和控制。戎巴以当地有限的资源作为谋生的依托，围绕土地分配、宗教禁忌、骨系和洁净观念等所形塑的职业群体及其社会层面的分工，将各个部分获取资料的方式加以限制和固化，即将生产者限制在他所从事的"职业"上，使这个封闭社区维持一定程度的分工，从而既能够满足一定程度的"自足"，也维护了统治集团的立场和需要。这显然不符合柏拉图所言的单纯由"天赋异禀"所决定的分工，并须正视一系列外在因素所发挥的控制作用。

同样，上述社会层面的分工事实表明，尽管在亚当·斯密看来，分工并非由人的天赋异禀所导致，而是人们追求舒适和效率的结果，并注意到了分工所引起的社会分层，但他同样也无视社会分层对分工的限制。

马克思将分工与私有制的关系揭示出来，指出分工是私有制的另一个表达方式。由此看来，此时的分工是指社会层面的分工，似乎暗示在私有制产生以来的社会，分工不是社会分层的原因，而是社会分层的结果。另外，马克思又强调技术—工具对分工的影响，可以看出此时的分工是指具体实践中表征生产力水平的劳动力组织。显然，马克思不认同从个人角度推断分工是天赋异禀的结果，而是看到了以私有制为表征的外在因素对分工的限定作用；同时从技术—工具的角度，间接承认了人追求效率的内在倾向在分工实践中的能动作用。

涂尔干并未从个体的角度去讨论分工是天赋异禀的结果，还是人追求舒适和效率的结果，而是从社会——将人视为内部无差异的抽象整体——的角度指出：社会是分工的原因，分工是社会的结果。在谈论分工与社会相互关系的问题上，涂尔干的结论之所以是脱离实际的，原因在于他并未揭示出分工和社会的真实关系——互为因果、协同演变的动态过程。

第二，如何看待分工与社会文化的互构？

以一种动态的、过程的而非静态的、形式的视角来看待分工，便不会将分工的形式等同于一套固化的秩序体系，也拒绝以消极的"天赋异禀"来掩盖分工背后的政治、社会及文化资本等构成的结构性差异；当然，如果完全抛开背后的结构性差异，进而单纯地将分工归咎于人主动追求舒适和效率的结果，正如同将分工视为社会的结果，或者强调技术——工具对分工的决定性作用那样，皆因脱离分工的具体情境而导致对分工的探讨只强调一个方面而忽视另一个方面，所勾画出的分工是某个单方面因素所导致的结果。显然这样的结论同样失之偏颇，易引起"水土不服"。

因此，本书对戎巴分工的建构，融合了主体所处的结构性背景及其适应的能动性，展示了戎巴分工实践的过程及变迁（顺带粗浅地勾勒了分工实践及变迁与社会文化的互构），指出分工是戎巴适应自然和社会环境的结果。在人与自然的关系中，分工表征了适应的水平和程度，即生产力；在人与人的关系中，分工表征了一种与一定生产力水平和生计方式相对应的社会联系方式。分工本身没有水平的高低，却能够反映出生产力的水平，同时，它随着生计方式（主要表现为获取资料的类型和方式）或生产力水平（主要表现为技术和工具）的变迁而重构着人与人之间的关系，即分工是对生计方式和生产力水平的适应——自然环境提供了可用的资源，而资料的获取以资料的占有和分配（所有制）为前提；其次才是以"技术和工具"为表征的获取资料的手段——于是，可用资源（自然）、资源的分配（所有制）、有关的技术和工具，共同构成家庭分工的前提。如此，在特定的生计情境下，家庭组织层面的分工是其适应环境的策略。这其中还包含劳动者自身的条件（性别、年龄、技能等）和其他因素的影响，如劳动力数量、信仰、家庭模式、对幸福的追求（价值理性）等。

因此，影响分工的因素，实际上是由一系列外在因素和主体适应自然、社会环境的内在理性及策略所构成的综合体。分工是特定生计情境下的适应策略或结果。具体而言，人在家庭的组织层面上，根据生计需要，将不同性别、年龄和拥有特定技能的个人按照生计需求进行组织和分配，满足生计需求是第一位的。因而分工既表现出形式上的特点与倾向，也蕴涵着主体适应环境的策略及其与社会文化互构的过程。

综上，考察分工，单以资料获取（自然环境）和技术——工具作为变量，或是单以劳动者个体的属性（性别、年龄）作为变量（尤其是依据分工得出性别地位和角色的结论），都是片面的，必须将其置于整个自然及社会背景中加以考察，并突出主体适应环境的能动作用。

第三，如何评价分工的作用？

以埃文思·普里查德对努尔人的分工描述为例，人类学者所描绘的分工更突出人在其中所发挥的主导作用。如努尔人依赖于他们基于"生态时间"的生计和对牛的重视，以及战争和防御的需要来建构其分工的模式。

对比埃文思·普里查德所描述的"简单社会"的分工模式，西藏河谷农区这一"复杂农业社会"的分工模式明显不同。在家庭层面上，戎巴的分工首先满足其多样性生计对劳动力的需求。依据这一需求，戎巴家庭分工内在地遵循扩大劳动力基数和减少劳动力投入的目标及原则，即分工表现为主要依据年龄和技能而非性别。

以年龄为界限将劳动力划分为"全劳力"和"半劳力"，这样的划分结果可以使家庭成员与各项劳动充分结合。被视为"半劳力"的少年儿童和老年人，他们所做的工作大部分是不区分性别的，同时其承担的劳务通常是相对独立的，并且是琐碎的、边缘的、辅助性的或补充性的。"全劳力"的男女成员以性别作为依据的分工，也仅限于少数由体力、习俗限制的领域。在大多数劳动领域，当地人并无明显和严格的性别分工界限，反而在一些领域表现出"男女同力"的倾向。比如，在农业活动中，仅有"男不播种、女不犁地"的区分，人们对这种区分的依据并没有一致的认识，甚至并不会对其"意义"加以追究，而是将其当作"大家都这样"和"老一辈是这样做的"一种习惯。

笔者认为，对分工进行探讨，既不宜过于强调分工的社会因素而忽视其与自然环境方面的联系，也不宜过于强调社会文化要素而忽略了人在其中基于策略的能动性和主动性；同时不宜过于突出对人的策略性的关注而忽视限制这一策略发生效用的背景因素。因此，探讨分工，应将其视为内外多方因素、力量共同作用的动态过程及结果。

附　录

附录一 主要报道人基本信息

1. 其米嘉措（俗名：崔成曲琼），男，1928 年生，吉汝村人，原顶古钦寺住持；

2. 次旺巴珠，男，1931 年生，松卡村人，民主改革前给大户人家放羊；

3. 其米央宗，女，1932 年生，扎若村人，民主改革前因躲避差役自甲竹林逃到扎若村；

4. 边巴次吉，男，1935 年生，杰德秀村人，民主改革前属杰德秀"乌则"的 18 位氆氇染匠之一；

5. 乌珠平措，男，1936 年生，松卡村人，民主改革前在扎若村养马的朗生；

6. 其米多杰，男，1937 年生，杰德秀村人，民主改革前贵达大户的管家；

7. 央金，女，1938 年生，杰德秀村人，民主改革前典西大户的大女儿；

8. 洛桑达杰，男，1938 年生，江雄村人，民主改革前扎西林谿卡的堆穷；

9. 尼玛，男，1939 年生，强巴林村人，原扎塘公社队长、副乡长，公社解散后担任强巴林组长；

10. 扎西罗布，男，1939 年生，松卡村人，民主改革前顶古钦寺谿卡（位于今松卡村）的堆穷；

11. 次仁拉姆，女，1940 年生，杰德秀村人，民主改革前典西大户的二女儿；

12. 索朗次仁，男，1941 年生，桑耶村人，原桑耶居委会支部书记；

13. 玖米，男，1941 年生，原松卡村生产队队长，在国营农场自学制作了第一艘木船后开始以摆渡为营生；

14. 旺钦，男，1942 年生，陇巴村人，民主改革前陇巴谿卡的堆穷（主要以捕鱼和摆渡为生）；

15. 格桑多吉，男，1942 年生，亚杰村人，民主改革前跟随母亲从拉萨达孜逃到桑耶，后被亚杰村一户牧民收养；

16. 仁增曲珍，女，1942 年生，亚杰村人，牧户；

17. 巴果，女，1945 年生，杰德秀村人，民主改革前杰德秀氆氇大户之女；

18. 白玛，女，1945 年生，杰德秀村人，民主改革前典西大户的三女儿；

19. 旺玖，男，1947 年生，西卡学村人，其吾池小组的石匠；

20. 顿丹，男，1947 年生，洛村人，职业牧羊人；

21. 索朗顿旦，男，1947 年生，洛村人，曾做过船工和职业牧羊人；

22. 卓玛，女，1949 年生，杰德秀村人，民主改革前典西大户的四女儿；

23. 旦增欧珠，男，1951 年生，玉卜村人，陶匠；

24. 甘玛次旺，男，1951 年生，杰德秀村人，杰德秀小学退休教师，村民尊其为"喇拉"；

25. 白玛扎西，男，1951 年生，西卡学村人，措旦小组兽医；

26. 扎西群培，男，1953 年生，西卡学村人；措旦小组鞋匠；

27. 甲列，男，1958 年生，敏竹林村人，1978 年前后移居桑耶，铁匠；

28. 图登朗杰，男，1961 年生，贡堆村人，贡堆氆氇纺织合作社负责人；

29. 达瓦，男，1962 年生，1985 年由斯麦"入赘"杰德秀，杰德秀居委会主任；

30. 尼玛，男，1963 年生，吉雄镇人，杰德秀特色小镇项目办文化挖掘组成员；

31. 索朗曲珍，女，1963 年生，玉卜村人，陶匠；

32. 雷丰，男，1965 年生，桑耶特色小镇项目办组长、扎囊县委书记；

33. 顿玉，男，1966 年生，桑耶居委会支部书记；

34. 崩朵，女，1967 年生，贡堆村人，贡堆氆氇纺织合作社负责人图登朗杰的妻子；

35. 索朗次仁，男，1970 年生，吉雄镇人，杰德秀特色小镇项目办文化挖掘组成员；

36. 边巴桑珠，男，1970 年生，杰德秀镇党委书记；

37. 楚成，男，1972 年生，吉雄镇人，杰德秀特色小镇项目办文化挖掘组成员；

38. 索朗扎西，男，1974 年生，琼结县人，桑耶寺事务管理委员会主任；

39. 郑疆，男，1975 年生，桑耶镇镇长；

40. 普布次仁，男，1977 年生，杰德秀居委会支部书记；

41. 索朗多布杰，男，1978 年生，桑耶镇党委书记；

42. 边巴，男，1978 年生，斯麦村人，杰德秀敦布曲果寺僧人兼牙医；

43. 格桑卓玛，女，1980 年生，杰德秀村人，杰德秀鲁康街商户；

44. 朗珍，女，1982 年生，杰德秀村人，杰德秀百货商店售货员；

45. 洛桑曲达，男，1984 年生，亚杰村驻村队长；

46. 次旺江措，男，1984 年生，吉汝村人，木匠；

47. 岗萨·阿旺丹巴，男，1985 年生，杰德秀特色小镇项目办工作人员；

48. 白玛次旺，男，1987 年生，扎囊县委办公室主任；

49. 黄飞，男，1987 年生，杰德秀驻村村干部；

50. 边玖，男，1989 年生，桑耶特色小镇项目办工作人员；

51. 扎西拉杰，男，1989 年生，扎其乡西卡学村第一书记；

52. 顿珠多吉，男，1989 年生，杂玉村第一书记；

53. 胡敏，男，1989 年生，前达村驻村村干部；

54. 普布，男，1990 年生，西卡学村人，自愿学成的"喇拉"；

55. 达瓦次仁，男，1990 年生，朗杰学村人，自愿学成的铜匠，在杰德秀经营铜器铺；

56. 谢伟，男，1991 年生，桑耶特色小镇项目办工作人员；

57. 扎西顿珠，男，1996 年生，杰德秀村人，杰德秀鲁康街裁缝铺商户。

附录二　与报道人巴果的对话

笔者：1959 年前杰德秀的那些大户都是在织氆氇卖吗？

巴果：有些贵族本来就富有，他们家里有专门的人织氆氇，他们的氆氇大多数都是拿去卖的。有些大的差巴户织氆氇也是专门卖给别人的，所以变得富有了。我们织氆氇是给自己家里养家糊口用的。

笔者：您的家里有 5 个人在家织氆氇，一个月能织多少？

巴果：因为做准备工作要花费大量的时间，比如梳毛、纺纱、捻线，大部分时间在做这个，所以一个月下来能织出来的氆氇并不多，就 5 个邦典和 1 卷氆氇，总的算下来，氆氇要更多一些。

笔者：平时除了农活、放羊、织氆氇，家里还需要做的事有什么？

巴果：家里种地要浇水、拔草，还要放羊、织氆氇和邦典，这些工作都忙不过来，所以别的工作也就没有做了。

笔者：不去乌拉差吗？

巴果：因为是堆穷，乌拉差由大户的奴隶去，自己家人不用去。

笔者：编织的氆氇和邦典需要交税吗？

巴果：种地要交税，羊毛不用交税，但是放羊的山是贵族的，所以要交“草场税”。其他就不用交税。

笔者：几岁开始学习织氆氇？父亲母亲和兄弟姐妹们全部都会织氆氇吗？

巴果：民主改革后学的织氆氇手艺，基本上全部都会。

笔者：民主改革前，自己种的粮食够吃吗？

巴果：自己种的不够吃，要用氆氇和邦典去换粮食。

笔者：跟谁换粮食？是跟本村人换，还是跟外地人换？

巴果：去别的地方换，不能在本地换，因为都认识嘛。

笔者：一般要去哪些地方换呢？

巴果：哪儿都去。

笔者：会去朗杰学吗？（朗杰学是江雄沟靠近山里的一个乡，历史上以氆氇之乡闻名）

巴果：去曲水最多。

笔者：为什么不去朗杰学呢？

巴果：去是可以去，但是换到的粮食只有一点点，所以很少去。

笔者：曲水那里是有大的物交会吗？

巴果：没有物交会，就是那里粮食多。

笔者：在您的印象里杰德秀人去曲水换粮食的多吗？

巴果：去的地方不同，有些去日喀则，有些去曲水，有些去江孜。

笔者：换粮食是每家各去各的，还是几家约好一起去呢？

巴果：没改革（指民主改革）之前是自己去，改革之后就有组了，组里会派2~3个人出去交换衣服，或者其他东西。（民主改革后外出交换的对象不再包括粮食）

笔者：民主改革前，曲水那个地方用粮食换杰德秀氆氇的人都是些什么人呢？是商人还是农民？

巴果：曲水是哥哥姐姐们去的，我没去过，不知道。

笔者：您前面说在杰德秀因为大家都认识，所以不在本村换粮，互相认识的话有什么影响呢？

巴果：因为都知道情况，大部分人都没有吃的，所以还是要出去换！

笔者：在曲水一个氆氇能换多少粮食呢？

巴果：氆氇有好的和不好的，1个好的氆氇可以换60哲左右的糌粑，1个邦典只能换10哲的糌粑，有时也要看运气的！

附录三　杰德秀鲁康街的日常

　　清晨 9 点左右，鲁康街两边的商户开始陆续打开铺门，用撑杆把遮阳挡雨的篷布撑到铺外，将货物从铺子里搬出来摆到沿街道临时搭建的货架上，一时整条街道上面被五颜六色的塑料篷布凌空遮住，沿街挂满和摆满了款式各异的现代服装，有男款、女款、儿童款，衣、鞋、裤、帽无所不有，还有各类琳琅满目的糖果、奶渣、厨具、农具、五金和塑料用品。一开始是本地路过的居民出入街上的藏餐馆吃藏面和喝早茶，临近中午的时候，街上陆陆续续汇集了从其他村庄赶来买进各类货物的人，街上一路都有趴在地上睡觉的大狗，杰德秀的狗似乎一整天都在睡觉，外表一幅强壮凶猛的模样，却总是给人懒洋洋毫无攻击力的印象。

　　正午吃饭的时候，街上两家川菜馆总是坐满了吃饭的人，老板还不时接到村里叫餐的电话，店里总是忙忙碌碌，店外有时会熙熙攘攘。此时若穿行在那些弯弯曲曲的小巷中，避开鲁康街的热闹时，总能有机会听到从那些厚实高大的石头屋墙传出来的"噗——嗒嗒、噗——嗒嗒"的织机声，这声音和周围石头屋墙营造的意境，稍不留意就会将人拉到一种古朴悠远的意境中。

　　傍晚 8 点以后，夕阳还未尽褪去，一天的生意也到了结束的时候，商铺的主人们又开始把货物重新搬进店铺里，把撑起的杆架收起来，鲁康街上空那些五颜六色的篷布又没有了，街上的行人已寥寥无几，只有自行回家的牛三三两两地穿过街道返回家中，偶有回家的牛停留在主人家的门口外静静地等待家门打开。当夜幕降临，没有路灯的鲁康街，淹没在黑暗中，白天安静的流浪狗们开始在各个角落发出它们喧嚣的吼叫，当地人都知道，这些狗叫声从来不是针对行人，而是针对那些有意无意闯入了它们地盘的同类。即便是在温暖的雨季，夜晚的杰德秀也会骤冷，好在寒冷的夜风总会被一座座石头房子挡在墙外。大多数墙内的人，此时不出预料的话，定是从白天的活动场所又转回到家里的炉灶旁，一家人围坐在藏式床椅上，观看着电视上播放的藏语节目，等待着在厨房中准备晚餐的主妇结束忙碌。

附录四　村民入户调查表

本书所用部分材料及数据来自随机和抽样入户问卷调查，包括家庭人口结构、分工、经济收入和主要支出等基本情况；问卷调查对象主要包括 2 个村级单位（杰德秀居委会、桑耶居委会）和 1 个村小组（贡堆村），其中杰德秀居委会 55 份、桑耶居委会 53 份、贡堆村 37 份。

1. 杰德秀村民的入户调查表*

杰德秀家户情况调查表 1

序号	家庭成员	姓名	年龄	出生地	学历	务农	经商	临时打工	其它职业	上学	手工艺	耕地 亩	牛 头	羊 只	年收入
1			37				✓					6	2		
2			38					✓							
3			1							✓					
4			8							✓					
5			4												
6															
7															
8															
9															
10															
11															

1、家庭成员填写对应的角色，如波拉、莫拉、阿爸拉、阿妈拉、儿子、儿媳、女儿、女婿、孙子、孙女、其他在一起生活的家庭成员等；2、手工艺填木匠、画匠等；其它项填√即可。

家庭情况调查表 2

家庭成员	家务													农田管理			外出天数			是否参加村委或家务过
	打扫卫生	敬拜佛堂	做饭	洗碗	买菜	洗衣	割草	喂牛	挤奶	织毯擀毡	照顾老人	放牛羊幼	剪羊毛	纺羊毛线	除草	施肥	喷洒农药	灌溉	打工？天	经商？天	上班？天
丈夫																	✓	✓			
妻子	✓		✓	✓	✓	✓								✓							
波拉				✓			✓	✓	✓			✓					✓	✓		✓	
莫拉		✓			✓		✓														
儿子																					
儿媳																					
女儿																					
女婿																					
孙子																					
孙女																					

1、家务一栏在对应项划√；2、外出天数按每年计；3、参加会议指参加村委或村小组会议。

*资料来源：杰德秀居委会家庭职业及分工情况随机抽样入户调查（共 55 份），2017 年。

2. 桑耶村民的入户调查表*

桑耶家户情况调查表1

序号	家庭成员	姓名	年龄	出生地	学历	务农	经商	临时打工	其它职业	上学	手工艺	耕地亩	牛头	羊只	年收入
1	夫	次仁顿珠	37	琼结	小			✓			PK 1.35			0.2	0.7
2	夫夫		33	洛	小	✓		✓			泽波				
3	母亲		69	桑耶	✓										
4	父亲		72	桑耶				绣边缝纫鞋 5h/日							
5	大儿		4												
6	小儿		2												
7															
8															
9															
10															
11															

1、家庭成员填写对应的角色，如波拉、莫拉、阿爸拉、阿妈拉、儿子、儿媳、女儿、女婿、孙子、孙女、其他在一起生活的家庭成员等；2、手工艺填木匠、画匠等；其它项化✓即可。

家庭情况调查表2

家庭成员	打扫卫生	敬拜佛堂	做饭	洗碗	买菜	洗衣	割草	喂牛	挤奶	织毯毯	照顾老幼	放牛羊	剪羊毛	纺羊毛线	除草	施肥	喷洒农药	灌溉	打工？天	经商？天	上班？天	参加会议	是否认为家务过重
							家 务										农田管理			外出天数			
丈夫								割					✓	✓	✓								
妻	✓	✓	✓	✓	✓	✓			✓													✓	
波拉																							
莫拉				✓	✓	·		✓			✓		✓	✓	✓								
儿子																							
媳																							
女儿																							
婿													✓	✓	✓								
孙子																							
孙女																							

1、家务一栏在对应项划✓；2、外出天数按每年计；3、参加会议指参加村委或村小组会议。

*资料来源：桑耶居委会家庭职业及分工情况随机抽样入户调查（共53份），2017年。

3. 贡堆村民的入户调查表*

贡堆村入户调研表

成员	姓　名 (特长)	年龄	婚否	从哪来	在哪住	做什么	几岁学PL	几岁学KD	在织	几天1条	1条均价	1年P/K收入
祖父	太巴		✓	贡								
祖母	旦点	74	贡			家务、卫生管理供给线						
父亲	扎西达瓦	27		贡	编织针织						30~50元	
母亲	达瓦姐	32		贡	编织	PL	21岁会织	20岁 会织	✓	K2次 P10小时	300元	
女儿兄妹	阿瓜,17岁多. 17岁多,想学17 都一样住.	多		一起住一条腰带	一块在家里读书 一块在城市打工件 好多都织.1岁都工作.							
儿子	巴德扎西 尼玛次仁	5 3										
女婿												
儿媳												
孙儿女及其他												

农(耕地/亩)	牧禽(牲畜/头.只)	手工 (含卖给谁)	打工(人/月收入)	其它(含生意)	一年总收入	备注
15亩 青稞、场 地,油 都每亩 同地的	公牛:2 母牛:3 小牛:3 羊:6只 鸡:2 猪:4	KD:改质 找卖给比较 贵.	夫夫:8000/月 27哥:一统 别里打2400/月 另门弟大型 跟土建等统统			家里人特别能吃苦

*资料来源：贡堆村小组家庭职业及分工情况随机抽样入户调查（共 37 份），
2017 年。

4. 家庭收入来源调查表*

构成	项目	金额（元）	比例（%）	受益者（家庭角色）
一、农产品	粮食			
	饲草			
	土豆			
	菜籽			
	其他			
	合计			
二、畜牧产品	牲畜			
	肉			
	奶			
	合计			
三、手工业	毪氇			
	卡垫			
	围裙			
	毛毡			
	唐卡			
	佛像			
	金银铜铁器			
	陶器			
	木器			
	其他			
	合计			
四、经商	茶餐馆			
	百货			
	服饰			
	其他			
	合计			
五、务工	长期（10个月以上）			
	临时			
	合计			
六、其他	出售余粮			
	出售牲畜			
	出售家禽及产品			
	出售奶制品			
	其他（如演出费等）			
	合计			

＊用于各村随机抽样入户调查，由笔者自制，2017 年。

5. 家庭消费支出调查表

构成	门类	项目	金额（元）	比例（%）	受益者	备注
一、生产资料	农业	耕牛：购买饲料、防疫				
		种子				
		肥料				
		农具				
		雇工				
		其他				
		合计				
	牧业	牲畜				
		饲料				
		防疫				
		雇工				
		其他				
		合计				
	手工业	织机				
		羊毛				
		染料				
		纺锤				
		雇工				
		其他				
		合计				
二、生活资料	衣	上衣				
		裤子				
		鞋子				
		围巾				
		饰物				
		其他				
		合计				

（续上表）

构成	门类	项目	金额（元）	比例（%）	受益者	备注
二、生活资料	食	口粮				
		肉、蛋				
		菜				
		水果				
		干果糖				
		饮料				
		厨房器具（如锅碗瓢盆壶杯盘炉勺筷等）				
		其他				
		合计				
	居	电器（如电视、冰箱、消毒碗柜等）				
		垫、布、窗帘				
		床上用品				
		盆栽				
		煤气罐				
		其他				
		合计				
	交通	小车				
		三轮车				
		自行车				
		拖拉机				
		燃油、修理费				
		其他				
		合计				
	通信	电话费				
		宽带费				
		手机				
		座机				
		电脑				
		其他				
		合计				

（续上表）

构成	门类	项目	金额（元）	比例（%）	受益者	备注
二、生活资料	养育	学杂				
		培训				
		其他				
		合计				
	医疗保健	药品				
		医护				
		保健品				
		其他				
		合计				
	休闲娱乐社交	请客吃饭				
		喝酒				
		喝茶				
		旅游				
		准备礼物				
		其他				
		合计				
	其他生活支出	卫生纸				
		牙签				
		清洁工具				
		日用化工品				
		家用小电器				
		其他				
		合计				

附录五　江雄河谷及村落分布草图

1. 江雄河谷主要乡镇图*

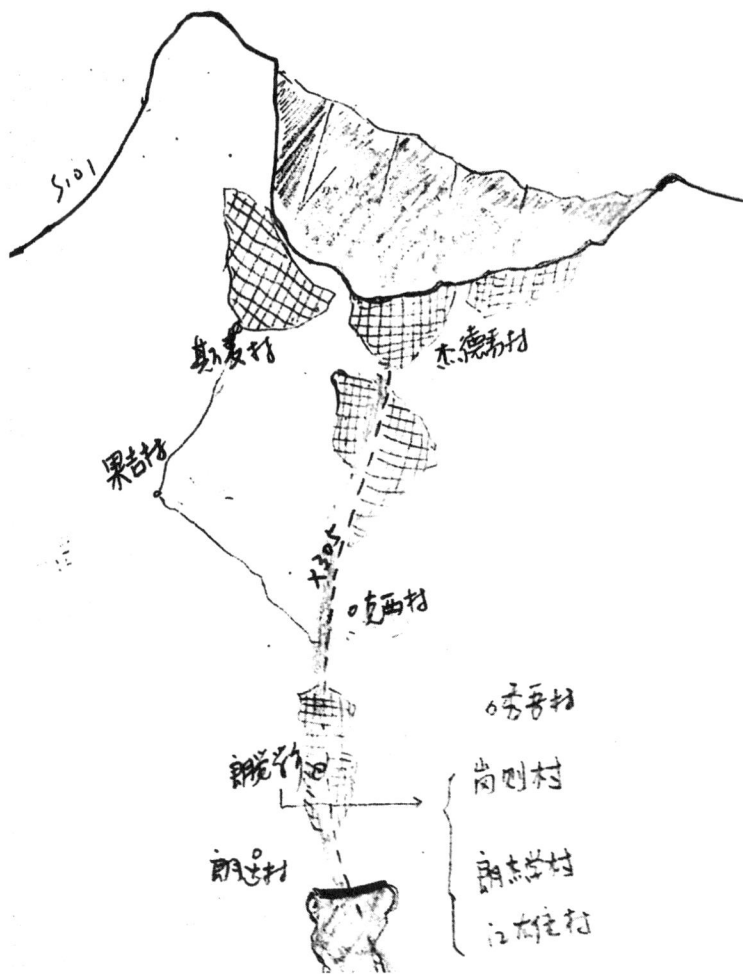

*笔者绘于 2015 年。

2. 杰德秀水系、巷道、古井布局简图*

*笔者绘于 2016 年。

附录六　杰德秀和桑耶远景图

杰德秀远景图

桑耶远景图

附录七　家庭纺织部分工具自绘图

1. 织氆氇、邦典的木架*

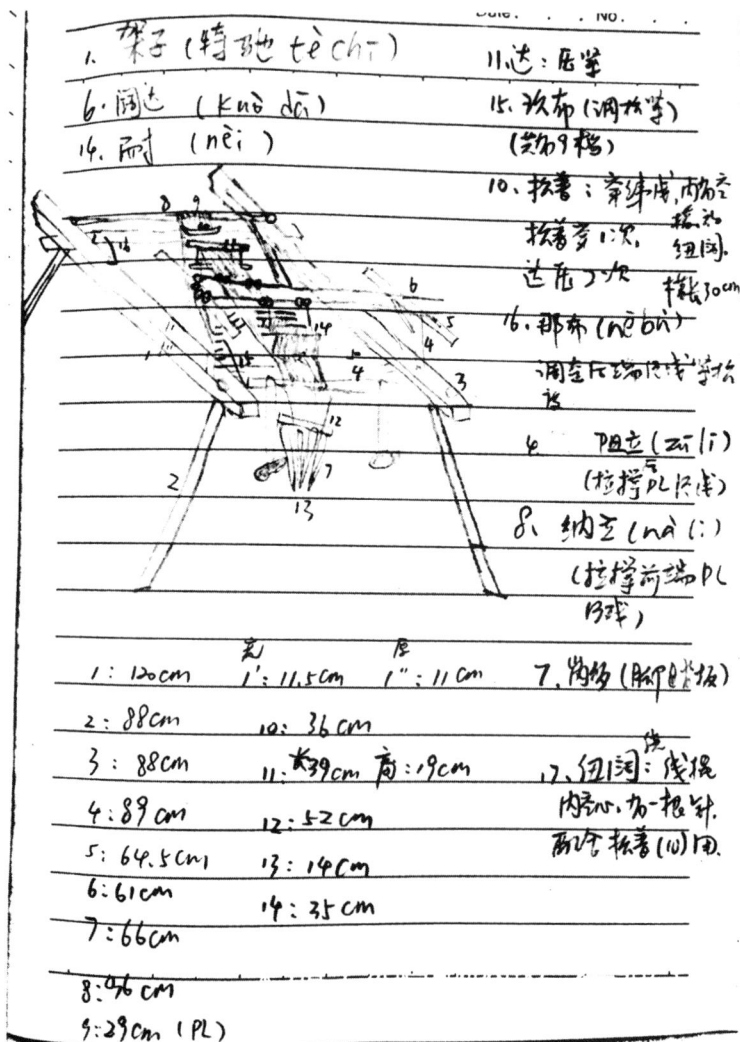

＊笔者绘于 2017 年。

2. 织卡垫木架及辅助工具*

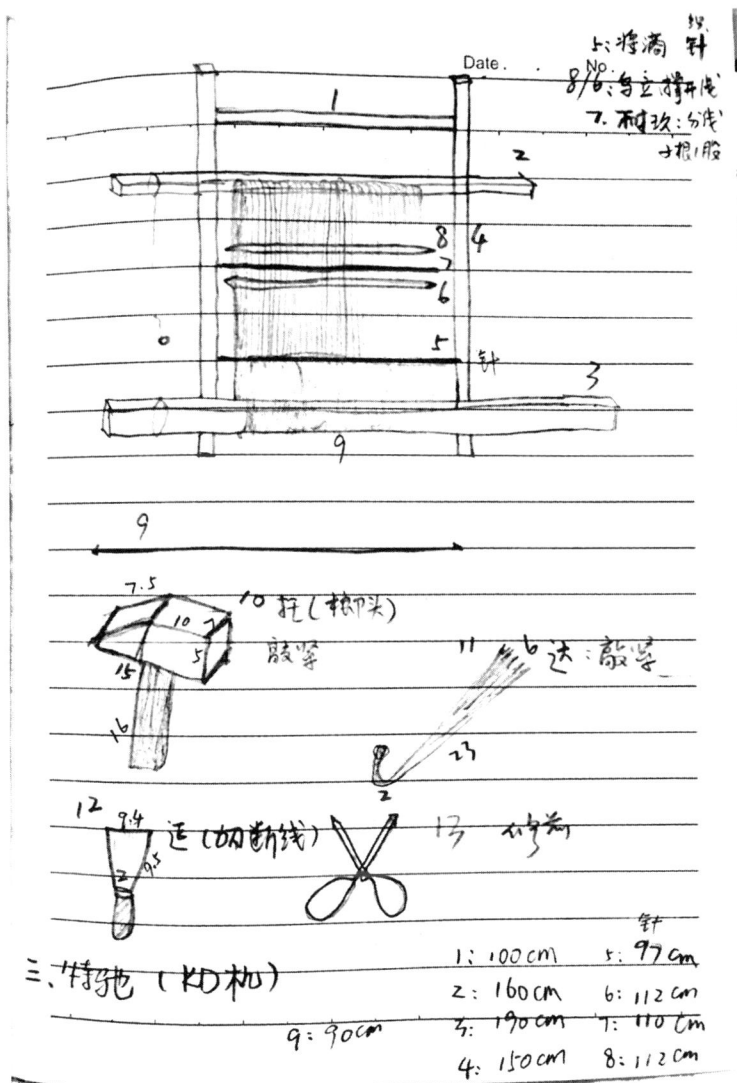

*笔者绘于 2017 年。

3. 缠线架*

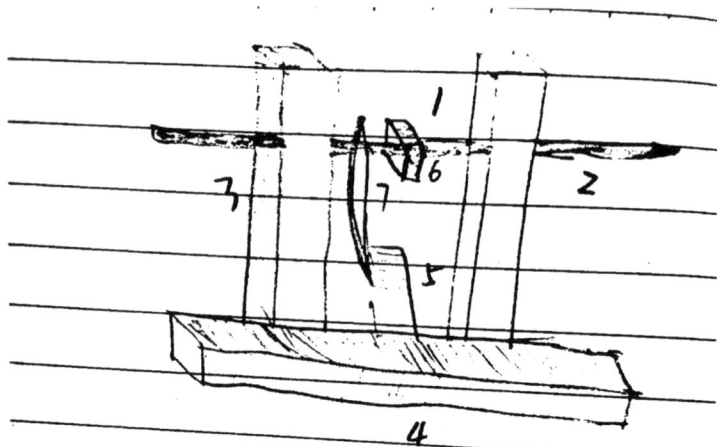

二、松果：线线用，与纽圆加合使用)

1： 18cm   3：25cm

4： 46cm   2：47cm

5： 24cm   6：7cm

7： (最大弧径) 26cm.

*笔者绘于 2017 年。

参考文献

一、中文著作

1. 北京大学社会人类学研究所、中国藏学中心：《西藏社会发展研究》，北京：中国藏学出版社，1997年。

2. 班觉著，王旭辉译：《太阳下的日子：西藏农区典型婚姻的人类学研究》，北京：中国藏学出版社，2012年。

3. 白马主编：《西藏地理》，拉萨：西藏人民出版社，2004年。

4. 才让：《藏传佛教民俗与信仰》，北京：民族出版社，1999年。

5. 陈默：《西藏农区的家屋空间及其意义——以西藏曲水县茶巴朗村社区调查为例》，《中国藏学》2009年第1期。

6. 次旺俊美：《西藏宗教与社会发展关系研究》，拉萨：西藏人民出版社，2001年。

7. 陈家琎：《西藏地方志资料集成》，北京：中国藏学出版社，1999年。

8. 丹珠昂奔、周润年、李双剑等：《藏族大辞典》，兰州：甘肃人民出版社，2003年。

9. 次仁央宗：《西藏贵族世家：1900—1951》（第二版），北京：中国藏学出版社，2012年。

10. 德吉卓玛：《藏传佛教出家女性研究》，北京：社会科学文献出版社，2003年。

11. 东噶·洛桑赤列著，陈秋英译：《论西藏政教合一制度》，北京：民族出版社，1985年。

12. 费孝通：《乡土中国》，北京：人民出版社，2008年。

13. 方刚、罗蔚主编：《社会性别与生态研究》，北京：中央编译出版社，2009年。

14. 贡保草：《拉卜楞"塔哇"的社会文化变迁》，北京：民族出版社，2009年。

15. 侯石柱：《西藏考古大纲》，拉萨：西藏人民出版社，1991年。

16. 黄树民著，素兰、纳日碧力戈译：《林村的故事：1949 年后的中国农村变革》，北京：生活·读书·新知三联书店，2002 年。

17. 坚赞才旦、许韶明：《青藏高原的婚姻和土地：引入兄弟共妻制的分析》，广州：中山大学出版社，2013 年。

18. 刘佑成：《社会分工论》，杭州：浙江人民出版社，1985 年。

19. 刘坚承：《社会分工纵谈》，南京：江苏人民出版社，1987 年。

20. 刘洪记、孙雨志：《中国藏学论文资料索引》，北京：中国藏学出版社，1999 年。

21. 刘朝晖：《超越乡土社会：一个侨乡村落的历史文化与社会结构》，北京：民族出版社，2005 年。

22. 刘志扬：《乡土西藏文化传统的选择与重构》，北京：民族出版社，2006 年。

23. 刘业进：《分工、交易和经济秩序》，北京：首都经济贸易大学出版社，2009 年。

24. 李皓：《区域成长·文明嬗变的区域画面：基于分工演进的视角》，北京：中国经济出版社，2013 年。

25. 廖东凡：《藏地风俗》，北京：中国藏学出版社，2008 年。

26. 李有义：《今日的西藏》，天津：知识印刷厂，1951 年。

27. 廖祖桂主编：《中国藏学研究中心藏学论文选集（1986—1996）》，北京：中国藏学出版社，1996 年。

28. 吕志祥：《藏族习惯法：传统与转型》，北京：民族出版社，2007 年。

29. 牛治富主编：《西藏科学技术史》，拉萨：西藏人民出版社，2003 年。

30. 南文渊：《藏族生态伦理》，北京：民族出版社，2007 年。

31. 秦庆武：《社会分工与商品经济》，南京：南京出版社，1992 年。

32. 桑杰坚赞著，刘立千译：《米拉日巴传》，北京：民族出版社，2001 年。

33. 苏发祥主编：《安多藏族牧区社会文化变迁研究》，北京：中央民族大学出版社，2009 年。

34. 王铭铭：《社区的历程：溪村汉人家族的个案研究》，天津：天津人民出版社，1997 年。

35. 王尧、陈庆英：《西藏历史文化词典》，拉萨：西藏人民出版社，

1997 年。

36. 王跃生：《社会变革与婚姻家庭变动：20 世纪 30—90 年代的冀南农村》，北京：生活·读书·新知三联书店，2006 年。

37. 吴忠信：《西藏纪要》，上海：商务印书馆，1942 年。

38. 桑达多吉：《西藏风俗史》，拉萨：西藏人民出版社，2004 年。

39. 解战原：《当代社会分工论》，北京：中国政法大学出版社，1991 年。

40. 许光世、蔡晋成：《西藏新志》，上海：自治编辑社，宣统三年（1911）。

41. 徐平、郑堆：《西藏农民的生活》，北京：中国藏学出版社，2000 年。

42. 徐国民：《社会分工的历史衍进与理论反思》，北京：中国政法大学出版社，2013 年。

43. 俞允贵：《西藏产业论》，北京：中国藏学出版社，1994 年。

44. 俞湘文：《西北游牧藏区之社会调查》，北京：商务印书馆，1947 年。

45. 赵丰、金琳：《纺织考古》，北京：文物出版社，2007 年。

46. 中国社会科学院民族研究所、中国藏学研究中心社会经济所编：《西藏的商业与手工业调查研究》，北京：中国藏学出版社，2000 年。

47. 庄孔韶：《时空穿行：中国乡村人类学世纪回访》，北京：中国人民大学出版社，2004 年。

二、外文译著

1. ［美］罗伯特·埃克瓦尔著，李有义译：《蹄上生涯》，北京：中国社会科学院民族研究所，1968 年。

2. ［法］埃米尔·涂尔干著，渠东译：《社会分工论》，北京：生活·读书·新知三联书店，2000 年。

3. ［美］埃里克·沃尔夫著，赵丙祥、刘传珠、杨玉静译：《欧洲与没有历史的人民》，上海：上海人民出版社，2006 年。

4. ［英］埃德蒙·R. 利奇著，杨春宇、周歆红译：《缅甸高地诸政治体系：对克钦社会结构的一项研究》，北京：商务印书馆，2010 年。

5. ［美］安·邓纳姆著，徐鲁亚译：《困境中求生存——印度尼西亚的乡村工业》，北京：民族出版社，2013 年。

6. ［英］埃文思·普里查德著，褚建芳译：《努尔人：对一个尼罗特人群生活方式和政治制度的描述》（修订译本），北京：商务印书馆，2014 年。

7. ［美］巴伯诺·尼姆里·阿吉兹著，翟胜德译：《藏边人家：关于三代定日人的真实记述》，拉萨：西藏人民出版社，1987 年。

8. ［英］毕达克著，沈卫荣译：《西藏的贵族和政府》，北京：中国藏学出版社，1990 年。

9. ［美］杜赞奇著，王福明译：《文化、权力与国家：1900—1942 年的华北农村》，南京：江苏人民出版社，1994 年。

10. ［法］克里斯托夫·冯·菲尤勒－海门道夫著，吴泽霖译：《阿帕塔尼人和他们的邻族：喜马拉雅山东部的一个原始社会》，1980 年。

11. ［法］克里斯托夫·冯·菲尤勒－海门道夫著，吴泽霖译：《喜马拉雅山区的贸易者：尼泊尔高地的生活》，纽约：纽约圣马丁出版社，1980 年。

12. ［苏］卡列亚金：《那加族的经济制度和所有制形式》，刘达成编译：《当代原始部落漫游》，天津：天津人民出版社，1982 年。

13. ［美］凯琳·萨克斯：《重新解读恩格斯——妇女、生产组织和私有制》，王政、杜芳琴主编：《社会性别研究选译》，北京：生活·读书·新知三联书店，1998 年。

14. ［德］卡尔·马克思著，何小禾编译：《资本论》，重庆：重庆出版社，2014 年。

15. ［法］路易斯·亨利·摩尔根著，杨东莼、马雍、马巨译：《古代社会》，北京：商务印书馆，1977 年。

16. ［美］莱斯利·A. 怀特著，沈原、黄克克等译：《文化的科学——人类与文明的研究》，济南：山东人民出版社，1988 年。

17. ［美］罗伯特·芮德菲尔德著，王莹译：《农民社会与文化：人类学对文明的一种诠释》，北京：中国社会科学出版社，2013 年。

18. ［美］罗伯特·埃克瓦尔、波塞尔德·劳费尔著，苏发祥、洛赛编译：《藏族与周边民族文化交流研究》，北京：中央民族大学出版社，2013 年。

19. ［德］马克思、恩格斯著，中共中央马克思恩格斯列宁斯大林著作编译局译：《德意志意识形态》，北京：人民出版社，1961 年。

20. ［德］马克斯·韦伯著，林荣远译：《经济与社会》（下卷），北京：商务印书馆，1997 年。

21. ［德］马克思著，中共中央马克思恩格斯列宁斯大林著作编译局编译：《1844 年经济学哲学手稿》，北京：人民出版社，2000 年。

22. ［美］马歇尔·萨林斯著，赵丙祥译：《文化与实践理性》，上海：上海人民出版社，2002 年。

23. ［法］马赛尔·莫斯著，卢汇译：《论馈赠——传统社会的交换形式及其功能》，北京：中央民族大学出版社，2002 年。

24. ［英］布罗尼斯拉夫·马林诺夫斯基著，张云江译：《西太平洋上的航海者》，北京：九州出版社，2002 年。

25. ［法］米歇尔·德·塞托著，方琳琳、黄春柳译：《日常生活实践》，南京：南京大学出版社，2009 年。

26. ［德］恩格斯著，中共中央马克思恩格斯列宁斯大林著作编译局译：《家庭、私有制和国家的起源》（第三版），北京：人民出版社，1999 年。

27. ［德］恩格斯著，中共中央马克思恩格斯列宁斯大林著作编译局编译：《社会主义从空想到科学的发展》，北京：人民出版社，2014 年。

28. ［美］皮德罗·卡拉斯科著，陈永国译：《西藏的土地与政体》，拉萨：西藏社会科学院西藏学汉文文献编辑室，1985 年。

29. ［法］皮尔埃·布迪厄著，秦岩译：《实践理性：关于行为理论》，北京：生活·读书·新知三联书店，2011 年。

30. ［日］秋道智弥、市川光雄、大塚柳太郎著，范广融、尹绍亭译：《生态人类学》，昆明：云南大学出版社，2005 年。

31. ［法］石泰安著，耿昇译：《西藏的文明》（第二版），北京：中国藏学出版社，2012 年。

32. ［美］塔尔科特·帕森斯：《社会系统》，［美］约翰逊著，南开大学社会学系译：《社会学理论》，北京：国际文化出版公司，1988 年。

33. ［美］塔尔科特·帕森斯：《美国社会结构中的年龄和性别》，［美］贝蒂·弗里丹著，程锡麟等译：《女性的奥秘》，哈尔滨：北方文艺出版社，1999 年。

34. ［芬兰］韦斯特马克著，王亚南译：《人类婚姻史》（影印本），上海：上海文艺出版社，1988 年。

35. ［美］威廉·哈维兰著，瞿铁鹏、张钰译：《文化人类学》，上海：上海社会科学院出版社，2006 年。

36. ［英］亚当·斯密著，郭大力、王亚南译：《国富论》，北京：商务印书馆，2014 年。

三、期刊和会议论文

1. 安新固：《西藏的盐粮交换》，《西藏研究》1982 年第 3 期。

2. 成德宁：《城镇化、劳动分工与农村市场扩展》，《南都学坛》2007 年第 4 期。

3. 陈志刚：《清代西藏与南亚贸易及其影响》，《四川大学学报（哲学社会科学版)》2012 年第 2 期。

4. 丹增伦珠：《近代西藏借贷制度研究》，《中国藏学》1992 年第 A1 期。

5. 方素梅：《西藏乡村的土地改革及经济变迁——以朗塞岭村为中心的考察》，《中国藏学》2015 年第 3 期。

6. 傅大雄、阮仁武、戴秀梅等：《西藏昌果古青稞、古小麦、古粟的研究》，《作物学报》2000 年第 4 期。

7. 高利伟、徐增让、成升魁：《农村居民食物消费结构对耕地需求的影响——以西藏"一江两河"流域为例》，《自然资源学报》2017 年第 1 期。

8. 格勒：《阿里农村的传统土地制度和社会结构》，《中国藏学》1992 年第 A1 期。

9. 郭克范：《西藏"一江两河"流域近半个世纪的社会变迁——以墨竹工卡县甲玛乡为例》，《中国藏学》2005 年第 3 期。

10. 郭忠华：《劳动分工与个人自由——对马克思、涂尔干、韦伯思想的比较》，《中山大学学报（社会科学版)》2012 年第 5 期。

11. 何晓蓉、李辉霞：《西藏半农半牧地区农牧民收入结构分析》，《农业经济问题》2003 年第 5 期。

12. 韩建恩、孟庆伟、郭长宝等：《雅鲁藏布江中游杰德秀古湖的发现及其意义》，《现代地质》2017 年第 5 期。

13. 贾杉：《现代科技革命与劳动分工——社会性别视角下的再审视》，《贵州社会科学》2009 年第 3 期。

14. 金利杰、周巩固：《性别差异、劳动分工与阶级起源》，《历史教学问题》2010 年第 6 期。

15. 吉群：《西藏江孜地区的农村调查》，《民族研究》1959 年第 5 期。

16. 梁艳：《安多藏区宗教职业者与其原生家庭互动关系的人类学个案研究》，《西藏研究》2016 年第 1 期。

17. 李坚尚：《谈西藏民主改革前的手工业行会》，《民族研究》1991 年第 5 期。

18. 李坚尚：《盐粮交换及其对西藏社会的影响》，《西藏研究》1994 年第 1 期。

19. 李国平、贾敏：《西藏对外贸易发展状况及其问题研究》，《西安交通大学学报（社会科学版）》2006 年第 4 期。

20. 李明森：《西藏一江两河地区资源合理开发》，《自然资源学报》1997 年第 2 期。

21. 李萍：《西藏一江两河地区农牧复合生态系统结构分析》，《干旱地区农业研究》2007 年第 3 期。

22. 李继刚：《西藏经济发展的长效机制：社会分工理论视角的分析》，《西藏民族学院学报（哲学社会科学版）》2009 年第 5 期。

23. 刘复生：《民主改革前西藏阿里地区的手工业以及"贱民"问题——主要以普兰、札达两县为例》，《西藏研究》2008 年第 4 期。

24. 刘志扬：《藏族农村家庭的现状与演变——西藏拉萨郊区农村个案研究》，《思想战线》2006 年第 2 期。

25. 刘忠：《从若干具体庄园看西藏领地经营与农奴负担》，《中国藏学》1992 年第 A1 期。

26. 罗绒战堆、樊毅斌：《毛驴数量的变化与西藏农村的发展和变迁》，《中国藏学》2011 年第 2 期。

27. 罗绒战堆：《闲暇与幸福——西藏农户劳作投入量变迁研究》，《中央民族大学学报（哲学社会科学版）》2016 年第 6 期。

28. ［美］梅·戈尔斯坦著，坚赞才旦译：《利米半农半牧的藏语族群对喜马拉雅山区的适应策略》，《西藏研究》2002 年第 3 期。

29. ［美］南希·E. 列维妮著，格勒、玉珠措姆译：《西藏阿里传统税收制度之比较研究》，《西藏研究》1993 年第 1 期。

30. 牛田成一、陆仲璘：《西藏畜牧业》，《中国牦牛》1986 年第 3 期。

31. 强舸：《发展嵌入传统：藏族农民的生计传统与西藏的农业技术变迁》，《开放时代》2013 年第 3 期。

32. 秦永章：《当代西藏农户的宗教生活考察——以扎囊县朗色林村、拉孜县柳村为例》，《沈阳师范大学学报（社会科学版）》2014 年第 6 期。

33. 沈卫荣：《吐蕃七贤臣事迹考述》，《中国藏学》1995 年第 1 期。

34. 苏发祥：《论民国时期西藏地方的社会与经济》，《中央民族大学学报》1999 年第 5 期。

35. 吴从众：《民主改革前西藏农奴制度的生产关系》，《中央民族学院学报》1979 年第 3 期。

36. 吴从众：《民主改革前西藏藏族的婚姻与家庭——兼论农奴制度下存在群婚残余的原因》，《民族研究》1981 年第 4 期。

37. 吴帆：《相对资源禀赋结构中的女性社会地位与家庭地位——基于第三期中国妇女地位调查数据的分析》，《学术研究》2014 年第 1 期。

38. 扎嘎：《西藏民主改革前的山南地区农村手工业——氆氇与邦单》，《西藏研究》1993 年第 1 期。

39. 扎呷：《西藏山南地区扎囊、贡嘎两县传统民间贸易调查》，《中国藏学》1993 年第 3 期。

40. 战乃源、诸慎友、徐赛章：《西藏农业机械化情况调查》，《粮油加工与食品机械》1974 年第 S3 期。

41. 扎呷：《浅谈西藏"一江两河"流域的民族手工业》，《西藏研究》1994 年第 3 期。

42. 扎桑、王先明：《西藏一江两河流域开发区的农业自然条件与资源利用》，《西藏自治区雅鲁藏布江—拉萨河—年楚河中部流域地区资源开发与经济发展学术讨论会会议论文选集》，1997 年。

43. 周加本：《西藏民主改革前的寺院经济》，《西藏研究》1985 年第 2 期。

四、学位论文

1. 次吉：《职业身份·技艺传承·生产销售——西藏工布错高村铁匠户为中心的实地考察》，西藏大学硕士学位论文，2013 年。

2. 迟玉花：《当代藏区村落社会研究——甘肃卓尼郭大村调查》，兰州大学博士学位论文，2013 年。

3. 刘爱文：《甘南藏族社区变迁研究——以碌曲县郎木寺镇郎木村为例》，西北师范大学硕士学位论文，2011 年。

4. 索朗措姆：《山南邦典民俗文化研究》，西藏大学硕士学位论文，2010 年。

五、方志、档案、报纸和其他

（一）方志

1. 《西藏研究》编辑部编：《西藏志·卫藏通志》，拉萨：西藏人民出版社，1997年。

2. 赤烈曲扎：《西藏风土志》，拉萨：西藏人民出版社，2006年。

3. 山南地区方志编纂委员会编：《山南地区志》，北京：中华书局，2009年。

4. 西藏自治区地方志编纂委员会编：《西藏自治区志·粮食志》，北京：中国藏学出版社，2014年。

5. 西藏自治区地方志编纂委员会编：《西藏自治区志·交通志》，北京：中国藏学出版社，2014年。

6. 西藏自治区地方志编纂委员会编：《西藏自治区志·工商志》，北京：中国藏学出版社，2014年。

7. 西藏自治区地方志编纂委员会编：《西藏自治区志·农业志》，北京：中国藏学出版社，2014年。

8. 西藏自治区地方志编纂委员会编：《西藏自治区志·畜牧志》，北京：中国藏学出版社，2014年。

9. 西藏自治区地方志编纂委员会编：《贡嘎县志》，北京：中国藏学出版社，2015年。

10. 西藏山南地区扎囊县地方志办公室编：《扎囊县志》（验收稿），2015年。

（二）档案

1. 《贡嘎县杰德秀政府文件》（内部资料），贡嘎县档案室，全宗号不详，1977年第1卷。

2. 《贡嘎县国民经济统计表（第四卷）》，贡嘎县档案室，1981年。

3. 《一位手工业者写给分工委财经部的信》（内部资料），山南市档案馆，全宗号：XW01，1961年第24卷。

4. 《山南专区第一次手工业代表会议总结报告》（内部资料），山南市档案馆，全宗号：XW01，1961—1962年第6卷。

5. 《1961年山南专区生产资料汇编（内部资料）》，山南市档案馆，全宗号：XW043，1961 年第 5 卷。

6. 《山南手工业调查报告》 （内部资料），山南市档案馆，全宗号：XW01，1961—1962 年第 6 卷。

7. 《贡嘎县东拉乡互助组情况》（内部资料），山南市档案馆，全宗号：XW045，1964 年第 30 卷。

8. 《中共贡嘎县委杰德秀公社大搞家庭副业致富的调查》（内部资料），山南市档案馆，1981 年。

9. 《西藏工委关于西藏地区土地之改革方案》（内部资料），扎囊县档案室，全宗号：XW01，1959 年第 2 卷。

10. 《西藏工委农牧部 1961 年农牧业生产计划》（内部资料），山南市档案馆，全宗号：XW043，1961 年第 6 卷。

11. 《1960 年扎囊县扎塘镇召开物资交流大会的总结报告》（内部资料），扎囊县档案室，全宗号：XW01，1959—1966 年第 9 卷。

12. 《扎囊县农牧部关于开展工具改革运动的初步总结报告》（内部资料），扎囊县档案室，全宗号：XW01，1960 年第 13 卷。

13. 《山南地区农业发展咨询报告》（内部资料），山南市档案馆，全宗号：XW045，1992 年第 145 卷。

（三）报纸

1. 巴桑次仁：《农牧业结构的调整之路》，《西藏日报》，2010 年 8 月 12 日第 1—2 版。

2. 罗望海：《上山放牧牲畜膘大增》，《青海日报》，1959 年 7 月 6 日第 2 版。

3. 罗永辉、赵新生：《渔村新歌》，《西藏日报》，1979 年 9 月 16 日第 2 版。

4. 尕玛多吉：《三万年前青藏高原已有人类活动确切证据》，《光明日报》，2017 年 3 月 22 日第 9 版。

5. 孙冬白、冉于飞：《搬入夏圈，抓好畜膘：茶卡公社着手划小畜群改进放牧方法》，《青海日报》，1959 年 7 月 6 日第 2 版。

6. 张晓明、崔士鑫、李文健等：《"邦典"织出五彩生活》，《西藏日报》，2011 年 9 月 19 日第 3 版。

7. 中共西藏自治区委员会工作组：《关于林周县和达孜县邦堆区推广使用新式步犁情况的调查报告》，《西藏日报》，1966 年 3 月 4 日第 2 版。

（四）其他

1.《拉萨山南 1 小时经济圈农牧经济发展报告》（征求意见稿），西藏大学经济文化研究中心，2016 年。

2. 西藏自治区政协法制民族宗教文史委员会编：《西藏文史资料选辑》（3 ~ 22），北京：民族出版社，1988 年。

3.《西藏自治区概况》编写组编：《西藏自治区概况》，拉萨：西藏人民出版社，1984 年。

4. 西藏社会历史调查资料丛刊编辑组编：《西藏社会历史调查》（1 ~ 6），拉萨：西藏人民出版社，1988 年。

5. 西藏自治区土地管理局：《西藏自治区土地利用现状调查统计册》，1991 年。

6. 中国社会科学院考古研究所西藏工作队、西藏自治区文物管理委员会：《西藏贡嘎县昌果沟新石器时代遗址》，《考古》1999 年第 4 期。

7. 中国第二历史档案馆、中国藏学研究中心合编：《西藏亚东关档案选编》（下册），北京：中国藏学出版社，1999 年。

六、外文文献

1. DOREEN M. Spatial divisions of labour：social structures and the geography of production. London：Macmillan Publishers Limited，1984.

2. TERRAY E. Marxism and "primitive" societies. New York：Monthly Review Press，1972.

3. ELLIS F. Household strategies and rural livelihood diversification. Journal of development studies，1998，33（1）.

4. ESCARCHA J F，LASSA J A，PALACPAC E P，et al. Livelihoods transformation and climate change adaptation：the case of smallholder water buffalo farmers in the Philippines. Environmental development，2019（33）.

5. FRIEDMAN J. System，structure and contradiction in the evolution of "Asiatic" social formations. New York：Columbia University，1972.

6. GOLDSTEIN M C. An anthropological study of the Tibetan political system. Seattle：University of Washington，1968.

7. GOODY J. Technology，tradition and the state in Africa. Oxford：Oxford University Press，1971.

8. NASREEN H-Y, LAVEE Y. Division of labor and decision-making in Arab families in Israel: processes of change and preservation. Marriage & family review, 2018, 54 (1).

9. JANET G, HANNA H. Women in Tibet. New York: Columbia University Press, 2005.

10. CABEZN J I. Tibetan ritual. New York: Oxford University Press, 2010.

11. KURTIS R S, MATTHEWT K, GRAY T. Sources of Tibetan tradition. New York: Columbia University Press, 2013.

12. LOZNY L R. Continuity and change in cultural adaptation to mountain environments: from prehistory to contemporary threats. New York: Springer, 2013.

13. GODELIER M. Perspectives in Marxist anthropology. Cambridge: Cambridge University Press, 1977.

14. MOURICE B. Marxism and anthropology. Oxford: Clarendon Press, 1983.

15. NANCY J M. Bearing the burden: portage labor as an adaptive response to predictable food deficits in eastern Nepal. Human ecology, 2005, 33 (3).

16. NIELSEN J S, REENBERG A. Cultural barriers to climate change adaptation: a case study from Northern Burkina Faso. Global environmental change, 2010, 20 (1).

17. NEEF A, BENGE L, BORUFF B, et al. Climate adaptation strategies in Fiji: the role of social norms and cultural values. World development, 2018 (107).

18. SPENGER W, SPENGEN K P. Tibetan border worlds: a geohistorical analysis of trade and traders. New York: Kegan Paul International, 2000.

后　记

　　本人与西藏的结缘，源于我的博士生导师对青藏高原和藏族社会文化的长期关注与研究。在接触这项研究之前，我对西藏和藏族的社会文化知之甚少。我想象中的西藏，是由雪域高原、藏族、草原、牦牛、游牧等这样一组碎片化的图景拼接起来的。2015 年初，为博士论文选题和确定田野调查点作准备，我和其他同门跟随导师来到了西藏雅鲁藏布江中部流域河谷地带的杰德秀镇。这是我第一次进入西藏，也是第一次见识到西藏的农业和农区。近半个月的田野经历，使我发现西藏农区与我想象中牧民追赶着牛群逐水草而居的情形大相径庭，并逐渐意识到农区在西藏政治、经济生活中无可替代的地位和作用。

　　想象和现实的巨大反差，促使我迫切想要借助于民族志的方式，记录并向世人介绍和展示我所亲临其境的雅鲁藏布江河谷农区。但接下来面临的问题是以何种视角或切入点展开对农区的调查与描述。带着问题从西藏回到学校后，近半年时间里我研读了大量有关西藏农区的调查资料和研究文献，并在此基础上就博士论文选题先后提出了几种方案。为进一步验证选题的合理性并为随之而来的论文开题作准备，我于 2015 年 10 月至 11 月期间再次回到杰德秀进行了一个月的田野调查。在与导师反复沟通和讨论后，最终确定以西藏农区农牧民的分工实践作为参与观察、收集材料和建构文本的主线。2016 年 7 月 28 日，带着完成田野调查和博士论文的使命，我第三次踏入西藏雅鲁藏布江河谷地带的村落，开始我博士生涯中历时最为持久的一次田野调查，直至 2017 年 10 月 11 日暂停调研、返回学校，命运之轮对我开启了从论文撰写、送审、答辩、修改到最后通过答辩并获得学位的新一轮考验。

　　书稿是在博士论文的基础上修改、完善而成的。论文的初衷，是以特定生计情境下的分工实践，来描绘出雅鲁藏布江中部河谷农区藏族农牧民的生活图景及其变迁。这一设想及出发点，从一开始就与涂尔干所描述的那种倾向于结构式的、剖面的、静止的"社会分工"截然不同，也与亚当·斯密关注的工场劳动的"工序"分工不完全一致，更与聚焦"性别"分工的旨趣大相径庭。本书所聚焦的"分工实践"，首先是以"人"及其生存需求为出发点的，即人在满足自身生存需求的过程中，如何与他人形成分工，既受制于结构性限制（如性别、年龄、职业等），又受到来自技术——工具、习惯、制度、观念等的影响。因而分工反映出人在适应环境过程中的能动性或策略性，能够生动地展示出一个地方群体内部的关联与互动。同时，为力求从时间和空间两个维度对这种关联与互动加以展示，一方面在雅鲁藏布江中部流域的河谷农区，本人在多个村落进行了主次结合的多点调查；一方面利用档案、方志、前人研究成果等文献资料，结合访谈对象的回忆，架构起当地自民主改革以来至笔者进入前的分工图景，并在此基础上与本人参与观察所获取的第一手资料加以分析和比较，以展示其变迁的过程。归根结底，本书是从分工的角度，对西藏农区社会及文化在经历民主改革、社会主义改造、改革开放等几个关键历史时期后所产生的变迁进行注脚。然而，不得不说本人作为博士研究生的社会学、人类学想象能力是不足的，在实地调查和论证水平上也同样存在局限性，因而在博士学位论文基础上修改而成的此书，在一定程度上实现了立题的初衷，有待方家的批评和指正。唯一值得欣慰的是，本书即将付梓，意味着本人博士生涯所交答卷即将进入被审视和检阅的阶段，并终将获得一个结论性的评分。

时过境迁，往事却历历在目。无论是多年前只身前往遥远陌生的雅鲁藏布江河谷、凭单薄之力硬生生打开了调研的局面并逐渐深入，还是回校后埋头梳理难计其数的田野材料和费脑尽心撰写论文的艰辛曲折，无不交替着淬炼生命和身心的挑战与磨砺、艰难与忍耐、失去与收获、绝望与希望……同时也让我收获了全新的视野、珍贵的蜕变和真诚的帮助，让我心甘情愿举半生之力为我所钟爱的西藏以及人类学、民族学投入持续的热情。

如果说博士生涯的艰辛和收获是计划内的"不负韶华行且知"，那么在博士论文基础上修改完善所形成的书稿，能够以"青藏高原东部边缘民族多样性研究"丛书之其中一册的名义，获国家出版基金资助，由暨南大学出版社出版，则是意料之外的眷顾和挑战。每每想到虽耕耘多年却磨琢不足的拙作，即将接受同行前辈和同辈、晚生以及各领域专家、读者的审阅和批评，既备受鼓舞，又难抑忐忑。思忖再三，批评和指正是鞭策的垂怜，缺憾和不足是前进的动力，任时光荏苒、岁月淬炼，唯倾付"冰冷与热情"的初衷如一，遂得坦然。

关于本书的问世，我还需要感谢很多。我要衷心感谢我们的国家为我们这代人创造了良好的学习条件，使我本人能够有机会进入心目中向往的中山大学读书和学习，成就我一生中最为重要和宝贵的蜕变；我要感谢我的导师何国强教授给予我本人的充分指导和勤奋严谨的榜样力量，使我在工作和生活中终身受益；我要感谢给予我帮助和教诲的所有老师，让我开拓视野和获得勇气；我要感谢暨南大学出版社与我共同奋战的负责人和编辑，正是由于他们的辛勤付出，才使书稿最终得以出版。

最后，我要特别感谢西藏自治区扎囊县和贡嘎县的各界人士，他们的热情帮助和鼎力支持，使我能够迅速适应环境，顺利完成跨时三年的田野调研，同时让我有幸收获和体验了人与人之间朴实真挚的情谊，更是遇见了我生命的第二故乡——西藏。在这片苍茫秀丽、巍峨壮阔、充满活力的土地上，面对调研日复一日的艰辛和挑战，那些热诚、质朴、沁入心脾的力量，在我每次遭遇"江郎才尽"的挫折和陷入无望迷茫的低潮时，总是能给予我温暖，帮助我每每濒临脆弱的边缘时，又重新萌生勇敢和坚毅的能量。在反复的磨砺和淬炼中，我愈加明确了对这份事业的执着与热爱，就像终于遇见人生的灵魂伴侣，我本能地甘心用一生的真诚、坦荡、纯粹、质朴和认真去经营这份永不降温的"爱情"——是这片土地和可爱的人们，帮助我养成了这份坚定与热爱的能力。

谨以此书献给他们以及我的家人。

王霞

2022 年 2 月于云南昆明